통일과 사회복지

나남
nanam

나남신서 2009

통일과 사회복지

2019년 6월 30일 발행
2019년 6월 30일 1쇄

지은이 양옥경 · 김진수 · 이철수 · 김석향 · 이민영 · 민기채
장인숙 · 정지웅 · 김신곤 · 김선화 · 최혜지
발행자 趙相浩
발행처 (주) 나남
주소 10881 경기도 파주시 회동길 193
전화 (031) 955-4601 (代)
FAX (031) 955-4555
등록 제 1-71호(1979. 5. 12)
홈페이지 http://www.nanam.net
전자우편 post@nanam.net

ISBN 978-89-300-4009-9
ISBN 978-89-300-8001-9 (세트)

책값은 뒤표지에 있습니다.

사회복지학총서 109

통일과 사회복지

양옥경 · 김진수 · 이철수 · 김석향 · 이민영 · 민기채
장인숙 · 정지웅 · 김신곤 · 김선화 · 최혜지 지음

나남
nanam

Unification and Social Welfare

by

Ok Kyung Yang et al.

nanam

추천사

현 인 애
(북한이탈주민, 이화여대 북한학과 초빙교수)

만약 당장 통일이 된다면 북한주민에게 가장 긴급하게 요구되는 것은 무엇일까? 두말할 것 없이 쌀, 전기, 주택, 약 등 먹고 입고 쓰고 사는 데 필요한 것들이다. 이를 위해서는 경제를 발전시켜 일자리를 만들어야 하고 정치제도도 수립해야 한다. 그러나 정치·경제제도의 수립에는 일정한 기간이 요구되며, 따라서 당면하게는 복지로 접근할 수밖에 없다.

통일을 이루는 데 남한주민이 가장 걱정하는 문제는 무엇일까? 그것은 비용이다. 독일통일은 우리에게 통일에 대한 기대와 희망을 심어 주었지만 한편으로는 통일 비용, 동서 갈등과 같은 어려운 문제들이 제기된다는 것을 보여 줌으로써 기피의식도 생겨나게 했다. 독일의 통일 비용 중 가장 큰 비중을 차지한 것은 동독주민을 위한 복지 비용이었다.

이러한 것들을 미루어 볼 때 통일복지는 통일연구에서 매우 중요하게 다뤄야 할 분야이다. 그러나 지난 기간 통일연구에서 복지연구는 부차적인 것으로 간주되어 왔다. 그러므로 통일과 사회복지를 다룬 이 책의 발간은 이론적으로, 실천적으로 매우 중요한 의의가 있다. 이 책은 통일복지 분야 최초의 종합연구서로서 통일복지의 중요성을 새롭게 상기해 주는 책이다. 또한 북한의 복지 상황에 관한 이해부터 남북한 복지제도 통합의 세부적 분야인 아동, 노인, 여성, 장애인복지 등에서 제기될 문제와 그 해법, 그리고 복지 전달체계까지 많은 이론·실천적 문제에 대한 고민과 모색, 해법을 서술함으로써 통일복지의 전반적 문제에 대한 해답을 주었다. 독자는 이 책을 읽으면서 통일복지에 관심을 두게 될 것이며 지금까지의 많은 의문에 해답을 얻을 수 있을 것이다. 또한 이 책의 연구 결과들은 통일 이후 복지정책을 수립하는 데 실질적으로 쓰일 것이다.

연구 태도에서 가장 중요한 것은 객관성이지만 실제 연구에서 주관성을 완전히 배제하기는 어렵다. 특히, 통일연구나 복지연구에서는 '주관성'이 필요하기까지 하다. 이 책에는 '북한주민에 대한 사랑'이라는 주관성이 개입되어 있다. 북한은 가장 가까운 곳에 있지만 가장 연구하기 어려운 대상이다. 이 책에 제시된, 대단치 않아 보이는 자료나 데이터 하나하나마다 정말 많은 노력과 정성이 깃들어 있다. 탈북민 사회복지 현장에서 몸으로 뛰면서 축적한 자료와 결과물도 많다. 통일복지는 남북이 함께 해나가야 할 사업이다. 그러나 북한주민에게는 복지라는 말이 낯설다. 북한에는 복지 전문가도 없다. 그럼에도 연구자들은 북한주민을 위한 복지, 북한주민과 함께하는 복지 방법을 찾기 위해 고민했다. 탈북민 연구자의 한 사람으로서, 이 책 집필에 참여한 모든 연구자의 노고와 사랑에 진심으로 감사를 드린다.

머리말

통일. 통일에 대한 다양한 사람의 다양한 견해가 존재한다. 통일은 꽤 오랫동안 잠재의식처럼 우리 안에 내재되어 있던 '우리의 소원'이었고 당연히 소원해야 하는 일이었다. 그럼에도 너무 오랫동안 우리의 소원은 이루어지지 않았다. 남북 분단 70년이 넘는 이 시점에 우리는 언제가 되어야 통일이 이루어질지, 통일이 이루어지기는 할지, 통일이 우리의 소원이 맞기는 한지 등 다양한 생각을 하게 되었다. 세월이 흐르면서 그렇게 당연한 것 같던 우리의 소원도 바뀌어 가고 있다. 절실하게 소원하던 사람들도 많이 세상을 떠났고, 우리라는 개념도 바뀌었으며, 통일의 개념도 각기 달리 이해되고 있다. 개인주의가 만연한 지금 그 어떤 것도 우리의 것으로 당연시될 수 없다. 이제는 지금까지 불러왔던 우리의 소원이 우리 각자의 '나의 소원'이 되어야, 그래서 그 개인의 소원이 하나로 모여야 모두가 동일하게 생각하는 '통일'이 이루어질 것이다. 이렇듯 통일은 나, 너, 그리고 우리, 즉 사람이 하는 일이다. 통일의 중심에는 사람이 있다. 그래서 통일은 사람들의 일상이고 사람들의 삶인 것이다.

통일은 통합이다. 통일은 하나가 되는 것이다. 마음과 생각과 생활과 뜻이 하나로 어우러지는 것이다. 그것은 사람들 사이의 통일, 즉 사회 통합인 것이다. 통일은 합병이 아니다. 따라서 통일이란, 사람들이 사람들 사이에서 사람들과 함께 사람들끼리 통일되고 통합된 생활을 일구어 내는 것이다. 그래서 통일은 사람의 통합인 것이다. 통일은 물밀듯이 한 번에 올 수도 있고 천천히 올 수도 있다. 그렇기에 우리는 언제 어떤 형태로 통일이 우리에게 오더라도 통합사회에서 함께 어우러져 살 수 있도록 가장 작은 단위인, 한 사람의 한 지역사회에서의 생활에 초점을 맞춰 준비해야 할 것이다. 이 책을 준비한 저자들은 전반적으로 통일의 초기 단계에 초점을 두고 집필을 했다. 그래서 통일사회라 함은 통일 전환기를 주로 지칭하고, 통일사회복지 역시 통일 전환기 때 사회복지의 실천을 지칭하는 의미로, 통일사회복지사는 통일사회복지실천을 실행하는 전문가의 의미로 사용했다.

이 책의 집필 방향은 사회복지 중에서도 제도나 법, 정책보다는 실천의 분야에서 통일에 대해 어떤 관점을 가지고 준비할 것인가에 두었다. 통일 시대의 사회복지를 준비함에 있어 지금까지 논의되어온 제도뿐 아니라 '실천'에 대한 내용을 집중적으로 다루면서 이를 통해 통일사회복지를 공부하는 사람들의 관심과 흥미를 이끌 수 있도록 했다. 특히, 사회복지 분야에서 실천에 초점을 둔 논문이나 책이 부재하므로 우리의 책이 통일사회복지를 바라보는 시각과 통일사회복지를 실천해 내는 내용이 일관성 있게 잘 정리되도록 목표를 잡았다. 각 장은 사회복지 분야를 비롯한 각 전공 분야의 전문가가 집필했으며, 오랫동안 통일을 기대하며 북한에 대해 연구해온 각 전문 분야의 북한 전문가가 집필에 참여했다.

책은 3개의 부와 12개의 장으로 구성되어 있다. 1부는 통일 시대에서 사회복지 분야를 미약한 수준으로 준비하고 있음을 인지하고 통일 시대의 사회복지를 준비하기 위한 이 책의 필요성에 관해 다루며 4개의 장을 할애했다. 2부는 사회복지의 각 분야에 대해 제도 및 법과 정책을 기본으로 하여 실천에 중점을 두었으며, 아동, 청소년, 노인, 여성, 가족, 장애인, 보건, 그리고 의료 분야를 5개의 장에 걸쳐 심도 있게 다루었다. 3부는 미시적 실천 방법에 초점을 맞추어 지역사회를 중심으로 하는 사례관리, 다문화적 접근, 그리고 전문인력인 사회복지사의 역할에 대해 3개의 장으로 나누어 정리했다.

1부는 '통일 시대의 사회복지를 준비하며'를 대주제로 하고 '남북의 사회 통합으로서의 통일'을 세부주제로 잡았다. 아울러 '사람의 통합'의 관점에서 통일 이후를 준비하는 데 필요한 것을 정리했다. 통일의 과정에서 차이와 갈등의 극복 관점에서의 시사점 등을 중심으로 했으며, 사회복지의 범위를 어디까지로 할 것인가를 고민했고, 사회복지실천 현장, 지역사회 및 실천을 어디까지로 할 것인가, 그리고 통일의 과정(예: 전환기부터 이행기까지 등)에 따른 사회복지와 사회복지사의 역할 등에 대해 정리했다. 1장은 통일, 사회 통합, 그리고 사회복지라는 주제로 양옥경 이화여대 교수가 집필했으며, 2장은 김진수 연세대 교수가 오랫동안 연구해온 독일통일의 경험을 참조해 우리 통일 과정에서의 사회복지의 역할로 녹여냈으며, 3장은 북한사회보장제도의 전문가인 이철수 신한대 교수가 남북한 사회보장제도를 비교해 집필했고, 1부 마지막 장인 4장의 남북한 사회문화의 특성은 북한학 전문가인 김석향

이화여대 교수가 비교 분석했다.

2부는 '남북한 사회복지실천 이슈'를 대주제로, 정책적 · 제도적 맥락과 실천적 측면을 함께 다룰 수 있도록 했다. 남북의 제도나 현황에 대한 비교에만 그치지 않도록 했으며, 각 분야의 실천적 내용에 있어 '사람의 통합'이라는 관점하에 사회복지실천 방식으로 접근할 수 있는, 또는 접근해야 하는 내용을 다룰 수 있도록 심혈을 기울였다. 5장은 아동 · 청소년 분야에서의 제도와 실천의 내용으로 이민영 고려사이버대 교수가 집필했으며, 6장 노인 분야는 민기채 교통대 교수가, 7장 여성 · 가족 분야는 남북하나재단 연구위원인 장인숙 박사가, 8장 장애인 분야는 정지웅 배재대 교수가, 그리고 9장 보건의료 분야는 김신곤 고려대 교수가 집필했다.

3부는 '통일 시대의 사회복지실천'이라는 대주제를 '사람의 통합'이라는 대전제 안에서 집필했으며, 북한지역의 특수성 · 현장성을 고려한 '지역사회' 중심의 실천을 위한 접근 방법에 대한 내용으로 작성했다. 10장은 지역사회 중심의 사례관리 접근에 관해 오랫동안 지역사회에서 지역사회 주민과 함께 미리 온 통일을 실천해온, 전 북부하나센터 국장이었던 김선화 마천종합사회복지관 관장이 집필했다. 통일사회복지실천을 다문화적 관점으로 접근하는 것에 대한 제안은 최혜지 서울여대 교수가 11장에서 구체화했으며, 마지막으로 12장에서는 양옥경 이화여대 교수가 사회복지 전문가로서의 통일사회복지사의 역할과 역량에 대해 고민한 결과를 정리해 냈다.

현인애 박사의 추천사에서 보듯이 이 책은 통일복지 분야 최초의 종합연구서로서 통일사회복지의 중요성을 상기시켜줄 뿐 아니라 통일복지 분야의 전반적 문제에 대한 해답을 주는 의미 있는 책이다. 이 책은 통일을 염원하면서 통일을 수동적으로 기다리는 것만이 아니라 통일을 이루어 내려고 생각하는 사람들의 모임인 통일사회복지연구회 회원들의 생각으로 이루어졌다. 통일 시대 사회복지사로서의 역할을 해낼 수 있도록 준비하는 과정으로 통일사회복지아카데미[1]를 운영하면서 이 같은 단행본의 교재가 필요했고 교육의 과정에서 활용되었던 내용을 기초로 하여 이 책이 마련되었다. 사회복지 분야에서 통일을 준비하고 있거나 통일을 생각하면서 통일사회복지를 꿈꾸는 사회복지사, 통일에 대해 연구하고 싶은 학자, 통일에 대해 고민하는 학생 등 모두에게 도움이 되는 책으로 활용되기를 기대한다.

통일의 시점이 불명확함에도 불구하고 통일사회복지의 중요성을 공감하며 책 출판에 선뜻 나서주신 조상호 나남출판 회장께 감사드리며, 11명의 저자와의 소통이 쉽지 않았을 텐데 잘 해내준 나남출판의 편집부에 감사드리고, 원고는 늦게 주면서 최대한 빨리 인쇄해 달라는 요구에도 6월 출간을 맞춰준 방순영 편집장께 감사드린다.

2019년 6월
저자를 대표하여
양 옥 경

---

1) 통일사회복지아카데미는 통일사회복지연구회가 북한인권정보센터 남북사회통합교육원과 함께 사회복지사, 사회복지학 전공 학생, 일반인, 그리고 탈북민을 대상으로 통일 후 사회복지를 북한지역에서 즉시 실천할 수 있도록 기초과정과 심화과정으로 운영하고 있는 정규 교육프로그램이다.

나남신서 2009

통일과 사회복지

차례

제 1 부

통일 시대의 사회복지를 준비하며

제1장

통일, 사회 통합, 그리고 사회복지

양옥경 | 이화여대 사회복지학과 교수

1. 들어가며

통일이란 무엇인가. 통일에 대해 다양한 사람의 다양한 견해가 존재한다. 꽤 오랫동안 통일은 잠재의식처럼 우리 안에 내재되어 있었던 '우리의 소원'이었고 너, 나 따질 것 없이 당연히 소원해야 하는 일이었다. 한민족, 한나라가 나뉘었으니 당연히 다시 한나라가 되어 원래의 상태로 되돌아가야 한다는, 너무나도 당연한 자연이치 같은 것으로 생각하던 일이었다. 그래서 통일은 꼭 성취해야 하는, 우리 민족의 당위적 과제와도 같은 것이었다. 그러나 세월이 흘러 세상이 변한 지금, 통일은 막연하고 당위적인 우리의 소원이 아니라 구체적이고 실질적인 '나의 소원'이 될 때 이루어질 수 있을 것이라는 현실론적 주장이 대두되고 있다.

통일은 나, 너, 그리고 우리, 즉 사람이 구체적이고 실질적으로 하는 일이다. 통일의 중심에는 통일을 이루고 통일사회를 살아갈 사람이 있다. 그래서 통일은 사람들의 일상생활이자 삶이다. 사람이 남한과 북한에서 서로 나와 너로 만났을 때 서로를 이해하고 서로를 존중하며 서로 협력하는 삶을 살아가는 것, 그것이 통일이다. 마음과 생활과 뜻이 하나로 어우러지는 것, 그것이 통일이라는 것이다. 이는 사람들 사이의 통일, 즉 통합으로 이어진다. 사람들 사이에서 사람들과 함께 사람들끼리 통합된 생활을 일구어 내는 것이다. 그리고 이 모든 것을 가능하도록 돕는 것이 사회복지이다.

이에 이 장에서는 실천 학문이자 실천 전문직인 사회복지가 통일사회에서 통합적 사회복지 업무를 수행하는 상황을 기본으로 하여 통합과 사회복지를 논하고자 한다.

2. 통일 시대 사회복지의 이해

우리는 〈대한민국헌법〉을 통해 통일관을 확실하게 세워 놓고 있다. "대한민국은 통일을 지향하며 자유민주적 기본질서에 입각한 평화적 통일 정책을 수립하고 이를 추진한다"(〈대한민국헌법〉 제 4조)는 것이다. 자유민주주의 통일을 기본으로 하며 그 과정을 평화적으로 추진할 것과 구체적인 추진을 위해 평화적인 통일 정책을 세워야 함을 명시하고 있다. 지구상 유일한 분단국가이자 휴전국으로서 독일의 통일 과정을 지켜보면서, 우리는 우리의 소원이었던 남북통일 달성의 가능성을 볼 수 있었고 큰 희망을 품을 수 있었다. 그러나 동시에 달성해야 하는 통일 과업은 현실적인 이슈들과 맞물리며 더 무거운 과제로 다가왔다. 통일 비용이라는 실질적이고 구체적인 이슈가 등장하면서 새로운 부담을 갖게 된 것이다. 비용 부담의 책임을 누가 질 것인가에 관한 문제에 경제 논리로 접근하면서 통일은 이제 흡수통일이냐 적화통일이냐 등 거국적 이념 논리에서부터 한 축 이동하여 일상생활의 차원이 되었다. 나의 세금, 나의 일자리, 나의 연금, 나의 건강보험, 나의 복지서비스 등에 직접 영향을 줄 수 있다는 것을 느낄 수 있는, 나의 일상생활의 이슈가 된 것이다. 따라서 통일의 당위성은 이제 통일을 통해 남북한주민 전체가 "삶의 질을 높일 수 있는 계기를 마련할 수 있다는 적극적 의미"에서 이해되어야 한다(김연명, 1995: 70).

이제 통일은 통일사회에서 살아가야 하는 사람에 관한 관심으로부터 시작해야 한다. 통일사회에서 살아가는 사람은 정치인도 아니고 경제인도 아니고 기업가도 아니다. 그냥 '사람'이다. 70년이 넘는 세월 동안 서로 다른 체제하에서 서로 다른 생활을 하면서 서로를 속이고 의심하고 반목하고 협박하고 무시하면서 살아왔기에 우리가 진정으로 하나의 민족으로 다시 뭉칠 수 있을지, 하나의 공동체를 이루어갈 수 있을지 의문이 생기는 것도 당연하다. 그럼에도 통일사회에서 우리는 서로 다르다는 것을 존중하면서, 서로 믿고 인내하고 수용하고 포용하면서, 협력의 관계를 맺고 공감적 소통을 하면서 마음으로 통합된 하나를 만들어가겠다는 의지가 있어야 한다. 그때 진정한 통일이 달성될 것이며 통일사회를 이룩할 것이다. 이런 의미에서 통일에는 실제 세상에서 실제 생활을 하는 사람의 통합이라는 대전제가 있어야 한다.

통합된 하나의 사회를 지향하는 것, 즉 사람들의 마음의 통합을 이루어 내는 것이 진정한 통일이며 이 과정에 사회복지의 역할은 매우 중요하다. 통일사회에서 우리는 오랜 세월 동안 서로 다른 생활을 해온 사람들이 함께 섞여 살아야 하는 상황을 맞을 것이다. 사람과 사람의 교류가 활발해지면서 자연스럽게 문제가 발생하고 욕구가 생겨나 다양한 도전에 직면할 것이다. 그리고 그 문제와 욕구와 도전은 남한과 북한 어디에서나 동일한 차원으로 발생할 것이며 남한과 북한의 사람 사이에서만이 아니라 남한과 남한, 북한과 북한의 사람 사이에도 발생할 것이다. 이 과정에서 다름을 존중하고 같음을 찾아가며 자연스럽게 하나가 되어 가는, 살아가는 사람의 통합을 이루어 내는 것은 매우 중요하다. 통합은 통제가 아니라 소통을 통해 이루어진다. 따라서 통일된 사회복지의 기본 체제를 갖추는 것은 사회 통합의 차원에서 매우 중요하다. 이에 통일의 과정에서 사회복지의 시스템을 어떻게 갖추어 나갈 것인가를 정하는 것은 매우 중요한 일이며 이것은 어느 한 방향으로가 아니라 서로 간 소통과 이해를 통해 함께 만들어 가야 하는 일이다. 이에 사회복지사가 적극적으로 나서야 하는데(김성이, 2018: 7) 이렇게 사람들 생활의 내면에서부터의 통일이 진행될 때[1] 자연스럽게 통합될 것이다.

이렇게 통일사회에서 사람들의 문제와 욕구와 도전을 처리하고 해결하기 위해 그 과정을 진행하는 전문직이 필요한데, 사회복지가 그에 적

1) 통일은 외형적 통일보다는 사회적 통합을 통한 내면적 통일이 이루어져야 진정한 통일을 이룬 것이며, 이를 위해 사회복지의 역할이 막중하다고 김진수(2005: 177)는 주장한다.

합한 직종이라 하겠다. 정의에 따라, 그리고 남한에서 그와 같은 업무를 일상적으로 처리해 왔던 경험에 따라 사회복지는 그 업무를 가장 적절하게 수행할 수 있을 것이다.

사회복지는 인본주의 원칙을 바탕으로 인간 존엄에 근거하여 인간 존중과 사회 정의를 핵심가치로 삼고 사람과 함께 일하는 실천 중심의 학문이자 전문직이다. 전 국민의 행복과 안녕을 목적으로 하며, 사회의 약자까지도 인간답게 살 수 있도록 인간으로서의 권리를 보장하는 것, 그것이 사회복지이다. 그리고 이것은 사회 통합의 개념과 궤를 같이한다. 사회 통합이란 사회적 약자의 이익을 권리로 보장하는 것을 의미하며, 가치에 대한 합의를 통해 서로 적응하면서 단일의 집합체로 통합되어 가는 과정이다. 기든스〔Giddens, 1979, 윤병철·박병래(역), 1991: 107~108〕는 개별적인 사회 행위자의 대면적 상호작용으로부터 사회 통합이 이루어진다고 보았다. 이를 유추하여 통일사회의 사회 통합을 준비하기 위한 과정에 적용해 보면, 남한과 북한의 사람들이 서로 만나 마주하여 상호작용을 하고, 그 과정에 사회복지가 전문적 개입을 한다면 그 결과로 사회 통합이 이루어질 것이다. 사회복지는 이 개별 행위자의 대면적 상호작용에 개입하여 지원하고 복지사회를 이루는 것에 목표를 둔 전문직이다.

세계사회복지사연맹(IFSW)과 국제사회복지교육협의회(IASSW)가 내린 정의에 의하면(세계사회복지사협회, 2019. 3. 7 인출) 사회복지는 사회 변화(*social change*), 사회 개발(*social development*), 사회 결속(*social cohesion*), 그리고 인간의 해방과 권한 부여(*empowerment and liberation of people*)를 촉진하는 실천 중심(*practice-based*) 전문직이자 학문으로써,

삶의 도전을 다루고 복지를 향상하기 위해 사람(*people*)과 구조(*structure*)에 관여(*engage*)하는 것이다. 그리고 이를 위해 사회 정의(*social justice*), 인권(*human rights*), 집단책임(*collective responsibility*), 그리고 다양성 존중(*respect of diversities*)의 원칙을 지키는 것이 사회복지의 핵심이다. 이 정의는 통일 시대 사회복지실천의 방향을 구축하는 데 매우 중요한 지침을 제시한다. 통일 시대의 성공은 사람과 사회구조에 관한 이해로 비롯된다. 한 사회에서 사람이 살아가는 데 그 사람의 생각이나 행동이 그 사회의 정치·경제·지배구조·사회·문화·역사 등 사회구조 전반의 영향을 받지 않을 수 없기 때문이다. 사람과 사회구조를 이해함에 있어서는 사회 정의, 인권, 집단책임, 다양성 등을 지켜 내야 함과 동시에 사회 변화, 사회 개발, 사회 결속, 권한 부여 등을 달성해야 한다.

이에 통일 시대 사회복지실천을 위한 사람과 사회구조를 다음의 5개 주제로 나누어 살펴보겠다.

3. 통일 시대 사회복지실천을 위한 북한사회의 이해

우리는 북한을 한반도에서 "평화통일 달성을 위한 공존공영의 상대"(통일교육원, 2018: 8~9)로 인식하고 있다. 따라서 남북한주민은 통일사회에서 상호 간 공존공영할 수 있도록 협력하는 방안을 모색해야 할 것이다. 이에 남한의 사회복지사는 북한주민의 생활양식과 사고방식, 삶의 모습 등을 알아야 할 필요가 있다.

1) 이념 및 체제

북한주민은 북한사회의 독특한 정치체제에서 살아왔기 때문에 그 이념과 사상체계에 기인한 사고방식을 갖고 있다. 동일민족이라 같거나 비슷한 점도 많지만, 분단 70년은 다른 점을 많이 만들어 냈다. 북한식 정치체제는 이들을 남한사람과는 다른 사고방식과 생활양식을 갖도록 바꾸어 놓았다.

북한은 통치이념으로는 주체사상을, 통치체제로는 북한식 수령체제를, 그리고 지배체제로는 '조선노동당' 일당지배체제를 유지하고 있다(통일교육원, 2018: 10~11). 1980년 "김일성의 주체사상을 당의 공식 지도이념으로 규정"하면서 통치이념을 당의 지도이념과 동일하게 주체사상으로 삼았다. 1974년 세운 "당의 유일사상체계 확립의 10대 원칙"에 근거하여 북한식 수령체제로써 수령 유일의 전체주의적 독재체제를 유지하고 있으면서, 그 정당화 수단으로 사회정치적 생명체론을 내세우고 있다. 수령은 사회정치적 생명체의 최고 뇌수로서 절대적 지위와 역할을 부여받은, 당의 조직적 의사의 체현자로 지칭하는 최고영도자이다. 이는 현재까지도 변함없이 지속되는 것으로 김정은 위원장은 2016년 노동당대회에서 '위대한 영도자'로 추대되었다. 유일사상은 〈헌법〉에 우선하는 것으로 법적 판결문을 쓸 때도 적용할 정도로 강력한 위력을 갖는다. 모든 법 위에서 국민 모두에게 적용된다. 북한주민이라면 유일사상 10대 원칙을 외워야 한다고 하는데, 당이 정해 주는 삶의 방향이자 기준이며 원칙이기 때문이다. 따라서 생활총화에서 자아비판을 할 때 기준으로 삼고 비판 내용에 인용해야 한다.

이렇게 북한은 당이 지배하는 사회라고 할 수 있는데, 당의 지배는 정부에까지 그 영향을 미친다. 당규약 제1조에 따라 모든 단위(조직)에는 당조직을 두어야 하고, 제11조에 따라 당조직이 그 조직의 지도기관이 되도록 하고 있다. 즉, 평양시에 시조직이 있다면 그 시의 행정조직인 시행정위원회와 함께 당조직(시당위원회)이 있다는 것이고, 김일성대학에 총장이 있다면 김일성대학에 당비서가 있다는 것이다. 그리고 그 당조직의 장은 개별 단위의 장보다 위에 있다. 따라서 정부나 대학 등 어떤 단위의 조직이나 당의 지시, 즉 '당의 영도'에 따라야 하고 당의 지시를 거부할 수 없다. 이렇게 당이 모든 사람의 일상생활에 들어와 있다. 이렇게 당원이 아닌 사람도 당의 명령과 지시를 따르게 하는 사회에서 살아온 북한주민은 지시와 통제에 익숙한 삶을 살아왔다고 할 수 있다. 남한에 와있는 북한이탈주민은 시키는 대로 사는 수동적 삶에서 무엇이든지 다 알아서 해야 하는 능동적 삶을 살아야 하는 남한생활이 너무 낯설고 어렵고 무섭기까지 하다고 했다. 그래서 낙오되거나 다시 탈남의 결정까지 했다고 했다(김성남 외, 2019).

그런가 하면 북한에서는 군의 세력도 만만치 않다. 2010년 개정한 노동당 규약은 "선군정치를 사회주의 기본정치 양식"으로 규정했다. 이는 김일성 사망 이후 1995년부터 논의되다가 1998년 핵심통치체제로 확립된 것으로, 김일성 유훈통치 시기에 지속된 '고난의 행군' 속에서 김정일 정권이 생존을 위해 당과 군에 의존하게 되면서 세력을 갖게 되었다. 선군정치는 정치, 경제, 교육, 문화, 예술 등 전 영역에 영향력을 미치는 중심사상이며, 군은 중심기구로의 위상을 갖는다.

북한은 계획경제를 채택하며 중앙집권화된 경제체제를 유지하고 있다(통일교육원, 2018: 12~13). 제한적으로 분배의 몫, 즉 개인에게 주어진 월급과 그것으로 구입한 소비품 등은 개인의 소유로 인정하지만, 중앙의 지시에 따라 계획대로 운영되는 '중앙집권적 명령경제체제'라고 할 수 있다.

1990년대 이후부터는 중앙관리체제가 잘 작동되지 않아 공장이나 기업소 단위로 독립채산제에 의한 경영방식을 도입했다. 그러다 보니 국가 소유였던 공장이나 기업소 등을 소유하는 개인이 생겨나기 시작했다. 주민의 경우, 월급이 안 나오고 배급이 줄어들어 장마당 등 자생적으로 등장한 시장에 의존하여 생존을 영위할 정도까지 이르렀다. 2002년 7월 "경제관리개선조치"(7·1 조치)를 발표하면서 배급제가 축소되고 생필품의 자체 구입을 전면 허용했다. 국영기업소, 협동농장 등 각 경제 단위에 분권적 경영권한을 일부 부여하고, 기존의 비합법적 영역이었던 장마당 등 소비재시장을 종합시장이라는 이름으로 공식 제도화하며, 기업 간 원자재와 생산재 교류가 가능한 사회주의 물자교류시장의 개설을 허용했다(통일교육원, 2018: 139).

그러나 이후 계획경제와 자유시장경제 간 경계가 점점 모호해지는 현상이 나타나기 시작했고 주민들은 개인 경제활동을 확산해 나갔다. 특히, 목욕탕, 숙박업, 개인수리업 등 서비스업종과 자영업이 발전했다. 결국, 2005년 하반기에 당은 7·1 조치 시행 중단을 명령하면서 시장을 다시 통제하기 시작했다. 2005년 10월에는 식량전매제도를 도입하여 작은 규모로 생성되기 시작하던 시장을 폐지하면서 시장경제의 확산을 금지하고 배급제를 재도입하려 했으나 실패했고, 2009년 11월에는 시장 확대를 통제하려는 목적으로 화폐개혁조치도 내렸으나 역시 실패했다. 결국 2010년 2월, 시장활동을 허용하고 국내에서 외화를 사용하는 것을 묵인하는 통제완화조치가 내려졌다. 이는 북한의 시장화 현상을 부추기는 동인이 되었으며, 시장을 합법적인 공식 경제영역으로 인정하고 양적으로 확대되는 것을 허용하게 되었다. 즉, 계획경제와 시장이 공식적으로 공존하는 이원적 구조이다. 한번 열린 시장경제의 활성화가 쉽게 사라지지는 않을 것이다.

북한은 사회주의 대가정체제를 운영하고 있다. 이는 수령에 대한 무조건적 충성을 정당화하기 위한 논리로 작용한다. "하나는 전체를 위하여, 전체는 하나를 위하여"(〈사회주의헌법〉 제 63조) 라는 집단주의체제로 수령, 당, 인민대중을 하나로 묶는 결합방식을 채택하고 있다. 이 역시도 1990년 경제난 이후 흔들리고 있다는 지적이 있으나 오랫동안 몸에 배어온 이 체제가 쉽게 변하지는 않을 것이다.

2012년 당대표자회의를 통해 시작된 김정은 체제에서는 2013년 시장화 현상을 인식하고 경제관리개선조치를 발표하면서 시장을 국가 관리하에 두는 경제-핵 병진노선의 "우리식 경제관리방법"을 채택했다. 2014년에는 농업 분야에서 분조관리제하의 포전담당책임제를 채택했고, '5·30 조치'인 사회주의 기업책임관리제를 채택하여 국영기업 분야에서 자율적 경영지표를 확대해 주었으며, 시장을 활용한 기업 자체의 계획도 일부 인정하는 등 분권적 조치를 취하도록 했다. 2017년 핵무력 완성을 선포했고, 그 결과로 2018년 4월에는 당중앙위 제 3차 전원회의를 열고 경제-핵 병진노선의 완료를 선언하고 경제 건설에 총력을 기울일 것을 선언했다.

2) 주민의 일상생활

북한사람은 조직생활이 일상화된 삶을 살고 있다(통일교육원, 2018: 157~159). 어린 시절 대부분을 탁아소에서 성장하며, 7세에는 소년단에, 14세에는 '김일성-김정일주의 청년동맹'에 의무적으로 가입한다. 18세가 되면 조선노동당에 가입할 수 있는데, 이것은 선택이며 가입이 쉽지도 않다. 입당하고 싶다고 입당할 수 있는 것도 아니며 당조직의 추천을 받아야 하고 당비서 등 세 명 이상의 입당보증인(조선노동당 규약 참조)이 있어야 한다. 31세 이상 직업을 가진 노동자와 사무원은 '조선직업총동맹'에, 협동농장 농민은 '조선농업근로자동맹'에, 전업주부인 가두여성은 '조선여성동맹'에 의무적으로 가입하여 조직생활에 참여한다. 그리고 여기서 매주 10~15명 정도의 인원이 참가하는 생활총화를 실시한다.

북한에서 의식주는 국가의 책임으로 되어 있다. 쌀을 비롯한 각종 식량은 배급제에 의해 주민에게 주어지며, 15일에 한 번씩 공장이나 기업소에서 배급표를 나누어 주면 그것을 받아 배급소로 가져가서 나누어 주는 쌀과 밀가루, 국수 등을 받는다. 국가유훈에 따라, 국가공적에 따라, 가구원의 수와 연령에 따라 차등 배급되는 형태이다. 주택도 국가가 배정해 주는 주택에서 사용료를 지불하는 형식이며, 각종 생필품은 국영상점에서 공급받거나 구입할 수 있다.

그러나 이 같은 배급제의 기본체제가 경제난 이후 크게 달라졌는데, 전술했듯 7·1 조치를 통한 배급제 축소와 생필품 자체 구입 허용으로 인해, 또한 2005년 배급제 재도입 노력의 실패로 인해 이제 식량배급제는 거의 유명무실해진 상태라고 할 수 있다. 국가는 주민에게 자력갱생을 강조했으며, 주민도 국가에 의존하기보다 스스로 해결하는 모습을 보이고 있다. 이는 2018년 김정은 위원장의 신년사에서도 강조된 바 있다. 화폐개혁과 배급제 재도입의 실패는 폐지된 시장을 다시 살아나게 하여 장마당을 활성화하는 동력이 되었다. 현재 시장활동에 참여하는 사람은 주민의 70%에 달하며 시장에서 벌어들이는 소득이 전체 소득의 70% 이상을 차지하고 있다. 게다가 시장에서 지출하는 비용 역시 소득의 80~90%를 차지(현인애, 2018: 41) 한다고 하니 명실공히 시장경제가 자리를 잡아가고 있다고 하겠다.

이러한 가운데, 북한에서는 개인 소유가 점점 확대되고 있다. 장마당이라고 불리는 시장이 발달함에 따라 노동시장이 형성되고 개인 상업이 출현했다. 여러 북한이탈주민의 말에 따르면, 예를 들어 도서관사업을 하면서 책을 대여해 주고 발생하는 비용으로 수입을 갖는 사업도 생겨났다고 한다. 시장이 발달하며 시장 가격이 형성되었고 금융시장도 형성되었다. 결국 '돈주'라는, 많은 돈을 가진 자본가가 발생했는데(통일교육원, 2018: 154), 이를 통해 단순히 시장경제에만 머무르는 게 아니라 자본주의경제가 자리를 잡기 시작했음을 알 수 있다. 북한은 1998년 〈사회주의헌법〉 개정 이후 사회단체와 개인 소유의 범위 인정을 지속적으로 확대해 오고 있는데(통일교육원, 2018: 117), 시장에서의 장사활동을 통해 얻은 수입, 발명 같은 지적 재산으로 얻은 수입 등이 그것이다. 이와 같은 수입은 자산을 형성하고, 형성된 자산으로 공장 등을 매입하여 생산 수단을 소유하기까지 이르렀다. 뇌물을 주고 국가의 주택까지 사들이면서 소유지, 살림집, 매대가 3대 재산으로 인식되기까지 이르렀다. 자본주의의 상징인 '부자'가 생긴 것이다. 시장의 활성화는 매우 급격히 진행되고 있다. 들판에서 한두 명이 한두 가지로 시작했던 장마당은 이제 건물 안에서 큰 상점을 운영하는 것으로 발전했다. 더 이상 마당에다 장을 펼쳐 놓은 것이 아니라, 이제는 제대로 된 시장을 정당한 방법으로 등록하고 세금에 해당하는 '국가납부금'도 지불하면서 운영하는 것이다. 2018년 현재 460여 개의 시장이 합법적으로 운영되고 있다고 한다(통일교육원, 2018: 154).

이 같은 시장의 합법화는 장마당세대를 탄생시켰다. 이들은 장마당 성행기 출생으로 2019년 현재 20대에서 30대에 이르는 세대이다. 이들은 북한 내에서도 신세대로 불리며 기존의 기성세대와는 여러 차원에서 다른 부류로 인식되고 있다. 북한은 2012년 김정은 체제를 시작하면서 "사회주의 부귀영화를 마음껏 누리게" 하겠다고 선포했다. 사회주의국가에 자본주의 부귀영화를 심겠다는 것으로, 서로 맞지 않는 개념이긴 하지만 듣는 북한주민들은 개방개혁이 곧 오지 않을까 하는 기대를 갖고 신체제를 맞이했다고 북한이탈주민들은 회상했다.

북한주민들이 주로 하는 문화생활은 영화 감상, 공연 감상, TV 시청 등이다(통일교육원, 2018: 163~164). 1월 1일 설날을 비롯한 국가공휴일이 있으며 생일파티도 하고 각종 경조사 모임도 갖는다. 북한이탈주민의 말에 따르면, 경조사를 위한 계모임도 있고 주부품앗이 모임도 있으며 젊은 사람은 단체 맞선도 보고 자유연애도 하면서 미용실에서 머리도 하고 종합식당에서 냉면도 먹고 청량음료도 마신다고 한다. 종합상점에서 각종 물품을 사며 남새상점에서는 야채를 사고 편의봉사사업소에서는 고장 난 물건의 수선도 한다. 매우 일상적인 삶이다. 야외빙상장, 롤러스케이트장, 인라인스케이트장 등 생활체육을 위한 시설이 설치되면서 생활체육 또한 일상화되고 있다고 한다. 북한에서의 휴대폰 사용은 이미 통제의 선을 넘어섰다고 할 수 있다. 2016년 361만 명이 휴대폰을 사용하여 8명 중 1명꼴로 휴대폰을 사용하고 있는 것으로 나타났다. 그만큼 휴대폰의 상용화가 진행되었다는 것이다. 그러나 아직도 인터넷의 웹(*web*)이나 애플리케이션(*application*)은 사용이 절대 금지된 것으로 알려져 있다. 북한에서는 여행증명서가 있어야 여행을 할 수 있기 때문에 여행을 통한 문화생활이나 여가활용은 쉽지 않지만, 이 역시 뇌물을 주고 증명서를 매입하는 현상이 나타나고 있다고 한다(이임순, 2017).

북한의 언론과 출판은 당의 정책 및 혁명사업의 선전과 홍보를 위해 존재한다(통일교육원, 2018: 236~244). 종류로는 신문, 잡지, TV방송, 라디오방송 등이 있다. 신문은 독자에 따라 중앙지와 수도신문, 지방지로 구분되며, 해외홍보용 주간지 〈평양 타임스〉(*The Pyongyang Times*)도 있다. 우리에게도 알려진 〈로동신문〉이 대표적인 중앙지이다. 모든 신문은 노동당 내 선전선동부 신문과의 감시·감독을 받는 동시에 내각의 출판총국 신문과 행정지도를 받아 제작·발간한다. 방송은 조선중앙방송위원회에서 방송업무 일체를 계획·총괄한다. 방송 내용으로는 주체사상보도, 뉴스, 특집영화, 연극 등을 비롯하여 우리의 드라마와 다큐멘터리에 속하는 연속소개물, 기록영화, 과학영화, 만화영화, 예술영화 등이 있다. 그러나 북한이탈주민의 증언에 따르면 이런 북한 자체제작물보다는 한국의 노래와 드라마 등을 몰래 보면서 한류를 접하고 있다고 한다.

북한은 1991년 UN 회원국으로 가입하기 이전인 1981년에 국제인권협약 A와 B[2]에 모두 인준했다(통일교육원, 2018: 169~170). 그러나 국제사회로부터 북한주민의 인권은 매우 열악할 뿐 아니라 심각하게 유린당하고 있다고 평가받고 있으며, 특히 B 규약에 해당하는 시민·정치적 권리가 침해되고 있다고 평가받고 있다. 공개 처형, 불법 신문, 불법 체포, 구금시설에서의 가혹행위 등이 그 사례이며, 언론·출판의 자유, 결사 집회·시위의 자유 등 자유권이 강하게 통제 또는 억압받고 있다. 1990년 경제난 이래 주민의 경제·사회·문화적 권리 역시 보장되지 못하고 있다. 이에 따라 UN 총회에서는 2005년부터 북한인권결의안을 채택해 오고 있으며, 2008년부터는 UN 인권이사회(UNHCR)에서도 매년 북한인권결의안을 채택해 오고 있다. 2015년 서울에 UN 인권서울사무소를 개설하면서 북한인권 개선을 위한 노력이 국제사회를 중심으로 계속되고 있다. 대한민국은 2016년 3월 "북한주민의 인권 보호 및 증진을 위하여 UN 세계인권선언 등 국제인권규약에 규정된 자유권 및 생존권을 추구함으로써 북한주민의 인권 보호 및 증진에 기여함"(제1조)을 목적으로 하는 〈북한인권법〉을 제정했다.

이런 상황에서 생활해온 북한주민은 통일사회에서 현재 과거로부터의 답습에 의한 의식과 빠르게 변화하고 있는 의식의 변화 사이에서 매

2) 국제인권협약 A규약은 "경제, 사회, 문화적 권리에 관한 국제규약"으로, 사회권 또는 평등권에 관한 규약이다. 모든 사람에게 보건, 복지, 교육, 노동, 문화 등 사회보장을 제공해야 한다는 것이 주요 내용이다. 국제인권협약 B규약은 "시민적·정치적 권리에 관한 국제규약"으로 자유권에 관한 규약이다. 자유, 자기결정, 평등, 구속 및 인신매매로부터의 보호, 구금 및 고문에서의 보호 등이 주요 내용이다. 두 규약 모두 세계인권선언에 기초하여 1966년 UN에서 채택했고 1976년 발효했다. 대한민국은 1990년에 두 규약에 동시에 가입했다.

우 혼란스러울 것이다. 외부 정보의 유입과 함께 세상과의 소통이 열린 시점에서, 자신의 미래와 국가의 미래에 대해 다양한 사고를 하고 있을 것이다. 국가와 체제에 대한 충성과 개인의 미래에 대한 관심, 경기 침체에 의한 배급제의 붕괴 및 무상의료와 같은 기초복지의 실종 등은 자신의 삶을 스스로 책임져야 하는 개인주의 삶의 방식을 체득하도록 이들을 내몰고 있는 것이다. 이처럼 북한주민은 국가적 사상체계와 개인적 생활여건의 체계가 지금까지 강요해 오던 것과는 다르게 진행됨을 경험하고 있다. 따라서 통일사회에서 사회복지실천을 준비해야 하는 우리는 변화하는 북한의 현실에 대한 지식을 갖추어야 할 것이다.

3) 사회취약계층

UN 인도주의업무조정국(UNOCHA)의 2016년 〈세계인도주의지원보고서〉에 따르면(이우정, 2016) 북한의 취약계층은 약 1,800만 명이라고 한다. 북한의 인구를 2,500만 명이라고 했을 때 절반을 넘는 숫자가 취약계층이라는 것이다. 취약계층은 아동·청소년, 환자, 여성, 노인, 장애인으로, 사회적 위험요소인 환노고독(患老苦獨)에 노출된 인구를 말한다. 1942년 베버리지는 보고서에서 사회보장이 필요한 5대 악을 "결핍, 질병, 무지, 불결, 나태"로 보았고, 미국사회보장청에서도 "질병으로부터 노인과 장애인을 보호하며 가족을 유지하고 아동의 건강하고 안정적인 성장을 보장하는 것"이라고 했다. 남한의 〈사회보장기본법〉에서는 "출산, 양육, 실업, 노령, 장애, 질병, 빈곤 및 사망 등"을 사회적 위험으로 규정하고 있다.

북한이 인정하는 취약계층은 북한의 〈사회보장법〉을 통해 알 수 있다. 동법 제 2조에서 사회보장 대상자를 "나이가 많거나 병 또는 신체장애로 로동능력을 잃은 사람, 돌볼 사람이 없는 늙은이, 어린이"라고 정의하고 있다. 고아, 독거노인, 그리고 장애인 수준으로 매우 좁게 정의함을 알 수 있다. 대표적인 사회적 위험인 빈곤, 질병, 장애 중 빈곤과 질병에 의한 취약계층은 포함되어 있지 않다. 이들에 대한 국가의 사회보장이 이들을 취약계층으로 만들지 않는다고 생각하기 때문이다. 빈곤이라는 개념 자체가 아예 없는 북한에서는 어떤 법을 보더라도 법조문에서 빈곤이나 빈곤으로 인한 문제를 언급하는 경우를 찾아볼 수 없다. 그러다 보니 보호의 대상자에 속하는 집단에서도 빈곤한 사람이라는 용어는 찾아볼 수 없는 것이다. 빈곤이 존재할 수도 있다는 그 가능성마저도 부인하는 사회인 것이다. 그러나 물론 현실은 그 반대다.

우선 빈곤을 보면, 미국의 〈뉴욕 타임스〉는 김정은 위원장이 우리 특사단을 만났을 때 "북한은 가난한 나라"라고 언급했다고 보도했다(채널A 뉴스, 2018. 3. 11). 이는 2012년 북한이 가난하다는 것을 인정하는, "우리 인민이 다시는 허리띠를 조이지 않게 하겠다"고 발표한 내용과 맥을 같이한다. 사회주의국가로부터 사회보장의 보호를 받던 국민이 "세계에서 가장 가난한 나라" 국민으로 전락한 것이다. 이렇게 국가의 원수도 인정한 빈곤을 국가에서는 인정하지 않아, 빈곤층은 어떤 형태로도 보호와 지원을 받지 못한다. 그러다 보니 북한의 빈곤층은 점점 더 심각한 빈곤의 상태에 빠지게 되는 것이다.

북한의 빈곤은 밝혀진 바로만 보더라도 그 심각성을 알 수 있다. 우선, 경제활동을 하지 못하는 비경제활동계층은 당연히 빈곤할 수밖에 없다. 국가로부터의 무상배급이 제공되지 않으니 빈곤하게 살 수밖에는 도리가 없는 것이다. 그다음으로 경제활동계층 중 빈곤층이 있다. 북한 노동자 1개월 임금 기준은 북한화폐로 약 2천 원에서 3천 원[3] 정도이다. 탈북민의 말에 따르면, 이 액수로는 약 5,500원 정도 하는 쌀 1kg[4] 도 구입하지 못하는 형편이다. 이 수준으로는 생활이 불가하다. 대부분, 가족 중 한 명은 의무로 해야 하는 직장생활을 어쩔 수 없이 거의 무급 수준으로 하고, 나머지 가족은 시장으로 가서 돈을 번다. 이런 식으로 약 80% 이상의 주민이 자생적으로 생존하고 있다고 한다.

질병으로 인한 환자의 경우도 역시 마찬가지이다. 환자는 무상의료[5] 를 통해 기초보장을 제공하기 때문에 취약계층으로 떨어지지 않는다는 이론적 논리가 작동한다. 그러나 보건 및 의료 분야 역시 이미 심각한 수준을 넘어섰다. 북한에는 '방사능핵만 있는 게 아니라 결핵도 있다'고 말할 정도로 북한의 결핵 발병률은 세계 1위이다(WHO, 2018). 연간 12만 명씩 발병한다는 보고도 있다. 북한과 남한의 질병과 관련하여 북한은 세균성 질환이 많고 남한은 바이러스성 질환이 많다는 차이가 있

---

3) 북한화폐는 남한과 동일하게 '원'(*won*)을 사용한다. 2019년 현재 미화 1달러는 북한돈 8,000~8,200원으로 계산된다(이승열, 2019. 1. 30). 2천~3천 원의 임금을 받는 북한노동자는 미화로 50센트도 안 되는 월급을 받고 있는 것이며, 쌀 1kg도 살 수 없는 형편의 삶을 살고 있는 것이다.

4) 2017년 12월부터 2018년 11월까지 북한시장 생필품 가격을 조사한 〈Daily NK〉는 북한시장에서 거래되는 쌀값이 1kg당 4,800~5,200원 정도라고 발표했다(이승열, 2019. 1. 30).

5) 〈사회주의헌법〉 제72조는 "공민은 무상으로 치료받을 권리를 가진다"라고 규정하고 있다.

으며, 북한은 아직도 기생충의 문제가 심각하다는 것과 말라리아 위험 지역이라는 것 등이 통일사회의 보건 분야에서 고려해야 할 사항으로 지적되고 있다. 그뿐만 아니라 마약류 복용으로 인한 정신보건의 문제도 심각한데, 북한당국은 거의 무시하다시피 할 정도로 개입하지 않고 있다(양옥경 · 윤여상 외, 2018). 어린이부터 노인까지, 환자의 치료 수단부터 생일선물까지 다양한 차원에서 마약을 매우 쉽게 사용하고 있다. 북한주민의 정신건강을 심각하게 훼손하고 있는 것이다. 정신장애의 문제 역시 심각하지만 49호 병원에서 정신질환자를 감금치료한다는 정보 이외에는 정확하게 알 수 있는 정보가 없는 실정이다. 장애인 분야 역시 마찬가지인데, 장애인은 취약계층으로서 대우받는 데 있어서도 차별의 대상이다. 2013년 〈장애자보호법〉을 개정하고 평양에 '조선장애어린이회복중심'을 건립하여 지능장애아동과 사지장애아동 등에게 복지서비스를 제공하기 위한 제도를 갖추고 있다고 대대적으로 선전함에도 선천적 장애인은 차별한다. 영예군인 외 장애인은 평양 거주를 제한하는 격리조치를 취하며, 불임 등을 감행하기도 한다. 아직도 난쟁이, 벙어리, 장님 같은 차별적 단어로 장애인을 묘사하고 있다.

각 취약계층에 관한 심도 있는 논의는 이 책 2부에서 집중적으로 다루고 있다.

4) 지역사회

북한의 지역사회는 생활의 근거지인 마을이 중심인데, 마을에는 인민반이 있다(이임순, 2017). 인민반은 동 안에 있는 20~30개 가구를 한 단위로 구성되며, 이런 인민반 5~6개가 모여 지구가 되고, 이런 지구가 지역 단위의 동사무소를 구성한다. 기본적으로 동을 단위로 하면서 사람을 중심으로 지역, 즉 동네가 움직인다. 인민반장의 경우 각 집의 숟가락·젓가락이 몇 개인지까지 다 알 정도로 집안 사정을 손바닥 들여다보듯이 속속들이 다 알고 있다. 시·도 인민반을 중심으로 각종 행사를 추진하고 있으며 집에 아이나 노인이나 장애인이 홀로 남겨지면 그들을 챙기는 역할도 인민반이 한다.

남한에 동주민센터가 있고 여기에 통장이 있다면, 북한에는 동주민센터인 인민반에 인민반장이 있다. 남한의 지역 단위인 시·구·동에 사무소가 있다면, 북한에는 읍·구역·동에 사무소가 있다. 또한 동 단위 주민조직이 있다. 북한에 있는 여맹(사회주의여성동맹)과 인민반 등 동을 단위로 하는 지역별 직능단체는 남한의 새마을부녀회를 비롯한 동 단위의 직능단체와 비슷하다. 남한에 부녀회장과 통장이 있다면, 북한에는 지구반장과 인민반장이 있다(이임순, 2017). 기본적으로 동을 단위로 하면서 사람을 중심으로 지역사회, 즉 동네가 움직인다는 것은 남한이나 북한이나 동일하다고 하겠다.

남한은 동과 구 단위로 사회복지전담공무원이 있고, 지역사회종합복지관이 있으며, 각종 단체가 민간복지 인프라를 형성한다. 북한의 경우 시·도 인민반과 여맹을 중심으로 무연고자의 장례 등 어려운 인민들을 위한 각종 행사를 추진하고 있다. 북한의 인민반장은 전국적으로 모두 여성인데, 인민반의 성격상 낮 시간에도 지역사회에서 인민들을 만나야 하고, 일이 있을 때 인민들의 집을 가가호호 방문도 해야 하기 때문에 남성보다는 여성이 주로 맡아서 한다고 한다. 이런 상황에서 지역사회 구성원의 연대감과 결속력은 남한보다 높을 수 있다. 인민반장을 비롯한 인민반원들은 또한 여맹원이기도 한데, 당원이 아니라면 노동당 외곽단체인 각종 사회단체에 의무가입하여 지도감독을 받으며 활동해야 하고, 가두여성이라 불리는 전업주부는 의무적으로 여맹원이 되어야 한다. 그러나 이와 같은 조직 형태는 주민의 일상생활을 이중으로 감시하고 통제한다는 특성이 있다. 지역사회 안에서조차 당에서 파견된 당원이 위원장이 되는 여맹 조직을 통해 노동당을 정점으로 당의 통제를 받는가 하면, 지역의 인민반장들 역시 여맹을 통해 당의 통제를 받으면서 주민의 일상생활 움직임도 감시하고 있기 때문이다. 그럼에도 당의 개입과 통제의 기능을 뺀 상태에서 인민반이나 여맹처럼 지역사회에 근거를 둔 조직의 활동을 복지로 돌린다면 일사불란하게 움직이는 효율적인 복지 전달체계가 될 수 있을 것이다(양옥경 · 이민영 외, 2018).

5) 이주

통일사회가 되면 남한과 북한 양쪽에서 다양한 유형의 이주가 발생할 것이다. 이주 목적을 중심으로 살펴보면 거주의 목적과 사업의 목적이 있을 수 있다. 구체적으로, 고향을 찾아 거주하려는 유형, 새로운 삶의 터전을 잡아 보려고 시도하는 유형, 창업하려는 유형, 그리고 회사로부터 파견을 받아 머물기 위해 직업을 따라 이주하는 유형 등 목적과 이유가 다양할 것이다.

이처럼 통일 시대의 이주는 현재의 개념인 이탈과는 거리가 있다. 굳이 남한이나 북한을 이탈하여 북한이나 남한으로 넘어오는 이탈형 이주가 아니기 때문이다. 따라서 통일 시대 북한주민의 이주를 현재 북한이탈주민의 탈북 이유와 동일하게 생각해서는 안 되며(김진수, 2005), 탈북이라는 개념보다는 북쪽 지역에서 이주 또는 이사한 함경도 출신, 평안도 출신 사람으로 생각해야 한다. 우리가 부산에서 서울로 이사 온 사람을 유난히 부산이탈주민이라고 하지 않는 것과 같다.

이주지역을 중심으로 보면, 남한지역 내부 및 북한지역 내부에서의 이동이 있을 수 있고, 남에서 북, 북에서 남으로의 이동이 있을 수 있으며, 한반도 내부뿐 아니라 남과 북에서 외국으로의 이동, 외국에서 북과 남으로의 이동 등 여러 방향의 이동이 있을 수 있다. 특히, 이동의 자유가 주어짐에 따라 북한지역 내부에서도 더 살기 좋은 도시로의 이동(이상림, 2013), 해외 국가로의 이동(이종석 · 한승대, 2018: 1460~1461) 등 의미 있는 이동이 있을 수 있다. 그러나 남한지역과 북한지역의 내부에서의 이동 및 해외로의 이동은 이 장에서는 논외로 한다.

이동의 크기는 학자마다 다르다. 북한지역에서 남한지역으로의 이동이 많을 것이라는 것이 대부분 학자의 예측이다(김은하 · 최재필, 2015: 33; 이상림 외, 2012: 119; 이종석 · 한승대, 2018: 1460). 독일의 경우, 동독지역에서 서독지역으로의 이동이 압도적으로 많이 이루어졌으며(이상림 외, 2012: 89; 김창권, 2018: 6) 통일 전환기인 1989년부터 1993년까지 동에서 서로의 이동은 서에서 동으로의 이동의 약 4배 정도였다(김진수, 2005: 166). 대부분의 학자는 우리의 경우도 비슷할 것이라 판단하면서, 남쪽으로 대거 남하하는 이주민을 위해 주택 정책을 비롯한 다양한 정책이 마련되어야 한다고 주장한다(김은하 · 최재필, 2015; 이상림 외, 2012; 이종석·한승대, 2018). 동시에, 인구의 대이동을 미연에 방지하기 위해 남한과 북한에 비슷한 수준의 산업과 문화가 정착하도록 준비해야 한다고 주장한다. 통일 전환기 때의 주요 정책에 따라, 특별한 이유 없이는 거의 이동하지 않는 상황부터 산업 발달과 시장의 자본 소유 등의 이유로 대거 이동할 수 있는 상황(김창권, 2018: 20~21)까지, 정치, 경제, 개발사업, 생산직과 서비스직의 사업 형태 및 개발 수준에 따라 이동의 크기와 형태가 결정될 수 있다.

4. 통일 시대 사회복지실천의 이해

통일 시대 사회복지실천이 어떤 특별한 과업을 다루고 특별한 업무를 해야 하는 것은 아니다. 현재 남한에서 실행되는 사회복지실천과 이념 및 기본 틀에 있어서는 다르지 않다. 사회복지실천이란, "사람과 구조가 맞물려 관계를 맺은 상태에서 삶의 도전을 다루고 복지를 함양하는 것"이라는 사회복지실천(*social work*)의 국제정의(IFSW)에 따라 관계를 중심으로 삶의 도전에 관여하여 문제와 욕구를 임파워먼트(*empowerment*)적 문제해결 접근방법으로 풀어나가는 활동이다(양옥경·김정진 외, 2018: 34). 다만, 사람과 구조가 남한과 북한이 서로 다르기 때문에 그에 따른 욕구와 도전도 다를 것이므로 이에 대한 이해가 더 중요하게 대두된다. 이것이 바로 통일사회복지실천인 것이다.

1) 통일사회복지실천

통일사회복지실천의 궁극적 목적은 통일사회에서의 사회 통합 달성이다. 이 목적을 달성하기 위한 통일사회복지실천의 목표는 지역사회 주민 간의 화합과 협력, 그리고 서로 간 의사소통이 잘 이루어져 공감적 관계가 잘 형성되도록 하는 것이다. 이를 위해 통일사회복지실천은 기존의 사회복지실천 방법론을 적용하여 진행하면 될 것이다. 다만, 서로 간의 이해를 도모하는 과정에 조금 더 심도 있게 접근하는 것이 필요하다.

따라서 관계의 정립이 매우 중요하다. 북한주민을 적극적으로 돕는 전문가의 역할과 북한주민을 인간 존엄의 시각으로 바라보는 전문가의 관점을 동시에 갖고 관계 형성을 해나가는 것이 바람직하다. 비에스텍(Biestek, 1957)은 관계의 7대 원칙을 세웠고 마일리와 연구진(Miley et al., 2016)은 임파워먼트 시각에서의 8대 협력적 관계를 정리했다(양옥경·김정진 외, 2018: 212~237). 이를 참고하여 이 장에서는 통일사회복지실천의 5대 관계원칙을 정리했다.

원칙 1. 북한주민 개별화하기. 북한주민에 대한 각종 편견과 선입견에서 벗어나 통일사회복지사는 북한주민을 한 명의 독특한 욕구와 도전에 직면한 사람으로 보아야 하며 인간 존엄의 시각으로 보아야 한다.

원칙 2. 북한주민과 협력하기. 북한주민과 통일사회복지사는 통일사회복지실천의 과정에서 서로 협력해야 한다. 북한주민의 존엄성을 인정하면서 북한주민과 동반자의 관계를 맺고 함께 문제를 해결해 나가야 한다.

원칙 3. 북한주민을 비심판적 태도로 대하기. 북한주민이기 때문에 어떠하다고 심판하는 행위는 통일사회복지사가 가져서는 안 될 태도이다. 북한주민을 정형화(*stereotyping*) 하면서 언어 또는 비언어로 비판하거나 복지서비스를 받을 가치가 있거나 없다고 비판하는 태도는 삼가야 한다.

원칙 4. 북한주민과 권리와 책임 논의하기. 통일사회복지사는 북한주민과 서로의 책임과 권한을 논의하고 그 책임과 권리 안에서 북한주민이 자신의 역할을 찾을 수 있도록 도울 필요가 있다.

원칙 5. 북한주민의 자기결정 존중하기. 북한주민의 자기결정 존중은 매우 중요하다. 통일사회복지사가 북한주민을 위해 무엇을 해주는 사람이 아니라 북한주민과 함께 일하는 사람이라는 것을 확실하게 해야 한다. 그뿐만 아니라 이 원칙은 북한주민이 스스로 결정할 수 있도록 통일사회복지사가 가능한 많은 정보를 제공해야 함을 의미한다.

2) 통일사회복지실천의 현장

통일사회복지실천의 현장은 사회복지 또는 사회보장의 기본법, 정책, 제도 등에서 비롯된다. 그래서 사회복지나 사회보장의 기본은 대부분의 국가에서 〈헌법〉을 통해 정립한다. 남한의 경우도 〈대한민국헌법〉에서 강조하는바, "모든 국민은 인간으로서의 존엄과 가치를 가지며, 행복을 추구할 권리를 가진다"(제 10조) 라고 하고 있다. 〈헌법〉이 보장하는 인간 존엄과 행복 추구권을 지키기 위해 〈사회보장기본법〉이 마련되었다. 제 2조는 "모든 국민이 다양한 사회적 위험으로부터 벗어나 행복하고 인간다운 생활을 향유할 수 있도록 자립을 지원하며, 사회참여·자아실현에 필요한 제도와 여건을 조성하여 사회 통합과 행복한 복지사회를 실현하는 것"이라고 하고 있다. 제 3조는 "출산, 양육, 실업, 노령, 장애, 질병, 빈곤 및 사망 등의 사회적 위험으로부터 모든 국민을 보호하고 국민 삶의 질을 향상시키는 데 필요한 소득, 서비스를 보장하는 사회보험, 공공부조, 사회서비스"라고 사회보장을 정의하고 있다.

북한의 경우도 마찬가지이다. 북한의 〈사회주의헌법〉 제 25조에서는 "세금이 없어진 우리나라에서는 늘어나는 사회의 물질적 부는 전적으로 근로자들의 복리 증진에 돌려진다. 국가는 모든 근로자들에게 먹고, 입고, 쓰고, 살 수 있는 온갖 조건을 마련하여 준다"라고 천명함으로써 사회복지의 기본을 정의하고 있다. 이를 보장하기 위한 〈사회보장법〉[6] 이 북한에도 제정되어 있는데, 제 1조에서 "인민들의 건강을 보호하고 그들에게 안정되고 행복한 생활환경과 조건을 보장해 주는" 법이라고 명시하고 있다. 또한 제 2조에서는 사회보장의 대상을 "나이가 많거나 병 또는 신체장애로 로동능력을 잃은 사람, 돌볼 사람이 없는 늙은이, 어린이"라고 규정하고 있으며, 이들을 총칭하여 "사회보장자들"이라고 지칭하면서 "국가는 사회보장자들에게 사회보장의 혜택이 정확히 차례지도록 한다"고 사회보장의 범위와 역할을 정의하고 있다. 더불어 사회보장의 혜택을 정확히 제공하는 것이 국가의 역할임을 밝히고

---

6) 북한에는 〈조선민주주의인민공화국 사회보장법〉이 2008년 1월 최고인민회의 상임위원회 정령으로 채택되면서 제정되었으며, 동년 10월에 1차 개정되었고, 2012년 2차 개정되어 현재에 이르고 있다.

있다. 그 외 〈사회주의로동법〉을 비롯해 〈인민보건법〉, 〈년로자보호법〉, 〈장애자보호법〉, 〈살림집법〉 등 다양한 법령을 통해 복지의 혜택을 정리하고 있다. 이렇듯 북한에서 기초복지는 당연한 것으로 이해되고 있다. 얼마나 실제 집행되고 있는가와는 별도로 이념과 생각 속에서 복지는 당연하게 무상으로 공급되는 것이라고 여긴다.

그러나 이 무상의 사회보장 개념이 바뀌어 가고 있다. 사회보장의 혜택이 신청주의를 따르게 하고 있는 것이다. 〈사회보장법〉 제 10조(사회보장의 신청)에 따르면 "사회보장을 받으려는 공민이 속한 기관, 기업소, 단체"가 신청을 하게 되어 있고, "사회보장을 받으려는 공민의 이름과 나이, 직장 직위, 신청 리유와 경력, 수훈관계와 같은 것"을 기재(제 11조)하여 수속을 하게 되어 있다. 제 17조에 의하면, "사회보장금은 사회보장자의 생활을 보장하기 위하여 지출하는 자금"으로, 인민위원회를 통해 사회보장연금과 보조금을 지급받을 수 있도록 되어 있다. 그 외에도 북한의 〈로동법〉을 통해 근로자는 "로동에 의한 분배와 추가적으로 많은 국가적 및 사회적 혜택"(제 68조)을 받고 있다. 주택 제공, 저가의 식량 공급, 탁아소나 유치원의 공급, 무상의무교육 제공, 노동재해, 질병, 부상 시 국가사회보험제에 의한 일시적 보조금 제공(제 69~79조) 등을 보장하며, 국가사회보장제에 의해 로동능력상실년금, 년로년금, 공훈자 가족에 대한 특별배려, 휴가 시 생활비, 산전산후휴가 시 보조금, 유가족 연금, 노인 및 불구자 보호, 무상치료제 등을 보장하고 있다.

이렇게 법을 기준으로 본다면 통일사회에서 통일사회복지실천이 이루어지는 현장은 어느 정도 정립되어 있다고 볼 수 있다. 그러나 현실은 그렇지 않다는 것이 북한이탈주민들의 증언이다. 대부분의 법이 법으로만 존재하고, 직접 가볼 수 없어 그 적용 현장의 실태를 파악할 수 없다는 한계가 있다. 따라서 북한이탈주민을 비롯한 다양한 통로를 통해 법에 근거한 사회복지실천의 현장에 대한 적극적인 연구가 필요하다.

3) 통일사회복지실천의 전달

사회복지 전달체계는 사회복지 정책의 효과성과 효율성을 담보하는 제도이다. 보건복지부의 《사회복지사업안내》에 따르면, 사회복지 전달체계는 복지 대상자 측면에서 그를 둘러싼 일체의 공적, 사적 복지기관과 이들이 이용하는 기관의 서비스 전달의 망을 말한다(보건복지부, 2018). 적절한 전달체계의 발달로 복지제도의 실질적 증대 효과가 커지고 공동체의 삶의 질이 향상된다. 사회복지 전달체계는 대상, 급여, 재원, 그리고 전달자로 정리되며, 궁극의 목표는 사회구성원의 사회안전망 구축 및 보호로, 사회구성원을 사회적 위험으로부터 보호하기 위한 것이다. 이철수와 장용철(2016)은 재원을 효과적이고 효율적으로 전달하기 위한 전달체계의 확립이 필수적이라고 주장한다. 전달체계가 확실히 잡혀야 누수를 없앨 수 있기 때문에 전달체계의 확립과 그 전달자인 사회복지사의 양성은 무엇보다도 중요하다는 것이다.

1990년대 이후 고난의 행군 시대를 거치면서 무너진 무상배급 체제와 2000년대 이후 장마당 시대를 맞이하면서 갖게 된 사적 자본소유 체제는 북한의 사회주의 전달체계를 무너뜨렸다. 쌀과 곡물의 무상배급이 중단되거나 줄어들면서 배급을 통해 생존할 수 없다는 것이 확연해

짐에 따라 북한주민들은 시장에서 장사를 통해 돈을 벌고 벌어들인 돈으로 식량과 물품을 구입하기 시작했다. 또한, 진료의 4단계 전달체계를 따라가도 진료다운 진료를 받을 수 없어, 시장에서 자체적으로 처방한 약을 구입하여 복용하게 되었다. 요컨대, 사회복지 전달의 대부분이 공식의 전달체계에서 벗어나 개인끼리의 사적 전달체계를 구성하게 된 것이다.

그럼에도 2012년 개정된 북한의 〈사회보장법〉에 따르면 사회보장 대상자와 사회보장 기관의 관리감독 권한을 인민위원회에 두는 관리체계를 갖추고 있다. 사회보장자가 중앙로동행정지도기관과 해당 인민위원회에서 승인되면 등록과 함께 '사회보장금증서'를 발급받도록 하고 있으며(제 13조), 인민위원회는 사회보장금인 연금과 보조금의 지급을 담당한다(제 17조). 중앙로동행정지도기관은 사회보장기관인 양로원, 양생원 등과 영예군인보양소를 조직하고 관리, 운영하도록 하고 있다(제 25조). 또한 양로원과 양생원은 중앙로동행정지도기관의 승인을 받아 도(직할시) 인민위원회가 조직하고 관리, 운영하는 것으로 되어 있다(제 25조). 사회보장기관의 운영, 장애기구의 생산과 공급의 비용 등도 인민위원회에서 지급하도록 하고 있다(제 18조). 제 32조에서는 각종 시설을 "현대적으로 갖추"도록 하고 있다. 제 14조에서는 "인민위원회는 사회보장자등록정형을 그가 거주하고 있는 지역의 리, 읍, 노동자구, 동사무소에 알려주어야 한다"고 하면서 관리의 체계를 정립해 놓았다.

이렇게 법령을 보면, 관리감독 체계가 잡혀 있으며 인민위원회를 중심으로 나름대로 사회보장비, 보조금, 운영비용 등의 급여를 전달하는 체제를 갖춘 것으로 보인다. 다만 현실에서 이 전달체계가 제대로 운영되지 않는 것이 문제인 것이다. 또한 전달의 내용인 급여가 보조금과 운영비용 차원으로만 언급되어 사회복지실천의 영역인 서비스와 프로그램은 존재하지 않는 것으로 파악된다. 국가는 물론이고 지역사회 내에도 물적 자원이 상당히 부족할 것이다. 특히, 민간복지자원과 관련하여 민간의 재물이 복지의 민간자원이라고 생각하는 개념조차 존재하지 않을 것이다.

이에 통일사회복지사는 이 점을 파악하고 통일사회복지실천의 서비스와 프로그램을 개발하는 데 역점을 두어야 할 것이다. 통일사회에서는 사회의 혼란이 야기될 것이다. 그러나 사회가 혼란스러울수록 사회복지실천은 중요하게 작동할 것이다. 현재 북한에는 사회주의 복지제도가 붕괴한 지 오래이므로 자본주의 사회복지제도와 정책이 필연적으로 적용되어야 할 것이다. 이때 통일사회복지사의 통일사회복지실천이 제대로 전달될 필요가 있다. 통일사회복지실천을 전달하는 과정을 통해 통일사회복지 전달체계가 잡힌다면 훨씬 거부감 없이 통일사회의 사회체계를 수용할 수 있을 것이다.

특히, 지역사회에 이미 존재하고 있는 인민반의 반원과 여맹조직의 여맹원[7]을 민간전달자로 활용한다면 그 과정이 더욱 수월할 것이다. 이 과정에서 사회복지 영역에서 강조되는 공·관과 민의 협동 전달체계가 바람직할 것으로 사료된다. 단순히 공권력을 통해서만이 아니라,

7) 인민반의 가두여성 반원은 동시에 여맹원이 된다. 따라서 당의 통제하에 있던 여맹조직에서 당의 외곽조직으로서의 기능만 빠지게 되면 사람으로서의 여성들은 민간 인적자원으로서 훌륭한 역할을 할 것이다.

공공의 지원이 각각 주민의 생활에 맞게 적절성과 유연성을 확보하면서 신뢰성을 보장하는 수준으로 전달되도록 체계를 확립할 필요가 있다. 양측의 비슷한 주민조직체계를 이용하여 복지전달모델을 구축할 수 있을 것이라는 구상이 가능하다.

따라서 통일사회 초기에는 동주민센터와 인민반을 중심으로 공공복지전달을 체계화할 필요가 있어 보인다. 지역 단위로 민·관 협력 사회복지서비스를 제공하기 위한 시스템을 구축할 필요가 있으며 여맹 등과 연계하여 북한주민 스스로 사회복지의 전달자로 역할하게 한다면 사회통합적 측면에서 볼 때에서 매우 자연스럽게 정착될 것이다. 우선 인민반을 중심으로 하는 공공복지 전달체계를 잘 설계하고 민간복지자원과 협력하여 관-민 복지 전달체계를 정립하는 것이 중요하다. 복지를 전달하기 위한 자원으로는 북한 내의 지역사회 시설을 활용하거나 지역별 사회복지관을 신축할 필요도 있을 것으로 보이고, 여맹이나 직맹 등과 같은 비당원의 조직을 활용하여 자원봉사체계를 조직하는 것도 자원으로 활용하면 효율적일 것이라 판단된다.

4) 통일사회복지실천의 전달자: 통일사회복지사

현재 북한은 부의 분배가 매우 편향적으로 이루어져 빈부의 격차가 심한 상황이다. 계획경제는 이미 무너졌고 자본주의 자유시장경제와 비슷한 상황이며 그러다 보니 빈곤층의 빈곤 상태가 심각하다. 그럼에도 사회주의 복지체제를 유지하고 있어 빈곤을 인정하지 않음에 따라 빈곤으로 인한 취약계층이 아무 도움도 받지 못하고 있는 상황이다. 1990년 이후의 열악한 경제난을 지역사회 내에서 자체적으로 해결해 왔던 직맹, 여맹, 인민반 등의 조직조차도 이제는 가동되지 않고 있다. 모두 다 같이 힘들고, 모두 다 같이 장마당의 시장에서 상업행위를 해야 하고, 모두 다 같이 각자의 살길을 찾아야 하기 때문이다.

이런 상황에서 통일이 되면 가장 시급한 것이 빈곤층과 사회취약계층에 대한 접근일 것이다. 따라서 이들에게 적절한 복지서비스를 제공할 전문가가 필요한데, 그 역할을 가장 잘할 수 있는 전문가가 사회복지사이다. 통일사회에서 취약계층 중심의 복지를 제공할 사회복지사 양성이 가장 시급하게, 또한 절대적으로 필요하다. 통일 시대 사회 통합은 절실한 과제가 될 것이며 이 과제에 가장 잘 접근할 수 있는 전문직은 사회복지(김진수, 2005)라는 주장과 통일사회에서의 비용을 효율적으로 지출할 수 있고 남한 구성원의 통일 비용까지도 그 부담을 경감할 수 있도록 통일사회복지사를 양성해야 한다(이철수·장용철, 2016; 장용철, 2015)는 주장은 설득력이 있다. 남한의 사회복지사를 대상으로 통일을 준비하는 교육을 하고 통일사회복지를 준비하는 것을 서둘러야 한다.

이런 차원에서 통일사회복지실천은 사회 통합을 실제 현장에서 이끌어갈 가장 적합한 방법론이다. 또한 이 일을 직접 수행할 통일사회복지사가 절대적으로 필요하다. 이 사회복지사는 통일 시대 주체로서의 자기인식, 통일 시대의 복지이슈 선도, 통일 시대의 복지 정책 및 법과 제도의 이해 및 연구, 통일 시대의 협력체계 형성을 위한 네트워크 구성 및 운영, 그리고 통일 시대 사회복지실천을 위한 모형연구 및 시뮬레이션 실행 등을 시급히 해야 한다.

여기에 덧붙여 강조하고 싶은 것이 있다. 북한지역에 거주하고 있는 사람들을 사회복지사로 양성하자는 것이다. 이미 필자는 지역사회복지자원으로서 여맹원이 그 역할을 담당할 가능성이 있음을 밝힌 바 있다(양옥경 · 이민영 외, 2018). 여맹원은 지역 단위에서 주민과 밀접한 관계를 맺으면서 지역의 고아와 노인의 생활을 돕고, 주민의 가정문제를 돕는 등 자연스럽게 복지서비스 제공활동을 하고 있었다. 그리고 이들은 인민반과 유기적으로 연결되어 상호 협력하며 어려운 주민을 발견하고 실질적인 도움을 제공하는 등 지역사회 내 민간복지자원으로서 역할을 해오고 있었다(양옥경 · 이민영 외, 2018: 50). 이들을 중심으로 지금까지 해오던 일을 사회복지실천과 연결하여 이론 및 방법론을 교육하면 훌륭한 통일사회복지사로 거듭날 수 있을 것이다. 이와 같은 믿음은 북한이탈주민의 상당수가 사회복지를 전공함에 있어 어렵지 않게 성공적으로 완수하는 것에서 비롯된다.

이에 통일사회에서 혹은 통일을 준비하는 과정에서 가장 시급하게 해야 할 작업은 통일사회복지사의 양성이다. 4 · 27 판문점 선언 이후 사회복지계에서도 전문가 좌담회가 있었는데 통일복지에 대한 전문인력 양성의 필요성이 더는 미루어서는 안 될, 가장 시급한 준비작업 중 하나임에 모두 동의했다(〈복지타임즈〉, 2018. 6. 10). 북한의 대학에 사회복지학과를 설치하여 교육하는 방안까지 제시될 정도로 북한의 인력이 사회복지서비스를 제공하는 실질적인 복지 전문가로 양성되도록 돕는 과정은 어떤 측면에서는 그 무엇보다도 선행되어야 할 준비 과정이다. 그만큼 북한의 통일사회복지사를 배출하는 것이 중요하다.

통일사회복지사의 역할과 역량에 관해서는 제3부에서 집중적으로 논의하고 있다.

5. 나가며

22년 전 사회복지계에서는 이미 통일을 대비하여 결의를 다지는 성명을 발표했다. 1997년 10월 17일 한국사회복지협의회가 주관한 제 9회 전국사회복지대회에서 발표한 결의사항에 따라, 사회복지인은 다음의 4가지 사항에 대해 노력하고 준비할 것을 다짐했다(고명석 외, 2018). 첫째, 통일의 목표는 한민족 전체의 번영 보장이며 자유, 평등, 복지의 기본가치를 구현하는 성숙한 시민의식의 바탕 위에서 사회복지의식이 정립되어야 하고 아울러 전 국민에게 성숙되게 확산되어야 한다. 둘째, 통일한국의 공공복지가 남북한의 사회 통합과 모든 민족구성원의 인간다운 삶의 질을 보장하도록 개혁되어야 한다. 셋째, 통일한국의 민간복지가 창의적이고 자율적인 구조로 발전할 수 있도록 지혜와 슬기를 모아 제도를 발전시켜야 하며 공공과 민간의 파트너십을 강화해 통일한국의 복지제도 창달에 노력해야 한다. 넷째, 통일 비용에 대한 적절한 배려가 필요함을 인식하여 통일에 대비한 제도 구축과 인적, 물적 자원을 지금부터 준비해야 한다.

지금 보아도 매우 성숙한 내용으로 채워져 있다. 통일이 한민족 전체의 염원인 것처럼, 통일의 목표를 한민족 전체의 번영이라는 점을 확실히 했다. 그러면서 자유, 평등, 그리고 복지를 구현하는 것이 통일사회복지의 기본가치라고 했고, 이것을 전 국민에게 성숙하게 잘 확산시키는 것이 통일사회복지의 과제라고 하고 있다. 공공복지를 강조하고 있으며, 모두의 삶의 질과 남북한의 사회 통합을 보장하기 위한 사회복지제도의 내실화를 강조하고 있다. 그리고 민간복지는 창의적이고 자율적으로 발전함과 동시에 민간과 공공이 파트너로서의 역할을 충실히 하여 통일한국의 복지제도를 제대로 만들어야 한다고 주장하고 있다. 아울러, 인적, 물적 자원이 충분히 마련되어야 한다고 했는데, 통일사회복지사의 배출이 시급함을 말하고 있는 것이라 하겠다.

통일사회복지는 사람들 간 화합의 상태로 서로 소통하면서 생활을 영위하는 행복한 삶에 관한 것이다. 22년 전의 사회복지계의 결의를 보면서 다시 한 번 통일사회에 대한 우리의 소원을 확인하게 되었다. 그리고 이 확인은 지난 22년 동안 우리의 준비가 너무나도 미흡했음을 깨닫게 하는 기회가 되었다. 허비한 세월에 대한 보상의 차원에서라도 부지런히 준비하여 통일사회복지사가 통일사회복지실천을 통일사회에서 제대로 실현해낼 수 있도록 만반의 준비를 갖추어야 할 것이다.

참고문헌

고명석 · 이정숙 · 김경원 · 김기태 · 이장희(2018). 《사회복지개론》. 서울: 대왕사.

김성남 · 양옥경 · 유가환 · 윤지혜(2019). "재입국 북한이주민의 재정착 경험: 탈북, 탈남에서 재입국까지". 〈사회복지실천연구〉, 10권 1호: 39~75.

김성이(2018). "남북사회통합과정에서 사회복지의 필요성과 과제 및 전망". 《통일사회복지아카데미 2기 강의 자료집》, 3~12쪽.

김연명(1995). "통일대비: 통일한국 미래상 대연구 18; 사회복지: 시민적 권리로서의 사화복지 보장". 〈통일한국〉, 143권: 70~73.

김은하 · 최재필(2015). "통일 후 남하하는 북한주민 수용을 위한 통일주거

유형에 관한 연구". 〈대한건축학회 창립 70주년 기념대회 및 추계학술발표대회 논문집〉, 35권 2호: 33~34.

김진수(2005). "남북한 통일단계의 빈곤과 실업, 인구이동에 대한 연구: 독일 경험의 한국적용을 중심으로". 〈사회보장연구〉, 21권 3호: 157~184.

김창권(2018). "독일 통일 과정에서의 구동독지역 인구이동과 도시발전 및 한반도를 위한 정책적 시사점". 〈한독경상논총〉, 36권 2호: 1~28.

보건복지부(2018). 《사회복지사업안내》. 서울: 보건복지부.

〈복지타임즈〉(2018. 6. 10). "'통일복지' 교육 · 연구 필요… 복지부 내 전담부서 설치해야". http://www. bokjitimes. com/news/articleView. html?idxno=19748. 2019. 3. 7 인출.

세계사회복지사협회. "Global Definition of Social Work Profession". http://www. ifsw. org/what-is-social-work/global-de-finition-of-social-work. 2019. 3. 7 인출.

양옥경 · 윤여상 · 이관형 · 김성남(2018). "북한주민의 마약 사용 및 중독: 실태와 대책". 〈동아연구〉, 37권 1호: 233~270.

양옥경 · 김정진 · 서미경 · 김미옥 · 김소희(2018). 《사회복지실천론》(개정5판). 파주: 나남.

양옥경 · 이민영 · 최혜지 · 김선화 · 김성남 · 김학령(2018). "지역사회 복지자원으로서 조선민저녀성동맹(여맹)원 역할의 가능성 탐색". 〈사회복지 실천과 연구〉, 15권 2호: 33~56.

이상림(2013). "고난의 행군기 이후의 북한 내 인구이동: 도시-농촌 간 인구이동". 〈통일문제연구〉, 25권 2호: 29~60.

이상림 · 조영태 · 김지연 · 신상수(2012). 《남북한 통합시 인구이동 전망과 대응과제》. 서울: 한국보건사회연구원.

이승열(2019. 1. 30). "북한 경제의 현황과 2019년 전망". 〈이슈와 논점〉, 1545호. 서울: 국회입법조사처.

이우정(2016). "〔유엔 보고서〕 2016 DPR Korea: Needs and priorities"(북한의 인도주의 필요와 우선순위). 〈KDI 북한경제리뷰〉, 2016년 5월호: 87~96.

이임순(2017). "북한 지역사회에 대한 이해". 《통일사회복지아카데미 1기 강의 자료집》. 서울: 북한인권정보센터.

이종석·한승대(2018). “통일 대비 북한의 인구이동 대응 방안 연구: 주거와 인프라 공급을 중심으로”. 〈인문사회 21〉, 9권 5호: 1457-1472.

이철수·장용철(2016). 〈남북한 사회복지 통합 쟁점과 정책과제: 북한의 전달체계를 중심으로〉. 한국보건사회연구원 연구보고서.

장용철(2015). “통일대비 북한 사회복지서비스 전달체계 구축방안 연구”. 〈북한학연구〉, 11권 1호: 71~102.

채널A 뉴스(2018. 3. 11). 뉴욕타임스, “김정은, ‘북한은 가난한 나라’”. https://www.youtube.com/watch?v=P-bDh-J7bjE.

통일교육원(편) (2018). 《2019 북한이해》. 서울: 통일부 통일교육원.

현인애(2018). “북한사회의 이해”. 《통일사회복지아카데미 2기 강의 자료집》, 37~55쪽.

Biestek, F. P. (1957). *The Casework Relationship*. IL: Loyola University Press.

Giddens, A. (1979). *Central Problems in Social Theory: Action, Structure and Contradiction in Social Analysis*. 윤병철·박병래(역) (1991). 《사회이론의 주요 쟁점》. 서울: 문예출판사.

Miley, K. K., O'Melia, M., & DuBois, B. L. (2016). *Generalist Social Work Practice: An Empowering Approach* (8th ed). NJ: Pearson.

WHO(2018). “WHO Global Tuberculosis Report”. https://www.who.int/tb/publications/global_report/en. 2019. 3. 7 인출.

제 2 장

독일의 사회복지 통합과 시사점

김진수 | 연세대 사회복지학과 교수

1. 통일과 사회복지 관계

1990년을 전후로 나타난, 탈냉전 이후 세계사적 변화 모습은 우리에게 통일의 희망과 부담을 주었다. 당시 남한의 통일에 관해 대부분의 입장은 통일 대비를 가능한 한 다양한 각도에서 준비해야 하며, 이에 부합한 구체적인 준비 작업을 해야 한다는 당위성을 강조했다. 그러나 실제 대책방안으로는 북한의 붕괴를 전제로 한 급진적 통일에 대비한 것이 일반적이라 할 수 있다. 이러한 현상은 두 가지 점에서 이유를 찾을 수 있다. 첫째로, 다양한 변수를 상정한 통일 대비가 통일 정책에 중요한 요건이라는 사실에 대해서는 충분히 공감하면서도 남북한 관계에서 단절 상황이 지속적으로 이어져 왔기 때문에 단계적 통일이 실제 불가능하게 보일 수밖에 없었고, 둘째로, 독일의 경우 적어도 분단 상태에서 나름대로 상당한 교류를 맺었음에도 결국에는 급진적 형태의 통일로 나타났음을 경험했기 때문이라 할 수 있다.

통일에 대비한 통일 정책의 경우 남북통일에 대한 기본 기조가 단계적이고 점진적인 평화통일에 있음을 부인할 수 없다. 그렇지만 통일의 방식과 형태가 우리와는 별도로 이루어질 수 있다는 개연성도 그대로 존재한다. 따라서 평화통일에서 가장 급격한 형태를 상정하여 대비책을 마련하는 것이 통일로 인한 충격과 부담을 최소화하고 통일 충격으로부터 회복 기간을 축소 완화하는 방안이며, 이러한 관점에서 통일 정책의 기조는 유지되어야 한다.

통일과 관련된 연구는 탈냉전의 종식이라 할 수 있는 독일통일 이후 유행처럼 한꺼번에 많이 이루어진 것이 사실이다. 1990년 이전 통일과 관련된 사회복지 연구가 일부 제시된 바 있으나 사회복지 통합에 관한 구체적인 연구는 찾기 힘들다.[1] 이는 남북한의 냉전체제에서 통일 가능성에 대해 어떠한 긍정적인 변화를 찾을 수 없었던 상황에서 그 원인을 찾을 수 있다.

남북통일에 대한 연구가 급속히 활발해진 시점은 탈냉전 시대로 전환된 1990년대 초부터 1990년대 중반이라 할 수 있다. 급격히 나타난 동유럽의 변화와 독일통일은 한국의 통일 대비에 강력한 자극을 주었고, 이 맥락에서 활발해진 통일 관련 연구가 현재까지 이어지고 있다.

---

1) 대표적인 연구로 김형식(1986), 박길준(1972), 박동운(1972), 양재모(1972), 유인학(1973), 전웅렬·박길준(1972) 등을 꼽을 수 있으며, 연구의 경향은 북한의 제도 연구 또는 남북한 비교 연구이다.

이 기간 동안 연구소별 영역 관련 연구에서부터 개인별 연구에 이르기까지 경쟁적으로 연구되고 제시된 것이 현재 통일 관련 정책의 대부분이라 할 수 있다. 사회 조기통합과 관련된 연구는 남북통일에서 경제적 통합과 사회적 통합이라는 통합모형을 제시했으며 통합모형 연구까지 시도했다는 점에서 중요한 의미가 있다. 대표적 연구로 정경배와 연구진이 진행한 《남북한 사회보장 및 보건의료제도 통합방안》(1993)을 들 수 있다. 이외에 개인적인 연구도 상당히 활발하게 진행되었다.[2] 이 시기 연구의 대표적 특징은 북한과 남한의 체제 및 제도를 비교 연구하고 이를 근거로 통일 유형에 따른 사회복지제도 통합을 살폈으며, 통합모형을 제시하고 북한이탈주민에 대한 정책 관련 연구 등을 진행했다는 점이다.

1995년 이후의 연구는 이전 연구와 비교하여 구체적인 차이를 발견하기 어렵다. 세부 영역에 대한 문제의식을 확대하여 대안을 제시하기 위한 노력에 집중하거나 북한 자체에 대한 접근성을 높여 연구하는 경향이 있었다. 북한제도에 대한 구체성을 높이고, 남북 교류의 변화를 반영하려는 노력을 보인 것이 특징이다. 이러한 연구는 아직 불확실성의 성격이 큰 남북한 정보의 미비점을 지속적으로 개선하면서 사회복지 통합방안을 지속적으로 개발하고 보완하는 역할을 한 것으로 판단할 수 있다.

그런데 남북한 관계는 동유럽 사회주의 체제 붕괴(1989년), 독일의

---

2) 김상균 · 진재문(1998), 김진수(1992; 1994; 1995; 1997), 문옥륜(1989; 2000), 박진(1996; 1997), 오정수(1991; 1993; 2000), 조흥식(1999) 등이 대표적 연구이다.

통일(1990년), 그리고 구소련의 체제 붕괴(1991년)의 시점과 많이 달라졌고, 그 변화 속도도 상당히 다르다. 이러한 시점에서 1990년대 초에 제시된 대책들을 그대로 유지해야 하는지에 관해서는 좀더 검토할 필요가 있다 할 것이다.

최근의 연구는 남북한 교류 증가로 인해 발생할 수 있는 경제적 변화와 이로 인한 정치외교적인 측면에만 치우쳐, 오히려 남북한 사회복지 연구는 비교 차원으로 회귀하는 경향도 보이고 있다. 이러한 경향에, 기존의 남북한 사회복지 통합과 관련해 지적된 문제를 좀더 신중히 재검토하고 당시 과잉된 통일 기대로 간과된 부분을 다시 점검함으로써 남북한 사회복지 통합에 대한 정책을 공고히 하는 데는 소홀한 측면이 있는 것이 사실이다. 최근 연구에서 통일 이후 남북한을 일시적으로 분단하여 통치하는 방식이나 북한지역에서만 통용되는 임시 화폐를 유통하는 등의 방안을 제시하는 것은 오히려 일반적인 통일에 의한 지배체제를 상정하는 것을 전제로 한다는 점에서 혼란을 야기할 수 있다는 우려도 제기된다. 또한 사회복지 분야에서는 최근 들어 북한이탈주민에 대한 논의를 제외하고는 전반적인 통일 단계에 관한 예상 및 정책 관련 논의가 거의 찾기 어려운 것이 사실이다.

이러한 문제의식을 토대로 이 장에서는 남북통일 단계에 따른 사회복지적 변화를 예상하고자 한다. 이러한 예상은 독일의 경험을 남북한에 적용하는 접근 방법으로, 남북한의 분단 단계와 통일 단계에서 발생하는 사회복지의 대상을 빈곤과 실업 그리고 인구이동으로 국한하여 시사점을 도출하고 정책 대안을 논의하고자 한다.

2. 통일과 사회복지의 과제

남북통일에서 사회복지 과제의 핵심은 북한지역의 빈곤과 실업 그리고 인구이동 문제이다. 이 문제는 물론 사회복지에 의해 해결될 수 있는 것은 아니며, 경제 정책과의 연계를 통해 종합적인 대응이 있어야 해결이 가능하다. 또한 이 문제의 해결은 통일 이후 남북한 사회 통합을 통해 통일한국의 기틀을 이룰 수 있는가에 대한 정책 과제의 핵심이라 할 수 있다.

통일 과정에서 발생하는 빈곤과 실업 문제는 인구이동의 규모와 성격에 막대한 영향을 미친다. 그러나 분단 상황의 인구이동을 북한을 탈출하여 남한으로 이동하는, 직접적 성격의 이동으로만 국한하는 것은 통일 대책에 있어 좁은 감이 있다. 오히려 먼저 고려해야 할 사항은 관광이나 방문 등 상호 간의 교류에 있다 할 것이다. 특히, 남북한 간 신뢰가 형성되지 않은 상황에서 북한의 실업과 빈곤 문제에 남한이 직접 관여하는 데는 한계가 있을 수밖에 없기 때문에, 간접적 상호 교류를 통한 지원이 오히려 자연스러운 신뢰 형성에 상당히 긍정적으로 작용할 것으로 판단할 수 있다.

다른 측면으로 고려할 사항은 북한이탈주민에 대한 대책으로, 이는 북한의 빈곤과 직접적인 관련이 있다. 이 관점에서 북한의 빈곤과 실업 그리고 인구이동에 대한 대책은 상호 밀접한 관계이기 때문에 정책적으로 동시에 고려되어야 한다. 인구이동과 빈곤과 실업의 상호 관계에 따라 인구이동은 영향을 받는다. 빈곤과 실업 문제가 일정 부문 해결될 경우 인구이동은 감소하고, 반대로 빈곤과 실업 문제를 해결하지 못할 경우 인구이동은 증가하는 상호 관계에 있다. 따라서 빈곤과 실업 문제는 인구이동의 상위 범주이다.

통일 이전 단계의 인구이동은 기존의 접근처럼 북한지역의 극심한 빈곤으로 인해 탈출이 발생한다는 점에서도 동일한 배경에서 상황 예측이 가능하다. 빈곤과 실업 문제는 북한주민이 분단 상태에서 북한을 탈주하거나 통일 과정에서 남한지역으로 이동하는 데에 결정적인 계기를 제공할 것이다. 통일 과정 및 통일 이후의 인구이동과 직접적인 관련이 있는 대량실업의 발생 원인으로는 북한지역의 경제활동계층이 산업구조 조정 과정에서 노동시장에서 탈락하는 경우와 높은 비율을 차지하고 있는 군인계층이 사회로 귀환함에 따라 발생하는 경우[3] 등 두 가지 측면으로 구분할 수 있다.

반면, 빈곤 문제는 비경제활동계층으로서 경제활동을 하는 가족의 피부양 상태에 있었거나 국가에 의해 보호받던 계층이 중심이 될 것으로 판단된다. 이러한 빈곤계층의 남한지역으로의 이동 규모는 통일 과정에서 북한지역에 대한 응급구호의 효율적 성공 여부에 달려 있다. 이에 통일 이후 공공부조 및 사회복지서비스에 대한 남북 간 제도적 간극을 얼마나 줄일 수 있는가에 따라 결정될 것이다.

대량실업 발생에 대한 대책은 사회복지 차원의 접근이 우선하기보다는 적극적인 경제 정책적 차원에서 우선적으로 해결을 위한 노력이 있어야 하며, 이를 효율화하기 위한 보완적 접근으로 사회복지 정책이 이

3) 북한의 군인계층이 통일로 인해 해산될 경우, 120만 명에 이르는 청년실업이 발생할 것으로 예상된다.

루어져야 한다. 빈곤 문제는 북한주민에 대한 소득보장 정책을 어떻게 규정하는가에 따라 사회보험적 접근과 사회부조적 접근으로 분류되어야 한다.[4] 결국, 실업과 빈곤 문제가 통일 과정에서 해결해야 할 가장 중요한 과제임에는 의심할 여지가 없다.

인구이동은 한 정권이 붕괴하는 과정에서 붕괴 직전에 정권에 반발하는 주민이 국외로 탈출하는 경향과 국내적으로 저항 세력의 결집에 따라 나타나는 현상으로 구분된다. 그 때문에 이는 상호 상승효과를 갖는 메커니즘으로 작용하여 붕괴를 가속하는 성격이 있다.

현실적으로 이러한 대규모 인구이동의 발생이 없는 경우 북한의 체제 붕괴는 발생할 가능성이 희박하다는 점을 감안해볼 때, 물리적으로 이동을 억제하거나 제한하기 위해 노력하기보다는 가능한 그 규모를 최소화하는 데 집중할 필요가 있다. 아울러 무엇보다도 적절한 대처를 통해 사회·경제적 충격을 최소화하는 과제에 초점을 맞추어야 한다.

3. 독일통일과 단계별 상황 대책

1) 분단 단계 상황과 대책

독일이 분단 상황에서 추진한 대표적인 대책은 상호 교류를 통한 방문과 이주민 대책으로 구분할 수 있다. 상호 교류를 통한 방문 정책은 관

4) 이는 통일 비용과 관련해 남한의 부담 능력과 사회·경제적 충격의 규모에 따라 결정되어야 할 사항으로 사회복지 협의의 개념에 의한 접근이다.

광과 방문의 형태가 전반적인 교류의 중요한 사업으로 이루어졌다는 특징이 있다. 이러한 형태의 인구이동은 완전한 이동이 아니기 때문에 동서독 간 긴장에 영향을 주지는 않았으며 실제 동서독 간 신뢰 구축에 결정적 역할을 한 것으로 평가할 수 있다.

동서독 주민 간 상호 방문은 통일 이전부터 상당 기간 지속적으로 이루어졌으며, 또한 방문 목적도 관광에 그치지 않고 연금생활자의 자유 여행이나 친인척 간 예약된 여행, 긴급한 상황에서의 친인척 방문 등이 이루어진 것을 알 수 있다. 그 규모도 매우 커서 통일 직전 1988년의 왕래 규모는 동독에서 서독 방문이 675만 명에 이르렀고, 서독에서 동독 방문도 667만 명에 이르렀다(〈표 2-1〉 참조).

〈표 2-1〉 통일 전 독일 주민의 상호방문 규모추이

단위: 천 명

연도	동독인 서독 방문			서독인 동독 방문			
	총 여행자	연금생활자	긴급 가사 사유	총 여행자	서베를린 주민→동독	서독주민 →동독	서독주민 →동베를린
1953	1,516	1,516					
1957	2,720	2,720					
1958	690	690					
1962	27	27					
1965	1,219	1,219		1,424			
1970	1,048	1,048		2,654		1,400	1,254
1975	1,370	1,330	40	7,734	3,210	1,400	3,124
1980	1,594	1,554	41	6,746	2,600	1,400	2,746
1985	1,666	1,600	66	5,620	1,900	1,120	2,600
1986	2,002	1,760	242	6,740	1,800	1,150	3,790
1987	5,090	3,800	1,290	6,620	1,800	1,120	3,700
1988	6,750	-	-	6,671	1,972	1,120	3,579

자료: 주독일대한민국대사관(1992a). 《숫자로 본 독일통일》. p.96ff; 정경배 외(1993). 《남북한 사회보장 및 보건의료제도 통합방안》. 115쪽.

〈표 2-2〉 분단 상태에서 서독의 동독 지원

1975~1988년, 단위: 억 독일마르크

구분	서독에서 동독	동독에서 서독	수지 차
물품 거래	774	772	2
용역 거래	209	285	-76
일방 이전지출[1)]	-362	-15	-347
자본 수지	-20	0	-20
기타[2)]	-450	-	-450
계	151	1,041	-891

주: 1) 동독지역 정치범 석방을 위한 서독의 지급액 및 여행자우편 일괄금, 통과여객 일괄금, 동독 여행자 환영금 등을 포함한 금액.
2) 서독 방문 시 동독인에게 지급된 선물, 인터숍(*intershop*)에서의 물품 구입비 등을 포함한 금액.

자료: 주독일대한민국대사관(1992a). 《숫자로 본 독일통일》.

이러한 동서독 주민 간 상호 이동은 단순한 인적 교류뿐만 아니라 통행 문제와 연계된 경제 지원, 문화 협정과 스포츠 교류 그리고 종교단체의 지속적 교류 등과 깊은 연관이 있다. 실제로 분단 상태에서 상호 교류를 통한 서독의 동독 지원 내용은 다음과 같다.

〈표 2-2〉에서 보는 바와 같이 1975년부터 1988년, 즉 통일 이전까지 서독에서 동독으로 지원된 금액은 수지 차로 볼 때 891억 독일마르크에 이른다. 그런데 이러한 이전액은 거래에 의한 것이라기보다는 지원 성격의 이전지출이 많았음을 보여 준다.

이는 통일 이전 서독이 동독에 지원할 수 있는 명분이 설 수 있다면 지속적으로 지원한 것으로 평가할 수 있다. 특히, 이러한 서독의 지원이 동독 입장에서는 매우 중요한 의미가 있었음을 알 수 있다. 실제 분단 상태에서 서독의 내독 무역은 서독 전체 무역량의 약 1.5%에 불과한 수준이었고 동독에 대한 서독의 차관 또는 대출은 전체 차관 규모의

〈표 2-3〉 동독의 세출예산 중 가격보조금 비중 추이

단위: 백만 독일마르크

연도	1980	1985	1986	1987	1988
세출 총액	160,283	234,392	246,369	260,167	269,466
가격보조금	16,853	40,621	47,883	49,336	49,811
비중(%)	10.5	17.3	19.4	19.0	18.5

자료: DDR Statistisches Amt(1989). *Statistisches Jahrbuch der DDR*.

0.55%에 불과했다. 반면, 동독에 있어 서독은 상당한 비중을 차지하고 있었는데, 통일 직전 서독은 소련과 체코슬로바키아에 이어 세 번째 교역국 위치를 차지하고 있었다.

분단 상태에서 동독의 실업과 빈곤 문제는 뚜렷한 관련 자료가 제공되지 않고 있다. 이는 동독지역은 서독의 시장경제와는 달리 계획경제 체제로서 완전고용 상태에 있었던 것으로 주장되기 때문에 공식적으로는 실업이 없는 완전고용 상태이기 때문이다. 실제 분단 상태에서 동독이 제시한 경제활동가능인구의 경제활동참가율을 보면, 통일 직전 동독의 경우 80%를 상회하는 것으로 보고된 바 있다. 이는 서독보다 오히려 12%p 높은 수치이다. 이러한 통계 수치는 불필요한 과잉고용을 통해 완전고용이 이루어졌다고 평가할 수 있다.

특히, 분단 상황에서 동독의 가격보조금 부담을 살펴보면 동독의 상황이 얼마나 악화되어 있었는지 알 수 있다. 동독의 세출예산 중 가격보조금이 차지하는 비율 추이(〈표 2-3〉 참조)를 보면, 1980년 10.5% 수준에서 1988년에는 18.5%에 이르는 등 급속한 부담 증가가 이루어졌다. 이 점에서 동독주민의 기초생계가 동독정부의 재정에 상당한 부담으로 작용한 것을 알 수 있다.

〈표 2-4〉 통일 전 동서독 간 인구이동 변화 추이

단위: 명

기간	동독에서 서독으로	서독에서 동독으로	순인구이동 수	연평균 규모
전반기(1950~1961)	3,854,552	400,315	3,454,237	287,853
후반기(1962~1988)	625,751	69,937	555,814	20,586
총인구이동 수	4,480,303	470,252	4,010,051	102,821

자료: Statistisches Bundesamt(1994). *Statistisches Jahrbuch*에서 자체 계산.

한편, 탈출 이주민 정책은 분단 이후 동독주민이 서독지역으로 이주하는 데 대한 대책부터 통일 과정에서 대규모 이주가 발생한 시기까지 포괄적으로 정책적 대응을 해왔다. 이주민은 성격상 두 가지로 구분할 수 있다. 하나는 비록 비밀리에 이루어지기는 했지만 동서독 간 협상 거래가 이루어진 경우라 할 수 있고, 다른 하나는 일반적 탈출에 의한, 동독으로부터 서독으로 이주한 경우라 할 수 있다.

먼저, 동독으로부터 서독으로의 동독지역 정치범 이주는 동서독 간 비밀 거래에 의해 이루어졌는데, 그 내용은 정치범 석방을 위한 비밀 거래(*Freikauf*)와 이산가족 재상봉 작업(*Familienzusammenführung*)으로 구분할 수 있다. 이는 서독정부가 동독정부에 일정 금액을 지불하고 동독에 수감 중인 정치범 중 서독정부가 지정한 사람을 서독으로 석방하는, 비밀 협상을 통한 이주였으며 가족의 상봉을 위해 합법 이주가 이루어졌음을 의미한다. 이 협상으로 총 3만 3,755명의 정치범이 서독으로 석방되었고, 정치범의 가족으로 어린이 2천여 명이 서독으로 이주되었다. 이로써 총 25만여 명의 가족이 재결합했다. 이를 위하여 1964년부터 1990년까지 서독이 동독에 지불한 재정 부담은 총 3억 464만 독일마르크에 이르렀다(Rehlinger, 1991).

한편, 일반적인 동독주민의 서독 탈출 및 이주는 성격 및 환경 변화에 따라 두 기간으로 구분할 수 있다.[5] 분단 상황에서 인구이동 규모는 정치적 상황에 따라 상당한 차이를 보였는데, 전반기 동독주민의 서독 이주는 동독정부의 허가 없는 탈출 또는 피난민으로 합법적인 경우는 없었으며, 서독에서 동독으로 이주한 경우를 감하면 순인구이동 규모는 약 345만 명으로 매년 평균 29만 명 수준이었다. 후반기에는 베를린주민의 왕래가 금지되어 이주민 수는 급격하게 감소했으며, 1962년부터 1988년까지 동독이주민 규모는 62만 명을 상회하는 수준으로 매년 2만여 명에 그쳤다. 이 기간 동안 서독으로 이주한 대부분의 동독이주민은 노동 능력이 없는 비경제활동 연금수급자로서, 동독정부로부터 정식 허가를 받은 합법적 이주였다. 따라서 분단 기간 동안 동독에서 서독으로 유입된 총인구는 448만여 명으로, 서독에서 동독으로 이주한 47만 명을 제하면 대규모 이동 전까지 동독에서 서독으로 이동한 이주자의 규모는 400만여 명에 이른다.

2) 통일 전후 상황과 대책

통일 전후의 독일 상황은 갑자기 발생한 대규모 인구이동으로 인해 통일이 촉발된 것에서 출발한다. 대규모 인구이동이 위험을 초래할 수 있

---

5) 전반기는 2차 세계대전 종식 이후인 1945년부터 1961년 베를린 장벽이 설치된 1961년까지로, 동독의 점차적인 통행 차단에도 지속적인 이동이 있던 기간이다. 후반기는 베를린 장벽을 설치한 1961년부터 통일 직전 대규모 이주민 발생 시점 전인 1989년까지로, 동독의 국경 완전봉쇄하에 탈출 차단이 이루어짐과 동시에 연금수급자를 중심으로 한 합법적 이주가 제한적으로 허용된 시기이다〔김진수(1994) 참조〕.

〈표 2-5〉 통일 직후 동독지역 관련 실업률 변화 추이

단위: %

시점	명목실업률	정부 구제실업률[1)]	실제실업률
1990년 10월	6.1	19.7	25.8
1990년 12월	7.3	20.0	27.4
1991년 2월	8.9	23.1	32.0
1991년 4월	9.5	26.5	35.8
1991년 6월	9.5	26.1	35.6
1991년 8월	12.1	23.1	35.2
1991년 10월	11.9	21.9	33.8
1991년 12월	11.8	21.1	32.9

주: 1) 정부 개입에 의하여 인위적으로 낮아진 실업률로, 단축조업자, 직업전환교육자, 고용창출조치 해당자 등이 이에 해당.

자료: 주독일대한민국대사관(1992a). 《숫자로 본 독일통일》; 김진수(1995). "서독의 분단관리정책과 통일 후 사회보장정책에 관한 연구"를 참고하여 작성.

는 상황이었다. 특히, 급격한 인구이동으로 인해 동독지역의 노동력 공동화 현상은 물론, 서독지역의 사회 및 경제 혼란을 수습할 수 없었던 상황이라 할 수 있다.

통일 상황은 동독지역의 개방으로 이어졌고, 곧바로 높은 실업과 빈곤의 위험이 나타났다. 통일독일정부가 우선적으로 실시한 정책도 실업률을 인위적으로 낮추더라도 이로 인한 위험을 제거하려는 노력에 근간을 두고 있었다. 통일 직후 실업률을 낮추기 위한 독일의 노력을 살펴보면 〈표 2-5〉와 같다. 〈표 2-5〉는 통일독일이 동독지역의 실업률을 낮추기 위해 얼마나 집중적인 노력을 해왔는지 보여 준다.[6)]

6) 통일독일정부는 동독지역 사회복지 대책으로 두 계층으로 분류하여 접근했다. 즉, 소득보장이 필요한 기존 동독지역의 경제활동계층인 근로계층, 그리고 사회보장제도에 의해 소득을 유지하는 연금수급자 또는 아동 등 취약계층이었다. 서독은 동독주민

〈표 2-6〉 통일 직후 인구이동 변화

1989~1993년, 단위: 명

동독에서 서독으로	서독에서 동독으로	순인구이동 수	연평균 규모
1,405,077	351,939	1,053,138	210,628

자료: Statistisches Bundesamt(1994). *Statistisches Jahrbuch*에서 자체 계산.

인구이동은 1989년 서독으로 대규모 탈출이 이루어진 시점부터 큰 변화가 일어났다. 이주민 규모는 1989년에 이미 38만 명을 상회했으며, 1993년까지 동독지역에서 서독지역으로 이주한 총인원은 140만 명에 이르렀다. 반면 같은 기간 중 서독지역에서 동독지역으로 이주한 총인원은 약 35만 명에 이르렀는데, 이는 동독지역 행정체제의 개편을 지원하기 위한 이동과 새로운 투자에 따른 인구이동이었다(〈표 2-6〉 참조).

그런데 실제적으로 서독지역에 유입된 독일인이 차지하는 비율을 통계적 수치로 볼 때, 이러한 인구이동의 비율은 높지 않음을 알 수 있다. 즉, 실제 독일통일 과정에서 독일지역으로 유입된 인구를 보면 동독지역보다는 독일 이외의 지역에서 서독으로 유입된 인구가 훨씬 많다는 사실에 관심을 둘 필요가 있다. 독일의 경우, 1990년부터 1993년까지 동독지역에서 서독지역으로의 이주 규모는 98만 7,637명인 데 반해 동독 이외 지역에서 서독으로 이주한 독일인은 66만 2,389명으로, 동독에서 이주한 규모의 2/3 수준이었다. 그런데 동독지역의 독일인 이주

에 대한 빈곤과 실업 대책으로 노동시장에서의 경제활동인구 감소〔조기퇴직제도(*Vorruhestand*)〕, 공공기관을 중심으로 한 잉여 노동력의 고용 흡수〔고용창출조치(*Arbeitbeschaffungsmaßnahmen*)〕, 작업 시간 단축을 통한 고용 유지〔단축조업(*Kurzarbeit*)〕, 실업 노출을 방지하기 위해 새로운 기술 습득 교육을 통한 인력 전환〔직업교육(Ausbildungsmaßnahmen) 등〕 등을 시행했다.

〈표 2-7〉 통일 전후 독일이주자 변화 추이 비교: 동유럽 중심

단위: 명(%)

연도	소계	유고슬라비아	루마니아	불가리아	구소련	동독지역	총인원
1985	1,777 (100)	750 (42.2)	887 (49.9)	97 (5.5)	43 (2.4)	-	1,777
1990	63,667 **(13.9)**	22,144 (4.8)	35,345 (7.7)	3,841 (0.8)	2,337 (0.5)	395,343 **(86.1)**	459,010 (100)
1991	133,104 **(35.3)**	74,854 (19.9)	40,504 (10.7)	12,056 (3.2)	5,690 (1.5)	243,800 **(64.7)**	376,904 (100)
1992	268,828 **(58.6)**	122,668 (26.7)	103,737 (22.6)	31,540 (6.9)	10,883 (2.4)	189,964 **(41.4)**	458,792 (100)
1993	214,348 **(57.5)**	96,626 (25.9)	73,717 (19.8)	22,547 (6.0)	21,458 (5.8)	158,530 **(42.5)**	372,878 (100)
총인원	679,947 (40.8)	316,292 (19.0)	253,303 (15.2)	69,984 (4.2)	40.368 (2.4)	987,637 (59.2)	1,667,584 (100)

주: 동독지역에서 외국인이주자를 제외한 순수 독일인의 이주숫자임(단, 1990년은 독일인 동독거주 외국인 포함).

자료: Staatliche Zentralverwaltung für Statistik(2011). *Statistisches Jahrbuch der DDR 1989*.

는 점차 감소한 반면 동독 이외 지역의 독일인 이주는 지속적으로 증가한 점을 주시할 필요가 있다(〈표 2-7〉 참조).

독일의 통일 형태는 급속통일로, 통일 이전에 이미 국경 개방이 이루어졌으며 물리적 통제는 현실적으로 불가능했다. 따라서 대규모 인구이동에 대한 억제 조치로서 동독지역주민에 대한 소득보장을 통해 사회적 안정을 취하려 노력했다. 이에 따라 1990년 인민회의 자유선거와 재산의 사적 소유 허용 및 신탁관리청 설립 등의 조치가 빠르게 가시화되어 동독주민의 탈출 동기가 무마되면서 이동 규모는 줄어들었다.[7]

7) 이러한 감소 추세에도 동독지역의 체제 전환에 따른 실업 급증으로 인해 생계에 대한 불안이 인구이동으로 이어져 일정 수준을 유지하는 등 인구이동의 잠재력이 계속 내재했다. 결국, 통일 전후의 폭발적 인구이동으로 서독정부의 동독지역에 대한 소득보

3) 독일의 사회보장 통합 내용

독일통일에서 대내적인 통일은 사회보장 정책을 근간으로 했으며, 이 중 가장 핵심적인 초기 정책 과제는 동독지역을 급속한 시장경제체제로 재편하는 과정에서 발생하는 문제의 해결 및 완화였다. 이미 언급한 바와 같이 통일 직후 경제활동계층에게는 대량실업이, 비경제활동계층에게는 생활안정이 핵심적인 문제로 제기되었다. 특히, 동독지역의 경제가 당면한 문제는 대량실업이었고 이는 동독의 경제구조를 개편하는 과정의 후유증이었기 때문에 선택의 여지가 없는 상황이었다고 할 수 있다. 이는 일자리 창출과 실업 대책으로 해결해야 했다. 또한 동독지역의 비경제활동계층을 중심으로 한 동독주민의 생활수준을 유지하기 위해 소득보장 수준을 높여야 했고, 이를 체계화하는 제도적 과제가 동시에 발생했다고 할 수 있다. 이 두 가지 핵심적 상황은 동독지역으로부터 서독지역으로 대규모 인구이동이 발생할 수 있다는 점, 통일에 대해 동독주민의 근본적인 동의를 얻을 수 없다는 점에서 선택이 아닌 필수적으로 해결했어야 할 정책 과제라 할 것이다.

독일은 사회보장에 관한 기본적 주제를 '통합'으로 하였으며 더불어

장 정책은 불가피했으며 이는 통일 직후의 정책에 결정적인 영향을 미쳤다. 통일 이후 인구이동과 관련한 이러한 근본적인 대책이 그대로 유지되면서, 동독지역주민의 서독지역으로의 이주가 동독지역에 지속적으로 거주하는 것보다 경제적으로 나을 수 있으나 기존 생활 장소를 유지함으로써 발생할 수 있는 기득권적 장점과 장기적으로 동독지역의 수준이 서독지역 수준과 일치할 것이라는 예상에 따라 인구이동의 문제는 안정적 수준으로 유지되었다.

동독지역주민의 사회보장을 통해 안정화를 기함으로써 사회적 불만 등 통일의 후유증을 최소화하고자 했다. 동독지역주민의 대규모 서독지역 이동을 방지하는 것이 핵심적인 정책 과제였다. 서독의 정치적 입장에서 볼 때, 앞으로 생활이 윤택해지고 여유로운 생활을 영위할 수 있다는 동독지역주민의 기대는 중요한 사항 중 하나였다. 이를 해결하지 못할 경우 사회적 불만이 팽배해질 수밖에 없으며 따라서 서독지역으로의 대규모 이동, 나아가 통일 자체에 대한 반발 등이 발생하지 않도록 하는 정책이 전제되어야 했다. 또한 서독의 통일독일에 대한 사회보장은 사회보장급여 상향 조정에 따른 재정 조달 문제보다는 사회보장 통합의 제도적 가능성을 염두에 둔 선택과 경과 조치라는, 현실적 문제 발생의 최소화에 집중할 수밖에 없었던 것으로 볼 수 있다.

(1) 기본 방향

독일 사회보장 통합에서 핵심적 형태는 서독의 사회보장제도를 동독지역에 적용하는 방식이었다. 이로 인한 동독지역주민의 불이익에 대해서는 경과 조치를 두어 불이익을 완화하고, 서독에서 개선하고자 한 사항을 부분적으로 동독에 적용해 차후 서독제도를 개선하는 방식을 채택했다.

서독의 제도를 동독지역에 적용한다는 단순한 방식은 서독과 동독의 제도 비교를 통해 합리적 균형점을 찾거나 장단점을 고려해 선택하는 등의 제도 개혁을 하지 않았다는 것을 의미한다. 이러한 정책 결정의 배경에는 불가피한 배경이 존재했다.

먼저, 서독과 동독은 이미 성숙한 사회보장체제로서 동독제도를 고려하여, 동독제도의 일부를 서독에 반영할 경우 동서독지역 모두 통합으로 인한 혼란이 발생할 우려가 명확했다. 통일에 따른 엄청난 재정부담을 서독지역주민에게 전가하면서 제도 변화로 인한 스트레스를 주는 것은 정책적으로 불가능했으며, 실제 명확한 제도적 장단점을 파악하고 제도 개편에 따른 파급효과를 예상하는 데에는 시간적으로 한계가 있었기 때문이다. 따라서 서독제도 적용으로 인한 동독지역주민 불이익에 대해 보완적 성격과 경과조치적 성격의 임시 조치를 마련하는 방식을 선택할 수밖에 없었다. 다만, 재정 지출 급증에 대비한 재정 조달방안 마련에 있어서는 정책 부서 간 또한 이해 당사자 간 이견이 있었고 이를 조율하는 과정도 있었으나 장기적 관점에서 의미가 있었다고 보기는 어렵다고 할 수 있다.

(2) 동서독의 사회보장제도 비교 및 통합 형태

통일독일의 사회보장체제에 있어서 핵심적인 배경은 동독의 사회보장체제가 사회보험을 중심으로 유지되는, 근본적으로 동일한 체제였다는 점으로, 서독의 사회보험체제를 바로 적용하는 데 제도적 문제점이 매우 적었다. 동독은 사회주의 계획경제에도 불구하고 전통적인 사회보험체제를 유지한 바 있는데, 이는 독일의 사회보험이 동서독 분단 이전에 이미 상당 부분 성숙되고 정착되었기 때문이다. 따라서 사회보험적 통합에서 서독제도로 동독제도가 흡수통일되는 부분에 제도적 문제점이 상대적으로 적었던 것이 사실이다.

통일독일의 사회보장 통합 형태는 서독제도를 중심으로 하되, 구체적으로는 제도적 차이로 발생하는 동독주민의 불이익 충격을 완화하도

〈표 2-8〉 독일 사회보장체제 통합의 기본체제 비교

	서독	동독	통일 후
기본 성격 및 방향	• 사회적 시장경제 • 사회보험중심체제 (사회보험제도별 분산관리체제) • 소득비례적 성격	• 사회주의 계획경제 • 사회보험중심체제 (통합사회보험체제) • 기본보장: 의무가입 • 소득비례보장: 임의가입	• 사회적 시장경제 • 사회보험중심체제 (사회보험제도별 분산관리체제) • 소득비례적 성격
비고 (동독체제)	• 기여에 대한 보장으로 사회보험원리가 동독주민의 보편적 인식으로 자리 잡음 • 가입자 부담을 통하여 국가 전액 부담으로 인한 문제가 적도록 함 • 가입자 부담에 따라 급여 수준이 달라지는 체제(개인별 수지상등체제)를 도입운영하고 있었음[임의부가연금제도(FZR)]		

록 했다. 또한 부분적으로 서독의 문제를 해결하기 위한 개선방안을 동독지역에 먼저 적용하는 방식을 채택했다고 볼 수 있다.

사회보험체제 영역별 내용은 적용 대상, 보험료 부과 규정, 재정 형태, 급여 종류·조건·수준, 관리운영 형태 등 다섯 가지로 구분하여 비교 분석할 필요가 있다.

적용 대상에 있어, 서독보다 동독이 적용 대상을 넓게 적용하고 있었다. 이에 따라 동독의 적용 대상을 인정하되, 가입 대상 소득에 대해서는 동독의 상황을 고려하여 서독과 동독에 대한 차이를 인정하는 규정을 적용했다. 먼저, 동독제도에 있어서 서독제도보다 넓게 적용하고 있는 당연(의무)가입, 특히 자영자 계층에 대한 가입 규정을 그대로 인정했다. 또한 의무가입 소득상한선을 서독과 동독의 소득 차이를 고려해 차등 적용하도록 했다(의료보험, 재해보험). 다만, 사회보험 가입 소득하한선은 서독의 규정을 그대로 적용했는데 이는 동독지역의 최저보장 수준을 보장한다는 정책적 목표에 근거한 것이라 할 수 있다.

〈표 2-9〉 통일사회보장제도 형태 및 동서독제도 비교 1

	서독	동독	통일 후
적용 대상	• 모든 근로자계층에 의무가입 • 적용 제외 대상: 소득이 너무 높거나 낮은 경우	• 모든 소득계층에 의무가입 • 적용 제외 대상: 소득이 너무 낮은 경우	• 서독제도로 통합 • 동독의 의무가입 대상자 가입 선택권 인정 • 적용 제외 대상에 소득상한선 규정 적용(상한액: 동서 차등; 하한액: 동서 동일)
부과 규정	• 공적연금: 동일한 보험료율 • 의료보험, 재해보험: 보험료율 차등화	• 모든 사회보험에 동일한 보험료율 적용 • 산재보험은 차등화(예외)	• 서독제도를 적용 • 의료보험은 발전된 규정 적용: 동독지역에 동일한 보험료율 적용
재정 형태	• 제도별 독립적 재정 운영 • 국고보조: 연금보험(19%), 재해보험(농민 50%), 의료보험(본인 부담제 운영)	• 보험료 통합으로 동일한 요율 적용 • 국가 부담은 전체 지출의 1/2	• 제도별 재정 독립 운영 (서독체제) • 동독지역 급격한 재정 증가 - 서독가입자, 국고보조 부담 증가로 해결 - 동독지역 의료보험 본인 부담은 단계적으로 상향조정

보험료 부과 규정에 있어, 연금보험은 동일하게 했고 재해(산재) 보험은 서독의 기존 차등화방식을 동독에 적용했다. 다만, 의료보험은 서독의 경우 차등화방식인 데 반해 동독은 동일 보험료율방식을 적용했다. 연금제도는 단일 형태의 공적연금제도라는 점에서 동일한 제도 적용에 따라 보험료율도 동일하게 부과하도록 한 반면, 재해보험은 직업조합에 의한 분산관리체제임을 적용하여 직업조합에 따라 동일하게 적용받도록 한 것이라 볼 수 있다. 의료보험의 경우, 서독의 매우 세분화된 건강보험체제를 동독지역에도 동일하게 적용할 경우 오히려 혼란이 발생할 수 있었다. 아울러, 최근의 발전 경향을 고려하여 서독제도가 미래에 발전할 형태를 적용하는 방안으로 반영했다. 이에 따라 동독지

역에 한하여 동일한 보험료율을 적용했다.

재정 형태는 서독제도방식을 그대로 동독제도에 적용했으며, 서독체제 이식에 따른 재정 증가분을 서독이 부담하도록 하면서 동독주민에게는 단계적으로 부담을 상향 조정하도록 하는 조치를 취했다. 서독은 제도별 독립적 재정 운영에 일부 국고보조를 지급하도록 하는 형태이며 의료보험은 본인 부담제를 운영하는 반면, 동독은 통합된 동일한 보험료율을 적용하여 상당한 차이를 보였다. 특히, 동독 사회보험의 국가부담이 전체 지출의 절반(1/2)에 해당하던 점을 고려한 조치라 할 수 있다. 이러한 조치는 동독지역의 급격한 재정 증가를 서독가입자 및 국고보조 증가로 해결하도록 한다는 것을 의미했다. 동독 의료보험은 본인부담을 단계적으로 상향 조정하는 방식을 취해 전체적인 재정 부담의 동일화를 꾀했다고 판단할 수 있다.

급여 수준에 있어, 연금의 경우 서독의 급여 조건과 급여 계산방식을 동독에 적용하며, 특히 과거 동독 가입 기간의 급여는 서독의 평균 소득을 적용하여 수급권을 인정하고 급여 수준을 결정하는 방안을 적용했다. 공적연금은 동서독 모두 가입 기간, 소득 수준 및 장해 정도, 가족 수에 따라 차이를 두어 원칙적으로 동일하게 적용했다. 특히, 이러한 방식에 따라 동독의 경우 급여가 증가하면 이를 그대로 인정했고, 반대로 과거 동독제도보다 불리해질 경우에는 기존 동독제도 수준을 그대로 인정하도록 했다. 의료보험에서 출산급여 및 휴가 기간은 서독제도를 원칙적으로 적용했다. 다만, 통일 직후인 1991년 1월 이전에 출산한 경우에는 유리하게 적용되는 동독제도를 그대로 인정하여 경과 조치를 두었다.

관리운영체제는 서독체제를 적용하되, 미래 발전된 형태로의 전환

방향을 동독지역에 미리 적용하는 방안을 적용했다. 이는 복잡한 관리 운영체제로 인한 비효율성을 동독에 먼저 적용함으로써 장기적으로 서독지역에 대해서도 개선하는 계기로 활용하려는 정책이라 판단할 수 있다. 서독은 사회보험별 자율적 조합 형태로 세분화되었다는 특징이 있는 반면, 동독은 직종별로 구분하며 국가에 의한 비자율적 중앙집중관

〈표 2-10〉 통일사회보장제도 형태 및 동서독제도 비교 2

	서독	동독	통일 후
급여 수준	• 가입 기간, 소득 수준 및 장해 정도, 가족 수에 따라 차이 발생 • 의료보험에서 출산급여 및 휴가: 출산 전 6주, 출산 후 8주 • 현금급여는 임금 슬라이드 제도 적용	• 서독과 원칙적으로 동일 • 출산급여 및 휴가: 출산 전 6주, 출산 후 20주 • 현금급여는 2~3년마다 상의 · 조정	• 서독의 급여 조건과 급여 계산방식을 동독에 적용 • 급여가 증가할 경우 그대로 인정 • 과거 동독제도보다 불리해질 경우, 동독제도를 그대로 인정 • 과거 동독 가입 기간의 급여는 서독 평균소득을 적용하여 수급권을 인정하고, 급여 수준을 결정 • 출산급여 및 휴가: 1991년 1월 이전 출산의 경우 동독제도를 그대로 인정
관리 운영	• 각 사회보험별 자율적 조합 형태로 관리운영 • 일반적으로 직업별, 지역별, 개인별로 분류	• 의무보험이나 임의부가보험이 직종별로 분류 • 국가에 의한 비자율적 중앙집중관리 형태	• 서독의 관리운영 형태를 동독지역에 적용을 원칙으로 하되, 미래 발전 형태는 동독지역에 적용 • 연금보험의 노동직 근로자 5개 지방보험공단으로 개편하여 미래 형태를 동독지역에 적용 • 재해보험은 기존 서독의 직업조합을 동독지역에 확대 적용 • 의료보험은 서독의 세분화된 지역의료보험을 동독지역에 광역으로 확대하는 체제로 전환

리 형태를 구축하고 있었다. 이에 따라 동독지역 공적연금의 경우, 노동직 근로자는 5개 지방보험공단으로 광역화했고, 의료보험은 동독지역에 광역화된 지역의료보험조합체제로 전환했고, 재해보험은 기존 서독 직업조합을 동독지역에 확대 적용했다. 다만 재해보험은 통일 이후 전체 독일의 35개 직업조합을 9개 직업조합으로 통폐합하여 개선한 바 있다.

(3) 독일 사회복지 통합 평가

독일의 사회보장 통합은 급격한 통일에 대한 필연적 결과로서 서독 제도의 동독지역 적용으로 제도 외적 상황과 내적 상황이 존재했다. 두 상황이 상호 영향을 미치는 관계로 형성되었음에도 이를 충분히 고려할 시간적 여유가 없는 상태에서 중요 정책이 상정되어 결정되었다는 맥락적 상황을 이해할 필요가 있다.

국민경제에 중대한 영향을 미치는 화폐 통합의 교환비율, 동독지역의 소유권 결정, 기업 지원에 의한 경기 활성화 대책 등과 사회보장 정책과의 상호 보완성 또는 상호 대체성을 고려할 시간적 여유가 없었던 것이 사실이다. 통일에 따른 독일의 중요한 정책 과제는 경제활동계층의 실업과 비경제활동계층의 사회적 위험에 따른 빈곤을 예방하는 것이었으며, 그 결과 동독지역주민의 서독지역으로의 대규모 이동 위험이 크게 존재했다. 이에 따라 충분한 통합 형태에 관한 고려는 사실상 불가능했다고 볼 수 있다. 또한 제도 내적으로, 통합 형태가 서독제도와 동독제도의 합리적 균형과 장단점을 고려하여 제도 개혁을 이끌어 내는 사회보장의 기술적 어려움을 극복하는 데는 한계가 있었던 것이 사실이다. 이는 서독이 연금 개혁이나 건강보험의 재정 안정 문제, 제도의 지속성 문제로 상당한 어려움을 겪었다는 점에서도 알 수 있다.

사회보장 통합에 있어 독일의 사회보장체제가 가지는 성격이나 특성으로 인해 통일 과정에서 발생할 수밖에 없었던 경험적 한계의 배경은 다음과 같다. 먼저, 서독 사회보장체제의 부과방식, 선별주의 등이 통일에 따른 사회보장 통합 과정에서 재정적 어려움을 야기했기 때문에 실제 통일에서의 재정적 어려움이 더 컸다고 할 수 있다.

서독의 사회보험은 대부분 부과방식이며, 특히 공적연금의 경우 재정방식이 순수부과방식으로 통일 이후 급여 지출 급증 상황이나 경제 상황에 따라 바로 재정에 영향을 미친다는 특징이 있다. 이에 따라 재정 지출 증가는 곧바로 가입자나 서독주민의 재정 부담 증가로 나타났다. 또한 소득비례적 성격에 따른 독일 사회보험체제는 선별주의에 기반을 두고 있어 소득재분배 기능이 낮아 소득 격차 발생에 효과적인 대응을 하지 못한다는 한계가 있다. 이에 따라 별도의 빈곤 대책이 마련되어야 했다는 점도 중요한 어려움의 발생 근거라 할 수 있다.

사회보장 통합에서 서독제도를 적용함으로써 발생한 급여 지출 급증은 사회보험 재정 악화로 나타났다. 이는 재정 변화에 대한 완충장치라고 할 수 있는 기금 등이 형성되지 않았기 때문에 사회보험 자체로는 해결이 불가능했다. 그럼에도 별도의 실질적인 재정 안정화 방안이 마련되지 못했던 것이 사실이다. 이로 인해, 단기적으로 상당한 지출 증가를 야기하여 곧바로 보험료율 상향 조정이나 별도의 세금을 통한 재정 조달 등이 필요했으며, 통일 이후 재정 적자의 어려움을 상당 기간 겪는 상황이 발생했다.

4. 독일 사회복지 통합의 시사점

독일의 통일 과정이 남북통일에 주는 시사점은 과거 남북한이 극단적인 대립 상태에서 받았던 시사점과는 다른 양상을 보인다. 먼저, 독일의 분단 상태에서 서독이 취한 동독 지원 정책에 관해 과거에는 남한도 적극적인 자세로 상호 간에 신뢰를 쌓을 수 있어야 한다는 정책 방향 설정에 그쳤다. 그러나 현재에는 좀더 구체적인 방안이 논의되어야 한다. 즉, 남북한의 분단 상태에서 어떤 방식으로 북한의 빈곤과 실업 그리고 인구이동에 대처할 것인지를 논의해야 한다는 것이다. 물론 구체적인 정책 내용은 독일의 경우와 다를 수 있다. 그러나 독일의 근본 자세와 정책적 태도는 매우 중요한 시사점을 제공한다 할 수 있다.

독일의 경험은 남북관계에 몇 가지 시사점을 제공한다. 첫째, 남한의 이주자 문제를 북한이탈주민으로 보는 시각에서 벗어나야 한다는 점이다. 북한이탈주민 문제 역시 중요한 대책 과제이지만, 전체적으로 볼 때 중요한 것은 북한지역에 현재 거주하고 있는 주민이다. 따라서 북한지역에 거주하고 있는 주민을 위한 다양한 공동사업의 개발 및 상호 교류 그리고 갖가지 민간 차원의 경제 협력 및 사회문화적 협력 사업의 확대가 필수적인 북한 빈곤 및 실업 대책이라는 점을 간과해서는 안 될 것이다.

둘째, 이주 대책에 있어 탈출에 의한 난민 이동은 제도적 장치로는 막을 수 없다는 점이다. 여기서 서독의 동독이주민 대책으로 1950년에 도입했던 〈긴급수용법〉(*Notaufnahmegesetz*)의 시행착오적 경험을 살펴볼 필요가 있다.

전후 1950년대 초 서독은 경제적으로 여유가 없었던 상황이었다. 따라서 서독은 동독이주민의 대규모 이동을 우려하여 불가피한 사유가 있는 일부 계층에 대해서만 이주를 허가했다. 그러나 이러한 정책은 실제 아무런 기능을 발휘하지 못했는데, 가장 큰 이유는 이주한 동독지역주민을 다시 동독지역으로 돌려보낼 수 없는 서독정부의 입장과 다른 근본적인 해결방안이 없었기 때문이다. 이러한 동독지역주민의 서독지역으로의 이동 경험은 남북한에게도 똑같이 적용될 것으로 판단된다. 특히, 남한의 입장에서 볼 때 난민 규모가 폭발적으로 증가할 경우 우려되는 여러 가지 사회적 부작용에도 불구하고 이주 희망자에 대한 억제는 사실상 불가능하며, 제 3국 등에 머물게 하는 등의 대안도 합리적이지 못하다고 판단된다. 난민의 발생과 이주는 사회 변화적 흐름으로서, 물리적 억제로 단기간의 유예효과를 기대할 수는 있으나 장기적으로 볼 때는 누적 현상에 의해 결국 폭발적인 대규모 이동을 야기할 것이기 때문이다.

셋째, 이주민에 대한 효율적인 지원이다. 서독의 동독이주민에 대한 지원으로 이주 이후 기초생활보장과 서독체제에 적응하도록 하는 포괄적 접근이 이루어졌다. 그러나 탈출 또는 이주자에 대한 포상 차원의 조치는 없었다. 즉, 동독에서 서독으로 이주한 주민은 서독의 일원으로서 살아갈 수 있도록 배려하여, 이를 위한 지원을 하고, 사후 관리에 힘썼다는 점에 관심을 가져야 할 것이다. 특히, 공산체제에서 자유체제로 이주한 주민은 시장경제를 기본으로 한 사회체제에 대한 적응이 어렵고, 자본주의의 특징인 개인 간 경쟁과 능력에 따른 보상, 그리고 복잡한 행정 절차 등에 익숙하지 못한바, 이에 대해 서독정부가 취한

생활 상담과 후견인 역할은 매우 중요한 대책으로 볼 수 있다.

넷째, 독일의 경험에서 볼 때 단기간의 대규모 이동은 동독지역주민보다는 독일 이외의 지역 독일인의 이주가 중요한 변수였다는 점이다. 남북한의 경우에도 중국 및 구소련지역 조선족에 대한 억제 및 자제를 유도하는 정책적 대안을 통해 대규모 인구이동에 따른 충격을 완화하도록 해야 할 것이다.

다섯째, 정책의 일관성이다. 앞서 살펴본 바와 같이 서독의 동독이주민에 대한 정책은 일관성 있게 유지되었다. 이러한 일관성은 동독주민에게는 서독지역으로의 이주 이후의 상황 전개를 예상할 수 있도록 함과 동시에, 동독정부에게는 서독정부의 이주민 정책을 현실로서 받아들이게 하는 효과가 있었다.

여섯째, 전문가의 신중하고 합리적인 태도가 요구된다는 점이다. 독일은 분단 상황에서도 이미 상호 교류가 있었던 것이 사실이다. 그럼에도 통일 후 독일은 동독에 대한 잘못된 상황 판단으로 정책 결정에 상당한 어려움을 겪어야 했다. 서독은 동독에 관해 상당한 정보를 확보하고 있는 것으로 예상했음에도, 환경오염과 사회간접자본, 생산시설 및 기간산업의 낙후성 그리고 동독의 경제력은 실제와는 커다란 괴리가 있었으며 이를 전혀 예측하지 못했다. 결국, 동독에 관한 서독의 지식이 그만큼 부족했다고 할 수 있다. 이러한 점에서 남북한의 단절된 상황은 전문가로서는 예측이 어렵고 왜곡된 정보를 기준으로 판단할 가능성이 높다. 이러한 상황에서 북한에 대한 판단은 좀더 신중할 필요가 있으며, 개별 경쟁적 태도는 더구나 없어야 한다. 최근의 한시적 분단 방안이나 북한지역에 별도의 화폐제도를 운영한다는 등의 방안은 통일 과정에서 혼란을 야기하고 통일을 왜곡하는 결과가 우려된다는 점에서 신중할 필요가 있다.

마지막으로, 통일 과정에서의 사회복지 전달체계에 대한 중요한 근간이 사전에 만들어져야 한다는 점이다. 통일한국에 있어서 사회복지는 혼란을 최소화하고 북한주민이 통일을 받아들이는 중요한 요소로 작용해야 한다. 이러한 관점에서 핵심은 사회복지 전달체계를 어떻게 확보할 것인가이다. 특히, 긴급사태의 경우 북한의 행정체제가 이미 작동하지 않고 정보체계는 붕괴되었을 경우를 상정할 수밖에 없다. 이에 따라 군이나 경찰 등의 공권력이 아니라 이들이 거부감 없이 받아들이는, 공공 부문을 위탁하는 비영리 중심의 체제를 가동하여 대체할 수 있도록 해야 한다. 이것이 사회복지의 공공과 민간 협동 전달체제라 할 수 있다. 단순한 공권력이 아닌 공공의 지원이 각각의 주민의 상황에 맞게 적절성과 유연성을 확보하면서 신뢰성을 확보할 수 있는 유일한 수단이기 때문이다.

남북통일의 시기와 형태를 예상하지 못한다는 한계는 우리로 하여금 부담을 가중할 수 있다. 그러나 통일은 점차 다가오고 있으며, 통일이 현실로 나타날 때 우리는 그 기회를 충분히 살려야 한다. 또한 이를 위해 장기적이고 일관성 있는 준비가 이루어져야 한다. 우리가 지향하는 통일은 평화통일로, 과거와 같은 전쟁이나 강제에 의한 통일이 아니다. 남북한주민이 지배와 피지배 관계가 되거나 일등국민과 이등국민이 되어서도 안 된다.

이러한 불확실성 속에서 대규모 충격에 대한 두려움으로 오히려 남북통일을 발전이 아닌 혼란의 위기로 인식하는 오해가 발생하기도 한다. 그러나 독일의 통일 과정은 우리에게 아무리 어려워도 통일을 이루어야 한다는 점, 또한 차분하고 촘촘한 준비 과정을 통해 통일의 기회를 만들고 또한 그 기회를 찾고 활용할 수 있다는 점을 보여 주었다.

현재 한반도를 중심으로 한 정치외교적 그리고 이와 맞물린 경제적 상황이 급속히 변화하고 있다. 어제의 상황은 이미 오늘과는 다르며 오늘의 예측을 내일에 적용하지 못하는 혼돈이 일어나기도 한다. 그럼에도 역사적으로 통일을 위한 어떠한 분위기는 흐르고 있다.

적어도 우리는 남북통일을 이루는 것이 무엇보다 가장 중요한 민족적 과제라는 점을 명심할 필요가 있다. 빈곤 및 실업 대책이나 인구이동과 관련된 정책 외에도 통일은 엄청난 과제로 우리에게 도전으로 다가올 것이다. 그러한 혼란에서 정치는 정당의 정권을 위한 목적으로, 경제는 일부 계층의 투기장으로, 그리고 개인은 각자 이기주의적 태도로 일관한다면 통일한국은 위기로 다가올 수도 있을 것이다.

이러한 측면에서 외형적 통일보다는 사회적 통합을 통한 내면적 통일이 이루어져야 진정한 통일이라 할 것이다. 이를 위한 사회복지의 역할은 막중하다. 그동안 남한은 전력으로 경제성장 우선 정책을 추구해 왔으며, 최근 적어도 성장과 분배의 동반이라는 모습으로 재편되고 있다. 이는 우리에게 힘의 논리가 아닌 조화의 논리로 통일이 가능하다는 가능성을 조금이나마 보여주는 현상이라 평가할 수 있다.

독일통일은 비용집약적 통일로 합리적이지 못했다는 지적을 받기도 한다. 그러나 이들이 성공할 수 있었던 근본적 바탕은 분단 상황의 서독이 모든 국민에 대해 어떠한 경우에도 적어도 인간다운 삶을 영위할 수 있도록 국가적 체계를 구축했다는 점에 있음을 간과해서는 안 될 것이다. 따라서 통일 준비는 남한의 사회보장을 확고히 함으로써 국민 누구라도 인간의 존엄성을 소중히 알고 이를 위한 진정한 노력으로 주력하는 데 근본적 중심이 있다는 점을 상기할 필요가 있다.

참고문헌

고일동 · 조동호(1992). 〈구동독의 사유화 방안 및 실업대책〉(연구보고 92-04). 서울: 한국개발연구원.

김상균 · 진재문(1998). "통일초기의 사회복지 프로그램 및 비용". 〈사회복지연구〉. 서울: 서울대학교 사회복지연구소.

김원식 · Puschra, W. 외(1992). 《통일독일의 사회경제적 변화》. 서울: FES.

김유찬(1993). 《독일통일 3년에 대한 경제적 평가》. 서울: 한국조세연구원.

김진수(1994). 《서독의 분단관리정책과 통일 후 소득보장정책에 관한 연구》. 서울: 한국보건사회연구원.

______(1995). "서독의 분단관리정책과 통일 후 소득보장정책에 관한 연구". 〈한국 보건 · 사회복지 정책연구: 1994년도 연구결과 요약보고〉(정구보고서 94-32) : 132~140. 서울: 한국보건사회소구원.

______(1997). "통일에 대비한 공적연금체제 통합에 관한 연구". 〈강남대학교 논문집〉, 27호: 157~180.

______(2015). "독일 통일의 사회보장 통합 경험과 교훈". 《〔학술세미나〕 통일 후 북한 사회안전망 기반 조성 방안》(한반도선진화재단 기타 단행본), 9~21쪽. 서울: 한반도선진화재단.

김진수 · 황규성 · Christina Hießl(2016). 〈통일 후 남북한경제 한시분리운영방안: 노동 및 사회복지 분야〉(중장기통상전략연구 16-03). 세종: 대외경제정책연구원.

김진수 외(1992). 《남북한 사회보장제도 비교연구》. 서울: 한국보건사회연구원.

김형식(1986). "북한사회복지제도에 관한 연구". 박사학위논문. 한국복지정책연구소.

문옥륜(1989). 《북한의 보건의료제도 분석》. 서울: 국토통일원.

문옥륜 외(2000). 《남북한의 보건의료》. 서울: 아주남북한보건의료연구소.

박길준(1972). 《북한사회제도의 법적구조분석: 사회보장입법을 중심으로》. 서울: 국토통일원.

박동운(1972). 《남북 접촉에 즈음한 남북한 사회보장 정책의 이념 및 기조에 관한 비교 고찰》. 서울: 국토통일원.

박 진(1996). 《남북한 경제통합시의 경제·사회 안정화 대책》. 서울: 한국개발연구원.

______(1997). "남북한 경제통합시의 북한지역 빈곤대책". 〈KDI 정책포럼〉, 120호. 서울: 한국개발연구원.

배진영(1993). *Two Years Since German Unification*. 서울: FES.

북한연구소(2003). 《北韓總覽: 1993~2002》. 서울: 북한연구소.

양명생 역(1993). 《(구) 동·서독 사회보장제도의 비교》. 서울: 한국의료관리연구원.

양재모(1972). 《남북한 의료제도의 비교 연구》. 서울: 국토통일원.

연합통신(편) (1993). 《독일통일의 명암: 통독3년이 우리에게 주는 교훈》. 서울: 연합통신.

연합뉴스(2002). 《북한연감》. 서울: 연합뉴스.

오정수(1991). "북한의 사회복지제도: 변동과 전망". 〈북한연구〉, 6권 1호.

______(1993). "남북한 사회정책의 변천의 비교 연구". 서울대학교 박사학위논문.

______(2000). "남북교류와 사회복지 공공부문: 전망과 과제". 〈한국사회복지학회 2000년도 추계학술대회자료집〉: 45~69.

유인학(1973). 《남북관계발전에 대처한 사회보장정책의 방향과 단계적 대책》. 서울: 국토통일원.

이철수(2004). "분단이데올로기와 사회복지예산과의 관계". 〈계간사회복지〉, 160호. 서울: 한국사회복지협의회.

______(2003a). "북한 사회복지에 관한 연구: 이념·제도·현실 분석을 중심으로". 한국외국어대학교 박사학위논문.

______(2003b). "북한사회복지 이념에 관한 고찰". 〈한국외대 정책연구〉, 1권 1호. 서울: 한국외대.
______(2003c). 《북한사회복지법령집》. 서울: 청목.
임길진 · 장남수(2000). 《북한의 식량문제 실태와 대책》. 서울: 한울아카데미.
장명봉(편) (2005). 《법률용어 풀이 : 조선민주주의인민공화국 법전》. 서울: 대훈닷컴.
전웅렬 · 박길준(1972). 《남북한 사회보장 정책 및 현황 비교 고찰》. 서울: 국토통일원.
정경배 · 김기옥 · 이상은(1992), 《남북한사회보장제도 비교연구》. 서울: 한국보건사회연구원.
정경배 · 문옥륜 · 김진수 · 박인화 · 이상은(1993). 《남북한 사회보장 및 보건의료제도 통합방안》. 서울: 한국보건사회연구원.
조동호(1994). 《통일후 북한지역의 예상실업규모》. 서울: 한국개발연구원.
조흥식(1999). "남북한 사회 통합을 위한 사회복지의 과제". 《21세기 민족통일에 대한 사회과학적 접근》, 219~248쪽. 서울: 서울대학교 출판부.
주독일대한민국대사관(1991). 《통독이후 1년간 각분야별 통합현황》. 서울: 주독대사관.
______(1992a). 《숫자로 본 독일통일》. 서울: 주독대사관.
______(1992b). 《독일통일 소사전》. 서울: 주독대사관.
______(1993). 《독일통일 1,000일 보고서: 구동독 지역 지원 현황》. 서울: 통일원.
통일원(1993). 《독일통일 실태 자료집: 경제 · 사회 분야》. 서울: 통일원.
______(1996). 《북한 경제 통계집》. 서울: 통일원.
통계청(2002). 《남북한 경제사회상 비교》. 서울: 통계청.
한국은행(2003). "남북한의 주요경제지표 비교". https://www.bok.or.kr/portal/main/contents.do?menuNo=200090.

Bley, H. (2003). *Sozialrecht*. Frankfurt: Luchterhand.
Brenske, P. (1991). *Bauarbeiter aus der DDR: Eine Empirische Untersuchung über gruppenspezifische Merkmale bei Flüchtlingen und*

Überiedlern der Jahre 1989 und 1990. Berlin: Duncker & Humblot.

Bundesministerium für Arbeit und Sozialordnung(각 년도). *Sozialbericht*.

______(1991, 1999, 2000, 2003). *Amtiliche Nachrichten der Bundesanstalt für Arbeit*.

______(1999, 2000). *Arbeits-und Sozialstatistik*. Hauptergebenisse.

______(1992, 2003). *Übersicht über soziale Sicherheit*. Bonn: Bundesministerium für Arbeit und Sozialordnung.

______(2002). *10 Jahre Jubiläum Statistik Vereinten Deutschland*. Bonn: Bundesministerium für Arbeit und Sozialordnung.

Bund-Verlag(Hrsg.) (1990). *Auf dem Weg zur Einheit: Wirtschaft, Politik, Gewerkschaften im deutsch-deutschen Einigungsprozeß*. Köln: Bund-Verlag.

Chow, N. (Ed.) (2001). *Socialist Welfare in a Market Economy: Social Security Reforms in Guangzhou, China*. Singapore: Ashgate Pub Co.

Clasen, J. (1999). *Comparative Social Policy: Concepts, Theories and Methods*. Oxford: Blackwell Pub.

Dixon, J. & Scheurell, R. P. (1995). *Social Welfare with Indigenous Peoples*, London: Routledge.

Deutschland(DDR) Statistisches Amt(1989). *Statistisches Jahrbuch der DDR*. Berlin: Haufe.

Food and Agriculture Organization of the United Nations(FAO) & World Food Programme(WFP) (2003). "Special Report: FAO/WFP Crop and Food Supply Assessment Mission to the Democratic People's Republic of Korea". 30 October 2003.

Fischer, A. & Händcke, M. (Hrsg.) (1992). *Auf dem Weg zur Realisierung der Einheit Deutschlands*. Berlin: Duncker & Humblo.

Gutmann, G. (1987). *Methoden und Kriterien des Vergleichs von Wirtschaftssystemen*. Berlin: Duncker & Humblot.

Gitter, W. (1996). *Sozialrecht. JuristenZeitung*, *51*(8): 411.

Hankel, W. (1993). *Die sieben Todsünden der Vereinigung: Wege aus dem Wirtschaftsdesaster*. Berlin: Siedler.

Herbert, W. (1991). *Hatte die DDR je eine Chance?*. Hamburg: VSA-Verlag.

Homes, L. (1997). *Post-Communism*. Melbourne: University of Melbourne Press.

Iatridis, D. S. (2000). *Social Justice and the Welfare State in Central and Eastern Europe: The Impact of Privatization*. Westport: Greenwood Pub Group.

Jesse, E. & Mitter, A. (Hrsg.) (1992). *Die Gestaltung der deutschen Einheit: Geschicte, Politik, Gesellschaft*. Bundeszentrale für politische Bildung. Bonn: Bouvier.

Kleinheit, G. (Hrsg.) (1991). *Sozialpolitik im vereinten Deutschland* I. Berlin: Duncker & Humblot.

Kim, H. S. (1986). "Ideology as a determinant of development of social welfare system: A comparative study of the capitalist and the socialist welfare systems in the Republic of Korea and the Democratic People's Republic of Korea, 1945~1985". Ph. D Dissertation, Monash University, Australia.

Noland, M. (1999). "Economic and political situation in North Korea and security in Northeast Asia". *Occasional Paper Series, 27*: 35~63.

Noland, M., Robinson, S., & Liu, L. (1998). "The costs and benefit of Korean unification". In Marcus Noland(Ed.), *Economic Integration of the Korean Peninsula*, pp. 191~199. Washington, DC: Institute for Global Economic.

Rehlinger, L. A. (1991). *Freikauf: Die Geschäfte der DDR mit politisch Verfolgten 1961-1989*. Berlin: Ullstein.

Sachverständigenrat für die konzertierte Aktion im Gesundheitswesen(1991). *Das Gesundheitswesen im vereinten Deutschland*. Baden-Baden: Nomos.

Saunder, P., Evans, C., & Thomson, C. (2000). "Social change and social policy: Result from a survey of public opinion". *Social Policy Research Centre Discussion Paper*, 106. May, 2000.

Schulin, B. (1991). *Sozialrecht* (4 Auflage). Düsseldorf: Werner-Verlag.

Standing, G. (1996). "Social protection in central and eastern Europe: A tale of slipping anchors and torn safety nets". In Gosta Esping-Andefson (Ed.), *Welfare State in Transition*, pp. 225~255. London: Sage.

Staatliche Zentralverwaltung für Statistik (2011). *Statistisches Jahrbuch der DDR 1989*. Reprint. Berlin: Staatsverlag der Deutschen Demokratischen Republik.

Statistisches Bundesamt (1992). *Statistisches Jahrbuch 1992 für die Bundesrepublik Deutschland*. Wiesbaden: Statistisches Bundesamt.

Stern, K. & Schmidt-Bleibtreu, B. (1990). *Staatsvertrag zur Währungs-, Wirtschafts- und Sozialunion*. München: Beck.

Taylor-Gooby, P. & Dale, J. (1981). *Social Theory and Social Welfare*. London: Edward Arnold.

Welfens, P. J. (Ed.) (1991). *Economic Aspects of German Unification: National and International Perspectives*. Berlin: Springer.

Worzalla, M. & Kreizberg, K. (1992). *Arbeits- und Sozialrecht in den neuen Bundesländern von A-Z*. Herne/Berlin: Verlag für die Rechts- und Anwaltspraxis.

Yin, J. Z., Lin, S., & Gates, D. F. (1999). *Social Security Reform Options for China*. Singapore: World Scientific Pub Co.

제 3 장

남북한 사회복지제도의 비교와 통합*

구성 쟁점을 중심으로

이철수 | 신한대 지식복지대학원 사회복지학과 교수

1. 들어가며

급격한 통일을 이룬 독일의 경우, 통일 이후 동독지역은 탈산업화와 노동시장의 악화, 경제적 불평등의 증가, 각종 정책 등에서의 사회적 분리 현상이 심화되면서 주민의 삶의 질이 저하되었고, 서독주민 사이에는 심리적 이반 현상이 장기간 가속화되었다고 평가된다(Kaase & Bauer-Kaase, 1998).

독일통일의 경우, 통일 초기부터 대부분의 통일 비용이 서독에 비해 상대적으로 낙후되었던 동독주민의 사회복지 부문, 특히 연금과 고용

* 이 글은 2015년 〈동서연구〉(27권 4호)에 게재된 "남북한 사회복지 제도통합: 구성 쟁점"을 수정·보완한 것이다.

부문에 장기간 집중적으로 지원되었다. 이는 통일독일정부가 동서독주민 사이 삶의 질 격차를 최대한 줄이고 동독주민의 통일에 대한 '기대감'을 충족해야만 했던 정치적 동기에 기인한다. 즉, 서독정부가 통일을 놓고 정치와 경제를 분리하지 않고 이를 합치한 인식에서 비롯한 통일정책의 결과였다. 그 때문에 막대한 비용이 소요됨에도 서독정부는 동독주민에 대한 생계를 최대한 지원・보장하고자 노력했고 이는 바로 통일 비용의 증가를 야기했다. 또 이러한 통일 비용에 대한 부담을 부정적으로 인식한 서독주민은 통일독일에 대한 불편함을 통일 초기에 표현하기도 했다.

이는 ① 독일의 통일이 동서독 모두 구체적인 통일 계획이 준비되지 않은 상태에서 갑작스럽게 진행되었고, ② 서독에 의한 동독의 사실상 흡수통일이었으며, ③ 이에 서독의 제도를 동독에 거의 그대로 이식할 수밖에 없었고, ④ 따라서 동독의 복지제도는 거의 도외시되었으며, ⑤ 이러한 것과 더불어 양독의 경제적 격차로 인해 일방적 체제 이식에 대한 문제의식과 비판이 제기되지 않았기 때문이다. 즉, 적어도 복지부문에 관한 동서독의 삶의 질에 대한 균형을 맞추는 것 이외에 이것이 야기하는 파급 현상을 고려하지 않았다.

결과적으로 통일독일의 사회복지 통합은 절반의 성공을 거두었다고 평가할 수 있다. 때문에 통일독일의 사회복지 통합은 남북한에게 하나의 사례가 될 수 있을지는 몰라도 계승해야 할 롤 모델은 아니다. 그렇지만 남한은 이들이 범한 오류와 부분적 실패를 결코 간과해서는 안 된다(이철수, 2014b: 45).

왜냐하면 통일독일의 실패의 원인을 찾고 남한이 이를 통일 이전에 상쇄한다면 바로 성공적인 통일한국의 조건이 되기 때문이다. 다시 말해, 실패의 원인을 사전에 대비 · 제거함으로써 안정적인 성공의 기틀을 마련해야 한다. 이러한 점에서 이 장은 남북한 사회복지 통합 쟁점에 대해 거시-구조적 차원에서 분석하는 것에 초점을 둔다. 이에 이 장은 남북한 사회복지제도 통합, 나아가 통일한국의 사회복지모형과 체제에 관한 초기 단계의 논의이며 이는 장기간 단절된 남북한 사회복지(제도) 통합 연구를 지속한다는 의의가 있다.

제 3장의 서술 목적은 통일한국의 사회복지 통합을 감안할 때, '거시적 차원'에서 예상되는 다양한 남북한 사회복지제도 구성 쟁점에 대한 분석과 문제점을 도출하고 그 해결방향을 제시하는 것이다. 이에 이 장의 서술 범위는 사회복지제도 중 사회보험, 공공부조, 사회보훈, 사회복지서비스 등을 중심으로 하고자 한다. 또한 이 장은 남북한의 사회복지제도에 대한 비교연구 방법을 시도했고, 사회복지제도에 대한 분석 틀은 길버트와 테럴(Gilbert & Terrell, 2010)의 기준을 더욱더 구체화하여 활용했다. 특히, 길버트와 테럴의 모델은 사회복지제도를 적용 대상, 급여, 전달체계, 재정 등 네 가지 차원으로 접근 · 추적하여 해당 제도를 규명하는 데 적합한 모델이다. 이에 길버트와 테럴 모델은 남북한 사회복지체제를 통합하고자 할 때, 적어도 제도적 수준의 방향을 제시할 수 있다고 판단된다. 길버트와 테럴의 모델을 요약하면 〈표 3-1〉과 같다.

이를 위한 제 3장의 서술 순서는 다음과 같다.[1] 첫째, 현존하는 남북

---

1) '남북한 사회복지제도의 비교와 통합'과 관련된 선행 연구 고찰은 이철수의 연구(2015a: 133~136)를 참고 바란다.

〈표 3-1〉 사회보장제도의 차원

구분	내용	추세
적용 대상	누구에게 급여를 할 것인가?	선별주의에서 보편주의로
급여	무엇을 급여할 것인가?	추상적, 제한된 급여에서 구체적, 다양한 급여로
전달체계	어떻게 제공할 것인가?	공공기관에서 공사혼합으로, 소득 + 서비스의 통합에서 분리로
재정	재원마련은 어떻게 할 것인가?	개방형의 범주적 보조금에서 폐쇄형의 포괄적 보조금으로

자료: Gilbert & Terrell(2010). *Dimensions of Social Welfare Policy*. pp.69~70.

〈그림 3-1〉 분석모형

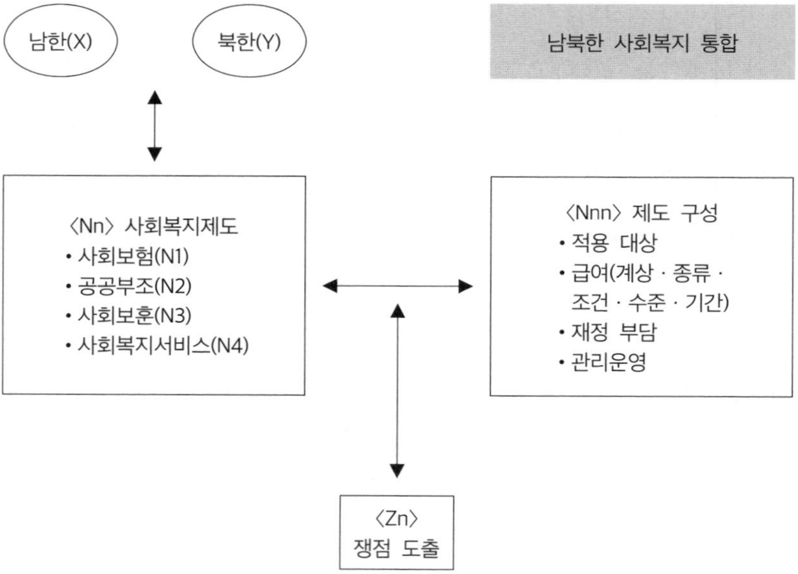

한 사회복지제도를 기능과 급여 중심으로 간략히 분석했다. 둘째, 남북한 사회복지제도의 '구성 쟁점'을 분석하기 위해 각 제도의 적용 대상, 급여 계상, 급여 종류, 급여 조건, 급여 수준, 급여 지급 기간, 재정 부담, 관리운영과 전달체계를 기준으로 주요 쟁점을 분석했다. 마지막으로 남북한 사회복지제도 통합의 구성 쟁점에 대한 함의를 도출했다. 이 장의 분석모형을 도식화하면 〈그림 3-1〉과 같다.

2. 남북한 사회복지제도 비교와 통합 쟁점

남북한에 현존하는 사회복지제도는 사회복지를 보는 범위와 구조에 따라 각각 다르게 구분된다. 이에 남북한 사회복지제도 중 그 기능을 중심으로 하면, ① 상호 동질적으로 존재하는 제도, ② 상호 부재하는 제도, ③ 부분적(지역적 · 대상적)으로 일부 존재하는 제도 등으로 구분된다.[2)]

먼저, 상호 기능적으로 동질적인 제도로 남북한 모두 공적연금, 산재보험, 사회보훈이 있다. 또한 대표적인 보건의료제도로 남한은 건강보험(의료급여), 북한은 무상치료제 등이 있다. 다음으로, 상호 부재하는 제도로 남한의 공공부조(국민기초생활보장제도, 기초연금, 의료급여 등), 노인장기요양보험제도, 사회복지서비스(최근 북한 일부 존재), 근로장

2) 한편, 체제가 상이한 남북한 사회복지제도를 특정 일방을 기준으로 비교 혹은 대입하거나 체제 자체의 특성을 배제하는 데는 분명한 모순이 존재한다. 그러나 제3장은 비교의 프레임을 유지하기 위해 다소 불가피하게 이러한 모호성을 차치하고 구분하고자 한다.

려세제, 북한의 배급제(남한 일부 현물급여 수급) 등이 각각 존재한다. 마지막으로, 부분적으로 일부 존재하는 제도로 고용보험과 시설보호 등이 있다. 지금까지 언급한 세 가지 영역의 제도를 총망라하여 기능 중심의 남북한 사회복지 주요 제도를 간략히 살펴보면 <그림 3-2>와 같다.

기능 중심의 구분과 달리, 보다 구체적으로 남북한 사회복지제도를 살펴보면 남북한 모두 사회복지제도를 일정 부문 갖추고 있다. 그러나 남북한 모두 기본적인 체제 차이로 인해 상당 부분 수평적 관점에서의

<그림 3-2> 기능 중심의 남북한 사회복지 주요 제도 비교

남한	공통	북한
• 건강보험	• 공적연금(노후보장) • 산재보험(노동재해보상) • 사회보훈(국가적 공로)	
• 고용보험 • 노인장기요양보험 • 국민기초생활보장제도 • 기초연금 • 의료급여 • 중증장애인연금(수당) • 긴급복지 • 재해구호 • 사회복지서비스 • 지자체별 공공서비스 • 근로장려세제 • 최저임금제 • 민간사회안전망 등		• 국가공로자연금 • 영예군인연금 • 제대군인생활보장비 • 유(가)족연금 • 식의주배급제 • 무상치료제 • 간병요양(거택) • 무상보육 · 탁아제도 • 무상교육 • 산전산후휴가 • 장애인(연금)서비스 • 보조금 • 30여 사회적시책* • 36개 연금*

주: 가운데 부문이 동질성을 가진 제도.
* 북한의 주장이나 구체적으로 검증되지 않았음.
자료: 이철수(2014a). "남북한 사회복지 통합 쟁점에 대한 연구: 거시-구조적 관점을 중심으로". <북한연구학회 동계 학술회의> 193쪽.

차이점과 운영원리상의 이질성이 존재한다. 반면, 남북한 모두 해당 체제를 떠나 사회적 위험에 대응하는 제도로서 존재한다는 공통점 또한 분명히 있다.

이러한 원인은 사회복지의 고유한 제도적 속성, 즉 노령, 질병, 빈곤, 실업, 재해 등에 대한 국가적 차원의 인식과 그로 인한 정책적 집행 수단으로써 제도화된 사회복지 기능에 기인한다. 또한 특정 체제를 떠나 인간생활상의 문제이므로 어떠한 체제나 국가를 떠나 정부 차원의 정책 수립과 집행이 필요한 영역이기 때문이기도 하다.

이에 이 장에서는 남북한 사회복지제도를 유사 급여를 중심으로 다음과 같은 상위 제도별 영역으로 구분·접근했다. ① 사회보험, ② 공공부조·사회부조, ③ 사회보훈, ④ 사회복지서비스, ⑤ 사회서비스, ⑥ 긴급구호, ⑦ 재해(난) 구조, ⑧ 민간사회안전망, ⑨ 지자체별 복지서비스, ⑩ 기타 사회복지제도이다. 이는 현행 남한의 사회복지제도를 중심으로 북한의 사회복지제도를 대입한 것이다. 후술하겠지만 남한의 사회복지제도가 북한보다 세분되어 있으며 사회 변동과 비례하여 작용과 반작용으로 인한 제도적 역동성을 갖고 있기 때문이다. 이러한 구분을 기준으로 각 제도별, 영역별 남북한 사회복지제도를 대상과 급여 기능 중심으로 간략히 비교하면 다음과 같다.

첫째, 사회보험의 경우 남북한 모두 각각의 위험에 대비하여 존재하는 제도가 있다. 그러나 남북한 양자의 차이 또한 분명히 존재하는 부문이다. 먼저, 공적연금의 경우 남북한 모두 노후보장을 위한 제도가 존재한다. 그러나 남한의 공적연금은 도입 시기를 중심으로 근로 신분에 따라 국민연금과 특수직역연금(공무원, 군인, 사립학교 교직원, 우체국 등)으로 구분된다.

반면, 북한의 공적연금은 전체 근로자와 사무원에 적용되는 노령연금과 군인에게만 해당되는 제대군인 생활보상비(남한의 군인연금과 유사)가 있다. 그리고 남한의 국민연금급여 종류 중 하나에 해당하는 유가족연금이 노령연금과 별도로 수평적인 현금급여로 존재한다. 북한의 유가족연금은 근로 기간 중 사망한 경우 지급되는데, 이는 남한 국민연금의 유족연금과 비슷한 원리이다. 또한 북한은 국가공로자연금이 있는데, 이는 가입자의 근로 기간 중 공훈과 포상을 합산하여 일정 수준 이상이면 해당되는 공적연금이다.

한편, 남한은 공적연금 이외에도 가입자의 능력과 의사에 따라 가입하는 별도의 사적연금이 있다. 그러나 북한은 사회주의체제를 지향함에 따라 공적연금에 대한 사적연금이 전혀 존재하지 않고 허용되지도 않는다. 이와 관련하여 북한은 1995년에 별도의 공공사회보험을 도입했지만 임의가입 형태로 존속하며 매월 납입금을 납부할 만큼의 소득 수준이 되는 근로자가 극소수임에 따라 가입률이 매우 저조한 것으로 알려져 있다.

다른 한편, 남한은 이와 별도로 비교적 최근인 2005년 퇴직연금(기업연금)을 도입하여 공(사)적 연금이 다층연금 형태로 도입, 운영되는 추세이다. 따라서 공적연금의 경우 남한은 다양한 제도와 급여를 보장하여 다층연금체제를 지향하지만, 북한은 국영 중심의 단층연금체제라 하겠다.

고용보험은 남북한 사이에 가장 차이가 나면서도 그 기준을 어디에 두느냐에 따라 판단이 달라지는 영역이다. 남한의 경우 1995년에 고용보험을 도입, 1997년 외환위기 이후 점진적으로 확대, 발전하여 현재에 이르고 있다. 반면 북한의 경우 고용보험은 아니지만 고용보험급여의 성격인 실업보조금이 1946년에 도입되었으나 1958년부터 지급이 중지되었다. 따라서 이후 북한은 국가 차원의 실업에 대한 현금급여가 존재하지 않고 적어도 공식적으로 실업을 인정하지 않는다.

그러나 2004년에 시작된 개성공단의 경우, 북측 개성공단 근로자에 대한 실업보조금 지급이 법적으로 명시되어 있다. 따라서 이는 개성공단 근로자의 실업에 대한 현금급여의 보상 근거이고, 이는 실업의 부재를 주장하던 북한 체제와는 상반된 견해이다. 다른 한편으로 개성공단의 실업보조금 지급 주체가 남측 기업임에 따라, 북한의 입장에서는 다양한 기능의 급여와 수당을 요구하는 것이 유리하다. 즉, 이러한 수당을 통해 북한은 현금을 확보할 수 있는 법적 기제를 완비한 셈이다.

요컨대 고용보험의 경우 남한은 다양한 형태의 급여가 존재하는 반면, 북한은 체제 성립 초기에 이와 유사한 급여가 존재했으나 지금은 북한의 모든 사업장에 존재하지 않는다. 다만 개성공단의 사업장에 한해 이와 유사한 취지와 기능을 하는 급여가 존재한다. 즉, 북한의 모든 사업장에 고용보험 성격의 급여가 적용되지는 않으나 부분적으로 실업급여를 보장한, 개성이라는 일부 지역에 한해 적용되는 사업장이 존재한다.

산업재해보상보험의 경우 남한은 상당 부분 체계를 갖추고 있고 다양한 급여와 보상 기준, 형태가 있다. 그러나 북한은 산재보상급여의 성격이 있는 소수의 폐질연금과 노동능력상실연금만 있을 뿐이다. 또한 산재로 인해 보건의료상의 치료가 필요할 경우 무상치료를 통해 보장하는 구조이다.

즉, 북한은 남한과 같이 〈산재보험법〉이 존재하지는 않으나 산재보상급여가 현금과 현물로 존재한다. 그리고 이러한 속성은 고용보험과 비슷한 제도 운영원리에 기인한다. 한편, 북한은 일부 외국기업에 대해 분기별로 연 4회 노동보호비라는 명목으로 이를 부담하게 하는데, 이 노동보호비의 성격이 산재보험료와 대동소이하다. 또한 북한은 1995년 〈보험법〉을 통해 가입자의 생명(인체)과 재해에 관한 보상을 보장하고 있다. 하지만 동 보험은 임의가입이고 소득이 낮은 북한 근로자가 다수임에 따라 가입자가 그리 많지 않아 효율성이 낮다.

보건의료보장의 경우, 남한은 가입자(사용자) 부담의 건강보험, 북한은 서비스 대상자의 재정 부담이 없는 무상치료제를 통해 각각 건강권을 보장하고 있다. 그러나 제도적 운영 원리에서 남북한은 상당히 차이가 있다. 남한은 일정한 재정 기여를 통한 보상의 성격을 가진 반면, 북한은 제도적으로 무기여에 의한 보장을 추구한다. 하지만 북한 무상치료제의 질적 수준과 의료서비스 공급 능력에 관한 현실적 차원의 의문은 여전히 제기되고 있고, 이로 인한 의료 빈곤의 현실 역시 부정할 수 없다.

노인장기요양보험제도의 경우, 남한에만 존재하는 제도이고 북한에는 이와 직접적으로 관련된 제도가 존재하지 않는다. 하지만 북한은 장기 와상 환자의 경우 거택보호를 통해 서비스를 제공하며 이는 요양보호제도에 해당한다. 즉, 남북한 모두 상호 유사한 요양보험제도가 있으나 그 보호 대상과 취지, 급여 수준에 있어 상당 부분 차이가 나는 제도이다. 즉, 남한은 치매노인과 그 가족에 대한 서비스이지만 북한은 장기 와상 환자 중심의 재택보호서비스이다.

둘째, 공공부조·사회부조의 경우, 남북한은 상당 부분 차이가 확연하다. 남한에는 빈곤층에 대한 국민기초생활보장제도, 의료급여, 긴급복지 지원, 저소득층·노령인구에 대한 기초연금제도, 중증장애인에 대한 지원을 보장한 장애인연금제도가 있다. 이를 통해 남한은 빈곤층에 대한 현금과 다양한 현물서비스를 제공하고 있다.

반면, 북한은 공식적으로 빈곤층 자체를 인정하지 않는다. 이에 따라 현재까지 북한의 법령에서 저소득층과 빈곤층에 대한 국가의 직접적인 개입을 명시한 법령이 존재하지 않는다. 한편, 북한은 적어도 배급제가 빈곤층의 발생을 억제하는 기능을 한다고 보기에 이러한 행태가 전혀 이치에 맞지 않은 것은 아니다. 다른 한편, 북한에는 보조금이 있는데 생존권에 다소 위기가 있거나 건강, 장애, 부양의 문제가 있는 경우 지급된다. 따라서 북한의 공공부조는 부분적으로, 극히 일부를 대상으로 존재한다고 하겠다.

또한 남한의 의료급여는 북한의 무상치료제에 해당하며, 남한의 기초연금은 북한의 노령연금에 해당한다. 아울러 북한의 경우, 의식주 배급제를 통해 기초생활을 제도적으로 보장한다. 따라서 북한의 의식주 배급제의 역할과 기능은 의미 있는 보편적 사회복지제도인데, 그 기능과 원리상 이는 공공부조와 사회서비스와 중복되는 기능을 하는 제도이다.

한편 장애인의 경우, 남한은 장애인연금을 통해 지원하고 북한의 경우에도 장애인에 대한 보조금이 존재한다. 또한 장애의 원인이 국가적 공훈이거나 노동재해일 경우, 부분적이지만 현금과 현물을 동시에 지원한다. 따라서 장애인연금(보조금)의 경우 남북한은 공공부조의 형태로 존재한다.

셋째, 사회보훈의 경우, 남북한 모두 현금과 현물급여로 존재한다. 사회보훈은 남한의 경우 보훈연금으로, 북한의 경우 국가공로자연금,

영예군인연금으로 작동한다. 아울러 현금급여 이외에도 남북한 각각 서비스 대상자의 보건의료보장 또한 무상으로 제공한다. 따라서 급여 수준에 대한 평가를 차치하더라도 남북한 사회복지제도의 상호 간 제도적 동질성에 가장 근접한 것이 사회보훈제도이고, 급여의 종류 또한 비교적 동일하다고 판단된다. 그러나 북한의 경우, 국가공로자에 대한 예우가 여타 분야의 급여보다 상당히 높다.

넷째, 사회복지서비스의 경우, 남한은 사회적 약자인 노인, 여성, 아동, 장애인, 청소년, 가족, 지역사회복지 등에 대한 다양한 지원이 국가나 전문전달기관을 통해 위험별, 욕구별로 프로그램화 및 체계화되어 있다. 반면 북한은 위의 대상자에 대한 지엽적인 지원에 국한한다. 여성의 경우 산전산후 유급휴가, 아동의 경우 무상의 탁아서비스와 교육, 청소년의 경우 무상교육, 장애인의 경우 취업 알선과 보장구 지원, 보조금 지급 이외에 이렇다 할 급여(재활이나 특수교육)가 별도로 존재하지 않는다. 따라서 사회복지서비스의 경우 북한은 무상탁아와 무상교육을 제외하고는 나머지 대상에 대한 사실상 법적 서비스 내용이 거의 전무하다.

다섯째, 사회서비스의 경우, 남한은 보편적인 고용지원서비스, 공공부조 차원의 저소득층 교육 지원과 주거 지원, 보건의료 지원이 있다. 반면 북한은 이와 사뭇 다른 형태이다. 고용 지원의 경우 제도적으로 완전고용을 추구함에 따라 최초 취업 이외에 재취업을 위한 서비스가 제도적으로 불필요하다. 교육의 경우 무상교육, 주거복지의 경우 주택에 대한 국가의 공급제, 보건의료서비스는 무상치료제와 중복되는 구조이다. 따라서 크게 보면 사회서비스는 북한에 비해 남한이 저조하다 할 수 있으나, 이는 질적 수준을 제외한 평가이다. 사회서비스의 보편성 측면에서는 북한이 다소 앞서지만 사회서비스의 토양과 그 질적 내용은 남한이 월등히 우월하다.

여섯째, 긴급구호의 경우, 남한은 긴급복지 지원제도를 통해 신속한 대응을 시도한다. 반면 북한은 보건의료 분야의 응급구호를 제외하고는 이 부문에 대한 법적 규정이 존재하지 않는다. 이는 전술한 바 있듯, 북한이 의식주 배급제를 통해 기초생활을 보장하므로 요구호자의 긴급구호 상황이 발생하지 않는다는 가정에 근거하기 때문이라 판단된다. 그럼에도 현실적으로 이러한 상황을 예상하지 않은 북한에 대한 평가가 우호적일 수는 없다. 왜냐하면 국가가 제도를 통해 빈민에 대한 구호를 보편적으로 시도하더라도, 빈곤이 발생하는 상황과 그에 대응하는 방식은 항시 존재해야 하기 때문이다.

일곱째, 재해(난) 구호의 경우, 남한은 각종 자연재해와 사고에 대한 신속한 대응체계와 구호 프로그램을 갖추고 있고 이를 법적으로 보장하고 있다. 북한 역시 재난에 대비한 정부 차원의 운영체계를 갖고 있다. 그러나 북한의 경우 자연재해를 중심으로 운영되어 각종 사고에 대한 대응이 비교적 소극적이다.

여덟째, 민간사회안전망 공급의 경우, 남한은 분야별, 대상별, 전문기관별 각종 사회복지서비스 프로그램을 운영하고 있다. 그리고 국내만으로 제한하는 것이 아니라 국제적 서비스활동도 병행하고 있다. 그러나 북한의 경우 사회주의체제임에 따라 민간 차원의 사회안전망이 존재하지 않는다. 다만 북한의 식량, 보건 위기로 인해 국제기구를 통해 구호 대상국가로 분류되어 서비스를 제공받고 있다.

아홉째, 남한은 중앙정부 차원의 사회복지제도 이외에 지방자치단체별로 별도의 서비스체계를 갖고 있다. 반면, 북한은 남한과 같은 지방자치제를 시행하지 않는 국가임에 따라 지방자치단체별로 시행하는 별도의 사회복지제도가 부재하다.[3] 그러나 북한은 이와 별도로, 1990년대 이후 지방행정 시스템에 일정한 자율성을 부여하는 모습을 보이고 있다. 따라서 북한은 중앙정부와 달리 지방자치단체가 독립적인 복지서비스 프로그램을 입안·집행하기에는 다소 한계가 있다.

마지막으로, 기타 사항으로서 사회복지제도와 관련된 것은 최저임금제라고 할 수 있다. 남한은 최저임금제가 도입되어 이를 전 사업장에 적용하고 있다. 그러나 북한의 경우 최저임금제가 전 사업장에 적용되지 않고 일부 외국기업의 근로자에게만 해당되는 제도이다. 북한의 외국기업 근로자의 경우, 임금 협상을 국가가 대신하여 최저임금에 대한 가이드라인을 지정한다.[4]

지금까지의 논증과 민간(사적) 영역을 포함하여 남북한 사회복지제도 중 유사한 급여를 중심으로 남북한 사회복지제도를 범주화하면 〈표 3-2〉와 같다.[5]

---

3) 그러나 북한은 이와는 별도로, 1990년대 이후 지방행정 시스템에 일정한 자율성을 부여하는 모습을 보이고 있다.

4) 한편, 북한의 임금제도는 자본주의와 달리 노동생산성에 따른 임금체계라고 정의할 수 없는 부분이 있다. 북한 역시 경쟁을 유도하고 이를 토대로 생산성 향상을 강요하지만, 이는 자본주의식 노동 인센티브제도와는 질적으로 다른 체계이다. 또한 북한의 계획경제체제에서 임금은 생활비로 불리며, 그 이유는 후방 공급체계에서 식량과 생필품의 공급이 배급제 형식으로 이루어지기 때문이다. 따라서 남한식의 최저임금제가 북한에서 발생하기 어려운 부분 또한 존재한다.

〈표 3-2〉 유사 급여중심 남북한 사회복지제도 범주화

제도 구분	남한	북한
사회보험	공적연금(국민연금, 공무원연금, 사학연금, 군인연금, 우체국연금)	노령연금, 유가족연금, 대군인생활보상비
	개인연금(민영보험)	임의가입 형태로 일부 근로자 가입
	퇴직연금(기업연금)	-
	주택연금	-
	농지연금	-
	고용보험	경제특구기업과 외국기업 일부
	산재보험	폐질연휼금, 노동능력상실연금
	건강보험	무상치료제와 중복
	일부 대상(군 복무, 교정시설)	무상치료제
	노인장기요양보험	-
	노인장기요양보험 일부 대상자	요양보호(거택보호)
	각종 민영(사적)보험	사회보험(임의가입)
공공부조	국민기초생활보장제도	-
	긴급복지 지원	-
	의료급여	무상치료제와 중복
	기초연금	-
	중증장애인연금	장애자연금, 장애 원인이 노동재해일 경우 폐질연휼금, 노동능력상실연금과 중복
	근로장려세제	-
	시설보호대상자 일부(식량)	의식주 배급제

5) 참고로, 남북한 사회보장 정책의 '가치'를 비교하면 다음과 같다.

구분	남한	북한
이념적 가치체계	시장경제적 가치관(개인주의, 진취성, 경쟁성, 자율성, 보편주의 지향)	사회주의적 가치관(집단주의, 수동성, 보편주의, 단결성, 협동성)
사회문화적 가치 의식	개방성, 개인적 권리, 합리성, 사교성, 민족성(역사적 경험)	독자성(폐쇄성), 조직 전체의 이익, 충실성, 단결성, 민족성(역사적 경험)
선호 가치 순위	① 행복한 가족관계 ② 편안한 삶 ③ 자유 ④ 평등성 ⑤ 국가의 안정 등	① 국가의 안전 ② 평등성 ③ 편안한 삶 ④ 행복한 가족관계 ⑤ 자유 등

자료: 장용철(2015). "북한 사회복지서비스 전달체계 구축방안 기초연구". 126쪽.

<표 3-2> 유사 급여중심 남북한 사회복지제도 범주화(계속)

제도 구분	남한	북한
사회보훈	보훈연금, 보훈의료서비스 등	국가공로자연금, 영예군인연금 등 현금 · 현물 지원
(대상별) 사회(복지) 서비스	노인복지	양로원(시설보호)
	여성복지	산전산후 휴가(150일)
	아동복지	국영 탁아서비스와 교육, 애육원(시설보호)
	장애인복지	보조금, 보장구 지원, 고용 지원, 양생원(시설보호)
	청소년복지	무상교육제와 중복
	(한부모)가족(다문화)복지	-
	지역사회복지	-
사회서비스	고용 지원	완전고용임에 따라 최초고용 외 불필요
	교육복지	무상교육제(일부 유상)
	주거복지	주택 국가공급제(매매 가능)
	보건의료	무상치료제와 중복
긴급구호	긴급복지 지원과 일부 중복	-
재해(난)구호	각종 재난 구호서비스 프로그램	재난 대비 운용
민간사회안전망 공급(국내 · 국외)	각 전문기관별 각종 사회복지서비스 프로그램	-
지자체	각 광역, 지자체별 각종 공공서비스 프로그램(사회적 기업, 마을기업)	-
기타	최저임금제	개성공단과 일부 외국기업에 해당

주: 1) 북한의 경우, 급여의 성격과 기능에 따라 남한제도에 대입.
2) 공적연금의 경우, 북한의 제대군인생활보상비를 제외하면 남한의 공적연금과 북한의 공적연금은 제도적 운영원리를 달리함. 단, 남한의 체육연금 · 과학기술인연금 · 예술인연금 제외.
3) 굵은 글자는 사적연금과 민영보험.
4) 북한의 배급제는 사회서비스와 공공부조의 기능과 성격이 중복.
5) 남한의 지역사회복지 일부 서비스 프로그램은 지자체와 연관.
6) 남한의 경우, 긴급구호, 재해(난)구호, 민간사회안전망, 지방자치단체는 서비스 전달체계의 역할도 병행.

자료: 이철수(2014a). "남북한 사회복지 통합 쟁점에 대한 연구: 거시-구조적 관점을 중심으로". <북한연구학회 동계 학술회의> 194쪽을 토대로 수정 · 보완.

3. 남북한 사회보장제도 구성 쟁점 비교와 통합

1) 적용 대상: 가입자 · 요보호자 대 고용인구[6] 중심

남북한 사회복지제도 통합에 있어 적용 대상의 비교는 무의미한 측면도 있다. 남북한에 상호 공통적이면서도 서로 다른 제도, 부분적으로 존재하는 제도, 상호 부재한 제도가 각각 상존한 가운데 이를 판단하기란 다소 애매한 측면이 있기 때문이다. 그럼에도 상호 존재하는 제도를 중심으로 살펴보면 사회보험 적용 대상의 경우, 남한은 개인의 고용 상태에 따라 구분(가령, 국민연금의 경우 납부예외자가 존재)하는 반면, 북한은 제도적으로 완전(의무) 고용과 의무가입을 유지한다. 이에 공적연금의 경우 구조적으로 북한은 가입 비율이 높고 납부예외자 발생률이 남한에 비해 현저히 낮다. 때문에 공적연금에 있어 포괄적으로는 적용 대상의 범위가 북한이 남한보다 상대적으로 넓다.

또한 남한의 건강보험 및 북한의 무상치료제, 남한의 산재보험 및 북한의 폐질연금과 노동능력상실연금은 각각 보건의료와 산업재해에 대한 서비스 기능을 한다. 이에 남북한의 보건의료제도는 남한의 기초생활보장 수급자의 의료급여를 제외하면 적용 대상에 있어 남북한 모두 전 국민을 포괄한다. 또 산업재해보상제도에 대한 적용 대상은 남북한 모두 근로자를 포함하고 있어 별다른 차이가 나타나지 않는다.

6) 물론 북한에도 고아, 무의무탁노인, 장애인 등에 대한 보호제도가 있으나, 이들은 사회서비스 대상자임에 따라 사회서비스제도로 편입해야 한다. 따라서 제 3장에서 이들에 대한 논의는 배제한다.

반면, 적용 대상의 사례를 발견할 수 없거나 부족한 제도도 있는데, 북한에 부재한 제도인 노인장기요양보험제도와 일부 북한지역에 존재하는 고용보험의 도입과 적용은 통일 이후 북한의 진행 경과에 의거하면 될 것이다. 특히, 노인장기요양보험제도는 건강보험제도의 도입과 속도를 같이해야 할 부문이다. 또 고용보험은 제도의 도입에 따른 적용 대상 고려에는 큰 무리가 없으나 실제 적용상의 문제(급여 조건, 급여 수준, 전달 등)는 다분히 존재한다.

또한 남북한에 상호 일치하지 않는 제도인 노인·여성·아동·장애인 등의 사회복지서비스제도가 있다. 그러나 북한은 이와 같은 제도가 남한에 비해 매우 부족함에 따라 자연히 남한보다 서비스 이용 대상의 규모가 낮다. 이와 달리, 북한의 경우 무상탁아서비스망이 조직화되어 있어 이 부문에 대한 서비스는 질적 수준을 떠나 상당한 편이다. 결국 북한의 사회복지서비스는 노인, 무의무탁자, 고아를 포함한 시설보호와 탁아서비스를 제외한 나머지의 경우 이렇다 할 제도를 발견하기에는 다소 무리가 있다.

반면, 공공부조(국민기초생활보장, 기초연금, 의료급여, 긴급복지 지원)의 경우 북한에 부재한 제도이므로 이를 북한주민에게 도입·적용하면 된다. 하지만 이 경우 별도로 자산과 소득을 조사해야 하므로 다소 시간이 필요하다. 또한 이외 여타 제도도 마찬가지지만 실제 이를 제대로 집행하기에는 선결해야 할 과제가 산적함에 따라 결단코 쉬운 작업이라 할 수 없다.

특히, 공공부조 적용 대상의 경우 북한주민의 빈곤 상황을 감안하면 주민 대다수가 적용되는 사태를 맞이할 개연성이 있다. 그럼에도 이를 도입・적용할 필요성이 있으며 빈곤 억제 정책과 대상별 구호, 통합적 소득보장 정책과 연계하여 적용할 필요가 있다. 왜냐하면 통일 이후 북한주민에게 다양한 복지급여를 제공한다면 중복급여 남발로 인해 자칫 역효과와 역차별이 발생할 수 있으며 이를 사전에 차단할 필요성이 있기 때문이다. 또한 통일 이후 북한주민에 대한 통합적 구호 정책을 통해 큰 틀의 제도적 구호를 마련한 가운데, 보다 구체적인 공공부조 프로그램을 적용하는 것이 합리적이다.

사회보훈제도의 경우 남북한 모두 국가공로에 따라 선정하고 적용한다는 취지는 기본적으로 거의 동일하나, 북한의 경우 대상자가 남한에 비해 상대적으로 높다고 추정된다. 이는 북한의 사업장 단위 근로자에 대한 훈・포장 수상이 남한과 달리 국가공로의 판단 기준이 되는 체제 특징에 기인한다. 따라서 북한은 국가공로 대상자가 남한보다 자연히 높을 수밖에 없는 구조를 갖고 있다. 결국 이는 국가유공의 범위가 사업장까지 확장된, 북한의 특성으로 인한 차이라 하겠다. 그리고 이러한 원인은 전술한 바와 같이, 북한은 국가와 근로자 사이의 직접적인 임노동관계에 기인한 국영기업체제이기 때문이다. 따라서 통일 이후 사회보훈 적용 대상 통합은 사업장으로 확대된 북한의 사회보훈구조를 변경, 이를 배제한 가운데 새로운 기준으로 적용해야 한다.

이에 적용 대상에 있어 사회보험・사회보훈 부문은 상대적으로 북한이 높은 반면, 이외의 사회복지서비스제도에 있어서는 남한이 절대적이고 압도적으로 높다. 따라서 적용 대상의 통합은 제도별로 달리해야 한다. 가령, 사회보험의 경우 현행 남한의 제도를 중심으로 한다면 자연스러운 편입을 유도하겠지만, ① 가입 기간 동안 기여의 차이를 어떻

〈표 3-3〉 적용 대상의 주요 쟁점과 해결방향

주요 제도	주요 쟁점	해결방향
공적연금, 건강보험, 산업재해	• 북한 근로자 대다수 공적연금 적용 대상(고용으로 인한 의무가입) • 남한의 국민연금 납부예외자 발생	• 남한제도 중심의 편입 유도
고용보험	• 적용 대상 확대, 큰 무리가 없음	• 진행경과에 따른 속도 조정
노인장기요양	• 건강보험 제도 도입과 연계	
공공부조 (기초연금, 기초생활보장, 의료급여)	• 주민과 근로자 대다수가 해당	• 통합적 생계, 자활구호 • 구체화된 공공부조 프로그램 적용
사회보훈	• 북한에 일반 사업장 근로자 대상 • 북한의 수급자 처리 문제	• 새로운 기준 마련 적용
사회복지서비스	• 북한에 다소 부재한 서비스 적용문제 • 대상별 서비스 확대 문제 • 북한 탁아제도 존치여부	• 시설 수용자 긴급 구호 • 위험별, 대상별 구호 조정

자료: 이철수(2014a). "남북한 사회복지 통합 쟁점에 대한 연구: 거시-구조적 관점을 중심으로". 〈북한연구학회 동계 학술회의〉 208쪽을 토대로 수정 · 보완.

게 할 것인가, ② 남북한 가입자의 상호 다른 재정 기여 누적액의 차이를 어떻게 산정할 것인가 등 다른 측면의 문제가 재차 제기된다.

반면, 공공부조와 분야별 사회복지서비스의 대상은 남한의 제도에 북한을 그대로 적용해도 무방한데, 이 경우에는 재정 부담과 이를 실천할 전문인력과 조직, 이들의 사전훈련[7] 등에 관한 다른 차원의 문제가 제기된다. 따라서 이 경우 전술한 적용 대상별 구분을 ① 수급자와 가입자로, ② 제도별 요보호자로, ③ 대상자의 위험과 그에 따른 지원 수준에 따라, ④ 급여의 지급 기간에 따라 분리하여 대응할 필요가 있다.

다른 한편, 북한의 탁아서비스의 경우 이를 그대로 계승할 것인지,

---

7) 이러한 점에서 향후 '통일사회복지사' 양성이 통일의 필수적인 전제조건이다.

일정 기간 유지 후 대체할 것인지의 문제도 제기된다. 이에 통일 직후 별도의 제도적 서비스를 적용할 여건이 되지 않는다면 가능한 유지하는 편이 바람직하다. 보육도 문제지만 고용과 연계된 사안임에 따라 탁아 서비스의 경우 서비스의 내용과 질적 향상을 위해 경주한 후 대체 서비스를 적용하는 것이 타당하다고 판단된다.

지금까지 논증한 남북한 사회복지 적용 대상의 주요 쟁점과 해결방향을 정리하면 〈표 3-3〉과 같다.

2) 급여 계상: 분리 대 통합

남북한의 각종 사회복지제도 급여 계상의 차이는 남북한 사회복지제도 운영상 차이에 기인한다. 또한 이는 남북한 사회복지 통합의 가장 큰 장애인데, 이러한 장애를 극복하기 위한 통합 접근방식과 기준은 점진적으로 하되 별도의 기준을 마련하여 접근해야 한다. 왜냐하면 분리 적용하는 남한의 급여 산출을 기준으로 할 경우 북한의 급여 수준은 (화폐 통합 수준을 떠나) 낮아질 가능성이 있다. 반면 기존 북한의 급여 산출을 기준으로 할 경우 급여 수준을 승계하여 유지 혹은 상승할 가능성이 높다.

하지만 이 경우 ① 전자에 대한 북한주민의 반감, ② 후자에 대한 남한주민의 반감이 발생할 것이다. 또한 ③ 통일한국정부의 복지재정 부담 증가, ④ 기존 북한 운영체제의 불변으로 인한 북한특권층의 기득권 유지 수단 등에 대한 거부감 등이 야기될 것이다. 따라서 이를 고려할 경우 급여 계상의 즉각적인 통합 적용은 사실상 불가능하므로 전술한 바와 같이 ① 분야별, 제도별, 대상별, 위험별, 급여별 별도 기준으로

〈표 3-4〉 급여 계상의 주요 쟁점과 해결방향

<table>
<tr><th>주요 제도</th><th>주요 쟁점</th><th>해결방향</th></tr>
<tr><td>사회보험
(공적연금,
건강보험,
산업재해,
고용보험,
노인장기요양)</td><td>• 남한: 제도별 별도의 계상방식
• 북한: 재정 기여와 공훈 합산</td><td rowspan="4">• 남한제도 중심 편입 방향
• 분야별, 제도별, 대상별, 위험별, 급여별 별도의 기준으로 접근
• 수급자와 가입자 따라 재산정, 분리 대응
• 각 제도별 통합방식과 속도에 따라 단일급여 계상체계로 순차적 진입</td></tr>
<tr><td>공공부조
(기초연금,
기초생활보장,
의료급여)</td><td>• 국고에 의한 지원으로 큰 문제없음
• 북한에 부재한 제도</td></tr>
<tr><td>사회보훈</td><td>• 북한: 공훈 수준에 따라 배급과 각종 복지급여, 소득, 보건의료서비스가 동시 상승하는 구도</td></tr>
<tr><td>사회복지서비스</td><td>• 국고에 의한 지원으로 큰 문제없음
• 북한에 일부만 존재하는 서비스제도</td></tr>
</table>

자료: 이철수(2014a). "남북한 사회복지 통합 쟁점에 대한 연구: 거시-구조적 관점을 중심으로". 〈북한연구학회 동계 학술회의〉 209쪽을 토대로 수정 · 보완.

접근하되, ② 이를 다시 수급자와 가입자에 따라 재산정과 재산입을 포함하여 분리 대응해야 한다. 그리고 그 이후에 제도별 통합방식과 속도에 따라 ③ 단일급여 계상체계로 진입해야 한다.

아울러 무엇보다 간과해서는 안 되는 것은 북한의 공훈(우위)과 포상의 복지급여 합산지급 계상방식을 일부 조정하여 기존과 같은 역차별을 배제해야 한다는 것이다. 때문에 가령 공적연금의 경우 급여의 계상방식은 현행 남한의 재정 기여에 대한 보상방식 중심으로 전환해야 한다. 즉, 사회보험의 경우 (재정) 기여에 의한 보상 중심으로, 사회복지서비스와 공공부조는 무기여에 의한 보상으로, 사회보훈은 기여에 의한 보상으로 가되 사회보험과 합산되지 않도록 남한의 급여 계상방식을 적용해야 한다.

반면 공공부조와 사회복지서비스는 국고 지원에 의거하고 북한에 거의 부재한 제도임에 따라 급여 계상에 있어 남북한의 충돌은 거의 존재하지 않는다.

지금까지 논증한 남북한 사회복지급여 계상의 주요 쟁점과 해결방향을 정리하면 〈표 3-4〉와 같다.

3) 급여 종류: 다양성 대 단순성

남한은 사회보험의 경우 현금급여와 현물급여로 구분되고 양 급여 모두 제도별로 다양하게 구조화되어 있다. 반면, 북한은 현금급여와 현물급여로 구성되어 있지만 급여의 종류가 남한에 비해 상대적으로 단순하다.[8] 공공부조의 경우 남한은 기초생활보장제도의 생계·주거, 의료, 교육, 자활, 해산·장제급여, 기초연금의 현금급여, 긴급복지 지원제도의 생계 지원, 의료 지원, 주거 지원 등의 급여가 있다. 반면 북한은 공공부조 성격의 보조금(장애인보조금)이 일부 있으나 남한과 비교할 만한 다양한 급여 종류를 포괄하고 있지 않다.

사회보훈의 경우 남한은 현금급여로 대표되는 보훈연금, 현물급여인 보건의료서비스, 교육, 대부, 생업 지원 등이 있다. 반면, 북한은 이것이 노령연금과 소득을 보장하는 급여, 식량 배급 수준 향상과 그 밖의 혜택에 포함되어 수급자 개인의 서비스 수준은 향상되지만, 이는 모두

8) 북한의 경우 공적연금제도에 식량 배급이 현물급여의 형태로 존재하고 이것이 의식주 배급제의 제도적 틀 안에서 작동하나 실제 배급이 부족하거나 마비된 사례와 증언이 있다.

북한의 기존 복지급여에 예속되기 때문에 급여의 단순성을 극복하지는 못한다. 사회복지서비스의 경우 남한은 대상별 다양한 서비스가 있으나 북한은 전술한 바와 같이 일부를 대상으로 한 일부 급여만 존재한다.

이에 급여 종류의 경우 남북한 통합 시 남한을 기준으로 하는 것에 이견(이 역시 극히 일부를 제외하고는)은 없을 것이나, 그 적용의 시기와 범위에 있어서는 여타 제도와 마찬가지로 조절해야 한다. 다시 말해 남한의 다양한 급여 종류를 놓고 통일과 동시에 이를 북한주민에 적용할 경우 나타날 비용 부담 문제가 있으며, 급여 종류의 통합은 사실상 남북한 사회복지제도 합치로 나가는 전초 단계가 될 것이다. 따라서 이를 감안한다면 이 또한 점진적으로 진행해야 한다.

한편, 남북한 급여 종류의 차이는 남북한에 상존하는 사회복지제도의 종류 차이에 기인한다. 역으로 이는 상대적으로 다양한 남한의 급여에 기존의 북한의 단순 급여가 예속되는 현상이 나타날 것임을 의미한다. 이 경우 남한급여의 다양성만큼 북한수급자와 가입자가 확대함에 따라 양자가 동시에 상승할 수 있다. 아울러 이 경우 수급자의 각종 급여에 대한 지출과 더불어 북한주민의 ① 소급적용 요구, ② 미충족급여에 대한 각종 민원과 소송이 발생할 개연성이 있다.

가령, 북한주민의 입장에서는 새로운 제도를 도입할 시 이 제도가 ① 기존의 북한제도에서 보장하지 못했던 부문이나 부족하게 보장했던 부문, ② 기존 제도에서 누락되었거나 묵살했던 부문, ③ 새로운 급여를 수급받았지만 여전히 부족하다고 판단되거나 급여 상승을 요구했을 시 받아들여질 부문에 관해 문제를 제기할 것이다. 이는 특히 자신의 생존과 직결되는 사안임에 따라 강력한 요청이 쇄도할 것이다. 때문에

〈표 3-5〉 급여 종류의 주요 쟁점과 해결방향

주요 제도	주요 쟁점	해결방향
사회보험 (공적연금, 건강보험, 산업재해, 고용보험, 노인장기요양)	• 북한: 식량과 현금급여, 보건의료급여 외 부재 • 남한: 제도별 위험별 다양한 급여	• 시기와 대상을 조정, 남한 급여제도 중심의 편입 유도 • 제도별, 대상별, 급여 수준별, 급여 종류별 구분 • 적정 수준에 의거, 점진적 통합 시도
공공부조 (기초연금, 기초생활보장, 의료급여)	• 남한: 다양한 제도와 급여 • 북한: 일부 계층과 대상의 보조금	
사회보훈	• 남한: 현금급여 · 현물급여 · 의료급여 • 북한: 급여 수준 높으나 기존 급여에 예속 단순	
사회복지서비스	• 남한: 대상별 급여의 세분화 • 북한: 일부 대상, 일부 급여	

자료: 이철수(2014a). "남북한 사회복지 통합 쟁점에 대한 연구: 거시-구조적 관점을 중심으로". 〈북한연구학회 동계 학술회의〉 210쪽을 토대로 수정 · 보완.

급여 종류의 통합은 전술한 바와 같이 제도별, 대상별, 급여 수준별, 급여 종류별로 구분하여 적정 수준에 의거, 진행하여 점진적 통합을 시도해야 한다.

지금까지 논증한 남북한 사회복지급여 종류의 주요 쟁점과 해결방향을 정리하면 〈표 3-5〉와 같다.

4) 급여 지급 기준: 동질성 대 이질성

남북한은 급여 조건에서도 각 제도의 기준에 따라 비교적 차이가 있는데, 그중 가장 대표적인 것이 공적연금이다. 공적연금은 남북한 운영상 기본적인 차이도 있지만 급여 조건의 차이가 더욱 분명하다. 가령,

남한의 공적연금은 국민연금 10년 이상, 기타 특수직역연금 20년 이상 가입, 국민연금은 만 65세, 특수직역연금은 정년 혹은 20년 이상 가입 후 퇴직 시(일부 조정 중) 지급되지만 북한의 공적연금인 노령연금의 경우 여자 15년, 남자 20년 이상이면 퇴직과 동시에 지급된다.[9] 따라서 제도적으로 급여 수준을 떠나 북한의 공적연금이 수급자의 입장에서 유리한 측면이 있다.[10] 또한 실질적으로 북한의 노동 개시 연령이 남한과 차이가 있음에 따라 북한의 경우 수급 연령이 적어도 제도적으로는 조기수급화[11]가 가능하다.

이에 급여 조건의 경우 이러한 남북한의 차이를 단일화하는 것 역시 통합조건이다. 남북한의 상호 다른 기준에 대한 합치 역시 전술한 바와 같이 점진적인 방향으로 전개해야 후유증을 최소화할 수 있다. 때문에 통일 당시 북한의 노령연금 수급자를 그대로 인정하고, 이들에게 별도의 기준을 적용하여 노후를 지속적으로 보장해야 한다. 다른 한편으로 가입자의 경우 급여 조건을 남한의 제도에 편입되는 속도에 기인하는 것이 합리적이며, 후술하겠지만 이 경우 북한의 가입자는 점진적으로 재정 부담률을 상승할 필요가 있다.

또한 산업재해보상제도와 고용보험의 경우 통일 후 일정한 시기가

9) 북한은 여성 만 55세, 남성 만 60세 이상이면 법적으로 연금 수급이 가능하지만 급여 수급 실태는 이와 상당히 차이가 있다.

10) 특히, 북한 군인연금의 경우 북한의 입대 연령이 만 16세부터 가능하기 때문에 남한의 군인연금을 북한에 적용할 경우 만 36세부터 수급받는 현상도 발생할 개연성이 있다.

11) 현실적으로 북한의 경우 신체적 이상이 있는 경우를 제외하고는 대체로 노동이 가능한 연령까지 근로하는 경우도 있다.

경과한 후라면 급여 조건에 큰 장애를 받지 않을 것이라 판단된다. 단, 이 경우 통일 직후 실직 상태자라면 다소 문제가 발생할 것이라 예상되는데 이들은 통합적 구호와 통합적 소득보장 프로그램을 통해 보호해야 한다.

그러나 보건의료제도의 경우 급여 조건에서 남북한에 상당한 차이가 극명하다. 그러나 북한의 현실을 감안하면 북한지역에 대한 남한의 의료급여와 건강보험의 도입 속도, 이로 인한 북한 무상치료제의 향방에 따라 과정을 달리할 것이다. 따라서 그 이전까지는 급여 조건에 제한을 기하기에 사실상 무리가 있다. 때문에 일정 기간 북한주민에 대한 무상

〈표 3-6〉 급여 지급 기준의 주요 쟁점과 해결방향

주요 제도	주요 쟁점	해결방향
공적연금	• 남북한의 급여 조건 차이 • 북한의 남녀 차이	• 수급자는 통일 이후 인정, 별도 기준 적용 • 가입자는 남한 제도 중심으로 점진적 전환
산업재해, 고용보험	• 큰 문제없음 • 단, 통일 직후 실직자 구호	• 진행 경과에 따른 속도 조정 • 통합 소득보장 프로그램을 통한 구호
보건의료제도 (건강보험, 노인장기요양)	• 기여, 무기여로 큰 차이	• 진행 경과에 따른 속도 조정 • 별도의 의료구호 프로그램 적용
공공부조 (기초연금, 기초생활보장, 의료급여)	• 큰 문제없음	• 소득과 자산 조사가 전제, 선결
사회보훈	• 상동	• 단, 북한의 공훈 평가 기준 조정, 남한에 편입
사회복지서비스	• 상동	• 단, 북한의 판정 기준 조정, 남한에 편입

자료: 이철수(2014a). "남북한 사회복지 통합 쟁점에 대한 연구: 거시-구조적 관점을 중심으로". 〈북한연구학회 동계 학술회의〉 211쪽을 토대로 수정 · 보완.

치료제를 유지해 주거나 사실상 이를 대체하는 보건의료제도로 남한의 의료급여를 별도로 의료구호 프로그램화하여 적용할 필요가 있다.

반면, 남북한 모두 사회보훈은 공훈과 유공에 대한 보상이며, 공공부조와 사회복지서비스는 위험과 무기여에 의한 보상임에 따라 급여 조건에 큰 이견이 없다. 그러나 사회보훈의 경우 북한의 국가공훈 평가기준을 남한의 기준으로 조정하거나 별도의 새로운 기준을 신설해야 한다. 또 공공부조는 전술한 바와 같이 소득과 자산에 대한 사전조사가, 사회복지서비스는 판정 기준의 조정이 전제된다.

지금까지 논증한 남북한 사회복지급여 조건의 주요 쟁점과 해결방향을 정리하면 〈표 3-6〉과 같다.

5) 급여 수준과 지급 기간: 우위 대 하위

급여 수준의 경우 남북한의 경제력 차이만큼 양·질적 차이가 발생하는 부문인데, 이는 궁극적으로 남북한이 단일화해야 할 사안이다. 이에 급여 지급 수준은 이론의 여지없이 남한을 기준(극히 일부 사회복지제도[12]를 제외하고는)으로 단일화해야 하며 통합 논의의 과정에서 큰 충돌은 발생하지 않을 것이라 판단된다. 결국 급여 수준은 남북한 질적 측면의 일치를 의미하는데, 이에 대한 확고한 기준은 남북한 사회복지제도의 비교를 통해 이미 일정 부분 결론에 도달한 상태이다. 따라서 이는 재론의 여지없이 남한을 기준으로 상기의 문제를 바탕으로 해결방안

12) 가령, 이는 산전산후 휴가(남한 90일, 북한 240일) 제도 같은 것을 의미한다.

을 마련해야 한다.

따라서 남한의 급여 지급 수준을 놓고 ① 어떤 제도부터, 어떤 대상부터 우선적으로 지원하여 일치할 것인가, ② 어느 시점까지 완전히 일치할 것인가, ③ 다른 한편으로 일정 기간 기여가 낮은 북한주민 지원에 관해 남한국민이 용납할 수 있는 범위와 수준은 어디까지인가, ④ 지역과 대상을 기준으로 할 경우 남한주민에 대한 역차별 요소는 없는가 등의 문제가 제기된다.

급여 지급 기간의 경우 남한은 제도별로 다양하게 분화되어 있지만, 북한은 공적연금을 제외한 경우 사회보장(산재 포함)에 있어 6개월을 기준으로 구분된다. 이에 요보호자의 치료 기간에 따라 구분되는 6개월 미만의 국가사회보험과 6개월 이상의 국가사회보장이 1차적으로 지급 기간을 지정하고 있다.[13] 이러한 북한의 국가사회보험과 국가사회보장은 지급 기간을 기준으로 하여 단기급여와 장기급여로 정의할 수 있다. 그리고 이는 남한의 산업재해보상제도의 상병보상연금과 거의 비슷한 성격이다.

따라서 남한에 존재하지 않지만 흡수 가능한 제도인 북한의 국가사회보험과 국가사회보장은 통일 이후 지급 기간의 재설정을 통해 보호를 유지·강화하는 방향으로 진행해야 한다. 이에 통일 직후 이러한 급여 지급 기준을 대체하는 제도를 마련해야 한다. 또한 수급 원인에 의거,

---

13) "국가는 로동재해, 질병, 부상으로 로동 능력을 일시적으로 잃은 근로자에게 국가사회보험제에 의한 일시적 보조금을 주며 그 기간이 6개월이 넘으면 국가사회보장제에 의한 로동능력상실년금을 준다"(〈사회주의로동법〉 제 73조).

기존 남한의 각종 사회복지제도에 편입하는 방향으로 가되, 요보(구)호자의 위험 정도에 따라 이를 재차 구분하여 지원과 서비스에 대한 접근을 병행해야 한다.14)

반면 이를 제외한 기타 사회복지제도의 경우 통일 직후 점진적인 통

〈표 3-7〉 급여 수준과 지급 기간의 주요 쟁점과 해결방향

<table>
<tr><th>주요 제도</th><th>주요 쟁점</th><th>해결방향</th></tr>
<tr><td>북한
국가사회보험
(6개월 미만)</td><td rowspan="2">• 북한 급여 수준의 열악
• 지급 기간의 단순성</td><td rowspan="2">• 통일 이후 지급 기간의 재설정을 통해 보호를 유지 · 강화
• 급여 지급 기준을 대체할 제도 마련
• 수급 원인에 의거, 기존 남한의 사회복지제도에 편입
• 요보호자의 위험 정도에 따라 이를 재차 구분, 지원 및 서비스</td></tr>
<tr><td>북한
국가사회보장
(6개월 이상)</td></tr>
<tr><td>사회보험
(공적연금,
건강보험,
산업재해,
고용보험,
노인장기요양)</td><td rowspan="4">• 큰 이견이 없음
• 단, 북한 식량급여 유지 후 폐지, 이를 대체할 제도 마련</td><td rowspan="4">• 상동
• 진행 경과에 따른 속도 조정
• 남한제도로 편입 적극 유도
• 단, 별도의 지급 기준 및 검토 필요</td></tr>
<tr><td>공공부조
(기초연금,
기초생활보장,
의료급여)</td></tr>
<tr><td>사회보훈</td></tr>
<tr><td>사회복지서비스</td></tr>
</table>

자료: 이철수(2014a). "남북한 사회복지 통합 쟁점에 대한 연구: 거시-구조적 관점을 중심으로". 〈북한연구학회 동계 학술회의〉 212쪽을 토대로 수정 · 보완.

14) 예컨대, 이는 수급 원인이 산업재해라면 산재급여에 편입하여 보호하고, 또 요보호자나 수급자의 상태가 향후 지속적으로 혹은 일정 기간 동안 노동이 불가능하다면 그에 맞는 별도의 현금급여서비스를 제공하고, 의료서비스가 필요하다면 적절한 치료가 가능한 방향으로 서비스를 제공하자는 것이다.

합・적용 방향에 준하여 보장하면 된다고 판단된다. 단, 이 경우 북한 수급자에 대한 별도의 지급 기준이 필요할 것이다.

지금까지 논증한 남북한 사회복지급여 수준과 지급 기간의 주요 쟁점과 해결방향을 정리하면 〈표 3-7〉과 같다.

6) 재정 부담: 차등부과 대 통합부과

재정 부담의 경우 남북한은 각기 다른 기준과 징수체계를 갖는다. 가령, 남한의 경우 연금, 고용, 건강보험 등 사회보험은 가입자의 소득별・제도별 납부비율에 따라 차이(산업재해보상보험의 경우 사업장 규모별 부담)가 있다. 또한 이와 달리 남한의 사회복지제도 중 수급자와 요보호자가 부담하지 않는 사회복지제도 역시 존재한다.

북한의 경우 사회보험 재정 부담은 소득 기준 납부제로, 매월 소득의 1%를 부담하는 동시에 사업장에서 매월 사업장 수익의 7%를 부담하는 형태이다. 반면 북한의 개성공단 근로자, 금강산 관광지역 근로자, 라선 무역지대 근로자, 북한 내의 외국기업 근로자, 중국・러시아・유럽 등 해외지역 근로자의 사회보험 재정 부담률은 제도적으로 매월 15% 수준이다.[15] 즉, 북한의 사회보험료 부담률은 제도적으로 2가지 기준을 갖고 있다. 그러나 대다수 근로자가 북한지역에 근무함에 따라 재정 부담 기준은 1차적으로 여기에 근거해야 한다.

15) 그러나 실질적으로는 이와 달리 더욱 높다고 예측된다. 왜냐하면 근로자가 실제 지급받는 실질임금이 공식적인 월 급여보다 현저히 낮기 때문이다.

또 남한은 제도별(5대 사회보험)로 분리부과하고 건강보험공단에서 통합징수하지만 이후 기금의 집행은 분리운영하는 체제이다. 반면 북한은 통합징수하여 운영하는 체제이다. 또한 재정 부담의 납부율에서도 남북한은 부담률의 차이가 크게 발생하는데, 매월 납부총액을 기준으로 할 경우 상대적으로 남한가입자의 부담이 높다.

가령, 남한가입자는 사업장 근로자를 기준으로 국민연금의 경우 기준소득월액의 9%(근로자·사업주 각 4.5%),[16] 특수직역인 공무원의 경우 기준소득월액의 16~18%(근로자·정부 각 8~9%),[17] 군인의 경우 기준소득월액의 14%(근로자·정부 각 7%), 사학연금[18]의 경우 교직원 개인은 기준소득월액의 8~9% 부담, 정부는 교원에 대해서만 기준소득월액의 3.295~3.706% 부담, 건강보험 직장가입자의 경우 보수월액의 6.46%(근로자·사업주 각 3.23%),[19] 노인장기요양보험의 경우 건강보험료의 8.51%(근로자·사업주 각 4.255%)로, 근로자 기준 월 소득에서 2019년 기준 사회보험료만 합산할 경우 비소비성 지출이 임금의 약 12% 수준이다. 반면, 북한은 개인 임금에서 부담 1%[20]와

---

16) 2018년 7월 1일부터 2019년 6월 30일까지 적용할 최저·최고 기준소득월액은 각각 30만 원과 468만 원이다(국민연금공단 홈페이지, "연금보험료", 2019. 4. 15 인출).

17) 2015년 〈공무원연금법〉 개정으로 2016년 기준소득월액의 8%, 그 후 매년 0.25% 인상되고, 2020년부터 기준소득월액의 9%를 납부한다(사학연금공단, 2016. 1: 1 참고).

18) 2015년 〈사학연금법〉 개정으로 교직원 개인은 2016년 기준소득월액의 8%, 그 후 매년 0.25% 인상되고 2020년부터 9%를 납부한다. 단, 교원에 대한 법인과 국가의 분담비율은 5.0 : 3.5를 적용한다.

19) 지역가입자의 건강보험료 부과점수당 금액은 2019년 기준 189.7원이다.

20) 북한근로자의 월평균 임금이 3천 원임을 감안하면 월 30원을 부담한다.

기업 이윤의 7%[21]를 포함하여 총 8% 수준임에 따라 상대적으로 사회보험 재정 기여에 있어 남한의 가입자가 높은 부담을 하고 있다.[22]

다른 한편으로 결코 간과해서 안 되는 점은 남한 공적연금의 경우 저출산과 고령화로 인해 기금 운영의 문제가 대두된 지 오래되었으며 일부 공적연금은 매년 국고 지원이 이루어지는, 이른바 공적연금 고갈 위기에 따른 연금개혁 문제가 있다는 것이다. 이러한 상황에서 남북한 공적연금의 통합은 더욱 난해한 문제일 수밖에 없다. 왜냐하면 통일이 가시화될 경우 크게 남한은 기존의 기금 운영의 문제, 북한은 급여 수준

---

21) 이는 통상 사업별 이윤에 근거하므로 사업장별 이윤에 따라 차등이 있다.

22) 북한의 기업 이윤 7% 사회보험료 납부는 사업장의 이윤에 따라 부과되어, 해당 기업의 이윤총액에 따라 실제 납부금액이 결정된다. 그러나 이는 북한근로자의 임금과 등치되지 않는다. 다시 말해, 북한근로자의 임금과 해당 기업의 이윤은 별개의 사안으로 봐야 타당하다. 왜냐하면 북한은 2012년 6·28 방침을 시행하여 각종 임금과 수당을 상승시켰지만 북한근로자의 임금은 표준임금에 가까운 반면, 기업 이윤은 해당 기업의 수익 결과에 의거하기 때문이다. 한편, 북한은 2014년 5월 모든 기관과 기업소, 상점 등에 자율적 경영권을 부여하는 내용을 골자로 한 새로운 '경제개혁조치'(이하 '5·30 조치')를 단행한 것으로 알려졌다. 중국의 북한소식통은 2014년 6월 26일 "북한이 5월 30일 노동당 중앙당 조직부와 내각 명의로 전국 각 기관과 기업소에 새로운 경제조치를 내렸다"며 "그동안 노동당과 내각 차원에서 생산(교역) 종목 등을 엄격히 통제해온 북한 전역의 기관과 기업소, 단체, 상점 등에 상당한 수준의 자율적 권한을 부여하는 획기적 조치"라고 전했다. 이 소식통은 새 경제 조치의 내용과 관련해 "기업소 등이 올린 수익으로 단위 직원의 노임(임금)을 지급하고, 경영 과정에서 종목에 구애받지 말고 광범위한 무역을 해서 공장도 살리고 노동자들의 생활수준을 올리라는 내용 등이 포함돼 있다"고 말했다(〈세계일보〉, 2014. 6. 27). 만약 이것이 사실이고 향후 고착화된다면 표준임금에 기업의 수익 배분이 합산되어 근로자의 실질임금이 상승하고, 이 경우 앞서 지적한 기업 이윤과 임금 관계의 정의에 대한 해석은 정반대가 된다.

의 문제를 상호 갖고 있는 상황에서 통일로 인해 불가피하게 양자의 통합(그것의 속도를 떠나)을 추진해야 하기 때문이다.

이렇게 볼 때, 남북한의 사회복지 재정 통합도 문제지만 가입자의 재정 부담률을 통합하는 것도 큰 장애이며 이는 또한 가계 실질소득(순소득)과 직결된다. 따라서 재정 부담의 통합 역시 남한의 기준으로 하되,

〈표 3-8〉 재정 부담의 주요 쟁점과 해결방향

주요 제도	주요 쟁점	해결방향
사회보험 (공적연금, 건강보험, 산업재해, 고용보험, 노인장기요양)	• 남한: 제도별 차등 부과 - 국민연금: 직장가입자 9% (사업장과 공동 부담) - 군인연금: 14%(국가와 공동 부담) - 공무원연금: 16~18% (국가와 공동 부담) - 사학연금: 개인 8~9%, 정부는 교원에 대해 3.295~3.706%, 법인은 교원에 대해 4.705~5.294%, 직원에 대해 8~9% - 건강보험: 직장가입자 6.46% - 노인장기요양보험: 건강보험료의 8.51%(근로자 · 사업주 각 건강보험료의 4.255%) • 북한 - 가입자: 임금의 1% 부담 - 사업장: 이윤의 7% 부담 - 단, 개성공단, 금강산, 라선 임금의 15% 부담	• 남한의 기준 부담 방향 • 통일 직후 재정 부담 적용제도와 점진적 상승제도 구분 • 생활안정 지원제도(통합 소득보장 프로그램, 구호 프로그램)와 연계 판단
공공부조 (기초연금, 기초생활보장, 의료급여)	• 국고에 의한 지원으로 큰 문제없음 • 단, 대상자 증가로 상당한 비용 증가 예상	• 진행 경과에 따른 속도 조정
사회보훈	• 상동	• 상동
사회복지서비스	• 상동	• 상동

자료: 이철수(2014a). "남북한 사회복지 통합 쟁점에 대한 연구: 거시-구조적 관점을 중심으로". 〈북한연구학회 동계 학술회의〉 215쪽을 토대로 수정 · 보완.

북한지역 근로자의 경우 통일 직후부터 적용해야 하는 제도와 점진적으로 상승시켜야 할 제도를 구분하여 접근할 필요가 있다.

특히, 북한지역 근로자의 경우 통일 이후 갑작스러운 재정 부담의 상승에 정서적 거부감이 발생할 것이다. 또한 이는 가구별 수입과 생활안정에 직접적으로 관련이 있다. 따라서 통일 이후 북한의 경제 상황, 시장의 변화, 물가, 고용 등을 놓고 북한지역 주민의 생활안정 지원제도와 연계하여 판단할 문제이다. 이에 북한주민에 대해 일시적이나마 다층적 소득보장체제를 도입하거나, 특히 근로 빈곤층을 위한 근로장려세제 적용을 검토할 필요가 있다. 반면 공공부조, 사회보훈, 사회복지서비스는 재정 부담이 없고 조세에 의한 국고 지원제도이다.

지금까지 논증한 남북한 사회복지 재정 부담의 주요 쟁점과 해결방향을 정리하면 〈표 3-8〉과 같다.

7) 관리운영: 독립운영 대 통합운영

사회복지제도의 서비스 관리운영과 전달체계의 통합에 있어서도 남북한은 상당한 차이가 있다. 이는 전술한 남북한의 복지체제 운영상의 차이에 의거한 것인데, 남한의 경우 모든 사회복지제도가 분화되어 독립적으로 운영되는 반면, 북한은 상대적으로 사회보험과 보건, 배급제 분야로 크게 구분되어 운영된다. 사회보험의 경우 남한은 각 사회보험공단, 공공부조의 경우 중앙정부와 지자체, 사회보훈의 경우 전문서비스기관, 사회복지서비스의 경우 요보호자별 사회복지 전문서비스기관 등으로 관리운영체제가 제도별로 분리되어 있다.

반면 북한은 사회보험을 책임지는 정무원 노동성 사회보험국과 도·시·군 인민위원회, 보건의료를 책임지는 정무원 보건성, 도·직할시 보건국 혹은 보건처, 시·군 보건처 혹은 보건과, 식량 공급을 책임지는 정무원 산하의 양정관리국, 각 도·시·군 인민위원회 양정국·양정과, 일선 양정사업소와 배급소 등으로 구분된다. 또 북한의 경우 사회보험은 사회보험서기가, 보건의료는 보건의료일꾼이라는 의료전문인력이, 식량 배급은 기업소 경리과 직원과 배급소 담당이 행정업무를 주관한다. 한편 북한의 경우 사회복지서비스 전문기관이 사실상 부재함에 따라 이러한 인력을 교육·공급해야 하는 별도의 프로그램 또한 필요하다.

이에 남북한 사회복지 관리운영 주체와 전달체계의 통합은 다른 한편으로 남북한 행정 통합과 연계된 가운데에 진행해야 한다. 동시에 각 사회복지제도별 통합은 급여와 서비스 전달체계의 합리성을 바탕으로 추진해야 한다. 즉, 이는 사실상 행정조직의 통합을 의미하는데, 행정통합의 경우 외연적·제도적 통합은 단순하고 시간상 제약도 비교적 느슨하다. 반면 내연적·실질적 통합은 시스템에 의거한 단일 조직·단일 문화로의 완전한 일치를 의미한다.23) 따라서 이는 해당 조직구성원

---

23) 참고로 이와 관련해 다음과 같은 주장이 있다. 북한 사회복지조직 관리체계의 재구축 문제를 공적연금에 대입할 경우, 현재 북한의 사회보험을 관할하는 노동성 산하 사회보험국과 각 도·시·군의 일선 행정기관인 사회보험금고 및 사회보험사무소를 남한의 체계와 일치하도록 독립행정기관으로 전환한다. 즉, 노동성 사회보험국의 업무를 신설되는 북한국민연금공단(가칭)으로 이관하고, 그 산하에 지역별로 지사 및 상담(안내)센터를 설치한다. 국민연금의 북한지역 확대 적용을 위해서는 적용·징수·급여 업무수행을 위한 정보관리 시스템의 구축이 선제 조건인데, 이에 필요한 제반의 인적·물적 지원을 제공해야 할 것이다. 즉, 남한정부는 북한지역의 연금관

의 노력과 동시에 시간이 필요하다. 결국 제도별 관리운영 주체와 전달체계는 통일 이후 복지 통합의 진행 경과에 따라 속도를 조정하고 기존 북한의 행정조직을 포괄하는 방향으로 진행해야 한다.

지금까지 논증한 남북한 사회복지 관리운영 주체와 전달체계의 주요 쟁점과 해결방향을 정리하면 〈표 3-9〉와 같다.

〈표 3-9〉 관리운영 주체와 전달체계의 주요 쟁점과 해결방향

주요 제도	주요 쟁점	해결방향
사회보험 (공적연금, 건강보험, 산업재해, 고용보험, 노인장기요양)	• 남한 - 국민연금공단, 공무원연금공단, 국방부, 사학연금공단, 별정우체국연금공단 - 근로복지공단 - 건강보험공단 • 북한 - 사회보험국, 지방인민위원회 - 보건성 - 양정관리국, 배급소	• 진행 경과에 따른 속도 조정 • 기존 북한 행정조직을 포괄 • 남한조직으로 점진적 편입 유도 • 북한인력 재교육, 재배치
공공부조 (기초연금, 기초생활보장, 의료급여)	• 남한: 중앙정부와 지자체 • 북한: 부재한 제도	
사회보훈	• 남한: 보훈복지의료공단 • 북한: 사회보험과 동일	
사회복지서비스	• 남한: 대상별 전문서비스기관 • 북한: 시설보호기관 외 부재	• 상동 • 전문인력 교육 프로그램 도입 적용

자료: 이철수(2014a). "남북한 사회복지 통합 쟁점에 대한 연구: 거시-구조적 관점을 중심으로". 〈북한연구학회 동계 학술회의〉 216쪽을 토대로 수정 · 보완.

리체계 구축을 지원하기 위한 법적 근거를 마련하고 구체적인 지원계획을 수립 · 추진해야 할 것이다. 이에는 북한지역 연금관리 인력의 재교육 및 재배치, 정보관리(*record keeping*) 시스템 구축, 남북한 지역공단 및 지사 간 자매결연 및 인력 파견 등 다각적인 지원방안을 미연에 마련해 두어야 할 것이다(전홍택 외, 2012: 178).

〈표 3-10〉 남북한 사회복지 통합 과제: 거시-구조

구분	주요 쟁점	접근 방향
적용 대상	가입자, 요보호자 vs 노동인구	제도별, 위험별 적용 대상 구분 접근
급여 계상	분리계상 vs 통합계상	별도 기준마련, 분리대응, 점진적 접근
급여 종류	다양성 vs 단순성	분야별 적정수준에 의거 접근
급여 조건	공적연금 가입 기간 차이	수급자와 가입자 분리 대응
급여 수준과 지급 기간	양 · 질적 차이, 기간 차이	통합가능 범위 설정 편입 · 접근
재정 부담	차등부과 vs 통합부과	제도, 생활안정제도 연계하여 접근
관리운영	제도별 독립운영 vs 통합운영	속도조정을 통한 점진적 접근

자료: 이철수(2014a). "남북한 사회복지 통합 쟁점에 대한 연구: 거시-구조적 관점을 중심으로". 〈북한연구학회 동계 학술회의〉 217쪽.

이상의 분석 결과를 토대로 주요 쟁점을 종합하면 〈표 3-10〉과 같이 거시-구조적 차원의 남북한 사회복지 통합 과제로 재차 요약된다.

4. 나가며

이 장은 남북한 각각 존재하는 사회복지제도를 놓고 기능과 급여를 중심으로 비교했고 길버트와 테럴(Gilbert & Terrell, 2010)의 모델을 분석 기준으로 현시점에서 남북한 사회복지제도의 주요 통합 쟁점과 해결 방향을 제시했다. 아울러, 이러한 연구는 기존 연구에서 시도하지 않은 분야이고 남북한 사회복지 통합 연구에 일조하리라 기대한다.

구체적으로 남북한 사회복지제도와 제도별 구성을 중심으로 한 주요 분석 결과를 요약하면 다음과 같다. 먼저 제도의 경우 첫째, 사회보험의 경우 남한은 5대 사회보험을 갖추고 있는 반면 북한은 크게 공적연금과 산재보험, 일부 지역과 사업장에서 제한적으로 적용되는 실업급

여 성격의 보조금, 무상치료제로 대표되는 보건의료제도가 각각 존재한다. 이에 남북한 사회보험제도는 상호 동질적인 제도와 이질적인 제도, 제도적 취지가 동일하지만 다른 형태로 존재하는 제도, 한쪽에는 존재하지만 다른 한쪽에는 부재한 제도 등으로 구분된다. 그리고 이러한 거시적 수준의 제도적 공통점과 차이점, 특정 제도 간 미시적 수준의 부분적 공통점과 차이점은 향후 남북한 사회복지제도 통합의 걸림돌로 작용할 것이다.

둘째, 공공부조의 경우 남한은 다양한 형태의 제도와 프로그램이 존재하지만 북한은 이와 정반대로 사실상 부재한 제도이다. 하지만 북한의 공공부조의 제도적 부재 원인은 무엇보다 의식주 배급제에 기인한다고 판단된다. 즉, 북한은 의식주 배급제로 인해 공공부조 대상자가 적어도 제도적으로는 존재하지 않고, 이로 인해 남한과 같은 저소득층의 자활을 위한 제도가 필요치 않다고 보고 있다. 아울러 북한의 입장에서 이러한 제도는 빈곤을 스스로 인정하게 됨에 따라 사회주의체제의 우월성에 반하는 제도이기도 하다. 따라서 북한은 과거에도 그러했듯 향후에도 빈민구호와 같은 공공부조제도가 공식적으로 존재하지 않으리라 판단된다. 결국 이는 남북한 사회복지제도 통합의 걸림돌로는 작용하지 않겠지만, 남한의 입장에서는 다소 부담되는 부문이다.

셋째, 사회보훈의 경우 남북한 모두 공존하는 제도이나 북한은 사회보훈이 개인의 모든 복지급여에 통합계상되어 남한과 다른 형태로 존재한다. 이는 사회주의국가의 고유한 특성이기도 하다. 그러나 이는 남북한 사회복지제도 통합의 갈등요소로 작용할 가능성이 있다. 즉, 남북한 사회복지제도 통합의 기준선을 제시하는 데 장애요소로 작용할 것이다.

넷째, 사회복지서비스의 경우 남한은 요보호 대상에 따른 다양한 제도가 전문화되어 있다. 반면 북한은 남한과 같이 요보호 대상에 대한 보호를 제도적으로 보장하고는 있지만 시설보호서비스 중심이다. 즉, 북한은 남한과 같이 양적, 질적으로 온전한 서비스체제나 네트워크가 남한보다 상대적으로 부족하다. 따라서 이는 남북한 사회복지제도 통합의 갈등요소로 크게 작용하지는 않겠지만 북한지역의 서비스를 구비하는 데 상당한 시간과 인력, 재원이 필요할 것이다.

다음으로 분야별 구성을 살펴보면, 첫째, 적용 대상의 경우 남한은 가입자와 요보호자 중심인 반면 북한은 무엇보다 고용인구를 중심으로 한다. 둘째, 급여 계상의 경우 남한은 제도별로 분리계상하는 반면 북한은 이와 정반대로 통합계상하는 형태이다. 셋째, 급여 종류의 경우 남한은 위험과 대상별로 다양한 급여가 존재하는 반면, 북한 역시 위험과 대상별로 대응은 하지만 남한에 비해 급여가 상대적으로 단순하다. 넷째, 급여 지급 기준의 경우 남북한 어느 한쪽의 우위를 떠나 제도별로 동질성과 이질성이 공존하나 양자의 범위에 있어 상대적으로 이질성이 동질성보다 크다. 다섯째, 급여 수준과 지급 기간의 경우 남한이 북한에 비해 상대적으로 월등한 우위를 점하고 있다. 여섯째, 재정 부담의 경우 남한은 제도별로 가입자의 소득과 자산에 따라 차등부과하고 있는 반면, 북한은 각 제도에 상관없이 소득과 개별 사업장의 수익에 따라 통합부과하고 있다. 일곱째, 관리운영의 경우 남한이 제도별로 독립된 운영체제를 갖고 전문화된 반면, 북한은 이와 달리 통합운영체제를 갖고 있다.

마지막으로 이를 근거로 남북한 사회복지 통합에 대한 함의를 제시하면 다음과 같다. 남북한 사회복지 통합 기준은 북한 사회복지 실제에 대한 평가를 기반으로 통일 이후 점진적으로 추진하는 것이 바람직하다고 판단된다. 무엇보다 이는 현재의 남북한 복지 환경과 제도, 정보, 복지 통합의 조건 등을 근거로 할 때 통일 직후 즉각적 통합이 사실상 불가능하다는 현실적 진단에 따른 것이다. 특히, 북한은 사회복지제도와 현실의 심각한 괴리가 존재하며 한편으로 남북한 소득과 복지의 현격한 격차 문제는 또 다른 문제를 양산하고 있다. 반면, 남한은 다양한 제도적 변화를 추동하고 있는 복지 현실이 남북한 사회복지 통합의 장애요소로 지적된다(이철수, 2015a: 162~163). 아울러 다른 한편으로 무엇보다 분명한 것은 남북한 사회복지제도 통합 이전에 북한의 취약계층의 구호가 통일 직후 급선무라는 것이다.

따라서 결국 남북한 사회복지제도 통합은 통일 시점 당시의 남북한 복지 상황과 복지 현실, 경제 수준에 근거한 기준에 의거할 개연성이 있다. 다른 한편 이러한 이유로 남북한에서 각각 다른 형태로 상존하는 다양한 사회복지제도의 변화 범위와 폭은 남북한 사회복지 통합 요소와 직결되는 사안으로 작용할 것이다. 이러한 점에서 무엇보다 남북한 사회복지 통합에 대한 지속적인 관찰과 준비가 통합의 안정성과 합리성을 담보하는 지렛대가 될 것이다(이철수, 2015a: 163).

참고문헌

국민건강보험공단. "노인장기요양보험제도". http://www.longtermcare.or.kr/npbs/e/b/101/npeb101m01.web?menuId=npe0000000030&zoomSize=. 2019. 4. 25 인출.

국민연금공단 홈페이지. "연금보험료". http://www.nps.or.kr/jsppage/info/easy/easy_03_01.jsp. 2019. 4. 15 인출.

사학연금공단(2016. 1). 《사학연금법령 개정사항 설명자료》.

〈세계일보〉(2014. 6. 27). "〔단독〕北, 모든 기업 자율경영 … 파격 '경제실험'". http://www.segye.com/newsView/20140626005330. 2015. 5. 18 인출.

이철수(2014a). "남북한 사회복지 통합 쟁점에 대한 연구: 거시-구조적 관점을 중심으로". 〈북한연구학회 동계 학술회의〉: 183~220.

______(2014b). "통일한국의 사회복지 통합 방안". 〈북한〉, 통권 511호: 44~50.

______(2015a). "남북한 사회복지 통합에 대한 소고". 〈동북아연구〉, 30권 1호: 131~169.

______(2015b). "남북한 사회복지 제도통합: 구성 쟁점". 〈동서연구〉, 27권 4호: 1~34.

장용철(2015). "북한 사회복지서비스 전달체계 구축방안 기초연구". 유근춘 외(2015). 《통일한국의 사회보장체계 구축을 위한 기초연구 Ⅲ》, 119~153쪽. 서울: 한국보건사회연구원.

전홍택 · 조동호 · 유경준 · 문형표 · 김상호 · 권순만 · 이영섭(2012). 《남북한 경제통합 연구: 북한경제의 한시적 분리 운영방안》. 서울: 한국개발연구원.

Gilbert, N. & Terrell, P. (2010). *Dimensions of Social Welfare Policy* (7th Edition). Boston: Pearson Education, 2010.

Kaase, M. & Bauer-Kaase, P. (1998). "Deutsche Vereinigung und innere Einheit 1990~1997". In Heiner Meulemann (Hg.), *Werte und Nationale Identitaet im Vereinten Deutschland*, pp. 251~265. Opladen: Leske+Budrich.

제 4 장

남북한 사회문화의 특성 비교

김석향 | 이화여대 북한학과 교수

1. 들어가며

사회복지학은 그 분야의 특성상 비범한 사람보다 평범한 사람이, 사회적 강자보다 사회적 약자가 일상생활을 영위해 나가는 모습에 주목하는 학문이라 하겠다. 특히, 한 사회 내부에서 소수자 집단의 구성원으로 살아가는 사람이 일상생활을 편안하고 행복하게 이어 나가는지 촘촘하게 살펴보면서 이들이 개인의 노력으로 해결하기 어렵거나 불가능한 난관을 겪을 때 어떤 방식으로 지원해줄 수 있는지, 그 방법을 구체적으로 모색해 나가는 일이야말로 사회복지학 분야에서 끊임없이 관심을 천명해온 과업이라 해야 마땅할 것이다. 그런 의미에서 남북한의 통일을 논의할 때 사회복지학 분야에서는 앞으로 어떤 역할을 해야 하는지 함께 되짚어 봐야 한다고 생각한다.

오늘날, 남한과 북한의 정치체제 통합을 달성함으로써 통일이 완전하게 종결되는 것은 아니라는 인식을 우리 사회 전반에 널리 공유하고 있는 듯하다. 한 걸음 더 나아가 그 속에서 남북한주민의 생활이 어떻게 달라질지 예측하고 그 개선 방향에 맞추어 분야별 계획을 수립한 뒤 구체적인 실천방안을 모색해야 한다고 주장하는 학자도 많다. 그렇지만 사회복지학 분야에서 남북한의 통일을 "사람과 사람의 통합" 단계로 규정하고 관련 수준의 논의를 심화하는 차원의 시도가 충분히 이루어진 상황은 아직 아니라 하겠다. 사회복지학 분야에서 통일 관련 주제를 논의한다면 무엇보다 남북한 사회문화의 특성을 파악하고 그 내용을 기반으로 "사람과 사람의 통합" 수준을 높여가는 실천적 방안을 모색하는 것이 가장 시급한 일이라고 생각한다. 이런 방식의 접근은 사실상 진정한 의미의 통일을 완성하는 길이며 남북한주민의 일상생활 현장에서 사회복지 분야의 기여도를 높이는 지름길이라는 점에서 큰 의미를 지닌다고 하겠다.

문제는 사회복지학 분야의 관심사를 중심으로 분단 이후 남북한 사회문화의 특성이 어떻게 변화해 왔는지 비교하는 것이 그리 간단하고 쉬운 일이 아니라는 점에 있다. 관련 분야의 선행연구도 많지 않거니와 무엇보다 비교의 대상과 기준을 어떻게 결정할 것인지 체계적으로 정리해 놓은 상태가 아니기 때문에 상황이 한층 복잡해질 수밖에 없는 실정이다. 다만, 1945년 분단 시점을 기준으로 삼는다면 70년이 넘은 2019년 오늘날의 남북한 사회문화에는 이질적 요소가 당시보다 한층 더 심화되어 나타난다는 사실은 누구나 인정하는 일이라고 생각한다. 돌이켜 보면 1945년 분단 당시 경상도와 함경도, 전라도와 평안도 등 지역별 생활문화는 누구나 쉽게 구분할 수 있을 정도로 그 차이가 뚜렷했던 것은 분명한 사실이다. 그렇지만 북위 38도선이나 군사분계선을 기준으로 남북한 사회문화를 명확하게 분리하여 구분한다는 인식은 분단 이전에는 전혀 찾아볼 수 없는 상황이었다. 당시 한반도에 살던 사람은 누구도 분단을 예상하지 못했던 만큼 남북한 사회문화의 특성이 얼마나 다른지 서로 비교해야 한다는 생각은 아예 존재하지도 않았다. 그러나 이제 세월이 많이 흘렀고 남북한 사회문화 사이에 어느 정도 이질화가 나타나고 있다는 사실은 누구도 부인할 수 없다. 이런 상황에서 사회복지학 분야는 통일을 생각하며 통일 이후 수많은 사람의 일상생활을 편안하게 만들어 나갈 방도를 논의해야 하는 과제를 안고 있다.

1945년 분단 이후 70여 년이 훌쩍 넘어선 오늘날, 한반도의 남북한 지역에서 평범한 사람이 만들어 내는 사회문화의 특성은 얼마나 같고 또 얼마나 다른가? 분단 이전, 오랜 세월을 함께 살아온 한반도 전역의 주민이 "따로 또 같이" 직조해낸 남북한 사회문화의 특성은 통일로 가는 과정에서 이 땅에 사는 사람들의 일상생활에 어떤 영향을 미칠 것인가? 남북한의 사회문화적 특성이 통일로 가는 과정에서 사회복지 분야에 어떤 방향으로, 어느 정도 수준의 영향력을 행사할 것인가? 분단 상황에서 남한과 북한에 각각 삶의 터전을 둔 사람은 통일로 가는 과정에서 어떤 유형의 사회복지서비스 수요를 표출할 것인가? 본질적으로, 시시각각 변화해 가는 사회복지서비스 분야의 수요를 통일이라는 변화 과정에서 제대로 예측할 방법은 무엇인가? 사회복지 수요를 예측하고 나면 정책적으로 그에 합당한 서비스 공급 방안을 제공하는 것은 과연 가능한가?

짤막한 글 한 편을 통해 이런 질문에 정확한 답을 제시하는 것은 사실상 불가능한 일이다. 그럼에도 오늘 이 순간에 한반도의 남북한지역에서 평범한 일상을 살아가는 주민이 "따로 또 같이" 만들어 가는 사회문화의 특성에 주목하고, 사람의 통합을 지향하는 사회복지학 분야에서 그 내용을 학문적으로 정리할 필요가 있다고 생각한다. 적어도 이런 정도의 준비는 해두어야 통일이라는 기회가 다가올 때 사회복지학 분야에서 제대로 정책 방안을 제시하기도 하고 실천전략을 도모할 수 있을 것이 아니겠는가?

오늘날 남북한 사회문화의 이질화 수준을 우려하고 걱정하는 의견이 각 분야에서 분명히 분출하고 있다. 그렇지만 또 한편에서는 여전히 온존해 있는 남북한의 동질성을 확인하는 목소리 역시 분명히 높다. 통일을 준비하는 과정에서 남북한 사회문화의 특성을 비교하면서 다른 점과 같은 점을 명확하게 파악해 두는 것은 향후 통일 단계에서 사회복지 분야의 목표와 실천 방향을 추진해 나갈 때 중요한 길잡이 역할을 할 자료를 축적하는 길이라고 생각한다. 이제 통일 시대의 사회복지학 정립을 기대하는 마음으로 이 장에 남북한 사회문화의 특성을 정리하여 비교하는 내용을 담아 보고자 한다.

제 4장에서 다루고자 하는 내용을 정리해 보면 다음과 같다. 우선, 분단 상황을 분석하는 주요 관점과 남북한 사회문화의 시대별 변화상을 논의하고자 한다. 분단 상황을 분석하는 주요 관점으로는 분단과 통일, 그리고 민족의 과거・현재・미래, 분단의 결과를 어떻게 받아들일 것인지의 문제, 분단 이전의 역사적 경험의 공유 문제 등을 중심으로 내용을 정리해 보았다. 남북한 사회문화의 시대별 변화상을 논의할 때 그 기준

은 분단 이후 1953년 정전협정 이전의 제 1단계와 1953년 정전협정 이후부터 1970년 이전의 제 2단계, 1970~1990년 기간의 제 3단계, 1990년 이후의 제 4단계로 구분하여 살펴볼 예정이다. 그다음 부분에서는 남북한 사회문화의 현황을 동질성의 공존과 이질성의 충돌이라는 측면에서 살펴볼 것이다. 구체적인 항목으로는 집단주의와 개인주의, 소수자개념, 민족개념, 건강개념, 언어생활, 남녀평등권개념, 인권개념 등을 중심으로 남북한 사회문화의 현황을 동질성과 이질성이라는 측면에서 비교해 보고자 한다. 마무리하는 마지막 부분에서는 통일로 가는 과정에서 남북한 사회문화의 특성이 사회복지 현장에서 구체적으로 어떤 영향을 미칠지, 사회복지학 분야에서는 이와 같은 현실에 따른 대책을 어떻게 학술적으로 구성해 내고 현장에서 실천할 길을 만들어 가야 할지 논의해 보고자 한다.

2. 분단 상황을 분석하는 주요 관점과 남북한 사회문화의 시대별 변화상

1945년 분단 시점을 전후하여 이 땅 한반도에 살던 사람 중 남북한이 곧 분단된다는 시나리오를 미리 상상하거나 예측했던 인물은 한 명도 없을 것이라 생각한다. 그만큼 1945년 당시 한반도에 사는 사람에게 분단은 '어느 날 갑자기 하늘에서 뚝 떨어진 날벼락' 같은 사건이었다. 누구도 예측하지 못했던 일이었던 만큼 분단 이후 남북한의 사회문화는 다양한 요인의 영향을 따라 제각기 다른 경로를 거쳐 오늘에 이르렀다. 물론 그 과정에서 남북한의 사회문화는 나름대로 상대방 진영에 영향을 주고 받는 양상을 드러냈다. 이 글에서는 먼저 분단 상황을 어떤 관점에서 분석해야 하는지 살펴보고 분단 시점부터 오늘날까지 남북한의 사회문화가 시대별로 어떻게 변화해 왔는지, 또 그 변화를 만들어낸 요인은 무엇이었는지 개략적으로 관찰하고자 한다.

1) 분단 상황을 분석하는 주요 관점

(1) 분단과 통일, 그리고 민족의 과거 · 현재 · 미래

통일과 사회복지를 논의하기 전에 우리는 먼저 통일이란 개념이 본질적으로 분단을 전제로 출발할 수밖에 없다는 사실을 인정해야 한다. 만약 2차 세계대전이 막바지를 향해 가는 과정에서 얄타회담이나 포츠담선언이 나오지 않고[1] 그 이후에 미국과 소련의 합의에 따라 북위 38도선을 기준으로 한반도를 남과 북으로 분단하는 일이 원천적으로 일어나지

---

1) 2차 세계대전은 이탈리아와 독일, 일본이 연합군에 맞서 싸우던 전쟁이었다. 이 전쟁이 오랫동안 이어져 오다가 이탈리아가 먼저 항복을 선언한 상태에서, 연합군으로 참전한 국가의 지도자인 미국의 루스벨트 대통령과 영국의 처칠 수상, 소련의 스탈린 서기장이 1945년 2월 4일부터 11일까지 크림반도 얄타에서 회담을 열고 패전의 기색이 짙은 독일을 향후 어떻게 처리할 것인지 논의했다. 따라서 이 회담을 얄타회담으로 지칭한다. 한편, 2차 세계대전 종전 직전이었던 1945년 7월 26일에 독일 포츠담에서 미국의 트루먼 대통령과 영국의 처칠 수상, 중국의 장제스 총통이 회담을 열고 일본을 상대로 항복을 권고하고 전쟁이 끝난 이후 일본을 어떻게 처리할 것인지 그 방침을 표명하는 선언문을 발표했다. 따라서 이 선언문을 포츠담선언으로 명명한다. 포츠담선언이 처음 나올 때 소련의 스탈린 서기장은 참여하지 않았지만, 얄타회담 당시 약속한 내용에 따라 8월에 들어 일본을 상대로 선전포고를 하고 포츠담선언에 서명했다.

않았다면, 오늘날 우리가 한반도의 통일을 민족의 과업으로 논의해야 하는 현실 자체가 존재하지도 않았을 것이다. 그렇기 때문에 남북한의 통일을 논의하려면 반드시 그에 앞서 한반도의 분단이 어떻게 이 땅에 사는 사람에게 갑자기 주어졌는지, 우리가 그 과정에서 무엇을 알고 무엇을 몰랐는지, 또 관련 사항을 어떻게 받아들이고 있는지 점검하는 과정이 필요하다고 하겠다.

무엇보다, 오늘날 한반도 통일을 논의할 때 독일의 통일을 참고하려는 시도가 많지만 한반도의 분단은 독일의 분단 과정과 공통점과 차이점이 있다는 사실을 명확하게 인식해야 한다. 2차 세계대전 이후 강제로 국토 분단을 당했다는 점에서는 한반도와 독일이 공통점을 지닌다. 그러나 연합국의 관점에서 볼 때 독일은 전범국이며 동시에 패전국이었지만, 한반도는 그렇지 않았다는 점에서 그 배경과 과정이 전혀 다르다. 당시 전범국가로 패전한 독일은 연합군의 결정에 따라 징벌적 차원에서 국토의 분단을 감수해야 하는 것이 명분상 당연한 일이었다. 반면 한반도는 또 다른 전범국가인 일본의 점령지였을 뿐, 전쟁을 일으킨 당사국이 아니면서도 강대국의 결정에 따라 국토가 분단되는 불합리한 피해를 받았다. 한 걸음 더 나아가 분단에 따른 희생은 고스란히 이 땅 한반도에서 살았고 지금 살고 있으며 앞으로도 살아갈 한민족 구성원의 몫으로 남았다. 이런 점을 감안할 때 억울하게 '허리가 잘린' 국토의 분단을 종식하고 남북한의 통일을 이루어 나가는 문제는 이 땅 한반도에 사는 사람 모두 협력하여 반드시 풀어 나가야 할 역사적 과업이라 하겠다.

생각해 보면 그동안 이 땅에서 살아왔고 또 앞으로 살아갈 사람들의 과거 · 현재 · 미래를 논의하면서 한반도의 분단과 통일을 빼고 이야기하는 것은 불가능한 일이다. 따라서 남북한의 통일을 이야기한다면 반드시 한반도에 대한 일본의 강제점령과 그 이후에 이어지는 분단 과정을 정확하게 알려야 하고 그 과정에서 이 땅의 주민이 자신의 의사와 상관없이 어떻게 부당한 대우를 받았는지 관련 내용을 반드시 교육해야 한다. 이런 상황을 감안할 때 통일로 가는 길에서 사회복지학이 감당해야 할 역할을 논의한다면 과거 · 현재 · 미래의 연결고리를 찾는 것 역시 매우 중요한 의미를 지니는 일이라고 생각한다.

(2) 분단의 결과를 어떻게 받아들일 것인가 하는 문제

분단의 결과, 오늘날 한반도 전역에는 아직도 수많은 이산가족이 헤어진 가족과 친지를 그리워하며 살고 있다. 사랑하는 사람을 갑자기 잃어버린 채 지금도 그리움을 품고 살아가기도 하고 이미 세상을 떠나기도 했다. 또한 분단의 결과, 남북한의 주민은 오늘날 다른 지역에 사는 사람이 어떻게 살아가는지 충분히 알아볼 기회를 박탈당한 채 70년 이상 나름의 생활문화를 만들어 오고 있다. 이런 결과를 어떻게 받아들일 것인가?

우선, 현재의 분단 상태를 그대로 수용함으로써 분단을 고착화하는 것에 찬성하는 의견이 있을 것이다. 생각해 보면 분단 상태를 그대로 수용한다는 것은 역사적으로 2차 세계대전 이후 우리가 부당하게 남과 북으로 분단되었던 상황을 묵인하고 받아들인다는 의미이며, 이와 동시에 앞으로 북한지역의 인구와 자원을 포기해도 좋다는 의사를 간접적으로 표현하는 결과를 초래하는 일이다. 그런 의미에서 분단 상태를 수용하겠다는 사람에게는 반드시 일본의 독도 영유권 주장이나 중국의 동

북공정에 대해 어떤 의견을 지니고 있는지 스스로 점검할 기회를 제공해야 한다. 일본의 독도 영유권 주장이나 중국의 동북공정에 대해 반대하는 사람이라면 그 정서적 논리에 따라 분단 상태를 그대로 수용할 수 없을 것이기 때문이다.

문제는 분단 상태를 수용하겠다는 사람 대부분이 자신의 선택이 앞으로 어떤 결과를 초래할지 생각해 보지 않은 상태에서 무의식적으로 이런 의견을 표출하는 경우가 많다는 점이다. 통일로 가는 길에서 우리 국민 한 사람 한 사람이 분단의 결과를 어떻게 받아들이고 의견을 표현할 것인가 하는 점은 매우 중요한 의미를 지닌다. 왜냐하면 그 의견에 따라 국내 여론이 조성되고, 이는 더 크게 국제무대의 지배담론을 만들어낼 수 있는 동력이 되기 때문이다. 따라서 적어도 분단 상태를 어떻게 받아들일 것인지 의견을 표명하기 전에 자신의 선택이 초래할 명시적・묵시적 결과를 예측하고 관련 효과를 미리 가늠해볼 능력을 배양해야 한다.

반면, 현재의 분단 상태를 적극적으로 바꾸고자 하는 의지를 가지고 통일을 추구하는 의견도 나올 수 있다. 이런 의견을 지닌 사람에게는 통일을 추구하려면 누구를 어떤 논리로 설득할 것인지 스스로 생각하며 효율적인 논리를 개발할 기회를 제공해야 한다. 특히, 자신과 다른 의견을 가진 집단이나 북한주민은 물론, 한반도의 분단 및 통일과 직접적 이해관계가 없는 외국인을 어떤 논리로 설득해 통일로 가는 길의 동조세력과 후원세력으로 만들어갈 것인지 생각해본 뒤 자신의 의견을 정립하는 기회를 제공할 필요가 있다고 하겠다.

(3) 분단 이전 역사적 경험의 공유 문제

오늘날 한반도의 남쪽과 북쪽에 거주하는 인구 중 상당한 비율이 분단 이후에 출생한 사람으로 구성되어 있다. 2019년 현재의 시점을 기준으로 이미 분단 이전, 다시 말해 한반도에서 남북한을 구분하는 개념이 존재하지 않던 시절의 역사를 공유하고 있는 사람은 많지 않다. 그나마 소수의 인원이 남아 있다고 해도 빠른 속도로 줄어드는 것이 지금의 현실이기도 하다.

이런 상황에서도 분단 이전, 즉 남북한이 함께 역사적 경험을 공유했던 세월을 기억할 수 있는 교육을 시행하는 경우는 찾아보기 어렵다. 지금처럼 이렇게 분단의 역사적 과정을 제대로 교육하지 않는 흐름이 앞으로 몇십 년 정도 더 이어진다면 이 땅 한반도에서 살아가는 미래 세대는 분단 이후 남북한이 각각 겪어온 역사적 과정에 대해서도 정확한 판단을 내리기 어려울 것이다. 이 문제가 특히 중요한 이유는 분단 이후 1970년대 이래 북한에서는 당국의 주도로 상당한 수준의 역사 왜곡이 지속적으로 이루어져 왔기 때문이다. 따라서 통일을 지향하며 앞날을 설계하는 미래 세대가 정확한 판단을 할 수 있도록 필요한 정보를 제대로 제공하는 과업은 반드시 시행해야 하는 중요한 일이라 하겠다.

2) 분단 이후 남북한 사회문화의 시대별 변화상 비교

분단 이후 남북한의 사회문화가 변화해온 과정을 논의하려면 먼저 어떻게 시대별 구분을 할지 명시하는 것이 필요하다고 생각한다. 시대별 구분을 명확하게 제시하지 않은 상태에서 남북한 사회문화의 특성을 비교하는 것은 자칫 북한불변론에 빠져들기 쉽다는 한계를 지닌다. 시간이라는 변수를 기준으로 관찰하면 북한사회 한편에서 분명히 또렷한 변화의 양상이 나타나는데도 북한불변론의 관점에 매몰된 상태에서는 그 변화의 흐름을 파악하지 못하는 결과를 낳는다.

분단 이후 남북한의 역사적 변화 과정은 그 기준에 따라 다양한 양상으로 구분할 수 있다. 남북한사회가 겪어온 정치적 변화의 시기가 일치하지 않는 만큼 남한과 북한을 관통하는 기준을 공통으로 설정하는 것은 그만큼 복잡한 일이라는 의미를 지닌다. 그렇지만 대략 1970년 이전의 1단계와 1970~1990년의 2단계, 1990년 이후의 3단계로 구분해볼 때 남북한주민의 일상생활 양상이 뚜렷하게 달라졌다는 정도는 누구나 쉽게 동의할 수 있겠다. 분단 직후, 남북한은 똑같이 가난하고 어려운 상태였지만 흥남비료공장이나 수풍발전소를 비롯한 중공업 시설을 보유한 북한지역은 그나마 형편이 훨씬 좋은 상황이었다.[2] 1970년을 전후하여 남북한의 경제적 상황은 역전하여 북한이 뒤처지기 시작했지만, 그 당시에는 양쪽 모두 정치적으로 중앙집권적 권력을 강화하는 체제를 만들려고 시도했다는 점에서 공통적 면모를 보인다. 동유럽 사회주의국가들이 체제 변혁을 겪었던 1990년 이후에는 남북한의 격차가

---

2) 흥남비료공장은 현재 북한에서 흥남비료연합기업소라는 명칭을 지닌 특급기업소로서 1927년 조선질소비료주식회사 흥남공장으로 출발했다. 1945년 광복 당시 연간 생산량이 44만 톤에 이르는 등 대규모 비료공장이었다. 6·25 전쟁 때 크게 파괴되었으나 그 뒤 복구하여 1972년에 종합화학비료공장으로 변모했다. 한편, 압록강 하구에 위치한 수풍발전소는 일제 강점기가 끝나가던 1943년 11월에 완공했는데, 당시 기준으로는 세계적인 규모의 수력발전소였다.

뚜렷하게 나타나기 시작한다. 정치적, 경제적, 외교적 측면에서 동시다발적 곤경을 겪던 북한은 1990년대 중반에는 이른바 "고난의 행군" 기간을 겪으면서 주민의 고초가 극한에 달하는 상황을 겪는다. 최근 들어 북한 내 다양한 변화가 나타나면서 주민의 생활수준이 최악의 상황은 지나간 상태라고 하지만, 지금도 여전히 1990년 이후 벌어진 남북한의 격차가 고스란히 남아 쉽게 극복하기 어려울 만큼 큰 차이를 만들어내고 있는 실정이라 하겠다.

분단 이후 남북한 사회문화의 특성을 시대별로 비교하는 기준으로 이렇게 거칠게 나누어 놓았지만 단계별로 세밀한 시기 구분을 하는 것은 충분히 가능한 일이다. 남북한 각각의 내부적 상황이나 남북관계, 대외관계의 특성을 이와 같은 시대별 구분에 따라 분류하는 것도 유용한 분석의 기준을 제공한다고 하겠다. 이 글에서는 분단 이후 1970년 이전까지 포괄하는 1단계를 두 개의 기간으로 세분하여 총 4개의 단계로 남북한 사회문화의 특성을 비교해 보고자 한다. 굳이 이렇게 1단계를 세분하여 두 개의 기간으로 구분하는 이유는 6·25 전쟁이 남북한 사회문화의 특성에 미친 영향이 그만큼 크다고 생각하기 때문이다.

분단 이후 오늘날까지 남북한 사회문화의 특성을 4개 단계로 나누어 시대별 구분을 시도한 것은 다음 두 가지 측면에 주목하고자 했기 때문이다. 우선, 남북한체제 내 변화를 넘어 남한과 북한을 관통하는 시대별 변화상에 주목하고자 한다. 이런 방식을 선택하려는 이유는 사회복지학 분야에서 통일과 관련한 논의를 전개하는 기반을 제공할 수 있을 것으로 생각하기 때문이다. 다음으로, 이 글에서는 남북한 내부의 정치적 변혁보다는 주민의 일상생활에서 어떤 변화가 나타나는지 관찰하는 것을 주요 목표로 삼고자 한다. 물론 어느 사회나 정치적 변혁이 주민의 일상생활에 상당한 수준의 영향을 미친다는 것은 부인할 수 없는 일이다. 분단 이후 남북한의 사회문화 모두 '정치 과잉' 상태를 벗어날 수 없었다는 점 역시 정치적 영향력을 강화했을 것이라는 상황도 감안해야 한다. 그러나 이 글에서는 가능한 범위 내에서 정치적 측면에서 어떤 사건이 있었는지 서술하는 대신, 그 일의 결과로 주민의 일상생활에 나타난 영향은 무엇이었는지 최대한 제시해볼 예정이다.

(1) 분단 이후 1953년 정전협정 이전의 1단계

1945년 당시 일본의 강제점령에서 해방을 맞이한 일은 한반도 전역에 환희를 불러일으켰다. 그러나 해방의 환희와 동시에 강대국의 이해관계에 따라 이 땅에 분단의 선이 그어지는 불행도 찾아왔다. 북위 38도선을 기준으로 남북한의 경계를 갈라놓은 분단은 오랫동안 이 땅에서 살아왔고 또 살아갈 사람들의 의사는 한 차례도 확인하지 않은 채 어느 날 갑자기 그저 주어졌다. 이렇게 주어진 분단은 그 이후부터 지금까지 지속적으로 남북한 사회문화의 차이를 만들어 내는 일차적 원인으로 작용해 왔다.

북한당국은 공식적으로 정권을 수립하기 전이었던 1946년에 북조선임시인민위원회 명의로 이른바 '민주개혁' 조치를 실천하는 법령을 연달아 발포했다. 1946년 3월에 북조선임시인민위원회는 〈북조선토지개혁에 관한 법령〉을 발포함으로써 이른바 '민주개혁'의 첫 조치를 실행에 옮겼다. 그리고 같은 해 〈북조선 로동자[3] 및 사무원에 대한 로동법령〉과 〈북조선 남녀평등권에 관한 법령〉을 연달아 발표하는 조치를 취했다. 세 가지 법령의 내용은 당시 북한 내 사회문화를 근본부터 흔들어 놓았다. 특히, 평생 '땅 한 뙈기' 소유하는 것을 소원으로 삼았던 소작민계층이나 개인적 인격체로 그 독립성을 인정받지 못한 채 살아가던 여성을 중심으로 세 가지 법령의 내용을 환영하는 의견이 높았을 것이라는 점은 충분히 짐작할 수 있다.[4] 세 가지 법령의 내용을 간략하게 살펴보면 다음과 같다.

우선, 〈북조선토지개혁에 관한 법령〉은 "무상몰수, 무상분배" 원칙을 적용하여 당시 북한지역에서 소작농과 고용농으로 살던 농민에게 토지를 분배받아 자립적인 경제 기반을 마련할 수 있다는 꿈을 심어 주었을 것으로 보인다. 분배받은 땅을 매매하는 행위는 금지했지만 후손에게 상속할 수 있도록 규정해 두었던 만큼, 당시 사람들이 자신의 사유재산으로 생각했을 가능성은 농후하다고 하겠다. 한 걸음 더 나아가 이 법령의 시행세칙 제 15조는 "가족 수와 가족 내 노동력점수" 기반으로 가구별 토지분배점수를 계산한 뒤 이 점수에 따라 한집안 식구가 받을 토지의 면적을 산출했다. 그때 토지 분배의 기준이 되는 점수로, 남자 18~60세, 여자 18~50세 주민에게 1점을 주고 남자 61세 이상, 여자

3) 이 글에서는 직접 인용을 하는 경우에 국한하여 우리말 문법 규정이 맞지 않는다고 해도 북한당국의 표기방식을 그대로 사용하고자 한다. 따라서 이 부분에서도 직접 인용을 하는 경우에는 두음법칙을 적용하지 않는 북한당국의 방식에 따라 노동자를 로동자로 표기해 놓았다.

4) 북한당국은 이런 흐름을 놓치지 않고 '민주개혁' 조치를 통해 오랜 세월에 걸쳐 "권리를 박탈당하면서 살아온" 무산자(*proletariat*) 계급과 여성의 사회적 지위를 높여 주었다고 선전선동활동에 열중하는 한편, 이른바 '남조선' 여성과 무산자계급은 전통적 인습에 따라 여전히 차별을 받으면서 살고 있다고 비판했다.

51세 이상이 되면 0.3점을 배정함으로써 여성도 자신의 재산을 갖는 길을 열어 주었다(법원행정처, 1997: 87).[5] 비록 여자는 50세, 남자는 60세 기준으로 10년이라는 기간 차이는 있지만 당시의 사회문화적 풍토로 볼 때 여자의 노동력이 지니는 가치를 남자와 똑같이 인정하고 토지를 동일하게 분배했다는 것은 분명히 파격적인 조치라고 하겠다. 물론 10년이 지나 1956년이 된 이후에 북한당국은 이렇게 분배했던 땅을 다시 거두어들여 협동농장으로 만들기 시작했지만, 법령을 제정하고 시행하던 1946년 당시에는 누구도 그런 일을 예상하지 못했을 것이다. 게다가 북한당국은 분명히 개인의 몫으로 토지를 나누어 준다고 명확하게 선언했던 만큼, 남의 땅을 빌려 농사를 지으면서 생산물의 상당량을 지주에게 바쳐야 먹고살 수 있던 이른바 "무산자" 집단과 여성의 호응이 높았을 것으로 보인다.

당시 북한당국은 여성노동자의 권리를 보장하고 남녀평등을 실현하겠다는 원칙을 내세워 〈북조선 로동자 및 사무원에 대한 로동법령〉 및 〈북조선 남녀평등권에 관한 법령〉도 제정했다. 〈북조선 로동자 및 사무원에 대한 로동법령〉은 여성노동자를 위해 동일노동·동일임금 원칙과 산전 35일·산후 42일의 유급휴가를 규정해 놓았다. 그런가 하면 1년 이내 유아를 양육하는 여성노동자에게 1일 2회 30분씩 수유시간을 허용하고 임신 6개월 이후 산전휴가에 들어갈 때까지 중노동을 금지하는가

5) 17세 이하 청소년과 아동의 경우 성별에 따른 구분을 하지 않고 연령을 기준으로 9세 이하 대상자는 0.1점, 10~14세 대상자는 0.4점, 15~17세 대상자는 0.7점을 배정했다.

하면 시간 외 노동과 야간노동을 금지하는 등 모성보호 규정을 구체적으로 제시해 놓기도 했다. 한편, 〈북조선 남녀평등권에 관한 법령〉 역시 여성의 평등권을 구체적으로 규정해 놓았다. 제 1조에서는 "국가 경제, 문화, 사회, 정치적 생활의 모든 령역에 있어서 녀성들은 남자와 같은 평등권을 가진다"라고 규정한 뒤 시행세칙에서 관련 사항을 제시했다. 시행세칙에서는 여성도 남성과 같이 각급 공직을 맡을 권리를 가지며(제 1조), 재산 및 토지의 상속권을 가지고(제 5조), 이혼할 때 결혼 중 공동소유에 속한 재산과 자신의 몫으로 보유한 토지의 분배를 청구할 권리를 갖는(제 21조) 등 관련 규정이 자세하게 나온다.

1946년에 북조선임시인민위원회 명의로 발표한 세 가지 법령은 북한 당국이 2년 뒤인 1948년에 〈헌법〉을 제정할 때 무엇을 기준으로 체제의 기반을 갖추어야 하는지, 그 기준을 제시하는 역할을 했다. 그 내용이 북한주민의 일상생활에서 실제로 효과를 발휘했는지를 논의하기 이전에, 1946년 당시 상황에서 이런 내용을 법령으로 규정해 놓았다는 것은 기존의 사회문화적 풍조를 뒤흔들어 놓을 만큼 충분히 사회적 파장을 일으킬 요소를 지니고 있었다고 하겠다.

물론, 대한민국정부도 1948년에 〈제헌헌법〉을 제정하면서 모든 국민이 법 앞에 평등하며 성별을 이유로 차별받지 아니하고 인간으로서 존엄과 가치를 보장받을 것을 기본원칙으로 확립해 놓았다. 또한 〈제헌헌법〉에 따라 정부를 수립한 이후, 〈농지개혁법〉에 따라 "유상매입, 유상분배" 원칙을 기준으로 당시 가장 시급한 과제로 여겼던 농지 개혁을 시행했다. 다만, 노동자와 여성의 권리를 구체적인 법률 조항으로 적시한 것은 시간이 한참 지난 이후의 일이었다. 대한민국정부가 근로자의 실질적 지위를 보호하고 개선하려는 목적으로 근로 조건의 최저기준을 정한 〈근로기준법〉을 처음으로 제정한 것은 6·25 전쟁이 막바지로 치닫던 1953년 5월 10일이었다. 그렇지만 여성노동자를 대상으로 고용의 평등한 기회와 대우를 보장하는 한편, 모성 보호 및 복지 증진 규정을 명시한 〈남녀고용평등법〉의 제정은 그보다 훨씬 더 많은 시간이 흘러 1987년 12월 4일에 이르렀을 때 비로소 이루어졌다.

이런 상황을 고려해볼 때 북한당국이 1946년에 법률로 동일노동, 동일임금의 원칙이나 산전산후 휴가 조항을 규정해 놓았다는 사실은 어떤 기준으로 비교해 보더라도 정책적 측면에서 훨씬 앞서 있었다는 평가를 내릴 수밖에 없다고 하겠다. 그럼에도 이런 내용이 북한주민의 일상생활에서 실제로 효력을 발휘했는지 여부는 전혀 다른 차원의 문제이다.

(2) 1953년 정전협정 이후부터 1970년 이전까지의 2단계

1950년 6월 25일 일요일 새벽에 북한의 남침으로 전쟁이 일어난 이후 1953년 7월 27일 정전협정을 체결함으로써 포화가 멈추기까지의 기간 동안 남북한주민은 누구도 그 영향에서 벗어날 수 없었다. 또한 전쟁의 포화가 멈추고 난 이후에도 주민 일상생활에 미친 여파는 강력했다. 남북한을 구분할 수 없을 만큼 한반도 전역에서 이미 수많은 사람이 가족과 친지를 잃어버린 상황이었고 살아갈 터전을 완전히 상실한 채 하루하루 생명을 유지하는 일에 최선을 다해야 겨우 목숨을 연명할 수 있는 처지에 놓이고 말았다. 그야말로 '아무것도 손에 쥐지 못한 상태에서' 삶의 터전을 완전히 새롭게 일구어 나가야 하는 상황이었던 것이다.

이런 상황에서 북한당국은 개인이 소유했던 상공업 업체를 사회주의화하는 한편, 개인의 몫으로 분배했던 토지를 모아 협동농장을 만드는 농업의 협동화 과정을 적극적으로 추진하기 시작한다. 당연히 주민들의 저항이 강력하게 일어났던 것으로 보인다. 그러나 북한당국은 모범협동농장을 내세워 긍정적인 사례를 제시함으로써 개인이 각자 농사를 짓는 것보다 협동농장에 참여하는 편이 훨씬 더 풍족한 생활을 누린다는 내용을 중심으로 선전선동활동에 몰입하면서 농업의 협동화를 추진해 나갔다. 또한 개인이 소유한 상공업 업체를 일절 허용하지 않는 정책을 취했다. 그 결과 1958년에는 북한당국이 이른바 "사회주의적 개조를 완성하는" 과업을 달성했다고 선언하는 수준에 이른다. 1958년 당시 북한 전역에 남아 있는 "자본주의의 잔재"는 소위 농민시장[6] 뿐이었다. 그나마 이렇게 남은 농민시장도 북한이 "사회주의를 넘어 공산주의로 진행해 가는" 과정에서 곧 사라질 운명으로 규정해 놓기도 했다.[7]

---

6) 1958년 당시 북한당국은 군마다 농민시장 한 곳을 설치하면서 매월 1일과 11일, 21일 등 한 달에 세 번 문을 열도록 허용했다. 이렇게 10일에 한 번씩 농민시장 문을 열도록 조치한 이유는 협동농장 농장원이 휴식을 취하는 날이기 때문이었다. 농민시장에서는 쌀을 비롯한 주요 곡물과 공산품의 거래가 엄격하게 금지되어 있었다. 오로지 농민이 텃밭에서 키운 남새(채소) 및 닭알(달걀) 등 소소한 부식물을 물물 교환 형태로 거래하는 것이 원칙이었다.

7) 북한당국의 기대와 달리 농민시장은 북한사회의 변화 과정에서 사라지기는커녕 시간이 지나면서 점점 세력을 확장해 나갔던 것으로 나타난다. 특히, 1990년대 중반 당시 고난의 행군 기간을 지나면서 농민시장은 암시장을 거쳐 장마당으로 북한 전역에 확산되다가 마침내 2003년 북한당국이 종합시장을 건설하면서 오랫동안 불법으로 규정하던 상행위를 합법화하는 조치를 취하기에 이른다.

북한당국은 1958년에 "사회주의적 개조를 완성하는" 과업을 달성했다고 선언한 뒤 중앙집권적 계획경제에 따라 공산주의로 나아가는 발걸음을 재촉하기 위해 이른바 천리마 운동을 전개하기 시작했다. 모든 직장과 학교에서 천리마 운동을 전개하면서 "천리마 속도, 천리마 기수, 천리마 작업반, 천리마 직장"과 같은 용어가 생겨났다.[8] 이 중 천리마 작업반 같은 칭호를 활용해 간혹 모범사례를 제시함으로써 누구나 일상생활에서 어떻게 행동하며 살아야 하는지 명확하게 알 수 있었다. 개인적 선호와 취향에 따라 자신이 하고 싶은 일을 선택하려는 자세는 집단 구성원 전체가 나서서 이기적인 행동으로 비판하곤 했다. 전체적 분위기가 이러했던 만큼 자연히 누구나 집단의 요구에 따라야 하는 것을 당연한 사회적 규범으로 받아들이는 풍조가 생길 수밖에 없었다.

한편, 1953년 정전협정 이후 대한민국 사회는 이른바 사사오입 개헌 파동으로 정치적 혼란기에 빠져 있었다. 그러다가 1960년 4월 19일 부정선거를 반대하는 혁명이 일어나 이승만 대통령이 4월 26일에 하야하는 사태를 겪는다. 그 이후 정치적으로 혼란한 상황 속에서 1961년 5월 16일 군사정변으로 권력을 장악한 박정희 국가재건최고회의 의장은 제 5~9대 대통령을 지내며 재임 기간 내내 경제개발 5개년 계획을 추진했다.[9]

8) 3대 세습을 거쳐 권력을 물려받은 북한의 젊은 지도자 김정은 국무위원장은 집권 이후 하루에 천 리를 달리는 말이라는 의미의 천리마를 넘어 하루에 만 리를 달린다는 말처럼 자신을 다그치며 열심히 일해야 한다는 뜻으로 "만리마 속도, 만리마 정신" 같은 구호를 내세워 왔다.

9) 대한민국정부는 1962년부터 1981년까지 경제개발 5개년 계획을 추진하다, 1982년부터 1996년까지 경제사회발전 5개년 계획으로 이름을 바꾸어 그 흐름을 이어 나갔다.

박정희 대통령 재임 기간 동안 지속적으로 추진했던 경제개발 5개년 계획이 한국사회 발전에 바람직한 성과를 도출했는지 논란이 없는 것은 아니다. 그렇지만 적어도 경제개발 5개년 계획을 통해 대한민국 국민의 일상생활이 한결 풍요로운 수준에 올라섰다는 점은 이론의 여지가 없다고 하겠다. 특히, 자원이 부족한 상태에서 수출주도형 정책을 선택한 결과, 1964년에 1억 달러 수출액을 기록한 일은 당시 지구상에서 가장 가난한 국가로 꼽히던 대한민국이 그 이후 경제적 발전을 이루는 토대를 제공해 주었다. 1964년 1억 달러 수출액을 달성한 이후에 수출 규모가 10억 달러, 100억 달러, 1천억 달러를 넘어선 시점이 언제인지, 최근에 무역 1조 달러 규모를 달성한 것이 세계적으로 어떤 의미를 지니는지 생각해볼 때, 당시 경제개발 5개년 계획을 도입한 대한민국정부의 정책적 판단이 얼마나 중요한 결과를 낳았는지 나타내 주는 지표로 평가해야 마땅하다고 하겠다.

(3) 1970~1990년 기간의 3단계

1970년대 들어 남북한의 사회문화는 그 이전과 차원이 다른 수준의 이질화를 겪은 것으로 나타난다. 돌이켜 보면 1945년 당시 남북한의 분단은 누구도 예상하지 못한 상태에서 어느 날 갑자기 떨어진 불행한 사건이면서도, 곧 예전의 삶으로 되돌아갈 것이라는 희망을 버리지 못했던 사람이 많았다.[10] 그런데 남북한의 주민이 곧 통일될 것이라는 희망을

10) 실제로 당시까지 남북한을 구분하는 군사분계선 부근에 살던 주민 사이에는 안내원을 내세워 상대 지역을 가는 것이 가능하다고 인식하는 사람들이 있었다고 한다. 특

더 이상 이어가지 못하고 어쩔 수 없이 분단을 현실로 받아들이도록 만드는 사건이 1968년 이후 1970년대 초반에 걸쳐 발생했다.

1968년 1월 21일, 서울에서 이른바 1·21 사태가 발생했다. 김신조를 비롯한 북한의 무장간첩단이 청와대 인근까지 접근하는 사건이 일어난 것이다. 유일하게 생포를 당한 김신조는 "청와대를 까부수러 왔다"는 발언으로 한국사회를 완전히 뒤집어 놓았다. 그 뒤 울진·삼척 지역에 무장간첩이 출몰했다는 소식이 이어지면서 한국사회는 온통 불안에 휩싸였다. 그러다 1970년대 들어 남북적십자회담을 시작하면서 다시금 평범한 주민 사이에 '곧 통일이 될 것 같다'는 희망이 강하게 퍼져 나갔다. 특히, 남북한 당국이 각각 이후락 정보부장과 박성철 부수상을 상대방 지역에 파견한 뒤 회담을 개최하고, 마침내 1972년 7월 4일에 7·4 남북공동성명까지 나오자 통일을 기대하는 희망은 더욱 강해졌다. 그러나 1973년 8월 28일 북한당국이 일방적으로 대화 중단을 선언하여 잠시 통일을 기대하는 희망을 품었던 사람들은 완전히 그 희망을 접을 수밖에 없는 상황으로 이어진 것이다. 남북관계가 이렇게 절망에서 희망을 거쳐 다시 절망으로 내닫는 동안, 남북한 당국은 각각 내부적으로 1972년 10월의 〈유신헌법〉과 두 달 뒤인 12월 〈사회주의헌법〉 개헌을 시행함으로써 중앙집권적 권력을 더욱 강화하려고 시도했던 것으로 나타난다.

당시 대한민국정부는 "한국적 민주주의 토착화"라는 구호를 내세우며 국회를 해산하고 통일주체국민회의 대의원 투표를 통해 대통령을 선

히, 강화도 교동도처럼 북한지역이 가까운 곳에서는 1960년대 당시까지 이런 사례가 드물지 않았다는 이야기가 남아 있다.

출하는 간접선거방식을 시작함으로써 유신체제를 도입했다. 그 무렵부터 한국사회에서 산업화 세력과 민주화 세력의 갈등이 나타나기 시작한다. 한국사회 내부에서 정부 주도로 산업화의 속도를 높여가며 수출주도형 경제 발전을 도모함으로써 주민의 생활수준이 높아지는 현상이 나타났던 반면, 정치적으로 유신체제에 반대하는 사람들 중심으로 〈유신헌법〉 개정 100만 인 서명운동을 필두로 민주화 세력의 움직임이 강하게 나타나 사회 내 갈등 양상이 심해지기도 했다.

한편, 당시 북한 내부에서는 이른바 유일사상 체계 확립이라는 목표를 내세워 지도자 김일성의 아들 김정일을 후계자로 내세우는 분위기를 만들어 나갔다. 정치 지도자의 아들을 그 후계자로 만드는 권력의 세습현상은 분명히 낯선 현상이었고 사회주의 사회에서 정당성 확보가 어려웠던 일이었던 만큼 북한당국은 내부적으로 생활총화제도[11]를 일상화함으로써 주민의 일상생활을 강력하게 통제하기 시작했다. 또한 분단초기 이른바 "사회주의 모국 소련을 따라 배우자"라는 구호와 아울러 모든 분야에서 마르크스-레닌주의의 가르침을 내세우던 북한당국은 1972년 〈사회주의헌법〉을 개정하면서 "마르크스-레닌주의를 창조적으로 적용한 주체사상을 자기 활동의 지도적 지침으로" 정한다고 선언했다.

이런 과정을 거치며 남북한 사회 내부에서 주민이 일상생활을 영위하는 방식은 완전히 달라지는 과정을 겪는다. 산업화 세력과 민주화 세

11) 일반적으로 북한주민은 일주일에 한 번 생활총화 모임에 참여해야 하는 상황에서 살아간다. 생활총화 모임에 참여한 사람은 반드시 자아비판을 하고 동료 중 누군가를 선택하여 그 사람의 행위가 어떤 점에서 문제가 있는지 지적하는 호상비판을 진행해야 한다.

력의 충돌을 겪으며 일상적인 권리 의식이 점차 높아진 한국사회와 달리, 북한 내부에서는 일주일에 한 번씩 참여해서 자아비판과 호상비판을 시행해야 하는 생활총화제도 시행으로 주민이 집단의 규칙을 무조건 따라야 하는 풍조가 더욱 강력하게 자리 잡아가는 것으로 나타났다.[12] 그러나 한편으로 북한당국은 유치원 높은반 1년과 인민학교 4년, 고등중학교 6년으로 이어지는 11년제 무상의무교육제도[13]를 도입하여 해당 연령의 아동과 청소년은 성별에 무관하게 교육받을 기회를 제공하는가 하면, 의사가 자신이 담당하는 구역 내 주민 가정을 정기적으로 순회 방문하면서 상담과 치료, 위생교육을 시행하는 의사담당구역제[14]

12) 당시 북한의 경제 상황은 분단 초기에 높은 성장세를 보이던 시기와 달리 이미 어느 정도 주춤하기 시작했다. 그런 상황에서도 북한당국이 자신감을 가지고 주민의 일상생활을 강력하게 통제하는 것이 가능했던 이유 가운데 하나로 1975년 4월의 베트남 통일을 꼽을 수 있다. 그 무렵 〈로동신문〉 내용을 읽어보면 사회주의체제를 유지하던 북베트남이 자본주의 사회였던 남베트남을 점령하는 방식으로 통일을 이루었다는 사실에 북한당국은 무척 고무되어 있었던 것으로 나타난다.

13) 북한당국이 11년제 무상의무교육제도를 전면적으로 시행한 시점이 1970년대 중반이라는 점을 생각해 보면 이런 조치가 북한여성의 교육 수준을 높이는 데 긍정적으로 기여했을 것으로 평가할 수 있다. 2019년 현재 북한당국은 유치원 낮은반 1년과 높은반 1년, 소학교 5년, 초급중학교 3년, 고급중학교 3년 제도로 운영하고 있다. 그 가운데 유치원 낮은반 1년을 제외하고 유치원 높은반 1년과 소학교 5년, 초급중학교 3년, 고급중학교 3년 기간이 12년제 무상의무교육제도에 포함된다. 북한당국은 2012년 9월 12년제 무상의무교육제도 도입을 선포한 뒤 2014년 이후 그 계획을 실행에 옮겼던 것으로 알려져 있다(김석향, 2017).

14) 북한당국은 일찍부터 의료 분야에서 치료보다 예방이 중요하다는 예방의학 원칙을 내세워 1960년대 이후 의사담당구역제를 시행해 왔다고 강조한다. 그런데 1988년 3월, 김일성은 당중앙위원회 제6기 제13차 전원회의에서 의사담당구역제를 강화할 것을 지시했다.

를 강화하는 등 주민의 마음을 얻으려는 정책을 끊임없이 시도하기도 한다.

1970년대 이후 남북관계는 기회가 주어질 때마다 서로 비교하면서 자신의 우위를 앞세우며 경쟁하는 양상을 드러낸다. 경제 발전 분야에서도 그렇지만 주민을 상대로 교육의 기회를 확대하거나 사회복지 혜택을 늘려가는 측면에서도 남북한 당국은 상대방의 행보를 의식하면서 경쟁의 속도를 늦추지 않았다. 그런데 이런 양상은 1990년 이후 더 이상 이어지지 않는다. 1988년 서울올림픽과 1989년 평양에서 개최한 제 13차 세계청년학생축전[15] 이후 남북한 사이의 체제 경쟁은 사실상 끝이 나고 사회문화적 차이가 분명하게 드러나는 것으로 보인다.

(4) 1990년 이후의 4단계

1980년대 후반 이후 1990년대 초반으로 이어지는 기간 동안 소련과 동유럽 국가를 중심으로 사회주의국가의 체제 전환 현상이 일어나면서 남북한의 사회문화적 특성도 다양한 측면에서 영향을 받았다. 특히, 2차 세계대전 종전 이후 오랫동안 사회주의국가의 대부 역할을 하던 소련이 대내외적 충격으로 흔들리기도 하고 동유럽 여러 나라에서

15) 세계청년학생축전은 냉전 시대 당시 사회주의권 국가의 청년과 학생이 한자리에 모여 세계평화 정착을 목표로 다양한 행사를 개최하는 일로, 2차 세계대전이 끝나고 난 뒤 1947년 7월 체코의 프라하에서 처음 열렸다. 그 뒤 1959년 제 7차 대회까지 2년 간격으로 열렸지만 그 이후에는 5~7년 간격으로 개최 기간이 불규칙했던 것으로 나타난다. 1989년 제 13차 세계청년학생축전이 평양에서 열렸으며 1997년 제 14차 축전 개최 장소는 쿠바의 아바나였다.

체제 전환이 일어나면서 루마니아에서 민중 혁명으로 독재자 차우셰스쿠 부부가 처형당하는가 하면, 독일에서도 베를린 장벽이 무너지는 상황이 연달아 이어지자 북한당국은 크게 충격을 받은 것으로 나타난다. 무엇보다 1990년 9월 30일 소련이 한국과 국교를 수립하고 같은 해 10월 3일 동서독이 통일을 달성한 것에 이어 1992년 8월 24일 한국과 중국의 수교까지 이루어지면서 북한당국은 극도로 불안감을 느꼈던 것으로 나타난다.[16)]

물론 이와 같은 일련의 사건이 하루아침에 일어난 것은 아니었다. 돌이켜 보면 1980년대 중반 이후 줄곧 사회주의권 영역에서 지속적으로 균열 현상이 발현하고 있었던 것이 명백하다. 이렇게 이어지는 국제사회의 변화는 남북관계는 물론 남북한의 사회문화적 특성에도 영향을 미쳤다. 대한민국은 1977년에 1인당 국민소득 1천 달러를 돌파했고 20년이 지난 1994년에는 1인당 국민소득 1만 달러 고지에 올라섰다. 1996년 연말에는 선진국 진입의 관문으로 평가받는 경제협력개발기구(OECD) 29번째 회원국으로 가입했다. 2006년에는 대한민국의 1인당 국민소득이 2만 달러에 이르렀고 2018년에는 3만 달러를 넘어섰다.

반면, 북한의 경제력은 1990년 이후 극심한 위기를 겪는다. 이른바 고난의 행군 기간으로 알려진 1990년대 중반의 경제적 위기가 어느 정

---

16) 이런 불안감에 따라 북한당국은 독일통일 이후 "어느 일방이 타방을 돈으로 녹여내려고" 했던 일로 평가했다. 또한 북한당국은 "통일이 절박하다고 하여 먹고 먹히우는 길을 택할 수 없으며 … 북과 남의 서로 다른 제도를 하나의 제도로 만드는 문제는 앞으로 천천히 풀어나가도록 후대들에게 맡겨도 된다" 하는 주장을 내놓기도 한다(박동근, 1996, 2019. 3. 29 인출).

도 심각했는지 충분히 알려져 있지만 평양 이외 지역의 주민이 겪는 고통은 그 이전부터 이미 상당히 심각한 상태였다고 한다. 해마다 수확 철이 되면 "만풍년을 자랑하던" 북한당국은 1990년대 들어 세계식량계획(WFP)에 긴급구호 식량 지원을 요청했다. 그때부터 국제사회는 북한당국의 요청을 받아들여 식량을 지원하기 시작했다. 이렇게 시작한 국제사회의 대북 지원은 크고 작은 규모의 변화를 겪기는 했지만 지금까지도 여전히 이어지고 있는 실정이다.

남북한은 1990년대 들어 서로 다른 맥락에 따른 경제적 위기를 겪는다. 한국사회는 1990년대 후반에 이른바 IMF 사태로 알려진 외환위기를 겪으면서 대량 실업사태를 경험한 반면, 북한에서는 앞서 지적한 고난의 행군 기간 동안 수많은 사람이 혹독한 굶주림을 겪었던 것으로 나타난다. 이런 상황에서도 대한민국정부는 1990년대 후반부터 해마다 상당히 많은 양의 식량과 비료를 북한지역에 지원했다. 1998년 이후 10여 년 동안 선박을 활용하여 매해 30만~50만 톤 규모의 쌀을 비롯하여 비료와 의약품 등 다양한 물자를 북한 내 여러 항구에 전달하는 동안 남북한 사이에는 수많은 사람의 교류가 지속적으로 이어졌다. 그뿐만 아니라 금강산 관광 실시와 개성공단 건립 등 남북한당국이 공식적 통로를 통해 물자와 사람의 교류가 이어지는 동안, 남북한의 주민은 자연스럽게 상대방 지역의 사회문화적 특성을 흡수하기도 하고 거꾸로 영향을 주기도 하는 흐름을 이어 나갔다.

3. 남북한 사회문화의 현황: 동질성의 공존과 이질성의 충돌

남북한 사회문화의 특성을 비교하고 그 동질성과 이질성을 명확하게 파악하는 것은 왜 중요한가? 무엇보다 통일로 가는 길에서 사회복지 분야의 전문가와 활동가 집단의 구성원이 남북한 사회문화의 특성을 비교하고 그 동질성과 이질성을 정확하게 분석해야 할 이유는 무엇인가?

분단 70년을 훌쩍 지나 80년을 향해 나아가는 오늘날, 남북한의 사회문화는 완전히 이질적인 상태에 도달한 것으로 평가하는 의견이 많다. 한 걸음 더 나아가 남북한의 사회문화는 동질성 논의가 필요하지 않을 만큼 처음부터 완벽하게 달랐던 것으로 인식하는 관점이 등장하기도 한다. 그렇지만 1945년 분단 이전, 오랜 세월에 걸쳐 이 땅 한반도에서 기억을 공유하는 생활 공동체의 구성원으로 함께 일상의 역사를 만들어 온 남북한주민 사이에는 아직도 상대방을 쉽게 떨쳐내지 못하도록 묶어주는 문화의 공통분모가 분명히 존재한다고 하겠다.

이런 우리의 모습은 오늘날 남북교류의 현장에서 서로 말이 통하고 통역이 필요하지 않아 의사소통에 효율적이라는 평가가 나오는가 하면, 또 한편에서는 상대방이 무슨 말을 하는지 전혀 알아들을 수 없어 답답하다는 의견이 동시에 등장하는 모순적 현실로 나타난다. 이렇게 말이 통하는 것 같으면서도 전혀 통하지 않는 부분이 혼재하는 남북한 사회문화의 특성은 통일로 가는 과정에서 사회복지 분야의 수요가 분출한다고 했을 때 미리 준비해 놓지 않는다면 구체적 상황에 맞는 대처방안을 찾기 어렵게 만드는 요인으로 작용할 가능성이 크다. 상황이 이러하니 사회복지학 분야의 과제는 더욱 복잡한 양상을 지닌다. 한마디로 사람의 '마음을 사는' 일에 성공하지 않으면 통일로 가는 길에서 아무리 정교한 사회복지 정책을 수립하고 실천방안을 계획해 둔다고 해도 어려운 상황에 놓인 사람의 삶을 개선하는 현실적인 효과를 담보할 수 없다는 뜻이라 하겠다.

동질성과 이질성이 공존하는 남북한 사회문화의 특성이 사회복지 분야에서 효율적인 의사소통을 오히려 방해하는 요인으로 작용할 가능성이 크다고 판단하는 이유는 사람과 사람의 만남에 결국 감성적 판단에 따른 의사소통의 과정이 불가피하게 개입한다고 보기 때문이다. 인간의 의사소통 과정은 단순히 언어를 교환하는 행위를 넘어선다. 2~3인의 소규모 집단 내부에서 일어나는 의사소통은 물론이고 수많은 사람이 동시에 참여하는 회의 자리라 하더라도, 모든 구성원이 각자 성장하는 과정에서 자연스럽게 학습하고 내면화해온 가치관과 태도, 좋고 싫음의 기준을 의식적으로 혹은 무의식적으로 드러내면서 다양한 범주의 감성적 판단을 교환하는 일이 발생한다. 그런 의미에서 사람과 사람이 만나 의사소통을 하는 과정에서 각자 자신의 사회문화적 특성에 기반을 둔 동질감과 이질감의 영향으로부터 자유로운 인간관계는 사실상 찾아볼 수 없다고 하겠다.

인간관계에서 궁극적으로 좋고 싫음이나 옳고 그름을 판단하는 근거로 작용하는 감성은 일회적으로 잠시 나타났다가 사라지는 것이 아니라 오랜 학습과 내면화의 결과로 구조화된다는 특성을 보인다. 앞으로 통일을 향해 나아가는 단계에서 남북한주민의 만남이 빈번해진다면, 이들의 인간관계에는 70년 이상 분단 상황에서 살아온 남과 북의 서로 다른 '감성구조' 개입으로 발생하는 영향이 불가피하게 나타날 수밖에 없다는 현실을 인정해야 한다. 다시 말해 분단 이후 남북한주민이 서로 오랫동안 대규모 교류가 없는 상태에서 살아온 결과, 각자 다른 방식으로 굳어진 특유의 가치관과 사고방식을 근거로 좋고 싫음은 물론 동질감과 이질감을 드러내는 양상과 그에 따른 갈등 상황을 반드시 예상하고 이와 관련하여 필요한 대책을 강구해 두어야 한다는 것을 의미한다. 한 걸음 더 나아가 사회복지 분야에서는 남북한주민의 대규모 교류와 다양한 방식의 접촉이 발생할 때 이른바 '북한식 감성구조' 개입의 가능성을 반드시 고려해야 할 것이다.

사회복지학 분야의 연구자와 활동가에게 주어진 상황이 이렇게 복잡한 만큼, 이 부분에서는 남북한의 사회문화 특성이 주민 일상생활 속에서 동질성과 이질성이 얽힌 채 어떻게 공존양상을 드러내는지 구체적으로 비교해 보는 작업을 진행하는 것이 반드시 필요하다 하겠다. 아울러 남북한의 사회문화 특성이 지금처럼 동질성과 이질성이 공존하는 형태로 만들어진 원인은 무엇인지, 향후 통일로 가는 길에서 이와 같은 문화적 특성은 사회복지 현장에 어떤 영향을 미칠지 탐색해 보고자 한다.

1) 집단주의와 개인주의의 충돌

"하나는 전체를 위하여, 전체는 하나를 위하여". 오늘날 북한주민의 일상생활을 지배하는 사회문화적 특성을 하나의 용어로 정리하여 표현한다면 단연코 집단주의 원칙이라 하겠다. 집단주의 원칙을 나타내는 "하나는 전체를 위하여, 전체는 하나를 위하여" 구호는 북한의 〈헌법〉 조문부터 시작해 사회 곳곳에 자리를 잡은 채 주민의 일상생활을 철저하게 지배하는 기본 규범으로 작동하고 있다.[17] 원칙적으로 북한주민은 누구나 초등학교에 해당하는 소학교 2~3학년 시절에 "조선소년단" 입단으로 조직생활을 시작한 이후 마지막 숨을 거두는 순간까지 자신이 속한 조직을 통해 집단주의 원칙을 일상적으로 실천해야 하는 굴레에서 벗어날 수 없다.

북한에서는 나이와 성별, 입당 여부에 따라 자신이 속한 조직의 명칭이 달라지지만[18] 기본적으로 일주일에 한 번 이상 생활총화 시간에 참여하면서 집단주의 생활 원칙을 배우고 실천해야 한다는 점은 예외가 없는 실정이다. 이른바 자유주의라는 용어로 부르는 개인주의 정신을 실천에 옮기는 일이 절대 발생하지 않도록 다양한 유형의 조직생활을 통해 주민의 일상생활을 통제하는 것이 북한의 사회문화 전반을 지배하는 기본적 원칙이다. 최근 들어 북한 내 젊은 세대를 중심으로 개인주의 성향이 나타나면서 과거와 다른 양상이 드러난다고 한다. 그렇지만 지금도 여전히 이른바 사회주의 생활양식에 어긋나는 행동이나 발언은 물론이고, 옷차림과 머리모양까지 다양한 그루빠[19] 활동을 통

---

17) 2016년 6월 30일에 개정된 〈북한헌법〉 제 63조의 내용은 다음과 같다. "조선민주주의인민공화국에서 공민의 권리와 의무는 "하나는 전체를 위하여, 전체는 하나를 위하여"라는 집단주의원칙에 기초한다."

18) 북한주민은 누구나 초등교육을 받는 동안 조선소년단에 가입해야 하고 중등교육 기간에는 한 사람도 예외 없이 청년동맹에 들어가야 한다. 그 이후 조선노동당에 입당하여 당원으로서 조직생활을 하는 사람도 있지만 그렇지 않은 경우에는 나이와 성별, 직업 유형에 따라 청년동맹과 직업총동맹, 농업근로자동맹, 여성동맹 등 자신의 조건에 부합하는 조직에 속해 집단주의 생활을 실천해 나가야 한다.

해 단속당하는 일이 일상적으로 이루어지는 상황이라는 점은 부인할 수 없다.

돌이켜 보면 분단 초기 남북한주민은 대체로 전통적 생활문화에 바탕을 두고 개인주의를 거부한 채 집단주의 방식에 맞추어 일상생활을 영위하고 있었을 것이다. 그런데 지금도 집단주의 생활방식에서 벗어나지 않고 오히려 더 강화하려는 북한의 현실과 달리 한국에서는 시간의 흐름에 따라 개인주의 성향이 완연히 강해지는 양상을 드러냈다. 오늘날 한국사회에서는 집단의 규범이나 원칙도 중요하지만 개인이 자신의 취향을 반영하는 삶의 방식을 선택하려 할 때 누구도 방해할 수 없다는 인식이 강력하게 뿌리를 내리고 있다. 자녀가 더 이상 부모의 간섭과 결정을 당연하게 받아들이지 않고 스스로 선택한 삶의 길을 가겠다고 선언하는가 하면, 남들이 다 부러워하는 직장에 안주하지 않고 불안하고 미래를 기약할 수 없지만 좋아하는 일을 하겠다고 뛰쳐나가는 젊은이의 선택에 환호성을 올리는 분위기가 자리를 잡아가고 있다. 오랫동안 당연하게 여겨 왔던 일을 더 이상 그대로 받아들이지 않고 자신의 의견은 무엇인지 되돌아보고 부족하고 불안하더라도 스스로 나아갈 길을 선택하는 사람이 그만큼 많아졌다는 뜻이기도 하다. 상황이 이러하니 남북한 사회문화의 특성에 따라 개인주의와 집단주의 사이의 충돌이 발생할 가능성이 높다는 것은 오히려 당연한 일이라고 하겠다.

---

19) 북한사회에는 다양한 유형의 비사회주의 행위를 단속하는 업무를 담당하는 '그루빠'가 존재한다. 그루빠라는 용어는 영어 단어 group이 어원인 것으로 보인다. 대체로 각 도와 시 · 군 단위에서 그루빠를 운영하여 조직하는 경우가 많지만, 간혹 중앙에서 특별히 그루빠를 만들어 임무를 부여한 뒤 지역으로 내려보내는 사례도 있다.

2) 소수자개념의 충돌

앞으로 통일을 이루어 나가려 하는 사람의 관점에서는 남북한 사회문화의 특성을 비교할 때 소수자개념을 둘러싼 충돌의 가능성을 점검하는 것도 매우 중요한 의미를 지닌다. 특히, 통일을 추진하는 과정에서 북한 내 소수자의 유형과 그들이 살아가는 일상생활의 현황을 정확하게 파악하는 것이 사회복지학 분야에서는 절대적 우선순위를 지니는 일이라고 생각한다.

북한 내 소수자는 누구인가? 이들은 북한사회 내부에서 어떤 대접을 받으며 살아가는가? 이들의 현황을 정확하게 파악하고 있어야 통일한국의 사회복지학 분야에서 누구를 대상으로 언제, 어떤 사업을 추진해 나가야 할 것인지 구체적인 계획을 세울 수 있지 않겠는가?

이렇게 관련 분야의 질문이 쏟아져 나온다고 해도 기존의 학술담론과 연구보고서를 검토했을 때 북한 내 소수자 유형과 이들의 일상생활을 실증적으로 탐구한 내용이 그다지 많지 않은 것이 오늘의 현실이다. 그렇지만 몇 편의 연구 결과를 통해 북한 내 소수자의 유형과 이들의 일상생활 현황을 정리해 보면, 통일로 가는 길에서 남북한주민 사이에 충돌이 발생할 가능성을 내포하고 있다고 하겠다. 무엇보다 신체적 장애를 지닌 사람을 포함해 다양한 유형의 소수자 집단을 비하하는 발언을 일상생활에서 그다지 규제하지 않는 북한사회의 일반적 관행(김석향, 2015: 18~23)이 통일을 추진하는 단계에서 사회복지 분야의 관계자 사이에 잠재적 충돌 요인으로 작용할 가능성을 지니고 있다는 점에 주목할 필요가 있다.

3) 민족개념의 충돌

앞으로 통일을 이루어 나가려 하면 그 과정에서 남북한주민의 교류와 접촉이 점점 더 많아질 수밖에 없다. 그렇지만 누구나 공유해야 하는 사회적 규칙을 아직 뚜렷하게 확립한 상태가 아니므로, 일상생활에서 발생하는 크고 작은 충돌로 인해 서로 마음이 불편하고 어려운 시간이 될 가능성이 높다. 한마디로 일정한 기간 동안 규범의 아노미 상황을 피할 수 없는 것이 통일로 가는 과정의 현실이라 하겠다. 사람과 사람이 만나는 현장에서 혼란이 발생할 가능성이 당연히 높은 만큼, 이런 상황이 낯설고 힘겨워 거부감을 표출하는 사례도 많아질 것으로 예상할 수 있다. 그중에서도 민족개념을 둘러싼 해석의 차이는 남북한주민이 실제로 만났을 때 서로 다른 감성구조의 개입으로 정서적 충돌을 일으킬 가능성이 가장 높은 영역으로 보인다.

분단 이후 70년이 훌쩍 넘은 오늘날 한국사회는 다양성을 존중해야 한다는 인식에 따라 민족개념을 둘러싸고 서로 다른 의견 표출을 하더라도 어느 정도 용납하는 수준에 이른 것 같다. 민족이라는 기치를 내세우며 사회 전체를 더욱 강력하게 통합해 나가야 한다고 주장하는 세력이 한쪽에 분명히 존재하지만, 또 다른 한쪽에서는 민족개념이 내포하는 폐쇄성이 얼마나 위험한지 강력하게 경고하는 의견도 명확하게 등장한다. 대다수 국민이 일상적으로 늘 민족 문제에 강한 관심을 표명하는 것은 아니지만, 남북이 통일을 해야 하는 이유를 물어보면 유독 남북한의 구성원이 한민족이기 때문이라고 주장하는 비율이 상당히 높다. 그만큼 통일을 주장하는 논리는 우리가 같은 민족이라는 이유에 의존하고 있다. 그런데 현실적으로 결혼이주여성과 외국인 노동자가 늘어나면서 이들도 한국사회의 구성원으로 받아들여야 마땅하다고 주장하는 '열린 민족주의' 개념을 들고나오는 사람도 점차 많아지고 있다. 아울러, 이제 우리 사회의 구성원도 다양해졌으니 민족보다는 다문화 정책에 관심을 기울여야 한다는 주장이 나오기도 하는 상황이 오늘날 한국사회의 현실이라 하겠다.

반면 북한 내부에서 민족이라고 할 때 그 말은 완전히 다른 의미를 지닌다. 무엇보다도, 무슨 일이 있을 때마다 '우리 민족끼리' 정신을 내세워온 북한당국이 오늘날 민족이란 개념을 사용할 때 이 말이 곧 '김일성 민족'을 의미한다는 사실은 누구도 부인할 수 없을 것이다. 물론 북한당국도 처음부터 김일성 민족 같은 구호를 들고나왔던 것은 아니었다. 만약 분단 초기에 북한당국이 김일성 민족 같은 구호를 들고나왔다면 애초에 정권의 존립 자체가 불가능했을 것이라고 생각한다. 이른바 '사회주의 형제나라'를 대표하는 소련의 지도자 스탈린이 생존해 있던 당시 상황에서, 그의 후견으로 북한에서 정권을 장악한 김일성의 처지에서 자신의 이름을 내세워 김일성 민족 같은 개념을 만드는 것은 상상도 할 수 없는 일이었다. 당시 상황을 감안하면 북한주민 역시 김일성 민족 개념을 그대로 받아들이지 않았을 것이 분명하다. 분단 초기, 북한지역에서 민족의 지도자로 추앙을 받던 인물 가운데 젊은 김일성은 소련의 후원을 받는 인물로 등장했을 따름이었다.

오늘날 북한당국이 김일성의 이름을 민족의 지도자로 칭송할 때 그 이유로 내세우는 논리는 그가 바로 "20세기 두 개의 제국주의를 타승한" 인물이라는 것이다. 북한당국은 "20세기 두 개의 제국주의" 세력에 해당하는 일본의 제국주의와 미국의 제국주의를 "타승한" 인물이 바로 김일성이라고 주장하면서 그를 민족의 지도자로 내세워 왔다. 그리고 이 논리를 북한체제의 다양한 교육방식을 동원하여 주민 마음에 내면화하는 작업을 집요하게 진행해 왔던 것이다. 그 결과, 북한체제가 싫어서 탈북을 선택한 북한이탈주민 중에서도 "김정일은 몰라라, 김일성은 그래도 백성이 먹는지 굶는지 보살피는" 지도자였다는 이유로 아직도 존경한다는 사람이 드물지 않게 나타나는 상황에 이르렀다.

그러므로 통일을 추진하는 단계에서 남북한주민의 만남이 빈번해질수록 민족개념을 둘러싼 감성구조의 충돌 양상이 발생할 가능성을 배제할 수 없는 일이다. 바로 이 부분을 포착하여 남북한주민이 민족개념을 둘러싸고 서로 다른 감성구조의 영향을 받아 정서적 파국으로 치닫는 일을 막을 수 있도록 미리 준비를 갖추어 두는 것이 필요하다고 생각한다.

4) 건강개념의 충돌

북한이탈주민과 면담하는 과정 중, 이들의 건강 수준도 염려할 만한 상황이었지만 또 한 가지 깨달음을 얻은 사실은 무엇보다 건강한 상태가 무엇인가 하는 개념과 인식의 측면에서 상당히 우려할 만한 요소가 많이 드러난다는 점이었다. 한마디로 요약하면 이들은 북한에서 거주하는 동안 자신의 몸과 마음을 돌아보고 보살피는 생활문화를 경험한 일이 없는 것으로 나타났다. 이들의 이야기로 미루어 오늘날 북한주민의 건강개념이 어떤 특성을 보이는지 추정해 보는 것이 가능하다고 생각한다.

북한이탈주민을 대상으로 심층면담을 진행하다 보면 면담 대상자 가운데 손가락이나 발가락을 한두 마디 정도 절단했다는 사람을 만날 수 있었다. 이런 내용이 면담 과정에서 자연스럽게 나오기도 했고 무심코 악수를 하다가 우연히 발견한 뒤 어떻게 된 일인지 물어보는 사례도 드물지 않았다. 대체로 작업 현장에서 다쳤다는 응답이 많았다. 프레스 기계에 손이 눌렸다거나 "별다른 보호장구 없이 함마로 내려쳤는데" 손을 다쳤다는 응답을 했다. 놀라운 사실은 이들이 별로 심각하게 생각하지 않는다는 점이었다. 이들은 대부분 손가락이나 발가락이 절단되어도 접합수술이 가능하다는 사실을 인지하지 못했던 것으로 나타난다. 일상생활에서 어느 정도 불편함을 느꼈을 것 같은 상태라도 이들은 스스로 장애가 있다고 생각하지 않으면서 되도록 감추려 하는 경향을 드러냈다는 점도 강한 인상을 남겼다. 아마도 장애를 지닌 사람을 하대하는 북한사회의 특성이 이들의 행동에 영향을 미친 것 같았다(김석향, 2015: 18~23).

북한이탈주민의 치아 상태는 그야말로 우려할 만한 수준이라고 해야 할 것이다. 면담 대상자 중 어금니가 없다고 말하는 사람도 많았다. 이들이 "어금니가 없다"라고 할 때는 일반적으로 어금니 1~2개 정도가 없다는 뜻이 아니었다. 아예 어금니 전체가 없어, 당장 음식을 씹는 기능을 제대로 수행할 수 있을지 의문이 들 정도인 면담 대상자도 드물지 않았다. "북한에 있을 때 이가 시큰거려서 구강과 의사한테 아예 뽑아 달라고 했다" 하는 면담 대상자도 만나 보았다. 이 사람은 치아가 시큰거릴 때 신경치료를 할 수 있다는 사실을 몰랐다고 말했다. 그때 두 번 물어보지도 않고 자신의 "어금니를 몽땅 뽑아 버린 그놈의 구강과 의사가

원망스럽기 짝이 없다, 지금 와서 생각해 보면 그냥 다 뽑아 버린 것이 아깝다" 하는 것이 그 사람의 반응이었다.

특히, 여성의 건강인식 중 생리와 피임, 임신, 출산, 육아와 관련한 지식이 매우 취약한 상태로 보인다는 점이 문제가 되는 부분이었다. 생리 혹은 피임과 관련해 적절한 물품도 제대로 사용할 수 없는 북한의 상황이 여성의 건강을 더욱 위협하는 요인으로 작용하는 것 같다. 그러다 보니 여성용 피임도구인 "고리를 끼운 뒤" 20년 가까이 단 한 번도 산부인과 진료를 받지 않은 상태로 "이유를 알 수 없는" 허리통증에 시달렸던 사례도 있고, 생리할 때 탐폰을 사용한 뒤 제거한다는 사실을 모른 채 그냥 방치하며 지내다가 건강에 심각한 문제를 일으키는 경우도 나타났다. 그런가 하면 출산 직후에 갓 태어난 신생아를 어떻게 돌봐야 하는지 제대로 알지 못하는 여성도 많은 것으로 나타났다. 언제, 어떻게, 어떤 예방주사를, 왜 맞게 해야 하는지 잘 모르기도 하지만 목욕을 끝낸 뒤 아이에게 "뭔가 발라 주어야 한다는 생각은 있으니까" 엄마가 사용하던 화장품용 파우더 분을 발라주는 사례도 볼 수 있었다. 한마디로 아이를 잘 키우고 싶은 욕망은 강하지만 실제로 그 욕망을 실천해 나가는 과정에서 어떻게 하는 것이 좋은지 필요한 정보를 충분히 가져본 일이 없는 상태라고 하겠다.

또한 약을 복용하거나 주사를 맞는 행위를 상당히 선호하는 것으로 나타난다. 이런 습관은 국내 입국 이후 몸이 아파 병원에 갔을 때 의사가 약이나 주사제를 처방하지 않으면 원망하는 양상으로 이어지기도 한다. 심지어 한국에서 의사가 처방하는 약이 "세지 않아 도무지 병이 낫지 않는다"면서 중국에 있을 때 복용했던 "정통편" 같은 환약을 국제우

편으로 사들이는 사례도 나타난다. 그뿐만 아니라 다양한 유형의 중독 증상을 보이는 면담 대상자도 상당수에 이른다. 담배와 술은 물론이고 "정통편" 같은 환약이 없으면 하루도 살기 어려울 것이라고 하소연하는 경우가 드물지 않았다. 문제는 이들이 아편이나 필로폰처럼 중독 가능성이 높은 약물이라고 해도 그다지 두려워하지 않고 "그게 참 세상 편하게 만들어 주는 물건이니 가끔 써도 괜찮다"라고 두둔하거나 "다른 사람은 몰라도" 자신은 필요하면 언제라도 끊을 수 있다고 자신하는 경향이 강하다는 점이었다.

이런 상황은 단순히 국내에 입국하여 생활하고 있는 북한이탈주민만의 특징이 아니라 북한주민의 일반적인 건강인식과 현황을 나타내 주는 지표의 하나로 판단해야 할 것이다. 따라서 사회복지학 분야의 전문가 집단은 남북한주민 사이에 건강 관련 인식과 현상을 둘러싸고 충돌 양상이 발현할 가능성에 대비해야 할 것이라고 생각한다. 무엇보다 북한이탈주민과 북한주민의 욕구를 사회복지학 분야에서 어떻게 파악하고 대응해 나갈 것인지 예상 시나리오를 만들어 놓고 구체적으로 대처해 나갈 방안을 모색하는 과정이 필요하다.

5) 언어생활의 충돌

사람과 사람의 만남에서 언어는 중요한 의사소통의 도구 역할을 한다. 비언어 행위로 의사소통을 하는 경우도 많지만 기본적으로 사람과 사람이 만났을 때 언어를 활용하여 의사소통하는 것은 지극히 자연스러운 일이라 하겠다. 남북한주민의 만남도 예외는 아니다. 남북한주민이 만나 의사소통을 하거나 한 걸음 더 나아가 서로 교류하는 일이 많아지면 언어를 사용하여 의사소통을 하는 일도 당연히 그만큼 늘어날 것이다. 이와 같은 언어의 교환행위야말로 통일을 염두에 두고 사회복지학 분야에서 가장 큰 관심을 기울여야 할 분야라고 하겠다. 언어생활 분야는 남북한주민이 처음 만나는 순간부터 상대방에게 동질감과 이질감을 느끼게 만드는 영역이기 때문이다.

돌이켜 보면 분단 이후 오늘날까지 남북한은 사회문화 각 분야에 걸쳐 다양한 방식으로 이질화를 겪어 왔다. 그렇지만 언어생활의 이질화는 남북한주민의 감성구조가 직접적인 충돌을 일으키는 분야로, 다른 영역보다 더 강한 영향력을 지닌다고 하겠다. 동일한 단어를 보면서 한 사람은 '예절'이라고 읽는데 다른 사람은 '례절'이라는 발음을 고집할 때 두 사람은 각각 마음 깊은 곳에서 어떤 생각을 할 것인지 생각해볼 필요가 있다. 실제로 이런 상황을 만나면, 그저 잘 모르겠다, 그냥 그런가보다 하는 느낌으로 지나치는 사람부터 상대방이 발음하는 방식에 거부감이 들어 반드시 고쳐 주고 싶다고 생각하는 사람까지 다양한 반응이 나타난다. 필자와 면담을 했던 북한이탈주민 몇 사람은 각자 자신의 생각을 이렇게 말해 주었다(김석향, 2003: 19~91).

> 례절이 고유한 말 같다. 여기서 하는 게 다 틀려 보인다. 회사에서 서로 틀렸다고 분쟁할 때가 있다.

> 북에서 교육받았는데 례절이라고 쓰는 게 맞아 보인다. 글 쓸 때, 레포트 쓸 때 례절이라고 쓰니까 교수들은 이상하게 생각한다.

북한에서 왔다는 게 콤플렉스, 열등감인데 … 말이라도 북한에서 쓰는 말이 맞았으면 하는 기대가 있었다. 그런 기대와 함께 "례절" 같이 ㄹ 발음을 하는 게 맞는다고 한참 주장했었다.

북한에서는 외래어와 한자어를 사용하지 않는다고 배웠던 사람이 북한주민과 만났을 때 이들의 언어생활에서 일상적으로 '이신작칙', '간고분투', '자력갱생' 같은 북한식 한자어[20] 이외에도 '뽄트',[21] '테제', '뜨락또르', '땅크', '고뿌', '벤또' 같은 북한식 외래어[22] 사용이 빈번하다는 사실을 처음 알았을 때 어떤 감정을 느끼게 될 것인가? 또한 남북한을 비교해 보면 적어도 우리말 역사를 지키고 다듬어온 측면에서는 북

20) '이신작칙'은 솔선수범을 의미하고, '간고분투'는 힘들고 어렵게 노력하는 모습을 말한다. 또한 '자력갱생'은 스스로 살아나갈 길을 찾는다는 의미이다. 이런 한자어는 북한당국이 발행하는 신문과 잡지, 방송은 물론이고 북한주민이 일상생활에서 자주 사용하는 용어로 보인다.

21) '뽄트'는 남한에서 전혀 사용하지 않는 단어로, 아마도 할당량이나 자신에게 배정된 자리라는 의미로 해석할 수 있을 것 같다. 북한당국이 발행하는 〈로동신문〉 1967년 3월 28일 자 4면에 나오는 "〈우리말 다듬기 지상토론〉 73회" 내용을 읽어 보면 그 어원을 알 수 있다. "'폰드'에는 여러 가지 뜻이 있어서 한 가지로만 다듬기는 어렵기 때문에 '상품폰드, 예비폰드, 식량폰드, 로임폰드' 등에서는 '몫'으로 하고 '생산폰드, 고정폰드'에서는 '재산'으로 하고 '축적폰드, 구매폰드'에서는 '밑돈'으로 다듬자는 안을 지난번 지상토론에 내놓았다."

22) '테제'는 thesis를 의미하는 것으로 보이지만 정확한 어원을 설명해 주는 북한주민과 북한이탈주민을 만난 일은 없다. 북한당국이 1977년 9월 5일에 공포한 〈사회주의 교육에 관한 테제〉 같은 문헌이 이 용어를 사용한 구체적 사례에 해당한다고 하겠다. 그리고 '뜨락또르'와 '땅크'는 발음의 차이는 있지만 트랙터와 탱크를 의미하는 용어라는 점은 쉽게 짐작할 수 있었다. 그 이외에 '고뿌'나 '벤또'같이 일본어에서 유래한 외래어를 북한사회에서 많이 사용하고 있는 것으로 나타난다.

한이 앞서 나간다고 배웠는데, 막상 북한주민을 만났을 때 이들이 세종대왕이 훈민정음을 창제한 역사는 전혀 모른다는 사실을 발견하고 실망하는 일은 없을 것인가? 한 걸음 더 나아가 일제 치하에서 우리말을 지킬 수 있었던 것은 "다 수령님 덕분이라고" 주장하면서 그 당시 조상들이 조선어연구회와 조선어학회를 중심으로 한글날을 만들고 "한글 마춤법 통일안"을 제정하느라 고생했던 사실을 알지도 못한 채 인정하려 들지도 않는 현실을 마주하면 어떤 감정을 느끼게 되는가?

그런 의미에서 북한이탈주민과 북한주민을 만났을 때 이들을 상대로 례절이라고 발음하는 대신 반드시 예절로 읽어야만 하는 이유가 있다는 사실을 구체적으로 알려 주는 등의 활동을 전개해 나갈 필요가 있다고 생각한다. 일제 치하 그 엄혹한 시절을 거치며 조선어학회 회원들이 125회의 회의와 433시간을 쏟아부어(김석향, 2003: 219~263) 1933년에 제정해 놓은 "한글 마춤법 통일안" 제 42항 및 제 43항에서 두음법칙을 따를 것을 규정하고 취할 것의 사례로 여자, 양심, 요리 등을 제시한 반면, 버릴 것의 사례로 녀자, 량심, 료리 같은 단어를 구체적으로 적시해 놓았던 우리의 역사를 함께 기억하지 않은 상태에서 예절과 례절 중에서 어느 쪽이 옳은지 논쟁한다면 다분히 감정의 충돌에 따른 소모적인 말다툼으로 이어지고 말 일이다. 이렇게 감정의 충돌이 소모적인 말다툼으로 이어지다 보면 자연히 이들의 복지 수요를 정확하게 파악하기 어렵고 실무적 대처를 효율적으로 진행할 수 없는 상황이 이어질 가능성이 높다는 점에 유의해야 한다.

6) 남녀평등권개념의 충돌

지금과 같은 분단 상황에서는 실제로 남북한주민이 직접 만나 대화를 나눌 기회가 상당히 제한적이다. 게다가 남북한여성이 직접 만나는 경우는 지극히 한정되어 있는 실정이다. 또한 어렵게 북한여성을 만나더라도 이들이 목청을 높여 북한에는 "여성 문제가 없고 문제 여성만 있으며" 자신들은 "수령님이 온갖 착취와 예속에서 해방시켜 주셨고 사상문화적 락후성과 가정일의 무거운 짐에서 벗어나게 해주셨기 때문에 남조선녀성과 비교할 수 없는 권리를 누리며 행복하게 산다" 하고 강조하는 모습(박혜란, 1997: 259)을 그저 지켜보며 달리 구체적인 실상을 가늠할 방법이 없는 것이 현실적인 한계이기도 하다. 그렇지만 1990년대 중반 고난의 행군 이후 북한지역을 탈출한 뒤 국내로 입국한 북한이탈주민 규모가 이미 3만 2천 명을 넘어섰고 그중 여성의 비율이 70% 수준을 상회하는 현실[23]을 감안하면 앞으로 이들의 경험담을 토대로 북한여성의 현실을 추정해 보는 것이 충분히 가능한 상태에 이르렀다고 생각한다.

이런 상황을 감안하여 국내에 거주하는 북한이탈주민을 대상으로 북한 지역에서 남녀평등권이 제대로 지켜지는지 질문해 보면 재미있는 결

23) 2000년 이전에는 국내에 입국하는 북한이탈주민 대부분이 남성이었다. 그러다 한 해 동안 국내에 입국하는 북한이탈주민 중 여성의 비율이 50% 수준을 처음으로 넘어선 것은 2002년의 일이다. 그 뒤 여성의 비율은 급격하게 높아져 2006년에는 75% 수준을 기록했다. 2018년 12월 기준으로 지금까지 국내에 입국한 북한이탈주민 중 여성의 비율은 72% 수준에 이른다. 2018년 한 해 동안 국내에 입국한 북한이탈주민을 대상으로 성별 비율을 확인해 보면 무려 85% 수준인 것으로 나타났다.

과를 도출해낼 수 있다. 면담 진행자가 북한이 남녀평등사회인지 질문했을 때 절대다수의 북한이탈주민은 곧바로 "그렇다"는 대답을 내놓는다. 그렇지만 북한 내에서 여성이 하루하루 어떻게 살아가는지 질문해 보면 완전히 다른 이야기가 나온다는 점이 눈길을 끈다. 이들은 북한당국이 지속적으로 "남녀평등" 구호를 내세우며 해마다 7월 30일에는 1948년에 〈북조선 남녀평등권에 관한 법령〉을 제정했던 일을 기리는 기념식을 하지만, 일상생활에서는 "아직도 남존여비사상이 뿌리 깊게 박혀" 있어서 여성은 남성보다 "값이 없다, 값이 떨어진다, 값이 낮다"는 말로 그 사회적 지위가 낮다는 점을 표현한다고 북한사회의 현실을 설명해 주었다(김석향, 2015: 15). 북한사회의 현실을 감안할 때, 통일로 가는 길에서 남북한주민이 자주 만나 교류한다면 남녀평등 관련 관념과 현실에 따른 인식의 차이로 충돌을 빚을 가능성이 농후하다는 점은 부인할 수 없다고 하겠다.

7) 인권개념의 충돌

인권은 오늘날 국제사회에서 누구나 마땅히 존중해야 하는 보편적 이념의 하나로 평가받는다. 그런 맥락에서 굳이 별다른 설명을 하지 않아도 누군가 인권이라는 용어를 거론하면 마땅히 '천부인권'을 의미하는 것으로 받아들여야 한다고 생각하는 풍조가 강하다. 다시 말해 오늘날 국제사회는 모든 사람이 이 땅에 태어나는 순간부터 천부인권을 누리며, 누구도 그 권리를 침해할 수 없도록 인권 존중의 레짐을 만들어 가는 방향으로 다양한 노력을 기울이고 있다(서창록, 2005; 이무철, 2010a) 는 뜻이다.

그런데 유독 북한사회 내부의 인권개념은 국제사회가 보편적으로 지향하는 방향과 완연히 다른 것으로 나타난다. 물론 북한당국도 처음부터 국제사회가 지향하는 보편적 천부인권개념을 거부했던 것은 아니었다. 1957년 조선로동당출판사 발간 《대중정치용어사전》 213쪽을 보면 북한당국도 인권을 "사람이 마땅히 가져야 할 자유, 평등의 권리"로 설명해 놓았다. 그렇지만 북한당국이 〈사회주의헌법〉 개정을 통해 중앙집권적 성격을 더욱 강화해 나가던 1970년대 이후에는 인권의 계급적 성격을 강조했고, 1980년대에 들어서면서 "사람의 자주적 권리" 구호를 내세우는가 하면, 시간이 지남에 따라 점차 "참다운 인권, 우리식 인권" 같은 개념을 김일성이나 김정일의 "위대한" 이름과 연결함으로써(이무철, 2010b: 147~150; 승재승-로영, 1995) 북한당국 특유의 독특한 담론을 만들어 나간다.

북한당국이 "참다운 인권, 우리식 인권" 개념을 통해 주장하는 내용은 결국 개인의 인권은 국가체제의 보호 아래 머물러야 온전하게 누릴 수 있다는 것이다. 이런 맥락에서 북한당국은 주민을 상대로 "나라 잃은 백성은 상갓집 개만도 못하다"라는 주장을 반복하면서 개인의 목숨까지 기꺼이 버리는 희생을 토대로 국가체제를 수호하는 것이야말로 "참다운 인권, 우리식 인권"을 누릴 수 있는 지름길이라는 점을 강조해 왔다.[24)]

24) 유치원 아동을 대상으로 "나라에 충성하고 지도자를 향해 효성을 다 바치는 충성동이·효자동이"로 성장하여 국가체제가 위험에 처할 때는 기꺼이 목숨을 바쳐 "총폭탄"이 되겠다고 맹세하도록 지도하는 북한당국의 교육 지침은 이런 배경에서 나오는 것이다.

이렇게 개인의 희생을 강요하는 북한당국의 "참다운 인권, 우리식 인권" 개념은 남북한주민이 만나 교류할 때 서로 의도하지 않은 의견의 충돌을 빚는 원인으로 작용할 가능성이 농후하다. 오늘날 한국사회는 산업화 세력과 민주화 세력의 갈등 속에서 치열하게 인권 의식의 범주를 확장해온 경험이 있어 그만큼 개인의 권리를 침해당했을 때 민감하게 반응하는 양상을 나타내기 때문이다. 이렇게 의도하지 않은 충돌이 발생할 때 어떻게 대응해 나갈 것인가 하는 점도 통일을 지향하는 길에서 사회복지학 분야의 전문가 집단이 해결해야 할 중요한 과제라 하겠다.

4. 통일과 사회복지학 분야의 과제

지금까지 제 4장에서는 통일과 사회복지를 논의하는 관점에서 남북한 사회문화의 특성을 비교하여 정리해 보았다. 분단 이후 70년이 넘는 시간이 흐르는 동안 남북한지역의 사회문화는 다양한 분야에서 서로 다른 특성을 지니게 되었지만, 아직도 여전히 동질성을 강력하게 지니고 있다는 점은 부인할 수 없는 현실이다. 이제 통일을 지향한다면 남북한 사회문화가 지니고 있는 그 동질성과 이질성의 실체를 명확하게 파악하는 작업부터 시작해야 할 것이다. 그렇게 해야 비로소 통일로 가는 길에서 사회복지학 분야의 과제가 무엇인지 정립하고 그 우선순위를 정할 수 있을 것이라고 생각한다.

앞서 지적한 바와 같이 통일과 사회복지를 논의하는 관점에서 남북한 사회문화의 특성을 비교하여 정리하는 학술활동은 아직 충분히 이루어지지 않았다. 그렇지만 기존 연구의 내용을 활용하여 통일을 지향하는 사회복지학 분야의 과제를 정리해 보면 무엇보다 북한 내 소수자의 유형을 명확하게 구분하고 이들의 사회복지 욕구를 세밀하게 파악하는 작업을 시작하는 것이 필요하다고 생각한다.

문제는 집단주의 가치관이 강력하게 지배하는 북한사회의 특성상 소수자 집단의 구성원이 자신의 욕구를 외부로 표출하는 일 자체가 쉬운 일이 아니라는 점에 있다. 바로 이렇게 수면 아래 감추어져 있는 소수자 집단의 욕구를 세밀하고 촘촘하게 포착하기 위해 사회복지학 분야에서도 분단 이후 북한사회의 변화 과정을 파악하고 남북한 사회문화의 특성을 비교하는 능력을 배양해 나가야 할 것이다.

참고문헌

김상현·김광헌(편)(1957). 《대중정치용어사전》. 평양: 조선로동당출판사.

김석향(2003). 《북한이탈주민의 언어생활에 나타나는 북한언어정책의 영향》. 서울: 통일부 통일교육원.

______(2015), "북한 내 "사람값" 담론과 소수자 유형 분류 시도". 〈아세아연구〉, 58권 1호: 7~37.

______(2017), "〈로동신문〉에 나타난 북한의 전반적 12년제 의무교육 분석". 〈통일정책연구〉, 26권 1호: 105~134.

〈로동신문〉(1967. 3. 28). "〈우리말 다듬기 지상토론〉 73회". 4면.

박동근(1996). "조국통일방도의 모색". 《남북 해외학자 통일 학술회의 회의록》, 298~309쪽. s-space.snu.ac.kr. 2019. 3. 29 인출.

박혜란(1997). "남북한 생활문화와 삶의 질". 《통일을 대비한 남북한 여성의 삶의 비교》, 249~284쪽. 서울: 이화여자대학교.
법원행정처(1997). 《북한의 부동산제도》. 서울: 법원행정처.
서창록(2005). "북한 인권문제와 동아시아 인권 거버넌스: 국제 레짐이론을 중심으로". 〈통일문제연구〉, 17권 2호: 55~87.
승재승-로영(1995). "참다운 인권을 옹호하여". 〈로동신문〉, 1995년 6월 24일자.
이무철(2010a). "북한 인권문제와 '인도적 개입': 주요 쟁점과 비판적 평가". 〈통일문제연구〉, 22권 1호: 153~189.
______(2010b). "'북한 인권문제'와 북한의 인권관: 인권에 대한 북한의 시각과 정책에 대한 비판적 평가". 〈현대북한연구〉, 14권 1호: 144~187.

제 2 부

남북한 사회복지실천 이슈

제 5 장

아동 · 청소년 분야의 제도와 실천

이민영 | 고려사이버대 사회복지학과 교수

1. 들어가며

이 장에서는 통일로 가는 여정에서 남북한 아동 · 청소년이 어떻게 함께 어울리며 살아갈 것인지에 관해 고민을 나누고자 한다. 분단 이후 남북한은 서로 다른 정치사회체제하에서 교육과 복지제도를 발달시켜 왔으며 이를 기반으로 아동 · 청소년은 서로 다른 이념과 가치관을 가지고 성장해 왔다.

그러나 최근 10년 사이 남한과 북한정부는 각 교육제도와 아동인권 보장의 측면에서 국제적 기준에 부합하기 위한 노력을 해오고 있다는 것을 인식할 필요가 있다. 북한은 2012년 교육제도 개편을 통해 12년제 교육제도와 교과과정을 정비했고, 지속적으로 UN 아동인권보호위원회의 권고사항에 따라 이행하겠다고 보고하고 있다. 다만, 열악한 경제상황과 특수교육과정으로 인해 아동·청소년의 인권이 실질적으로 보장되는 데 한계가 있다. 남한도 아동·청소년의 건강한 발달을 위해 국가인권위원회의 권고사항을 실질 정책에 반영하고 아동·청소년 복지제도를 개선하고 있다.

이 장에서는 남북한 아동·청소년의 특성 이해를 토대로 아동인권과 복지제도적 측면에 어떠한 차이점과 공통점이 있는지 살펴보고자 한다. 나아가 통일 과정에서 아동·청소년을 둘러싼 과제를 논의하기 위해 통일 전후 독일의 사례를 참고하여 사회복지적 관점에서 점검해야 할 이슈와 실천과제를 제언하고자 한다.

2. 남북한 아동·청소년의 이해

1) 북한 아동·청소년의 인구학적 특성

통일을 준비하며 남북한 아동복지제도를 이해하기 위해서는 인구사회학적 변화에 주목해야 한다. 이는 남북한 사회의 시대적 특성을 드러내는 동시에 아동 관련 사회제도와 정책, 교육, 가족제도 등 다양한 가치판단의 근거가 된다(백혜리, 2003).

최근 북한의 인구는 약 2,513만 명이고 남한은 5,163만 명이다(통계청, 2018). 북한의 합계 출산율(TFR)은 인구센서스 결과, 1993년 2.1명에서 2008년 2명 그리고 2015년에는 1.94명(UN 집계)에서 2.02명(통계청 보고)으로 보고되고 있다(〈조선일보〉, 2017. 11. 21). 북한도 다산장

〈표 5-1〉 북한아동의 연령별 분포

2006년 기준, 단위: 천 명

	0~4세	5~6세	7~10세	11~16세
전체 아동의 수	1,785	769	1,615	2,469
노동자 · 농민의 자녀 수	1,514	657	1,383	2,090
시설 보호 아동 수	2.8	1.5	2.2	3.7
시골 지역 아동 수	766	320	639	947

자료: 김석향 외(2015). "통일기반구축을 위한 민간단체(NGO)의 역할 모색: 북한 아동복지 현안을 중심으로".

려 정책을 펼치고 있지만 장기적인 식량난과 경제난 등으로 인한 자녀 양육의 부담으로 최근 출산을 기피하는 경향이 강하다고 분석된다. 보통 북한과 유사한 경제 수준을 가진 국가의 출산율이 4.74명임에 비해 북한의 출산율은 남한과 비슷하게 낮아지고 있는 것이다. 이에 대해 남성은 군 복무로 인해 초혼 연령이 늦어지기 때문이고, 여성은 장마당 등 경제활동 참여 정도가 높아지고 있기 때문이라 분석되고 있다.

통일을 준비하는 관점에서 살펴보면, 동독의 경우 통일 직전의 출산율이 약 1.5명이었으나 통일 직후인 1993년에는 0.7명으로 줄었다(이철수 외, 2017). 현재 남북한 모두 낮은 출산율을 보이고 있으며 통일 과정에서도 출산율이 높아지기를 기대하기 힘든 실정임을 알 수 있다.

대북지원정보시스템(2019, 2019. 6. 26 인출)에 의하면, 북한의 인구를 약 2,560만 명이라고 할 때 전체의 20.4%가 14세 이하 아동이다. 2018년 기준으로 520만 명이 넘는다. 16세 이하 아동의 수는 650만 명 수준으로 추정할 수 있다. 〈표 5-1〉에 의하면 2006년 자료 기준으로 16세 이하 아동은 663만 8천 명이었다. 4세 이하 아동인 178만 5천 명 중 151만 4천 명이 노동자 · 농민의 자녀이며, 76만 6천 명은 시골 지역에 살고 있고, 약 2,800명의 아동이 시설의 보호를 받고 있음을 보여주고 있다. 16세 이하 아동 중 시설 보호를 받고 있는 아동은 1만 명이 넘는 것으로 추산된다(김석향 외, 2015).

2) 북한 아동 · 청소년의 교육적 특성

2012년 북한은 1972년부터 40년간 시행해 오던 11년제 의무교육을 국제적 기준에 맞게 변화시켰다. 김정은 시대의 전반적 12년제 의무교육은 유아교육은 학교 전 1년, 초등교육은 소학교 5년이며, 중등교육은 초급중학교 3년, 고급중학교 3년 과정으로 구성되었다. 이후 고등교육은 전문학교(2~3년), 대학(4~6년, 단과대학), 연구원(석사 2년), 박사원(2~4년) 과정으로 선택할 수 있다. 2015년 기준으로, 북한에서 유치원 교육 이상 정규교육으로 의무교육을 받은 학생(아동)의 수는 453만 8천 명이 넘는다. 유치원은 1만 3,638개이고 70만 명이 넘는 아동이 다니고 있다고 보고하고 있다.

〈표 5-2〉 남북한의 교육 기초통계 비교

구분	남한		북한	
학교	학교 수(개)	학생 수(명)	학교 수(개)	학생 수(명)
유치원	8,826	318,150	13,638	706,678
초등학교(소학교)	5,934	2,728,509	4,800	1,489,835
중학교(초급중학교)	3,186	1,717,911	4,600	2,341,963
고등학교(고급중학교)	2,326	1,839,372		
계	20,272	6,603,942	23,038	4,538,476

주: 남한은 통계청(2015)의 장래인구추계, 북한은 한국교육개발원(2015) 교육통계서비스 자료를 참고.
자료: 김진숙(2016). "북한의 '전반적 12년제 의무교육'에 따른 학제와 교육과정 개정 동향".

북한의 6세 아동은 100% 유치원교육을 받으며, 5세 이하 아동은 부모의 선택사항으로 탁아소에 다닌다. 자녀가 생후 3개월이 지나면 탁아소에 보내는 것이 일반적인 관행이었지만, 최근에는 가정에서 직접 양육하는 경향이 보편화되었다. 국가가 책임지고 영유아를 돌보는 탁아소체계가 어려운 경제 사정 때문에 제 기능을 발휘하지 못하고 있기 때문이다. 소학교와 중학교 입학률은 100%라고 보고되고 있다(김석향 외, 2015).

이번 개편은 북한의 중등교육 과정이 기초과학·컴퓨터기술·외국어 교육, 자립적 학습 능력 및 창조적 능력 배양, 실험실습교육 실시 등을 강조하는 방향으로 개편하여, 과학과 영어 교과의 비중을 높이고 교육 방법과 평가에서도 세계적 기준(*global standard*)에 맞게 변화하고 있다는 평가를 받고 있다(김진숙, 2016).

그럼에도 남북한의 교육에는 큰 간극이 존재한다. 남한의 교육이념은 "교육은 홍익인간(弘益人間)의 이념 아래 모든 국민으로 하여금 인격을 도야(陶冶)하고 자주적 생활 능력과 민주시민으로서 필요한 자질을 갖추게 함으로써 인간다운 삶을 영위하게 하고 민주국가의 발전과 인류공영(人類共榮)의 이상을 실현하는 데 이바지하게 함을 목적으로 한다"(〈교육기본법〉 제 2조). 반면 북한의 교육이념은 "사회주의 교육학의 원리를 구현하여 후대들을 사회와 인민을 위하여 투쟁하는 견결한 혁명가로 지덕체를 갖춘 주체형의 새 인간"(〈사회주의헌법〉), "자주적인 사상의식과 창조적인 능력을 가진 인재"(〈교육법〉) 등 사회주의 이념을 강조한다. 남한이 민주주의 교육을 기반으로 개인의 능력 개발과 자유주의 교육을 강조한다면, 북한은 사회주의 교육을 기반으로 조직

〈표 5-3〉 북한의 학교급별 교과 구성

구분	소학교	초급중학교	고급중학교
일반교과	국어, 영어, 수학, 자연, 정보기술, 체육, 음악무용, 도화공작, 사회주의도덕	국어, 영어, 조선력사, 조선지리, 수학, 자연과학, 정보기술, 기초기술, 체육, 음악무용, 미술, 사회주의도덕	심리와 론리, 국어문학, 한문, 영어, 력사, 지리, 수학, 물리, 화학, 생물, 체육, 예술, 정보기술, 기초기술, 공업기초, 농업기초, 군사활동초보, 자동차(뜨락또르), 사회주의도덕과 법
북한특수교과[1)]	어린 시절	혁명 활동	혁명 력사

주: 1) "위대한 수령 김일성 대원수님", "위대한 령도자 김정일 대원수님", "항일의 녀성영웅 김정숙 어머님", "경애하는 김정은 원수님".

자료: 김진숙(2016). "북한의 '전반적 12년제 의무교육'에 따른 학제와 교육과정 개정 동향".

의 능력 개발과 집단주의 교육을 강조한다는 차이가 있다. 남한이 자율과 자기 주도적 역량에 집중하는 반면, 북한은 조직 충실성과 계급교양 교육에 집중하고 있다.

즉, 북한의 교육 과정은 지덕체를 겸비한 사회주의 인간형을 추구하고 있다. 김일성과 김정일 사상을 통해 혁명화, 노동계급화, 사회주의화하는 것을 목적으로, 교육 과정에 교과 및 예체능 교육 그리고 우상화, 노동과 국방 학습이 적극적으로 반영되어 있다. 소학교와 초급중학교에는 '소년단생활', 고급중학교에는 '청년동맹생활'을 통해 조직능력, 집단주의, 정치사상 교양을 습득하도록 강조한다. 또한, 특수교과로 김일성, 김정일, 김정숙, 김정은으로 이어지는 혁명 전통에 대해 각급 학교에 따라 "어린 시절", "혁명 활동", "혁명 력사"로 우상화 교육을 강화하고 있다.

이러한 북한의 교육적 방법과 내용은 북한의 아동·청소년과 그들이 성인이 되는 과정에도 강력한 영향을 미치고 있다. 이에 사람의 통일을 준비하는 데 가장 중요한 과제 중 하나는 남한과 북한의 교육 과정의 차이를 합리적이고 냉철하게 분석하여 통합적 교육 과정을 구상하는 일이라 할 것이다.

3) 북한 아동 · 청소년의 사회적 특성

> 어린이들은 우리나라의 보배들입니다. 앞날의 조선은 우리 어린이들의 것입니다(김일성, 1989. 4. 15).

이 글귀는 평양 만경대학생소년궁전에 적힌 교시이다. 김정숙탁아소에는 "어린이들을 건강하게 키우고 그들에게 좋은 버릇을 길러주는 것은 아주 중요하다"는 교시도 있다(〈통일뉴스〉, 2006. 11. 28). 북한이 공식적으로 드러내는 아동에 대한 관점과는 달리, 실제 북한사회의 아동 · 청소년에 관해서는 다양한 시선이 존재한다. 아동의 강제 노동 참여, 붉은 스카프와 군대에 속한 아동의 단체생활, 식량난에 굶주린 이미지, 화려한 예체능활동 등 시대적 배경과 맥락의 이해 없이 단편적 모습만 알려져 있어 북한의 아동 · 청소년에 관한 균형 잡힌 시각은 부족한 실정이다.

이 절에서는 북한의 아동 · 청소년을 맥락과 함께 이해하도록 돕기 위해 통일교육원(2015)이 발간한 《북한이해》[1]와 최근 2014년 이후 탈북하여 남한에 정착한 아동 · 청소년의 인터뷰 자료[2]를 참고하여 살펴

---

1) 통일부와 통일교육원이 발간한 《2016 북한이해》의 일부 내용을 중심으로 정리했다.
2) 여기에서 인용한 인터뷰는 좌동훈, 이민영, 그리고 지소연의 〈탈북 청소년 지원체계화 방안 연구〉(한국청소년정책연구원 연구보고서, 2016)를 위해 수집된 자료이다.

보고자 한다.

먼저, 북한 아동·청소년의 사회화 과정에서 심리적 동일시와 관련된 가치규범은 어떠한가를 보았다. 한국의 전통적인 가치규범인 효와 충성에 대한 것을 강조하고 있지만, 남한 아동·청소년과 달리 북한정부의 최고지도자에 대한 절대복종을 강조한다는 측면에서 가치규범의 차이가 있다. 공산주의 단체활동을 통한 집단의식과 규율을 강조하며 엄격한 통제 속에서 생활하는 것을 기본 덕목으로 삼는다. 그러나 외래문화에 대한 접촉이 늘고 식량난이나 화폐개혁 등 사회가 변화함에 따라 개별적인 생활력을 키워야 함을 요구받고 있으며 탈북과 같은 적극적 행동을 취하기도 한다. 북한 아동·청소년의 실질적인 가치와 행동에 큰 변화가 일어나고 있음을 알 수 있다.

(1) 상하관계, 충성심, 효의 강조

북한의 아동·청소년은 유교적 가치관에 의한, 가부장을 중심으로 한 권위주의적 분위기에서 생활한다. 북한 청소년이 부모와 자식 관계에서 가장 중시하는 덕목은 '효'이며, 효성이 지극하여 식량난의 어려운 상황에서도 부모 모시기를 소홀히 하지 않았다. 북한에서 국가는 가정이다. 최고지도자를 어버이로 생각하여 부모에 대한 효와 같이 충성하도록 전통 유교가치를 활용한다(이온죽, 1993; 2010). 탈북청소년 인터뷰에서 북한 아동·청소년은 부모를 돕는 모습이 어떠한지 다음과 같이 표현했다.

> 그래서 보통 부모들이 장시간에 나갔다가 늦게 들어오니까 청소를 해놓고 밥까지 해놓고 집에서 기다리는 그런 애들이 엄청 많아요. 그니까 보통적

으로 애들이 청소를 다 꼼꼼하게 해놓고 …(탈북고등학생, 여).

이용을(2015: 114)은 북한정부의 선군정치, 강성국론 등의 가치를 통해 최고지도자에 대한 절대복종과 교사 등 지도자의 권위를 강조하며 충성심을 바탕으로 의무를 다해야 한다는 가치규범을 아동·청소년에게 요구한다고 했다. 매주 반복되는 생활총화, 수요강연회나 아침독보회 등을 통해 조직생활을 지속한다. 최고지도자의 생일날에는 꽃을 초상화 앞에 바치면서 충성심을 보인다. 북한 아동·청소년이 보여주는, 상하관계를 철저히 지키고 서열에 대한 질서를 존중하고자 하는 태도는 이러한 문화에 기인한다고 볼 수 있다. 다음 탈북·청소년 인터뷰는 모든 아이가 매일 태양상 청소를 하면 관리인이 기록해서 학교에 넘겨주는 체제가 마련되어 있음을 보여 준다.

위대한 수령님을 목숨으로 호위하는 뭐 그런 글을 되게 강렬하게 쓰면 글을 잘 쓴 거로 평가하는 그런 게 … 어떤 애도 기간 같은 때는 아침 6시까지 태양상에 나가서 태양상 청소를 무조건 해야 되고 …. 태양상이라는 게 김일성, 김정일 초상화 이만하게 그걸 붙여놨는데 그걸 다 청소하는 거 …. 여기는 엄청 적게 하는데 북한은 엄청 많이 … 모든 애들이 매일 가서 하니까 …(탈북고등학생, 여).

(2) 규율, 집단활동의 강조

북한 아동·청소년은 성인이 되어서도 1~2개의 단체에 의무적으로 가입해 조직생활을 해야 한다. 하루 2~3시간, 주 4~5일은 단체생활을 해야 하는데, 이러한 집단주의를 기본으로 공산주의적 가치관을 내재화하고 있다(박성희, 1995). 영유아 때부터 집단생활을 통해 집단주의 정신을 키우고 있다. 모르는 것은 집단 안에서 배우고 공동으로 책임의식을 갖는 것이 바른 행동이다. 학교생활에서도 규율을 잘 지켜야 하는데, 개인이 규율을 위반하면 전체가 벌칙을 받는다(안권순, 2010: 33). 다음 인터뷰는 학교 안에서 엄격한 규율을 배우고 집단활동 내 규율이 지켜지도록 엄격한 기준으로 선발된 리더(반장)의 역할이 학생의 단합을 유지함을 강조하고 있다.

> 북한에서는 저희 학생들이 되게 문제가 많았어요. 애들 사이. 머리가 아팠어요. 제가 학교 반장이어서 그래서 애들 문제를 찾아서 뭐가 문젠지 알아보고 그걸 해결하는 데 노력했어요. 많이 해결했어요. 학교. 애들이 막 문제가 생겨서 서로 갈등이 있었던 애들은 다 이해해 주고 그리고 애들을 단합시키고 그런 일들 많이 했어요(탈북대학생, 여).

(3) 외래, 남한문화의 접촉

그러나 고난의 행군 이후 장마당의 영향을 받고, 외래문화와 다양한 정보를 접하면서 자율적이고 비공식적인 가치관을 갖는 것으로 나타났다(이온죽, 2010: 270). 북한정부는 이를 검열하고 제도적, 사상적으로 통제를 강화하고 있지만 학교 교육이 제대로 운영되지 않아 효과적인 통제 기능은 이뤄지지 않고 있다. 북한 청소년은 국가의 기대와 다르게 혁명사상과 시장경제 중심적 사고를 분리하거나 현실에 불만을 갖기도 한다(조정아 외, 2013: 234). 최근 탈북한 청소년 인터뷰를 보면 북한에서 남한의 드라마 등을 쉽게 볼 수 있음을 알 수 있다. 다만 사상적 영향을 받지 않기 위해 스스로 자제하며 보았다는 의견도 있었다.

> 개인적인 경험으로는 다른 드라마도 저도 보고 하긴 했지만, 많이는 못 봤지만, 드라마를 본다고 해서 약간 다른 생각을 할 만큼, 국가에서 말하는 것과 다른 생각을 할 만큼의 용기는 없었어요. 저는, 그냥 약간 재미로 보고. 뭐, 매체에 불과하다? 그런 생각을 가지고 봤죠. 스스로를 자제하면서. 그렇게 보는 편이었고(탈북대학생, 남).

(4) 화폐개혁, 자립의 생활

2009년 화폐개혁 이후 북한 청소년들은 가정경제가 기울어져 빈곤하거나 불안정한 상황에 직면하는 경우가 많았다. 이전에 겪지 못했던 경제적 어려움으로 스스로 생계를 맡아 꾸려가야 하는 등 시장경제적 태도로 재빠르게 전환해야 했다. 현실에 대한 인식이 높아지고, 국가에 의존하지 않고 스스로 미래 계획을 세워야 한다는 생각을 가질 수밖에 없었다(조정아 외, 2013: 43). 탈북청소년의 인터뷰에서 북한경제 상황에서는 일자리가 부족하다는 것을 인식하고 있음을 알 수 있었다. 불안정한 가정생활에서 경제적 자립을 해야 하는데, 북한경제는 어렵기 때문에 미래 준비를 위해 탈북 등 다른 방법을 찾을 수밖에 없었다는 것이다.

> 북한에서는 직업이 없습니다. 정말. 그니까 여기는 알바라도 있어 가지고 돈 벌게 되는데 북한은 그런 게 하나도 없습니다. 하나도 없으니까 내가

> 이제 엄마 슬하에서 또 살아야겠는데 뭘 해서 먹고 살지, 그게 일자리가 하나도 없는 거예요. 그런 상태니까 내가 살아야겠는데 한국 가면 그러니까 어차피 공부하든 일하든 일해서 돈을 벌 일자리가 있을 거니까, 전 그게 필수예요. 필수(탈북고등학생, 여).

즉, 북한 아동·청소년은 전체주의체제 안에서 평등, 집단, 획일, 수령중심주의의 가치관을 발달시켜 왔지만, 외면적으로는 북한정부가 지향하는 가치관을 수용하는 것처럼 행동하면서 내면적으로는 자신의 이해에 맞는 가치관을 만드는, 현실적인 태도를 동시에 발달시키고 있다.

3. 남북한 아동의 권리

한 국가의 아동·청소년의 현실을 이해하기 위해서는 아동·청소년을 위한 기본적 인권 보장 수준을 살펴보는 것이 필요하다. 남북한 공히 "UN 아동권리협약"을 통해 국제적으로 아동·청소년의 인권 보호를 약속했다. 남한정부는 UN 아동권리협약을 1989년에 비준했고, 북한정부는 1990년에 비준했다. 이로써 남북한의 아동·청소년은 충분한 영양을 섭취하고 안전한 장소에서 살아갈 기본적인 생존권리, 차별·학대·폭력·노동 등 아동에게 유해한 것으로부터 보호받을 권리, 교육을 받으며 잠재 능력을 최대한 발휘할 수 있는 발달권리, 나라와 지역사회활동에 적극적으로 참여할 수 있는 참여권리를 누릴 수 있게 되었다. 그러나 남북한의 사회경제적, 정치적 상황에 의해 아동·청소년의 권리 보장 수준은 상이하다.

김석향과 연구진(2016)은 UN 아동권리협약의 4대 일반원칙으로 알려진 "무차별", "아동이익 최우선", "생명, 생존, 발달의 보장", "아동의사 존중"에서 남북한의 아동권리를 인식하는 방식과 태도를 분석했다. 남북한 모두 보고서를 지속적으로 제출하며 아동권리 이해 수준이 시기별로 발전하는 면모를 보였으나, 남북한의 아동권리 내용은 불균형적이며, 남북한의 '특수성'에 따라 차이점이 드러난다고 했다.

1) 전반적 아동의 권리

전반적 아동의 권리는 아동의 연령 기준에서 출발한다. UN은 각 사회의 문화적 기준을 존중하면서도 일반적 기준으로 아동의 연령을 18세 미만으로 제시한다. 남한은 〈아동복지법〉 제3조에서 협약의 정의와 같게 18세 미만으로 아동을 정의하고 있으나, 〈청소년기본법〉에서는 9세 이상 24세 이하인 사람을 청소년으로 정하고 있다. 북한의 경우, 2010년 〈아동권리보장법〉을 제정하면서 아동을 16세까지로 규정했다. 17세부터는 성인으로 보면서 다양한 권리와 의무를 부여하는 것으로 판단된다. 그러나 2017년 〈제5차 북한 아동인권보고서〉[3]에 의하면, 2014년에 도입한 12년제 의무교육제도가 완전히 시행되는 2026년에 아동을 18세에 이르는 사람으로 정의할 것이라고 보고하고 있다.

---

3) 여기서 인용한 내용은 《북한 제5차 국가보고서에 대한 UN 아동권리위원회 심의 최종견해》(2017. 9. 29)의 한글번역본을 참고한 것이다.

〈표 5-4〉 남북한 아동권리 내용 비교

구분	협약 제2조	협약 제3조	협약 제6조	협약 제12조
	무차별	아동이익 최우선	생명, 생존, 발달권	아동의사 존중
남북한 공통기술 항목	• 이름과 국적 • 신분의 유지 • 장애아동 • 난민아동 • 인종 및 민족 • 성차별	• 부모의 책임 • 양육비 회수 • 부모의 이혼	• 생존 및 발달 • 보건 • 사회보장 • 교육 • 아동학대 • 특별보호	• 면접교섭권 • 입양의 동의 • 관계자 교육
남한만 기술한 항목	• 혼외자 • 차별 행위 금지 조치	• 보호	• 아동안전	• 친권
북한만 기술한 항목	• 교육 • 재산	• 영양 보장	• 무상의료	• 아동참여기관

주: UN 아동권리협약에 근거한 남북한 아동권리의 세부적 내용은 〈부록〉을 참고할 것.

첫째, 무차별의 원칙과 관련하여, 남한은 '차별 금지법'이 제정되지 않았고 성적 지향이나 국적에 기반을 둔 차별, 미혼모에 대한 차별 금지 항목이 특별히 요구된다고 했다. 북한은 특수아동에 대한 시설이 편중되며, 지방에 아동양육시설이 부족하고, 취약계층 아동에 대한 지원이 부족하다는 것을 지적받고 있다.

둘째, 아동이익 최우선의 원칙과 관련하여, 남한은 이혼의 과정에서 자녀 양육에 관한 사항에 협의를 마쳐야 협의이혼이 가능하도록 조치하고 자녀의 복리에 반하는 경우 부모에게 필요한 사항을 정하거나 명할 수 있도록 했다. 북한도 예산, 프로그램, 입양, 이민, 소년범 행정기구, 아동양육시설 등 아동 관련 업무의 과정에서 아동이익을 최우선으로 한다고 했다. 그러나 경제적 여건이나 물리적 상황의 어려움으로 곤란하다는 부분을 인정하고 있다.

셋째, 생명, 생존, 발달권의 원칙과 관련하여, 남한은 '행복추구권'

에 기초해 아동학대, 가정폭력의 조기발견과 대처를 위한 법적 기반을 마련했고, 학교폭력 및 자살 문제에 대한 조치를 시도했으나 여전히 청소년 자살률이 높다는 비판을 받고 있다. 북한은 〈인민보건법〉에 기초해 무상의료제도를 시행하며 아동의 생명과 의료적 예방 조치에 집중하고 있으나, 북한의 아동학대 발생 건수가 비현실적으로 적은 점 등을 고려했을 때 아동의 영양 부족과 사망에 대한 조치가 더 필요한 실정이다. 조경숙(2016)의 발표에 의하면, 북한의 만 1세 미만 영아 사망률은 1천 명당 33.4명으로 추산된다. 남한이 1천 명당 3.6명임에 비해 9.3배 높은 수치이다. 북한아동의 높은 영아 사망률은 낮은 예방 접종률, 산모의 영양 상태로 인한 조산과 선천성 기형이 주된 이유라고 한다. 2017년 UN 아동권리위원회 심의보고서도 '아동의 건강한 발달에 영향을 미치는 사회적, 경제적 박탈 및 불평등, 발육 저하 및 쇠약을 초래하는 아동 영양실조, 격렬한 신체적·정신적 노력을 동반하는 아동노동의 경우를 포함하여' 영유아 사망의 근본 원인에 대한 노력을 강화하도록 권고했다. 남한의 경우, 2011년 UN 아동권리위원회는 남한정부에 대해 가정, 학교 및 모든 여타 기관에서 체벌을 명백히 금지하도록 관련 법률과 규정을 개정하라는 국가인권위원회의 권고를 이행하라고 요구했다(보건복지부, 2019).

넷째, 아동의사 존중의 원칙과 관련하여, 남한은 입양아동의 부모 면접교섭권을 인정하고 조사, 수사 및 기소 절차에서 아동의 견해를 존중할 것을 법으로 마련하고 있다. 북한은 아동이 청년동맹 및 소년단활동을 통해 자유롭게 자신의 의사를 표현한다고 보고하고 있으나, 북한사회의 전통적 가부장제 사고방식과 위계적인 정치적 집단활동에서 아동의 창조적인 참여가 제한받는다는 지적을 받고 있다. 또한, 국적 취득과 관련하여 영토 밖에서 거주하는 북한 어머니로부터 출생한 아동이 강제로 북한영토로 돌아오지 않은 경우에도 출생 등록과 국적을 취득할 수 있도록 보장하는 양국 간 합의를 검토하도록 권고받았다. 2017년 UN 아동권리위원회 심의보고서는 '적대적인 방송 및 적의 선전물 수집, 보관, 배포죄'로 간주하는 정보접근권에 대해서도 국내외의 다양한 정보 및 자료에 접근할 권리를 보장할 것을 촉구했다(김석향 외, 2016).

2) 생존권 · 보호권 · 발달권 · 참여권

(1) 생존권

남북한은 공히 〈형법〉에서 14세 미만의 아동에게 형사 책임을 묻지 않는다. 남한은 18세 미만인 소년의 경우 사형이나 무기징역을 15년 유기징역으로 완화해야 한다는 조항을 통해 아동의 생존권을 보호하고 있다. 북한은 17세 미만의 아동의 경우 사법적 절차를 밟지 않고 형을 집행할 수 있으며, 1995년 사형 집행의 최소연령을 18세로 상향했다. 그러나 17세 이상의 아동이 특별보호조치를 받지 못하고 노동교화형 등에 처할 우려가 있다는 분석이다.

(2) 보호권

취업 가능 최저연령에 대해 남한은 연소자 근로 제한연령을 15세로 하여 의무교육을 받을 권리를 엄격히 보호하고자 했다. 북한은 〈헌법〉 제31조에서 16세를 취업 가능 최저연령으로 규정하고 있으며 〈보통교육법〉에서 의무교육 기간은 5세부터 16세까지로 두고 있어, 16세는 의무교육과 취업이 모두 가능한 연령으로 중복되는 것으로 나타났다. 북한 청소년은 중등일반의무교육을 마치고 17세가 되면 군대에 입대하거나 고등교육을 받거나 직장에 배치받아 노동자로 일한다.

결혼할 수 있는 연령을 보면, 남한의 경우 '성년'이 되는 연령을 2011년 〈민법〉 개정을 통해 19세로 규정했으며, 남녀 공히 혼인 가능연령을 18세로 두고 있다. 북한은 성인의 나이를 17세로 명시하고 있다. 즉, 북한의 청소년은 17세가 되면 11년제 중등일반의무교육을 마치며, 선거권, 피선거권 등의 권리가 주어지고, 〈민법〉에 근거하여 독립적인 주체로서 자격이 부여된다. 북한의 〈가족법〉에 의해 결혼할 수 있는 최저연령은 남자 18세, 여자 17세로 하고 있어 성별에 따라 기준을 달리한 것에 대한 시정을 요구받고 있다. 북한은 이에 대해 여성이 연상의 남성과 결혼하는 전통적인 관습을 반영한 것이라고 보고했다.

입대의 경우, 남한은 〈병역법〉에 근거하여 병역의무자는 18세가 되는 해부터 자원입대가 가능하고, 북한은 17세부터 자원입대가 가능하다(2003년 〈군사복무법〉 제정). UN 아동권리위원회에서는 18세 미만 청소년을 군사력에 동원하는 것을 우려하면서 취학 아동이 방학 동안 군사훈련을 해야 한다는 사실에 대해 개선을 권고하고 있다.

(3) 발달권

남한은 〈영유아보육법〉을 통해서 6세 미만의 취학 전 아동을 영유아로 보고 보육 정책의 대상으로 보고 있으며, 북한은 〈어린이보육교양법〉에 의해 학교에 가기 전까지의 어린이, 즉 4세까지 아동을 정책 대상으로 보고 있다. 이후 남한은 초등교육 6년과 중등교육 3년을 의무교육으로 보며, 북한은 5세부터 16세까지 국가가 책임지고 의무적으로 공부시킨다고 했다. 그러나 실제 아동의 발달을 위한 북한의 정책에 대해, 2017년 제 5차 북한보고서에 대해 UN 아동권리위원회는 '연령, 성, 아동빈곤 지역, 폭력, 학대, 방임, 무국적 아동, 장애아동, 청소년기 아동, 가정환경을 박탈당한 아동, 소년사법, 거리의 아동, 교육 및 건강, 기후 변화와 재난이 아동에게 미치는 영향에 관한 항목별 현황을 이용할 수 없음을 심각하게 염려'한다고 밝혔다.

(4) 참여권

남한은 〈헌법〉 제 21조를 통해 모든 국민의 언론・출판의 자유와 집회・결사의 자유를 보장하여 별도의 연령 기준 없이 참여의 권리를 보장하며, 북한은 〈헌법〉 제 66조에서 17세 이상의 모든 공민은 성별, 민족별, 직업, 거주 기간, 재산과 지식 정도, 당별, 정견, 신앙에 관계없이 선거할 권리와 선거받을 권리를 가진다고 규정해 놓았다. 제 67조에서는 나이와 관계없이 공민은 언론, 출판, 집회, 시위와 결사의 자유를 가지며, 국가는 민주주의적 정당, 사회단체의 자유로운 활동 조건을 보장한다고 명시하고 있다.

이상에서 UN 아동권리협약을 통해 남북한의 아동・청소년에 대한 시각을 살펴보았다. 남한과 북한 모두 유교사상의 영향으로 아동에 대해 가부장적이고 권위주의적인 태도를 보이는 경향이 드러났다. 아동을 양육의 대상이자 성인에게 예속된 존재로 보는 경향은 과거보다 나아지고 있지만 아직도 UN의 권고사항은 지속되고 있다. 다만 남한은 경제 상황이 좋아지면서 아동에 대한 혜택이 늘었고 실질적으로 보편적 아동복지에 대한 접근을 하고 있으며, 2019년 포용적 아동복지 정책을 제시하며 UN이 권고한 아동인권 보장을 실현하고자 하고 있다. 북한은 사회주의에 기반을 둔 아동권리 인식으로 제도적 형식은 갖추고 있지만 개인의 권리보다 집단의 이익을 우선하고 체제 수호가 모든 권리보다 우위에 있다는 태도를 보인다.

남북한 모두가 국제사회의 기준에 맞게 아동권리 보장을 위해 노력하고 있지만, '아동을 참여와 권리의 주체로 바라보는 관점'을 가지고 남북한 통일 시대 아동·청소년복지제도를 함께 논의하고 발전시켜야 할 것이다.

4. 남북한 아동·청소년복지제도[4]

북한의 사회보장 정책에는 '국가사회보험', '국가사회보장'과 추가적인 '사회적 혜택'(서비스)이 존재하여 남한의 사회보장 정책과 유사하다. 공공부조의 성격으로 의식주 공급제와 무상의료제가 제도화되어 있다. 특징적으로, 북한의 사회복지는 수령의 교시를 근간으로 유일사상체계 10대 원칙, 당 규약, 헌법, 그리고 각종 법률 등에 의해 작동되며 특히 〈사회보험법〉(1946) 등의 법령에 의해 노동성 및 직업총동맹 등에 의

4) 이 절은 북한의 아동·청소년 복지제도 내용을 장용철(2012)의 "남북한 사회보장정책 비교 연구"의 내용을 기준으로 참고하였다.

한 전달체계로 집행된다. 사회복지서비스의 경우, 〈사회주의로동법〉(1978)에 근거한 여성 및 청소년복지, 〈어린이보육교양법〉(1976)에 근거한 아동복지, 〈장애자보호법〉(2003)에 의한 장애인복지, 〈년로자보호법〉(2007)에 근거한 노인복지 등의 분야별 복지제도가 구축되어 있다. 즉, 북한의 아동복지는 〈어린이보육교양법〉(1976)에서 아동의 교육과 식생활과 의생활, 건강보호를 주 내용으로 하고 있다.

1) 주요 대상

남한은 1962년 〈아동복리법〉을 제정했고 1981년 〈아동복리법〉을 개정한 〈아동복지법〉을 만들어 아동복지서비스 정책의 보편적 토대가 마련되었다. 선별적으로 영유아를 위한 보육, 입양, 가정위탁 등 요보호 아동 지원 중심으로 발전하다가, 2011년 〈장애아동복지지원법〉이 제정되었고, 장애아동, 아동 학대, 학교 부적응, 비행 등에 관해 다양화되고 전문화된 아동복지서비스가 제공되고 있다. 2018년 아동수당의 도입으로 보편주의에 입각해 모든 아동이 아동복지제도의 대상이 되었다.

북한은 1946년 "탁아소 규칙" 및 1976년 〈어린이보육교양법〉을 제정했다. 탁아소, 유치원 등에 의한 보육 교양이 주된 아동복지의 정책 내용이다. 북한은 특히 혁명열사 유자녀를 위한 특수탁아소, 유치원 등을 운영하며, 부모 없는 아이를 위한 육아원과 애육원을 설치하고 있다.

한편, 북한아동에 관한 2007년 UN 보고서를 보면 총 1만 219명의 부모를 잃은 북한아동이 육아원, 애육원, 초등학원 및 중등학원 등에서 보호를 받는 것으로 나타났다. 2015년의 경우, 15개의 육아원에 총 3천

〈표 5-5〉 북한의 아동복지기관 현황

기관의 종류	기관의 수(개)	보호아동의 연령(세)	보호아동의 수(명)
육아원	14	0~4	2,828
애육원	12	5~6	1,524
초등학원 및 중등학원	17	초등학원 7~10	2,187
		중등학원 11~16	3,680

자료: 김석향 외(2015). "통일기반구축을 위한 민간단체(NGO)의 역할 모색: 북한 아동복지 현안을 중심으로".

여 명, 12개의 애육원에 총 2천여 명, 15개 초등학원과 중등학원에는 총 7천여 명의 아동이 보호를 받고 있었다(〈NK투데이〉, 2015. 6. 1).

남한의 경우, 요보호 아동 수는 약 3만 5천 명 정도로 추산된다. 시·도 및 시·군·구는 아동의 보호 형태를 가정위탁, 국내입양, 국외입양, 시설·공동생활가정, 원가정 복귀 등으로 결정한다. 부모가 직접 돌볼 수 없어 원가정에서 분리되는 아동 수는 매년 4천~5천 명 수준이며, 이들 중 2,500명 정도는 시설보호, 1,500명 정도는 가정위탁, 그 외 약 300명은 입양 절차를 밟는다. 저소득 및 한부모 등 취약계층 아동은 시·군·구의 드림스타트를 통해 사례관리 서비스를 받으며, 지역중심의 방과 후 돌봄시설인 지역아동센터를 이용한다. 약 958만 명의 일반아동은 무상교육, 아동수당 등 보편적 서비스를 받으며 이 외에도 학대나 폭력의 문제가 발생할 때 아동보호전문기관을 통해 서비스를 받을 수 있다(보건복지부, 2018).

북한은 국가의 정책적 목적에 의해 아동의 국가보호를 기본방향으로 아동복지서비스를 전개함으로써 매우 목적 지향적이며, 의식교육의 주입 대상으로 아동을 바라보는 시각에서 출발하여 탁아소나 유치원 보급이 보편화된 것이 특징이다. 부모 없는 아이를 위해 육아원과 애육원 서비스를 제공하기도 한다. 북한의 경우, 탁아소 및 유치원의 시설 운영과 놀이용품, 아동의 식비 등은 국가가 제공하며 개별적인 항목에 한해 개인의 부담을 원칙으로 한다. 시설환경에 대해 북한 관영 〈조선중앙통신〉은 청진 애육원을 보도하면서 "도 육아원, 애육원에는 보육실, 교양실, 종합유희실, 지능놀이실, 자연관찰실, 물놀이장을 비롯하여 보육 및 교육교양 조건과 환경이 높은 수준에서 갖추어져 있다"고 했다(〈통일뉴스〉, 2016. 1. 9).

2) 전달체계

남한의 아동복지 정책 전달체계는 공적전달체계와 민간전달체계로 구분된다. 공적전달체계를 보면, 보건복지부에서 인구아동정책관 아래 아동복지정책과, 아동권리과, 아동학대대응과 등에서 정책 수립을 담당하고, 각 시·도 및 시·군·구 아동복지팀과 드림스타트를 통해 아동복지서비스를 전달한다. 민간전달체계로, 한국아동권리보장원, 아동보호전문기관, 가정위탁지원센터, 아동복지시설, 공동생활가정, 지역아동센터 등을 통해 아동에게 직접 전달된다. 시설 설치는 정부나 지방자치단체가 담당하고, 운영관리를 사회복지 법인, 비영리 민간법인 또는 단체에 맡기는 위탁운영제도가 보편적이다(보건복지부, 2018).

북한의 경우, 아동에게 제공하는 교육서비스는 탁아소에서 생후 30일부터 5세까지의 아동을 6개월 단위로 구분하여 실시하며, 유치원교육은 1년 단위를 기준으로 한다. 아동복지의 재원은 전액 국가에서 부담하며 서비스의 전달, 관리 역시 정부(보건성)에서 직접 담당한다. 다만, 보육

중 교육과 관련된 서비스의 제공에는 보건성뿐만 아니라 교육성도 관여한다. 탁아소는 입소 기간에 따라, 그리고 설치 단위에 따라 이용 내용이 달라진다. 유아의 입소 기간에 따라 일탁아소와 주탁아소, 월탁아소로 구분된다. 일탁아소는 작업반이나 기초 행정 단위별로 설치되어 있고, 주·월탁아소는 평양, 함흥, 청진 등 3대 도시에는 2개 구역당 1개소, 일반 도시에는 2~3개소, 군 소재지에는 1~2개소가 설치되어 있다. 탁아소의 설치 단위에 따라 농장작업반 탁아소, 리탁아소, 공장탁아소, 노동자구탁아소, 읍탁아소 등이 있다. 운영관리체계는 중앙 차원은 보건성에서, 지방 차원은 지방인민위원회 보건행정부서에서 담당한다(장용철, 2012).

탁아소제도는 북한이 심혈을 기울여 정착한 제도이며, 탁아소는 도시부터 산간벽지까지 설치되었다. 유치원과 합쳐 6만여 개로 보고되는데, 유치원이 1만 3천 개 정도임을 보면 4만 7천 개의 탁아소가 전국에 분포하고 있는 것이다. 탁아소 보육원은 보육사 1명당 20명의 아동을 맡는다. 예방접종부터 영양, 교육 등 젖먹이부터 5세까지 아동에게 필요한 것을 보급한다.

북한은 아동·청소년 복지를 위해 "제일 좋은 것은 어린이에게"라는 구호에 따라 고품질의 지원을 탁아소나 유치원 등에 하고자 했다. 그러나 북한의 아동·청소년은 소학교와 중학교를 거치면서 각종 노력동원 활동에 동원되고, 학교노동과 농장에서 일손 돕기, 건설 현장에 투입되는 실정이다. 무상교육이 현실화되지 않아 비용 부담이 있으며 경제적으로 어려운 가정의 아이들이 소외되고 취학률 감소와 학습 수준의 저하 문제가 심각해지고 있다(북한이탈주민지원재단, 2019).

제도적으로 남북한 모두 아동·청소년을 위한 다양하고 체계적인 복지제도를 마련해 오고 있지만, 북한의 경우 경제적 어려움으로 인해 충분히 실질적인 지원을 하는 데는 한계가 있음을 알 수 있다.

5. 통일을 위한 사회복지실천적 이슈

1) 시선

통일을 위한 아동·청소년 복지실천 이슈의 첫 번째는 '시선'이다. 남북한을 어떻게 바라보고 있느냐에 관한 점검이 필요하다. 남한의 입장에서 북한을 바라보는 시선과 북한의 입장에서 남한을 바라보는 시선은

〈그림 5-1〉 남한(오른쪽)과 북한(왼쪽) 청소년의 모습

자료: 히시다 유스케(2017). 《경계 | 한반도》.

지난 70여 년간의 분단 상황에서 정치적으로 왜곡되어 왔다. 그러나 제3국 사람의 시선은 남북한사람들이 별반 다르지 않다는 것을 강조한다. 다음 사진은 '경계 | 한반도'(*border | korea*) 라는 주제로 찍은 사진집의 한 장면이다(히시다 유스케, 2017). 유사한 맥락의 배경에서 남과 북의 사람을 동일한 자세로 촬영하여 보여주고 있다.

통일을 준비하는 과정에서 시급히 요구되는 것은 그동안의 정치화된 색안경을 벗는 것이다. 특히, 사회제도적 배경으로 인한 차이점이 있지만, UN의 협약보고서가 권고했듯 남북한 아동·청소년이 국가와 사회적 배경과 상관없이 인권이 있는 독립적 인격체로서 존중받아야 한다는 점은 남과 북이 동일하게 노력하고 만들어 가야 하는 통일사회의 과제라는 점을 인식하는 것이 중요하다.

2) 시민성

통일을 위한 복지 이슈의 두 번째는 '시민성'이다. 통일사회의 아동·청소년은 어떤 시민으로 성장해야 하는가? 남북한의 아동·청소년은 서로 다른 체제에서 성장해왔으므로, 통일 과정에서의 혼란은 너무나 당연할 것이다. 공산주의사회에서 살아온 북한청소년의 공동체적 가치관, 집단주의, 사회적 평등에 대한 의식은 남한청소년의 개인주의, 다양성, 자본주의, 선택과 책임, 자유와 무한경쟁 등의 가치와 충돌할 수밖에 없으며, 그에 따라 아동·청소년은 편리한 대로 가치관을 선택할 수도 있다. 각자의 문화에서 배워온 기술 자격이나 학업 수준, 전문적 영역에 대한 상호 인정의 여부가 통일 과정의 실질적 핵심과제가 될 것이다.

이에 국가와 사회는 공통적이고 본질적으로 추구해야 할 가치에 대한 재정립과 강조가 필요하다. 독일의 경우, 민주주의 가치관과 자본주의 세계관의 통합을 위한 정책을 적극적으로 추진한바, 시민으로서 통일 독일시민의 정체성을 아동·청소년에게 심어 주려고 노력했다. 남북한의 통일 과정에서도 우리 사회가 근본적으로 추구해야 할 가치를 합의하고 구체적인 실행방안을 남북한이 함께 추진하는 것이 요구된다.

3) 사회복지 종사자

통일을 위한 복지 이슈 세 번째는 '종사자'이다. 통일 과정에서 아동·청소년에게 실질적으로 영향을 미치고 함께 일할 (사회복지) 전문가에 관한 점검이 필요하다. 독일은 통일 과정에서 서독에 비해 부족했던 동독의 아동·청소년 시설과 서비스를 대폭 증가하면서, 서독의 인력 기준에 맞출 것을 동독의 실무자에게 요구했다. 즉, 통일 과정에서 사회복지 전달체계를 어느 한쪽의 시스템으로 변화한다면, 그 사회가 요구하는 수준의 교육과 자격을 다른 일방의 아동·청소년 지도자에게 요청할 수밖에 없다. 가치관 혼란과 진로, 교육 문제는 아동·청소년뿐 아니라 그들을 지원하는 실무자에게도 당면 과제가 될 것이다. 통일사회에서 다음 세대를 어떻게 키울 것인지에 관한 충분한 숙고와 합의를 바탕으로 어느 일방의 시스템을 도입하기보다는 절충하여 더 나은 대안을 찾아 양 사회의 사람들이 공동으로 해결해 나갈 수 있는 준비 기구를 마련해야 할 것이다.

4) 아동 · 청소년복지제도

통일을 위한 복지 이슈 네 번째는 '제도'이다. 이미 남북한사회는 저출산 문제가 심각하고 이는 통일 과정에서 핵심과제로 다루어져야 한다. 예방 지향적 관점으로 국가 단위에서 아동·청소년을 위한 부처를 만들고, 통일된 아동·청소년 정책과 서비스를 세분화하여 구축할 필요가 있다. 독일의 경우에도 통일 이후 〈아동·청소년지원법〉(*Kinder-und Jugendhilfegesetz*)을 제정하여 1990년 5월 11일에 연방상원에서 가결했고, 1990년 10월 3일부터 동독지역에, 1991년 1월 1일부터 서독지역에 효력이 발생했다(홍문기, 2016). 이와 같이 연방정부는 법 제정을 통해 아동·청소년 계획을 세우고 지역정부는 통합 정책을 추진해야 한다.

통일된 사회의 문화, 교육, 복지 등 아동·청소년에게 필요한 제도의 통합적 운영, 아동·청소년을 위한 시설, 단체, 서비스 설립, 남북한 아동·청소년의 교류 및 상호 이해 프로그램 운영, 아동·청소년을 지원할 복지 전문가 양성, 청소년 진로, 문화, 상담 등의 욕구별 대응 프로그램에 이르기까지 유기적으로 통합된 통일 아동·청소년 정책 기반을 마련하는 것이 필요하다.

끝으로 통일을 준비하는 지금 이 시점에 필요한 것은 앞서 언급한 네 가지의 통일 이슈를 북한에서 온 아동·청소년 및 가족과 함께 고민해 보고 실험해 보는 노력이라 하겠다. 과연 우리는 남북한을 제대로 이해하고 있는가? 이를 위해서 우리가 가지고 있는 '시선'은 어떤지 점검하고, 탈북 아동·청소년에게 남한사회가 일방적으로 요구하는 '시민성'은 무엇인지, 통일의 관점에서는 어떠한 변화 노력을 해야 하는지 등을 들여다보는 것이다.

이미 많은 탈북민이 사회복지 '종사자'가 되기 위해 고등교육을 받고, 현장에서 일하고 있는바 통일을 준비하는 맥락에서 어떤 부분이 보완되어야 하는지 점검해야 한다. 특히, 제도적으로 동화주의적 공교육, 다문화주의적 사회적응 프로그램, 배제주의적 탈북민에 대한 관점(길은배, 2015) 문제를 냉철히 진단하고 통일을 준비하는 아동·청소년 정책 수립을 범부처 차원에서 추진해야 할 것이다.

통일은 남북한사람이 더불어 사는 일상을 만드는 것이다. 일방적으로 '한쪽이 따라야 한다'는 관점으로는 하루도 함께 살아갈 수 없다. 독일통일 사례에서도 서독 위주의 통일이 아직까지도 사람들 사이의 갈등으로 남아 있음을 알 수 있다. 한 탈북청소년은 인터뷰의 마지막에 남한사람이 북한사람에 관해 알려고 하는 것이 필요하다고 당부했다.

> 북한이 아무리 발전 못 하고 그러더라도 북한사람들 자체의 문화가 있고 자기들만의 그런 게 있는데 너무 알려고 안 하는 것 같아요. 그래서 좀 갈등이 생길 수 있지 않을까? 그런데 여기 사람들이 좀 북한에 대해서 알고 이러면 크게 문제가 될 것 같지 않아요(탈북대학생, 여).

남북한의 아동·청소년은 통일한반도의 미래이다. 후속세대를 위해서 남북한 어른들이 있는 그대로 서로를 알려고 하고, 배우려고 하고, 소통하려고 하는 노력이 필요하다.

참고문헌

길은배(2015). “공공부문 지원정책에 기초한 탈북청소년의 사회통합 모형에 관한 연구”. 〈청소년복지연구〉, 17권 4호: 217~237.

김석향·김미주·오은찬(2015). “통일기반구축을 위한 민간단체(NGO)의 역할 모색: 북한 아동복지 현안을 중심으로”. 〈아동복지 연구소 보고서〉, 2015년 1호: 1~102.

김석향·정익중·김미주·오은찬(2016). “유엔아동권리협약 국가보고서를 통해 본 남북한 아동권리 내용 비교”. 〈한국아동복지학〉, 54호: 1~44.

김진숙(2016). “북한의 ‘전반적 12년제 의무교육’에 따른 학제와 교육과정 개정 동향”. 〈KDI 북한경제리뷰〉(동향과 분석), 2016년 6월호: 3~16.

대북지원정보시스템(2019). “북한현황지표”. https://hairo.unikorea.go.kr/info/ExpIndex0109.do. 2019. 6. 26 인출.

박성희(1995). 《북한 청소년의 생활》. 서울: 공보처.

백혜리(2003). “한국에서의 아동관 연구 동향과 과제”. 〈교수논총〉, 14권: 351~380.

보건복지부(2018). “2018년 아동분야 사업안내 1권”. http://www.mohw.go.kr/react/gm/sgm0601vw.jsp?PAR_MENU_ID=13&MENU_ID=1304020703&page=1&CONT_SEQ=293115. 2019. 5. 29 인출.

______(2019. 5. 23). “아동에 대한 국가 책임을 확대합니다”. 보건복지부 아동복지정책과 보도자료. http://www.mohw.go.kr/react/al/sal0301vw.jsp?PAR_MENU_ID=04&MENU_ID=0403&BOARD_ID=140&BOARD_FLAG=00&CONT_SEQ=349522. 2019. 5. 29 인출.

북한이탈주민지원재단(2019). 《2018 탈북청소년 실태조사》. 서울: 북한이탈주민지원재단.

안권순(2010). “북한이탈 청소년의 남한사회 적응을 위한 지원방안 연구”. 〈청소년학연구〉, 17권 4호: 25~45.

〈NK투데이〉(2015. 6. 1). “〔최재영 목사 방북기 25〕 북한 아동들의 교육, 의료, 복지현장을 가다 ①”. http://nktoday.kr/?p=5708. 2019. 3. 20 인출.

UN(2017). 《북한 제5차 국가보고서에 대한 유엔아동권리위원회 심의 최종

견해》(2017. 9. 29). 한글번역본. 서울: 국제아동인권센터.
이온죽(1993). 《북한 사회의 체제와 생활》. 서울: 법문사.
______(2010). 《북한의 사회와 문화 그리고 통일》. 서울: 철학과 현실사.
이용을(2015). "탈북 청소년의 자아정체감 형성과정에 관한 연구". 〈공공사회연구〉, 5권 4호: 107~131.
이철수·최준욱·모춘흥·민기채·소송규·송철종·유원섭·이요한·이화영·정은미·정지웅·조성은·조은희·김다울·조보재·조은빛·최요한(2017). 《통일의 인구·보건·복지 통합 쟁점과 과제》. 서울: 경제·인문사회연구회.
장용철(2012). "남북한 사회보장정책 비교 연구". 동국대 북한학과 박사학위논문.
조경숙(2016). "북한의 영아 및 아동 사망률과 대북 인도적 지원". 〈보건사회연구〉, 36권 3호: 485~515. 서울: 보건사회연구원.
〈조선일보〉(2017. 11. 21). "북한도 저출산·고령화… 당장 통일돼도 17년 뒤 인구감소". http://news.chosun.com/site/data/html_dir/2017/11/21/2017112100114.html. 2019. 3. 20 인출.
조정아·조영주·조은희·최은영·홍 민(2013). 《새로운 세대의 탄생: 북한 청소년의 세대경험과 특성》(KINU 연구총서 13-08). 서울: 통일연구원.
좌동훈·이민영·지소연(2016). 〈탈북 청소년 지원체계화 방안 연구: 탈북 청소년 역량 진단을 중심으로〉(연구보고 16-R03). 세종: 한국청소년정책연구원.
통계청(2018). "2018 북한의 주요통계지표 보도자료". http://www.kostat.go.kr/portal/korea/kor_nw/1/1/index.board?bmode=read&aSeq=372132&pageNo=&rowNum=10&amSeq=&sTarget=&sTxt=. 2019. 3. 24 인출.
통일교육원(편)(2015). 《2016 북한이해》. 서울: 통일부 통일교육원.
〈통일뉴스〉(2001. 9. 25). "美 폭격기 전열 배치 〈美국방관리〉". http://www.tongilnews.com/news/articleView.html?idxno=11626. 2019. 3. 20 인출.
______(2006. 11. 28). "〔김양희 기자의 평양일기 11〕 북녘서 가장 어른은

어린이". http://www.tongilnews.com/news/articleView.html?idxno=69900. 2019. 5. 29 인출.

______(2016. 1. 9). "北 청진시에 함경북도 육아원·애육원 준공". http://www.tongilnews.com/news/articleView.html?idxno=115069. 2019. 3. 20 인출.

통계청(2015). "장래인구추계". www.kosis.kr. 2015. 12. 10 인출.

한국교육개발원(2015). "교육통계서비스". www.kess.kedi.re.kr. 2015. 12. 10 인출.

홍문기(2016). "독일발전과정에서 살펴본 아동보호체계 형성과 〈정과 함의: 역사적·법적 관점을 중심으로". 〈사회복지법제연구〉, 7권 1호: 113~138.

히시다 유스케(2017). 《경계 | 한반도》. 서울: 리브로아르테.

〈부록〉 유엔아동권리협약 4대 일반원칙에 근거한 남북한 아동권리 내용 비교

남한의 아동권리

아동권리 보장 / 아동권리 보장 강화 / 아동권리 미보장

<table>
<tr><th>구분</th><th>1차</th><th>2차</th><th>3, 4차</th></tr>
<tr><td rowspan="4">무차별</td><td colspan="3">모든 국민의 평등권 보장</td></tr>
<tr><td colspan="2">단일민족의 논리, 인종차별 존재하지 않음</td><td>인종 차별 금지 명문화</td></tr>
<tr><td colspan="2">성에 의한 기회의 차별은 없음</td><td>장애권리협약, 법, 제도 마련</td></tr>
<tr><td colspan="2">적서 차별, 남아선호 가치관</td><td>다문화, 새터민, 외국인, 불법체류자</td></tr>
<tr><td rowspan="4">아동 최상의 이익</td><td colspan="3">부모에게 아동 양육의 일차적 책임을 부여, 국가와 지자체는 이차적 지원 및 책임</td></tr>
<tr><td colspan="3">정책 수립의 우선순위로 고려됨</td></tr>
<tr><td colspan="3">부적절한 양육, 학대, 유해한 환경으로부터 보호할 책임</td></tr>
<tr><td></td><td></td><td>자녀 양육비 협의, 조정</td></tr>
<tr><td rowspan="5">생명, 생존 및 발달권</td><td colspan="3">모든 국민의 존엄성과 인권이 존중되고 있음(〈헌법〉 제10조 행복추구권)</td></tr>
<tr><td colspan="3">형사 책임연령(18세 미만 사형 금지 등)의 하한선을 두어 처벌보다는 교정에 주력</td></tr>
<tr><td></td><td colspan="2">연령별 아동 사망 원인 데이터 제공</td></tr>
<tr><td></td><td></td><td>학교폭력 및 자살 이슈 발생</td></tr>
<tr><td></td><td></td><td>아동 학대 이슈(가정 및 학교 체벌)</td></tr>
<tr><td rowspan="5">아동 의사 존중</td><td colspan="3">친권의 행사가 자녀의 복리에 반하는 경우 상실신고 및 청구 가능</td></tr>
<tr><td colspan="3">친권 지정 혹은 입양 시 15세 이상의 아동에게는 동의 필수</td></tr>
<tr><td></td><td></td><td>부모 면접 교섭권 법적 인정</td></tr>
<tr><td></td><td></td><td>아동 참여 증진을 위한 정보 제공</td></tr>
<tr><td></td><td></td><td>아동 · 청소년종합실태조사</td></tr>
</table>

북한의 아동권리

아동권리 보장 / 아동권리 보장 강화 / 아동권리 미보장

구분	1차	2차	3, 4차
무차별	사회주의의 우월성 강조, 모든 국민의 평등권 보장(소득 격차 및 사회적 소수자 부재 강조)		
	단일민족의 논리, 인종차별 존재하지 않음		
	완벽한 성평등 구현(〈남녀평등권법〉, 1946)		
	장애아동 차별 없음		
		교육의 의무, 무상교육의 실현	
		자연재해 및 국가경제발전단계로 인한 도 · 농 간 지역 격차	
아동 최상의 이익	사람 중심의 자회주의체제로 인해 인민의 물질문화제도를 높이는 것이 최고의 원칙		
	“제일 좋은 것을 어린이들에게” 원칙 강조		
	아동의 양육권(이혼, 입양, 위탁 등)은 이 원칙에 근거하여 결정, 3세 미만의 아동은 어머니가 돌봄		
		예산 할당, 개발계획, 입양, 이민, 소년범 행정, 아동양육기관	
		공무원 교육, 아동시설 종사자에 아동인권과정 교육	
		아동 관련 시설 기준 및 종사자 수 기준 마련	
		국가적 재난 위기에서도 아동을 최우선으로 대우	
			어머니와 교사의 역할, 책임 강조

북한의 아동권리(계속)

□ 아동권리 보장 ⬚ 아동권리 보장 강화 ■ 아동권리 미보장

구분	1차	2차	3, 4차
생명, 생존 및 발달권	최고의 환경 보장을 위해 “무상의무교육”, “무상의료체계”		
	아동은 성인과 동일하게 생면, 생존 및 발달권이 보장되나, 아동 대상 범죄의 경우 가중 처벌		
		〈교육법〉, 〈의료법〉, 〈전염병 예방법〉 제정	
		아동 자살 이슈 없음	
		자연재해로 영아사망률 증가	
			아동 사망 원인, 급성 호흡기 질환, 설사
			아동학대 이슈 없음, 체벌 금지
아동 의사 존중	언론, 집회, 시위, 결사, 종교의 자유 보장		
	17세 이상 성년으로 간주, 선거권, 비선거권 부여		
	입양 시 6세 이상의 아동의 동의 필수		
	법적 절차에 아동의 견해를 피력할 수 있음(아동의견에 근거한 판례)		
		청년동맹, 소년단을 통해 조직생활, 의사결정 참여 가능	
		아동 제작 출판물 및 간행물 배포	
		대중의견조사 및 아동욕구조사 실시 및 정부 부처 지침, 성과에 연계	
		입양, 위탁가정, 아동양육시설 방문 및 사례 관리	

자료: 김석향 외(2016). “유엔아동권리협약 국가보고서를 통해 본 남북한 아동권리 내용 비교”.

제 6 장

노인 분야의 제도와 실천 *

민기채 | 한국교통대 사회복지학 전공 조교수

1. 들어가며

사회주의 시대의 노인복지는 일반적으로 노동세대 및 아동세대에 비해 상대적으로 덜 발전되었다. 이는 혁명의 주력군인 노동계급 및 혁명의 후비대인 아동에 대한 사회적 양성에 주력하는 사회주의체제의 특징과 관련이 있다. 그 결과, 상대적으로 다른 세대에 비해 노인세대를 위한 소득보장 정책뿐만 아니라 서비스 측면에서도 그 수준이 낮았다.

복지 사회주의에서는 완전고용 정책에 기초한 사회 전체 구성원의 임금보장 및 국가보조금을 통해 소득보장 정책이 이루어진다. 그러나

* 이 글은 《통일의 인구・보건・복지 통합 쟁점과 과제》(이철수 외, 2017) 중 제 6장 "남북한 노인복지 통합"의 내용에 기초하여 작성했다.

사회주의국가는 일반적으로 현금보다는 서비스 중심성이 강하므로 소득보장 정책은 상대적으로 취약하다. 노동의 의무에서 제외되는 노년층에게 제공되는 소득은 적정생활 유지를 목표로 하기보다는 최소한의 생활 유지에 머무르는 수준에 불과했다.

평등기제가 강한 서비스 위주의 사회 정책 전략을 추구했다고 하더라도 노인복지서비스도 발달한 수준은 아니었다. 그 결과, 노동에 기초하여 급여권이 획득되는 사회보험상의 공공시설 이용 및 휴양서비스와 아동 대상의 보육・교육서비스가 노인복지서비스보다 발전했다.

사회주의 시대의 돌봄 영역에 포괄되는 노인복지서비스는 일반적으로 돌봄의 사회화로 자본주의 국가보다 발전했으나, 사회주의 후기 낮은 생산 수준으로 인하여 노인복지서비스가 적절하게 실현되지 못했다(Deacon, 1992; Gorbachev, 1987; Inglot, 2008; Kornai, 1992). 사회주의 시대에 국가책임의 노인복지서비스가 일정하게 작동했던 배경은 여성의 노동이 비공식노동에서 공식노동으로 변화했던 맥락과 깊은 관련이 있다. 사회주의 혁명 이전 비공식 영역에서의 가사와 돌봄이 주된 역할이었다면, 사회주의 이후의 여성의 주된 역할은 공식 영역의 노동이었다.

북한도 노후소득보장 및 노인복지서비스의 약화에 직면하고 있다(민기채 외, 2017). 1990년대부터 국가책임의 복지체제가 지속적으로 약화되어 노인이 스스로의 생계를 책임져야 하는 상황에 처했기 때문이다. 노인복지를 위한 전달체계의 퇴보는 개인의 복지책임으로 전가되었다. 그 결과, 국가책임의 소득보장제도 및 돌봄의 사회화가 퇴보했고, 노인을 위한 부양 및 돌봄책임이 다시 여성에게 또는 노인 스스로에게로 전가되었다.

북한주민도 탈사회주의 체제전환국의 경험처럼 통일 이후 노후소득보장 및 노인복지서비스에 대한 욕구가 높아질 것이므로 제도 통합 과정에서 발생할 문제에 대해 사전 대비가 필요하다. 통일이 실현된다면 북한노인을 포함한 주민들은 새로운 체제에서 노인을 위한 사회적 책임이 확대되기를 기대할 것이다.

그러나 노인복지 통합과 관련한 연구는 기대만큼 수행되지 못했다. 또한 남한의 노인복지제도가 빠른 속도로 변화하고 있기 때문에 통일 후 노인복지 통합 과정에서 발생할 쟁점을 예측하고 그 정책 대안을 남북한의 제도 발전에 맞추어 마련하는 것은 중요한 통일 과업 중 하나일 것이다.

이 장에서는 통일 이후 노후소득보장 및 노인복지서비스 통합 쟁점을 제시하고, 그에 대한 실천 과제를 도출하고자 한다.

이 장의 전제는 3가지이다. 첫째, 통일 이후 통합될 노후소득보장 및 노인복지서비스는 남한에서 시행하는 노후소득보장 및 노인복지서비스를 포괄적으로 적용한다는 전제에서 출발한다. 즉, 현재 남한에서 시행 중인 노후소득보장 및 노인복지서비스 관련 급여를 전국(한반도)으로 확장하는 범위에서 다룬다. 둘째, 통일 이후 통합될 노후소득보장 정책은 차등적 고려를 전제한다. 예컨대, 그간 북한노인이 남한의 국민연금 보험료를 납부하지 않았다는 점과 남한 국민연금의 재정 안정성을 고려함을 의미한다. 셋째, 통일 이후 통합될 노인복지서비스는 통일 초기 단계부터 급진적 사회 통합을 전제한다. 그것은 북한노인의 생존권 문제이기 때문이다.

이 장의 범위는 내용적 측면과 시기적 측면으로 구분된다. 첫째, 내용적 측면에서의 연구 범위이다. 먼저, 노후소득보장제도는 0층의 기초연금과 1층의 국민연금으로 한정한다. 2층의 퇴직연금, 3층의 개인연금, 4층의 노인근로활동 지원제도는 이 장에서 제외한다. 다음으로, 이 장에서의 '노인복지서비스'라는 용어는 일상에서 문제를 겪는 노인과 그 가족의 사회적 기능을 향상하기 위한 신체적, 심리적, 사회적인 여러 측면의 서비스를 포함하는 의미로 규정한다. 이에 남한의 〈노인복지법〉 제 31조 '노인복지시설의 종류'에 의거하여 주거서비스, 의료서비스, 여가서비스, 재가서비스, 노인보호서비스, 고용서비스를 열거할 수 있다. 이 외에도 사회서비스로 포함될 수 있는 인권, 학대, 독거, 위기노인에 대한 보호서비스, 교육서비스, 이동서비스, 노인단체지원서비스를 개괄적으로 다룬다.

둘째, 시기적 측면에서의 연구 범위이다. 먼저, 노후소득보장 및 노인복지서비스 제도 및 실태에 관한 현황 분석은 2017년 기준을 원칙으로 하지만, 자료의 제한상 접근 가능한 가장 최근 연도의 자료를 포괄하고자 한다. 다음으로, 노후소득보장 및 노인복지서비스 통합 쟁점은 통일 직후부터 10년 이내로 제한한다.

2. 남북한 노인복지제도 현황

1) 남북한 노인인구 비교

남북한 노인복지 통합의 기초가 되는 노인인구를 비교하면 다음과 같다. 남북한 노인인구 추이를 보면 남한의 경우 2015년 660만 명에서 2035년 1,475만 명까지 증가한 이후, 2055년 1,771만 명까지 지속적으로 증가한다. 북한의 경우 2015년 253만 명에서 2035년 417만 명으로 증가한 이후, 2055년 507만 명까지 지속적으로 증가한다(〈표 6-1〉 참조).

2) 남북한 〈노인복지법〉 비교

남북한 〈노인복지법〉을 기본법, 공공부조, 사회보험, 사회서비스로 구분하여 살펴보면 다음과 같다. 먼저 남북한 사회보장제도에 대한 기초적 이해가 필요하다. 남한의 〈사회보장기본법〉에 따르면, 사회보장제도는 공공부조, 사회보험, 사회서비스로 구분된다. 반면, 북한의 사회보장제도는 국가사회보장과 국가사회보험으로 구분된다. 북한의 국가사회보장은 질병이나 산재로 인해 6개월이 경과하여도 회복하기 어려워 근로 능력을 상실했거나 일정한 근로 연령을 초과했을 경우에 지원하는 사회보장제도이며, 국가사회보험은 질병이나 산재로 인해 6개월 이내 동안만 근로 능력을 상실했을 경우에 지원하는 사회보장제도이다. 따라서 남한과 북한의 사회보장제도의 하위 구분은 그 정의가 다르다는 것을 알 수 있다.

〈표 6-1〉 남북한 연령별 인구구조 추이

단위: 명, %

연도	남한			
	합계	0~14세	15~64세	65세 이상
1995년	45,092,991	10,536,828	31,899,511	2,656,652
	(100.0)	(23.4)	(70.7)	(5.9)
2005년	48,138,077	9,241,187	34,530,248	5,042,866
	(100.0)	(19.2)	(71.7)	(10.5)
2015년	50,617,045	7,039,594	36,953,331	6,624,120
	(100.0)	(13.9)	(73.0)	(13.1)
2025년	51,972,363	6,739,459	34,901,829	10,331,075
	(100.0)	(13.0)	(67.2)	(19.9)
2035년	51,888,486	6,247,391	30,890,308	14,750,787
	(100.0)	(12.0)	(59.5)	(28.4)
2045년	49,810,211	5,170,885	27,171,439	17,467,887
	(100.0)	(10.4)	(54.5)	(35.1)
2055년	46,124,771	4,594,184	23,817,284	17,713,303
	(100.0)	(10.0)	(51.6)	(38.4)
연도	북한			
	합계	0~14세	15~64세	65세 이상
1995년	21,715,484	5,860,058	14,627,356	1,228,070
	(100.0)	(27.0)	(67.4)	(5.7)
2005년	23,561,192	5,860,906	15,876,675	1,823,611
	(100.0)	(24.9)	(67.4)	(7.7)
2015년	24,779,375	5,074,485	17,175,850	2,529,040
	(100.0)	(20.5)	(69.3)	(10.2)
2025년	25,917,203	5,154,308	17,851,415	2,911,480
	(100.0)	(19.9)	(68.9)	(11.2)
2035년	26,517,479	5,123,130	17,222,857	4,171,492
	(100.0)	(19.3)	(64.9)	(15.7)
2045년	26,387,494	4,567,232	16,975,355	4,844,907
	(100.0)	(17.3)	(64.3)	(18.4)
2055년	26,008,058	4,535,382	16,404,003	5,068,673
	(100.0)	(17.4)	(63.1)	(19.5)

주: 남한 인구 추이는 중위가정에 근거.
자료: 국가통계포탈. "북한통계 북한인구추계". 2017. 4. 25 인출.

남북한 〈노인복지법〉 비교는 이해의 편의 및 자료 신뢰성의 이유로 남한의 사회보장제도를 기준으로 구분한다. 한편, 사회서비스는 매우 광범위하여 그 하위를 구분하는 것은 연구의 목적마다 다를 수 있다. 이 장에서는 보건복지부(2018)의 〈노인보건복지사업안내〉에 기초하여 남한의 주요 제도를 정리한다.

첫째, 남북한의 기본법은 각각 〈노인복지법〉과 〈년로자보호법〉이다. 각각의 법률이 대표하여 노인에 대한 사회보장을 법적으로 보호하고 있다. 한편 남한의 〈노인복지법〉에서는 '65세 이상의 자'를 노인으로 규정하고, 북한의 〈년로자보호법〉에서는 '남녀 60살 이상의 공민'을 년로자로 규정한다. 5세의 차이가 있음이 확인된다.

둘째, 남북한 노인의 최저생활을 보장하기 위한 공공부조법은 각각 〈국민기초생활보장법〉과 〈사회보장법〉으로 구분될 수 있다. 노인 집단을 위한 독립적인 공공부조법이 남북한 모두 존재하지 않는다. 다만 남한의 〈국민기초생활보장법〉과 북한의 〈사회보장법〉에서 노인을 위한 최저생활을 보장하고 있다. 남한의 사회보장제도를 공공부조, 사회보험, 사회서비스로 구분할 때, 남한의 현행 〈기초연금법〉은 적확하게 특정 유형으로 자리하기에는 논쟁의 여지는 있으나 노인의 기초생활 수준을 보장한다는, 급여 수준의 관점에서 공공부조로 위치했다. 〈긴급복지지원법〉에 의하여 해당 노인의 경우 선 지원 후 조사의 형태로 소득보장을 받을 수 있다.

셋째, 남북한 노인을 위한 사회보험법으로는 남한의 경우, 〈국민연금법〉, 〈국민건강보험법〉, 〈고용보험법〉, 〈산업재해보상보험법〉, 〈노인장기요양보험법〉이 있으며, 북한의 경우, 〈사회주의로동법〉과 〈사회보험법〉이 있다. 남북한 모두 각각의 법이 포괄하는 범주는 매우 광범위하다.

넷째, 남북한 노인을 위한 사회서비스법으로는 다양한 하위 주제로 구분될 수 있다. 먼저 주거서비스로는 남한의 경우 〈노인복지법〉, 〈주거기본법〉, 〈주거급여법〉, 〈장애인·고령자 등 주거약자 지원에 관한 법률〉이 있으며, 북한의 경우 〈살림집법〉, 〈사회주의로동법〉, 〈사회보장법〉, 〈주민연료법〉이 있다. 의료서비스로는 남한의 경우 〈노인복지법〉, 〈국민건강보험법〉, 〈노인장기요양보험법〉, 〈의료급여법〉, 〈치매관리법〉이 있으며, 북한의 경우 〈년로자보호법〉과 〈인민보건법〉이 있다. 여가서비스로는 남한의 경우 〈노인복지법〉, 〈국민여가활성화기본법〉, 〈대한노인회 지원에 관한 법률〉이 있으며, 북한의 경우 〈년로자보호법〉과 〈인민보건법〉이 있다. 재가서비스로는 남한의 경우 〈노인복지법〉과 〈노인장기요양보험법〉이 있으며, 북한의 경우 〈년로자보호법〉이 있다. 인권 보호 및 학대 예방과 같은 보호서비스로는 남한의 경우 〈노인복지법〉과 〈노인장기요양보험법〉이 있으며, 북한의 경우 〈년로자보호법〉이 있다. 고용서비스로는 남한의 경우 〈노인복지법〉과 〈고용상 연령차별금지 및 고령자고용촉진에 관한 법률〉이 있으며, 북한의 경우 〈사회주의로동법〉과 〈로동보호법〉이 있다. 교육서비스로는 남한의 경우 〈평생교육법〉과 〈교육기본법〉이 있으며, 북한의 경우 〈교육법〉이 있다. 이동서비스로는 남한의 경우 〈장애인·노인·임산부 등의 편의 증진보장에 관한 법률〉과 〈교통약자의 이동편의 증진법〉이 있으며, 북한의 경우 〈년로자보호법〉이 있다. 단체지원서비스로는 남한의 경우 〈대한노인회 지원에 관한 법률〉이 있으며, 북한의 경

〈표 6-2〉 남북한 〈노인복지법〉 비교

구분		법률명	
		남한	북한
기본법		〈노인복지법〉	〈년로자보호법〉
공공부조		〈국민기초생활보장법〉, 〈긴급복지지원법〉, 〈기초연금법〉	〈사회보장법〉
사회보험		〈국민연금법〉, 〈국민건강보험법〉, 〈고용보험법〉, 〈산재보험법〉, 〈노인장기요양보험법〉	〈사회주의로동법〉, 〈사회보험법〉
사회서비스	주거서비스	〈노인복지법〉, 〈주거기본법〉, 〈주거급여법〉, 〈장애인 · 고령자 등 주거약자 지원에 관한 법률〉, 〈주거급여법〉	〈살림집법〉, 〈사회주의로동법〉, 〈사회보장법〉, 〈주민연료법〉
	의료서비스	〈노인복지법〉, 〈국민건강보험법〉, 〈노인장기요양보험법〉, 〈의료급여법〉, 〈치매관리법〉	〈년로자보호법〉, 〈인민보건법〉
	여가서비스	〈노인복지법〉, 〈국민여가활성화 기본법〉, 〈대한노인회 지원에 관한 법률〉	〈년로자보호법〉
	재가서비스	〈노인복지법〉, 〈노인장기요양보험법〉	〈년로자보호법〉
	보호서비스	〈노인복지법〉, 〈노인장기요양보험법〉	〈년로자보호법〉
	고용서비스	〈노인복지법〉, 〈고용상 연령차별 금지 및 고령자고용촉진에 관한 법률〉	〈사회주의로동법〉, 〈년로자보호법〉, 〈로동보호법〉
	교육서비스	〈평생교육법〉, 〈교육기본법〉	〈교육법〉
	이동서비스	〈장애인 · 노인 · 임산부 등의 편의증진보장에 관한 법률〉, 〈교통약자의 이동편의 증진법〉	〈년로자보호법〉
	단체지원 서비스	〈대한노인회 지원에 관한 법률〉	〈년로자보호법〉

우 〈년로자보호법〉이 있다. 각 세부 조항은 지면 한계상 생략한다.

남북한 〈노인복지법〉을 종합적으로 비교하면 다음과 같다. 첫째, 남한의 노인복지 관련 법률은 북한의 노인복지 관련 법률보다 제도의 포괄성(*comprehensiveness*)이 높다. 이는 북한에서는 세부적인 욕구에 대해 개별 법이 존재하지 않고 상위 법령이 대신하기 때문이다. 사회구성원의 개별 욕구를 사회문제로 보고 법률로써 구체적으로 규정하려는 서구 복지국가와는 다르다고 할 수 있다. 둘째, 북한의 법률은 세부적이지 않기 때문에 남북한 노인복지 관련 법률 통합 과정에서 남한의 세부적인 법률이 기본 내용을 제시하고 주도할 수 있을 것으로 예측된다.

3) 남북한 노인복지제도 비교

(1) 남북한 노후소득보장제도 비교

남북한 노후소득보장 제도를 비교하면 〈그림 6-1〉과 같다. 남한은 총 5개의 층으로 형성된 노후소득보장체계를 구축하고 있다. 각각 기초연금, 국민연금(노령연금), 퇴직연금, 개인연금, 근로소득이다. 북한은 총 3개의 층으로 형성된 노후소득보장체계를 구축하고 있다. 각각 사회보장년금(년로년금), 인체보험, 근로소득이다.

남북한 노후소득보장체계를 비교하면 다음과 같다. 첫째, 남한은 기초보장으로서 기초연금이 있지만, 북한은 해당 제도가 존재하지 않는다. 북한의 기초보장은 국가공급제에 의해 이루어진다. 즉, 현물로 최저한의 생활을 보장하는 것이다. 그러나 현물은 엄밀히 표현하면 소득보장이 아니기 때문에, 현금급여로 이루어지는 0층의 기초보장제도는

〈그림 6-1〉 남북한 노후소득보장체계 비교

	남한	북한
4층	근로소득	근로소득
3층	개인연금	인체보험
2층	퇴직연금	
1층	국민연금(노령연금)	사회보장년금(년로년금)
0층	기초연금	
	근로자 | 자영자 | 기타	근로자 | 기타

자료: 민기채 외(2017). 《북한 노후소득보장 제도 및 실태 연구》. 175쪽.

존재하지 않는다고 할 수 있다.

둘째, 남북한 대표적인 소득비례형 연금으로서 각각 국민연금과 사회보장년금이 있다. 이 중 대표적인 노후소득보장제도는 각각 노령연금과 년로년금이라고 할 수 있다. 국민연금은 소득비례급여와 소득재분배급여로 구성되어 있고, 사회보장년금은 소득비례급여 및 공훈부가급여(공훈에 따른 부가급여)로 구성되어 있다. 즉, 국민연금과 사회보장년금이 소득비례 부분이라는 공통 항목은 있다. 다만 국민연금은 소득재분배 부분이 있으며, 사회보장년금은 공훈부가 부분이 있는 것이다. 남한의 국민연금은 공훈에 따른 급여 부분이 없다는 점에서 차이가 있으며 북한의 사회보장년금은 소득재분배 부분이 없다는 점에서 차이가 있다. 물론 북한은 사회주의 사회이기 때문에 낮은 수준의 평균주의에 기초하여 급여가 이루어진다는 측면에서 볼 때, 전 사회적으로 급여에서의 재분배가 이루어진다고 볼 수 있다. 그러나 국민연금 급여산식처럼 명백한 재분배 기능이 확인되지 않는다. 즉, 사회보장년금제도 내에서 소득재분배 부분이 실질적으로 존재하는지는 공식적으로 확인되지 않고 있다.

셋째, 남한은 〈근로자퇴직급여 보장법〉이 존재하지만, 북한은 근로자의 퇴직연금을 추가로 보장하는 제도가 존재하지 않는다. 일부 군인과 근로자가 제대 또는 은퇴 이후 일시금으로 소액을 지급받았다는 진술이 있으나(민기채 외, 2017) 이러한 규정은 법적으로 공식화되어 있지 않다. 남한은 개인형퇴직연금(IRP: Individual Retirement Pension) 가입 대상을 확대하는 〈근로자퇴직급여 보장법〉 시행령 개정안 시행으로 2017년 7월 26일부터 자영업자 등 소득이 있는 모든 취업자들이 IRP에 가입할 수 있게 되었다. 따라서 그간 IRP 가입이 허용되지 않았던 퇴직금제도 적용 근로자, 퇴직급여제도 미설정 근로자, 직역연금 가입자가 IRP 가입 대상에 포함되었다.

넷째, 남한에 개인연금이 있다면, 북한에는 인체보험이 있다. 개인연금제도는 보다 더 풍족한 노후생활을 영위하기 위해 국민연금과 퇴직연금 이외에 자발적 선택으로 가입하는 것이다. 유사하게, 북한에는 장기저축의 성격으로 만기 시 일시금으로 돌려받는 형태인 인체보험제도가 있다. 개인연금과 인체보험이 제도상 동일한 성격은 아니지만, 추가적인 소득보장 목적, 자발적 선택에 따른 가입, 장기저축에 따른 환급이라는 측면에서 유사한 제도로 이해할 수 있다.

다섯째, 남북한 모두 노후소득보장의 공식적 제도로 고령자의 근로소득활동에 대한 지원 정책이 있다. 남한의 경우 〈노인복지법〉, 〈고용상 연령차별금지 및 고령자고용촉진에 관련 법률〉이 명시되어 있으며, 북한의 경우 〈사회주의로동법〉, 〈년로자보호법〉, 〈로동보호법〉에 관련 규정이 있다. 이는 공·사적 연금제도로 노후소득보장을 해결하기 어렵다는 조건과 노년기 근로에 대한 노년층의 욕구를 반영하기 위하여 정책화되었다. 북한은 〈년로자보호법〉 제 32조 "지방정권기관과 년로자보호기관은 년로자의 나이, 건강 상태, 지식 정도 같은 것을 고려하여 여러 가지 사회활동에 적극 참가할 수 있도록 환경과 조건을 마련해 주어야 한다" 및 동법 제 33조 "해당 기관, 기업소, 단체는 지식 있고 능력 있는 년로자가 계속 근무하려 할 경우 필요에 따라 알맞는 직종에서 일하도록 할 수 있다. 이 경우 년로자의 사업조건을 책임적으로 보장하여야 한다"에서 노년기 근로활동을 제도적으로 보장하고 있다.

(2) 남북한 노인복지서비스 제도 비교

보건복지부(2018)의 《노인보건복지사업안내》에 기초하여 남한의 주요 제도를 열거한 후, 그에 상응하는 북한의 제도는 법령에 기초하여 볼 때, 어떠한 조항과 기능적으로 유사한지를 밝힐 목적으로 비교했다. 〈표 6-3〉에서 북한의 제도 중 특정 설명이 언급되지 않은 항목은 공식적으로 확인된 제도가 없다는 의미이며, 실제 제도의 존재 유무는 확언할 수 없다.

남한의 사회서비스는 주거서비스, 의료서비스, 여가서비스, 재가서비스, 보호서비스, 고용서비스, 교육서비스, 이동서비스, 단체지원서비스로 구분했다.

〈표 6-3〉 남북한 노인복지서비스(사회서비스) 제도 비교

<table>
<tr><th rowspan="2">구분</th><th colspan="3">법률명</th></tr>
<tr><th colspan="2">남한</th><th>북한</th></tr>
<tr><td rowspan="3">주거
서비스</td><td colspan="2">노인주거복지시설: 양로시설,
노인공동생활가정, 노인복지주택</td><td>양로원[〈영예군인보호소, 양로원 및 양생원에 관한 규정〉(1961. 10), 〈사회보장법〉 제 25조]</td></tr>
<tr><td colspan="2">영구임대주택</td><td>살림집 리용권(〈살림집법〉 제 2조)</td></tr>
<tr><td colspan="2">주거개선사업: 도배 · 장판, 전기공사,
냉 · 난방수리</td><td>무장애환경보장(〈년로자보호법〉 제 15조), 주민용 석유 · 가스 보장 (〈주민연료법〉 제 4조, 제 10조)</td></tr>
<tr><td rowspan="16">의료
서비스</td><td rowspan="4">노인장기
요양보험</td><td>재가급여</td><td>의사담당구역제(〈인민보건법〉 제 28조)[1]</td></tr>
<tr><td>시설급여</td><td>료양시설(〈인민보건법〉 제 17조)</td></tr>
<tr><td>특별현금급여</td><td></td></tr>
<tr><td>복지용구급여</td><td>보조기구의 생산(〈사회보장법〉 제 38조), 보조기구 및 치료기구 보장 (〈년로자보호법〉 제 21조)</td></tr>
<tr><td rowspan="2">노인의료
복지시설</td><td>노인요양시설</td><td rowspan="2">양로원[〈영예군인보호소, 양로원 및 양생원에 관한 규정〉(1961. 10), 〈사회보장법〉 제 25조], 료양시설(〈인민보건법〉 제 17조)</td></tr>
<tr><td>노인요양공동생활가정</td></tr>
<tr><td rowspan="7">치매</td><td>치매상담센터: 치매예방 및 인식개선 교육, 치매조기검진, 치매노인 등록 및 관리, 치매치료관리비 지원, 치매노인 배회인식표 발급, 재가치매노인 방문 관리, 사례관리, 교육 및 자조모임, 지원연계서비스</td><td rowspan="7">예방의학에 의한 건강보호(〈인민보건법〉 제 3장), 병치료 및 간호(〈년로자보호법〉 제 18조)[2]</td></tr>
<tr><td>치매검진사업</td></tr>
<tr><td>치매노인 사례관리 지원</td></tr>
<tr><td>광역치매센터 운영</td></tr>
<tr><td>공립요양병원 운영</td></tr>
<tr><td>치매치료관리비 지원사업</td></tr>
<tr><td>실종노인 발생예방 및
찾기 사업</td></tr>
<tr><td colspan="2">노인실명예방사업</td><td></td></tr>
<tr><td colspan="2">노인무릎인공관절수술 지원</td><td></td></tr>
<tr><td colspan="2">노인의치 · 보철 지원</td><td></td></tr>
</table>

〈표 6-3〉 남북한 노인복지서비스(사회서비스) 제도 비교(계속)

구분	법률명		
	남한		북한
의료 서비스	노인건강진단		예방의학(〈인민보건법〉 제 3장), 예방의료봉사(건강검진, 건강상담, 예방접종, 〈인민보건법〉 제 10조 5)
여가 서비스	노인여가 복지시설	경로당(경로당 활성화 프로그램: 자원봉사활동, 공동작업장운영, 노후생활교육, 레크레이션활동, 건강운동 활성화, 노인복지관 연계 프로그램)	년로자의 문화정서생활[〈년로자보호법〉 제 22조(대중체육의 조직), 제 23조(장수자 보호), 제 24조(문화정서생활의 기본요구), 제 25조(문화정서생활거점의 배치), 제 26조(문화정서생활의 조직), 제 27조(출판물의 편집발행), 제 28조(문화오락시설의 보장), 제 29조(휴양, 관광, 탑승)]
		노인복지관	
	노인일자리 및 사회활동 지원사업: 노인 사회활동(공익활동, 재능나눔활동)		년로자의 사회활동(〈년로자보호법〉 제 30조, 제 31조, 제 32조, 제 34조, 제 40조)
	노인자원봉사 활성화		
재가 서비스	재가노인복지사업: 방문요양서비스, 주 · 야간보호서비스, 단기보호서비스, 방문목욕서비스, 재가노인지원서비스, 방문간호서비스		의사담당구역제(〈인민보건법〉 제 28조)[3]
	농어촌 재가노인복지시설 운영		농촌 등 인민병원과 진료소의 합리적 배치(〈인민보건법〉 제 15조)
	재가노인지원센터 운영		의사담당구역제(〈인민보건법〉 제 28조)[4]
보호 서비스	노인복지시설 인권보호 및 안전관리지침, 노인돌봄기본서비스, 노인돌봄종합서비스, 노인보호전문기관, 학대피해노인 쉼터(학대피해노인 양로시설 지정 운영), 결식우려노인 무료급식 사업, 독거노인 · 중증장애인 응급안전망 구축		사회보장 대상: 돌볼 사람이 없는 늙은이 (〈사회보장법〉 제 2조), 국가적 부양(〈년로자보호법〉 제 12조), 년로자보호사업(〈년로자보호법〉 제 36조, 제 37조, 제 38조)[5]
고용 서비스	노인일자리 및 사회활동 지원사업: 시장형(취업형): 시장형 사업단, 인력파견형 사업단, 시니어 인턴십, 고령자 친화기업, 기업 연계형		년로자의 근무연장 (〈년로자보호법〉 제 33조)[6]

〈표 6-3〉 남북한 노인복지서비스(사회서비스) 제도 비교(계속)

구분	법률명	
	남한	북한
교육 서비스	노인교실(경로대학)	온 사회의 인테리화 원칙: 일생동안 꾸준히 학습(〈교육법〉 제 8조)
이동 서비스	〈장애인 · 노인 · 임산부 등의 편의증진보장에 관한 법률〉	사회적 우대: 교통운수기관 (〈년로자보호법〉 제 44조)
	〈교통약자의 이동편의 증진법〉	
단체지원 서비스	〈대한노인회 지원에 관한 법률〉	년로자보호기관, 중앙년로자보호련맹, 년로자보호위원회 (〈년로자보호법〉 제 38조)

주: 1) 남한처럼 재가급여가 별도로 운영되지 않음.
2) 남한처럼 치매와 관련된 구체적인 제도가 독립적으로 존재하지 않지만, 예방의학에서 포괄적으로 다룸.
3) 남한처럼 재가노인복지서비스가 별도로 운영되지 않음.
4) 남한처럼 재가노인지원센터가 별도로 운영되지 않음.
5) 남한처럼 독거 및 학대 노인에 대한 독립적 제도는 확인되지 않음.
6) 남한처럼 노인일자리 지원사업이 구체적으로 확인되지 않음.

자료: 보건복지부(2018)의 《노인보건복지사업안내》에 기초하여 남한의 주요 제도를 정리. 북한의 제도 중 특정 설명이 언급되지 않는 항목은 공식적으로 확인된 제도가 없다는 의미이지, 실제 제도의 존재 유무는 확언할 수 없음.

① 주거서비스

주거서비스의 경우 남한의 노인주거복지시설은 양로시설, 노인공동생활가정, 노인복지주택으로 구분된다. 이에 대응하는 북한의 노인주거복지시설은 〈영예군인보호소, 양로원 및 양생원에 관한 규정〉(1961년 10월)과 〈사회보장법〉 제 25조에 명시된 양로원이라고 할 수 있다.

남한의 영구임대주택은 〈살림집법〉 제 2조에 명시된 살림집 리용권으로 대응될 수 있다. 해당 조항에 따르면, "살림집은 소유 형태에 따라 국가소유살림집, 협동단체소유살림집, 개인소유살림집으로 나눈다. 국가는 살림집소유권과 리용권을 법적으로 보호한다"라고 규정하고 있다. 이에 공식적으로 개인 간 매매상품이 아니기 때문에 실제 거주 기간 동안의 임대주택으로 이해할 수 있다.

남한의 주거개선사업(도배·장판, 전기공사, 냉·난방수리)은 북한의 무장애환경보장(〈년로자보호법〉 제15조) 및 주민용 석유·가스 보장(〈주민연료법〉 제4조, 제10조) 제도로 대응될 수 있다. 〈년로자보호법〉 제15조에 따르면, "년로자의 생활상 안정과 편리를 도모하도록 도시계획과 살림집 및 대상 설계, 건설에서 무장애환경을 보장하여야 한다"고 규정함으로써 노인 주거공간에 제도적 지원을 보장하고 있다. 이와 함께 〈주민연료법〉 제4조에서 "주민연료의 공급은 주민 세대와 해당 기관, 기업소, 단체에 필요한 연료를 보장하는 봉사활동이다. 국가는 주문제에 기초하여 주민연료를 제때에 골고루 공급하도록 한다"고 규정하고 있으며, 동법 제10조에서 "중앙자재공급지도기관과 해당 기관, 기업소는 주민용 석유, 가스를 제때에 생산보장하여야 한다"고 규정하고 있다.

② 의료서비스

의료서비스의 경우, 남한의 노인장기요양보험제도는 재가급여, 시설급여, 특별현금급여, 복지용구급여로 구분된다. 북한에는 독립형 사회보험제도로서 노인장기요양보험제도가 별도로 운영되지 않는다. 다만, 각각의 급여는 유사한 기능을 수행하는 제도에서 그 기능을 담당한다고 볼 수 있다. 남한의 재가급여는 〈인민보건법〉 제28조의 의사담당구역제에서 그 역할을 일부 수행한다고 볼 수 있다. 북한의 〈인민보건법〉 제28조(의사담당구역제)에 따르면, "국가는 의사들이 일정한 주민 구역을 담당하고 맡은 구역에 늘 나가 주민들의 건강 상태를 돌보며 예방치료사업을 하는 선진적 의료봉사제도인 의사담당구역제를 공고발전시킨다"고 규정하고 있다. 남한처럼 재가급여가 별도로 운영되지 않지만 해당 급여의 기능을 의사담당구역제에서 수행한다고 볼 수 있다. 다음으로, 남한 노인장기요양보험의 시설급여는 북한의 료양시설(〈인민보건법〉 제17조)과 대응된다고 할 수 있다. 〈인민보건법〉 제17조(료양치료)에 따르면, "국가는 온천, 약수지대와 기후가 좋은 지대에 현대적인 료양시설을 많이 건설하여 인민들이 자연인자에 의한 료양치료의 혜택을 더 잘 받도록 한다"고 규정하고 있다. 남한의 가족특례요양비와 대응되는 북한의 현금급여는 확인되지 않는다. 남한의 복지용구급여는 보조기구의 생산(〈사회보장법〉 제38조)과 보조기구 및 치료기구 보장(〈년로자보호법〉 제21조)에 해당된다고 볼 수 있다. 〈사회보장법〉 제38조(보조기구의 생산)에 따르면, "중앙보건지도기관과 해당기관, 기업소는 교정기구, 삼륜차, 안경, 보청기 같은 보조기구를 계획적으로 생산보장하여야 한다. 보조기구생산기업소는 장애자의 성별, 나이, 장애 정도와 기호에 맞는 여러 가지 보조기구를 질적으로 만들어야 한다"고 규정하고 있으며, 〈년로자보호법〉 제21조(보조기구 및 치료기구 보장)에 따르면 "보건기관과 해당 기관, 기업소, 단체는 년로자를 위한 현대적인 보청기, 안경, 지팡이 같은 보조기구와 회복치료기구를 더 많이 생산공급하여야 한다"고 규정하고 있다.

남한의 의료복지시설은 노인요양시설과 노인요양공동생활가정으로 구분되는데, 이러한 제도는 위에서 언급한 양로원과 료양시설에 대응된다.

남한은 치매예방 및 치료사업 등 다양한 제도가 있는데, 치매상담센터(치매예방 및 인식개선 교육, 치매조기검진, 치매노인 등록 및 관리, 치매치료관리비 지원, 치매노인 배회인식표 발급, 재가 치매노인 방문관리, 사례관리, 교육 및 자조모임, 지원연계서비스), 치매검진사업, 치매노인 사례관리 지원, 광역치매센터 운영, 공립요양병원 운영, 치매치료관리비 지원사업, 실종노인 발생예방 및 찾기 사업이 있다. 북한의 경우, 남한처럼 치매와 관련된 구체적인 제도가 독립적으로 존재하지 않지만 예방의학에서 포괄적으로 다루고 있다. 〈인민보건법〉 제3장 예방의학에 의한 건강보호에서 포괄적으로 예방의학을 강조하고 있으며, 〈년로자보호법〉 제18조(병치료 및 간호)에 따르면, "보건기관과 의료기관은 해당 지역의 년로자를 빠짐없이 등록하고 정상적으로 건강검진과 치료사업을 하며 왕진을 비롯한 의료사업에서 정성을 다하여야 한다. 부양의무자는 년로자의 질병간호상식을 배우고 운신할 수 없는 년로자에 대한 간호를 특별히 잘하여야 한다"고 규정하고 있다.

이외에, 남한에 노인실명예방사업, 노인무릎인공관절수술 지원, 노인의치·보철 지원제도에 대응하는 북한의 제도는 공식적으로 확인되지 않는다.

남한의 노인건강진단제도는 앞서 언급한 예방의학(〈인민보건법〉 제3장)뿐만 아니라 〈인민보건법〉 제10조(무상치료의 내용)의 "무료의료봉사"의 다음과 같은 내용과 대응한다. "5. 건강검진, 건강상담, 예방접종 같은 예방의료봉사는 무료이다". 최근 〈로동신문〉(2016. 8. 14)에 따르면, 북한은 노인성치매, 뇌기능장애질병에 쓰이는 세레브로이진 캡슐 제조기술을 자체로 개발하고, 체레브로리주사역을 공개한 바 있다. 치매예방 및 치매치료에 대한 국가노력이 있음이 확인된다.

③ 여가서비스

여가서비스의 경우 남한의 노인여가복지시설로 경로당(경로당 활성화 프로그램: 자원봉사활동, 공동작업장운영, 노후생활교육, 레크리에이션활동, 건강운동 활성화, 노인복지관 연계 프로그램)과 노인복지관이 있다. 이에 대응하는 북한의 제도는 〈년로자보호법〉 제 22~29조에 언급된 년로자의 문화정서생활이라고 할 수 있다. 제 22조(대중체육의 조직), 제 23조(장수자 보호), 제 24조(문화정서생활의 기본요구), 제 25조(문화정서생활거점의 배치), 제 26조(문화정서생활의 조직), 제 27조(출판물의 편집발행), 제 28조(문화오락시설의 보장), 제 29조(휴양, 관광, 탑승)로 매우 다양하고 구체적으로 언급하고 있다. 이 중 경로당과 노인복지관은 바로 문화정서생활거점이라고 할 수 있다.

남한의 노인일자리 및 사회활동 지원사업 중 노인사회활동(공익활동, 재능나눔활동)과 노인자원봉사 활성화는 북한의 〈년로자보호법〉에서 언급하고 있는 년로자의 사회활동과 대응된다. 〈년로자보호법〉 제 30조(사회활동의 기본요구), 제 31조(사회활동의 내용), 제 32조(년로자의 사회활동참가), 제 34조(후대교양), 제 40조(기관, 기업소, 단체의 의무)의 조항에서 매우 다양하고 구체적으로 언급하고 있다. 이 중 〈년로자보호법〉 제 31조(사회활동의 내용)에 따르면, "년로자는 강연, 담화, 강의, 전습, 번역, 창작, 예술활동, 공원 및 유원지 관리, 공중질서유지 같은 사회활동을 할 수 있다"고 규정함으로써 구체적인 사업 내용이 확인되고 있다.

④ 재가서비스

재가서비스의 경우 남한의 재가노인복지사업은 방문요양서비스, 주·야간보호서비스, 단기보호서비스, 방문목욕서비스, 재가노인지원서비스, 방문간호서비스로 구분될 수 있다. 이에 대응하는 북한의 제도는 위에서 언급한 의사담당구역제(〈인민보건법〉 제 28조)에서 포괄적으로 보장하고 있다고 이해할 수 있다.

남한의 농어촌 재가노인복지시설 운영에 대한 대응 규정은 〈인민보건법〉 제 15조(의료봉사망의 배치, 의료봉사의 전문화)에서 규정하고 있는 "국가는 도시와 농촌, 공장, 기업소, 어촌, 림산마을에 인민병원, 진료소를 합리적으로 배치하고 현대적으로 꾸리며 산원, 소아과병원을 비롯한 전문병원, 전문료양소를 곳곳에 설치하고 의료봉사의 전문화수준을 끊임없이 높여 인민들이 언제 어느 곳에서나 불편 없이 치료를 받도록 한다"는 내용과 비교될 수 있다.

남한의 재가노인지원센터 운영에 관한 대응 규정은 마찬가지로 의사담당구역제라고 할 수 있다.

⑤ 보호서비스

보호서비스의 경우 남한에는 시설노인, 독거노인, 학대노인, 위기노인 등의 보호를 위해 노인복지시설 인권보호 및 안전관리지침, 노인돌봄기본서비스, 노인돌봄종합서비스, 노인보호전문기관, 학대피해노인 쉼터(학대피해노인 양로시설 지정 운영), 결식우려노인 무료급식 사업, 독거노인·중증장애인 응급안전망 구축 제도가 있다. 북한도 '돌볼 사람이 없는 늙은이'라는 표현으로 보호서비스의 필요성을 규정하고 있다. 〈사회보장법〉 제 2조(사회보장 대상) 에 따르면, "사회보장의 대상에는 나이가 많거나 병 또는 신체장애로 로동 능력을 잃은 사람, 돌볼 사람이 없는 늙은이, 어린이가 속한다. 국가는 사회보장자들에게 사회보장의 혜택이 정확히 차례지도록 한다"고 규정함으로써 나이가 많은 노인과 부양자 없는 노인을 위한 사회보장의 필요성을 인정하고 있다. 또한 〈년로자보호법〉 제 12조(국가적 부양) 에 따르면, "부양의무자가 없고 자립적으로 살아가는 데 지장을 받는 년로자는 국가가 부양한다"고 규정하고 있다. 구체적인 년로자보호 규정으로 년로자보호사업에 대한 지도통제의 기본요구(〈년로자보호법〉 제 36조), 년로자보호사업의 지도(제 37조), 년로자보호기관의 조직(제 38조) 이 있다.

⑥ 고용서비스

고용서비스의 경우 남한에는 노인일자리 및 사회활동 지원사업으로 시장형(취업형) 이 있으며, 구체적 사업내용은 시장형 사업단, 인력파견형 사업단, 시니어 인턴십, 고령자 친화기업, 기업 연계형이 있다. 이에 대응하는 북한의 제도로는 〈년로자보호법〉 제 33조(년로자의 근무연장) 가 있으며, 이에 따르면 "해당 기관, 기업소, 단체는 지식 있고 능력 있는 년로자가 계속 근무하려 할 경우 필요에 따라 알맞는 직종에서 일하도록 할 수 있다. 이 경우 년로자의 사업조건을 책임적으로 보장하여야 한다"고 규정하고 있다. 남한처럼 노인일자리 지원사업이 구체적으로 확인되지는 않지만, 은퇴 연령 이후의 고용을 위한 지원제도를 법적으로 규정하고 있다.

⑦ 교육서비스

교육서비스의 경우 남한에는 노인교실(경로대학)이라는 명칭으로 실제 교육서비스를 제공하고 있다. 이에 대응하는 북한의 교육 프로그램은 구체적이지 않지만, 〈교육법〉 제8조(온 사회의 인테리화 원칙)에 따르면, "온 사회를 인테리화하는 것은 사회주의 교육의 전망과업이다. 국가는 교육 조건이 성숙되는 데 따라 학업을 전문으로 하는 고등교육체계와 일하면서 배우는 고등교육체계를 더욱 발전시켜 온 사회를 인테리화하며 전체 인민이 일생 동안 꾸준히 학습하도록 한다"라고 규정하고 있다. 온 사회의 인테리화 원칙을 구현하기 위하여 일생 동안 꾸준히 학습한다는 규정을 본다면, 노인을 위한 교육서비스도 지속된다고 이해될 수 있다.

⑧ 이동서비스

이동서비스의 경우 남한에는 〈장애인·노인·임산부 등의 편의증진보장에 관한 법률〉과 〈교통약자의 이동편의 증진법〉에 의해 노인의 이동수단에 대한 안정적인 보장을 법적으로 제도화하고 있다. 이에 대응하는 제도로 북한의 〈년로자보호법〉 제44조(사회적 우대)에 따르면, "지방정권기관과 상업기관, 편의봉사, 교통운수기관은 '년로자자리', '년로자봉사의 날'의 제정, 주문봉사 같은 방법으로 년로자를 우대하며, '국제년로자의 날'을 맞으며 년로자를 존경하고 우대하는 사업을 더 잘하여야 한다"고 규정하고 있다. 교통운수기관에서 년로자를 위한 이동서비스를 제공할 것임을 이해할 수 있다.

⑨ 단체지원서비스

노인복지사업을 실질적으로 책임지는 민간단체에 대한 지원서비스의 경우 남한에는 대표적으로 〈대한노인회 지원에 관한 법률〉에 의거하여 제공되고 있다. 북한에서는 〈년로자보호법〉 제 23조와 제 38조에서 중앙년로자보호기관, 중앙년로자보호련맹, 년로자보호위원회를 언급하고 있다. 이 중 〈년로자보호법〉 제 38조(년로자보호기관의 조직) 에 따르면, "국가는 년로자보호사업을 계획적으로 협의하고 통일적으로 집행하기 위하여 내각과 도(직할시), 시(구역), 군 인민위원회에 비상설로 년로자보호위원회를 둔다. 년로자보호위원회의 실무사업은 중앙년로자보호련맹과 해당 기관이 한다"고 규정하고 있다.

3. 남북한 노인복지 통합 쟁점과 실천 방향

1) 통합이념 쟁점: 통합이념을 무엇으로 할 것인가?

남북통일이 실현되고 제도 통합을 실현할 때 어떠한 원칙을 구현할 것인지에 따라 통합된 제도의 성격은 달라진다. 또한 제도 통합에 의하여 영향을 받는 행위자, 즉 통일중앙정부, 남북지역정부, 지방정부, 서비스 제공기관 등 공급 주체 및 급여 대상, 그리고 클라이언트 가족의 대응 양상도 달라질 수 있다. 급여 대상과 그를 둘러싼 공급체계의 양상도 달라질 수 있다. 특히, 중앙정부와 지방정부 간 난립해 있는 사업의 조정이나 지방정부 간 제도 통합이 아니라, 제도적 맥락에서 현격한 차이를 보여 왔던 남북 간 복지제도의 통합이므로 통합방식에 따라 그 파급효과는 매우 달라질 수 있다. 요컨대 제도 통합 시에는 궁극적 목표인 철학적 기초부터 설정하는 것이 쟁점이 될 것이다.

이 장에서는 노인복지 통합이념으로 '노인을 위한 UN 원칙'(1991년 12월 16일 UN 총회 결의 46/91)을 제시하고자 한다. 노인을 위한 UN 원칙은 인류보편적 가치의 실현이라고 할 수 있기 때문이다. 해당 원칙에서 제시한 5가지의 원칙은 ① 독립의 원칙(*independence*), ② 참여의 원칙(*participation*), ③ 돌봄의 원칙(*care*) ④ 자아실현의 원칙(*self-fulfillment*), ⑤ 존엄성의 원칙(*dignity*)이다. 이 원칙들은 통일된 국가의 노인이 궁극적으로 실현해야 할 가치를 의미하며, 복지국가가 실현된다면 그 철학적 가치가 될 수 있다. 또한 5가지의 원칙은 각각 독립적으로 존재하면서도 불가분의 관계를 형성하고 있다. 이러한 통합원칙의 철학적 가치가 구현된다면, 남북한 노인은 종속적이며 수동적인 객체가 아니라 자주적이며 능동적인 주체, 실현 능력(*capability*)이 높은 존엄한 인간으로 성장할 수 있을 것이다.

2) 통합속도 쟁점: 급진통합 대 점진통합

남북통일 후 노인복지제도 통합을 한 번에 급진적 속도로 할 것인지 아니면 점진적이며 단계적으로 할 것인지에 대한 쟁점이 발생할 것이다. 급진통합의 장점은 일등국민과 이등국민의 구별 없는 사회 통합 실현, 북한노인에 대한 사회보장제도 적용을 통한 삶의 수준 향상, 통일 후 발생할 사회적 비용(빈곤, 자살, 고독사, 범죄 등)의 최소화 등이며, 단점은 높은 사회보장비용, 남한의 조세로 북한의 복지를 책임진다는 형평성 문제, 이로 인한 남한국민의 통일 충격에 대한 동요와 반감 등이다. 노인복지제도의 점진통합의 장점은 높은 사회보장비용 충격의 완화, 남한국민의 통일 문제 동요의 완화 등이며, 단점은 분리운영 시 일등국민과 이등국민으로 인한 사회 통합 저해, 북한지역사회보장 수준의 질적 저하 등이다.

이 장에서는 통합속도 쟁점으로 노후소득보장제도에서의 점진통합과 노인복지서비스에서의 급진통합을 제안한다. 다시 말해, 노후소득보장제도는 점진적 방식으로 통합하고 노인복지서비스는 급진적 방식으로 통합하는 것이다.

그 이유는 첫째, 연금제도는 독일의 경우에도 총 통일 비용의 4분의 1이 소요되었던 만큼 천문학적인 비용이므로 이를 감당할 여력이 없기 때문이다. 둘째, 노인복지서비스는 그 비용이 상대적으로 크게 소요되지 않기 때문이다. 셋째, 노인복지서비스를 점진통합할 경우 다양한 사회적 비용이 발생할 것인데, 그 해결은 급진통합이 대안이기 때문이다. 넷째, 현금급여는 화폐통합 비율로 인해 급진적으로 해결하기 어렵지만, 서비스급여는 화폐교환 비율로부터 상대적으로 영향을 크게 받지 않기 때문이다.

3) 급여 대상 쟁점

(1) 노후소득보장 수급자

① 기초연금 적용 여부

노후소득보장제도에서 가장 기본적인 쟁점은 남한의 0층에 해당하는 기초보장 성격의 기초연금을 북한노인에게 적용할 것이냐의 문제이다. 북한노인을 위한 급여의 재원은 대부분 남한노동자의 세금으로 마련된 것인데, 이것이 공정하냐는 문제 제기가 있을 수 있다. 또한 북한에는 원래 기초연금이 없고 남한에만 존재하는 소득보장체계인데, 굳이 북한노인에게까지 제도를 적용할 만한 합리적 근거가 있느냐는 비판이 제기될 수 있다.

이 장에서는 북한노인에게도 남한의 기초연금을 적용할 것을 제안한다. 그 이유로 첫째, 남북한 사회 통합에 대한 연금제도 역할의 중요성, 둘째, 북한노인의 낮은 생활수준에 대한 고려, 셋째, 통일의 본성상 일정한 희생과 비용에의 고려, 넷째, 기초연금을 적용하지 않았을 때 발생할 사회적 비용 등을 볼 때, 기초연금을 북한에도 적용하는 것이 보다 정의롭고 합리적인 고려라고 할 수 있기 때문이다.

② 기초연금 수급자 규모

북한노인에게 기초연금을 적용한다면, 수급자를 어느 정도까지 선정할 것이냐가 기초연금에서 가장 큰 쟁점 중 하나가 될 것이다. 예를 들어 보편주의적 입장에서 북한 전체 노인인구를 기초연금 수급권자로 포괄하는 방법이 있을 것이며, 선별주의적 입장에서 일정한 기준을 적용하여 일부 북한노인에게만 지급하는 방법도 있다. 또한 선별주의는 그 수준을 어디까지로 정하느냐에 따라 다양한 쟁점이 발생할 것이다.

이 장에서는 북한의 전체 노인에게 남한의 기초연금을 적용할 것을 제안한다. 그것은 첫째, 거의 모든 북한노인의 생활수준이 낮기 때문이며, 둘째, 통일 초기 시점의 북한 중위소득, 재산의 소득환산액과 같은 구체적인 기준을 설정하기 어렵기 때문이고, 셋째, 자산 조사를 위한 행정 비용은 또 다른 비용을 낳기 때문이며, 넷째, 북한 돈주(신흥자산가)의 규모는 크지 않고 그 계층을 제외할 만한 제도적 장치를 제시하기 어렵기 때문이다.

다만 기초연금제도의 성숙과 북한의 일정한 경제 성장 이후, 기초연금 수급자 규모 산정은 재고려될 필요가 있다. 특히, 북한노인의 기초연금 수급자가 남한 기초연금 비수급자의 생활수준을 초과하지 않는 범위 내에서 재고려되어야 할 것이다. 즉, 남한노인의 역차별이 발생하지 않는 범위 내에서 북한 기초연금 수급자 규모는 재산정되어야 한다.

(2) 노인복지서비스 대상자: 서비스 이용 대상자의 범위

노인복지서비스 이용 대상자의 범위를 어느 수준까지 인정할 것이냐가 쟁점이 될 것이다. 현재 남한의 노인복지서비스는 서비스별로 이용 대상자가 모두 다르다. 예를 들어 노인종합돌봄서비스 이용 대상자의 자격은 첫째, 연령 기준으로서 65세 이상, 둘째, 건강 기준으로서 노인장기요양 등급 외 A, B, 셋째, 소득 기준으로서 가구 소득이 전국 가구 평균 소득의 150% 이하일 경우에 가능하다.

이 장에서는 북한의 전체 노인에게 연령 기준(60세 이상)과 건강 기준(남한보다 관대한 기준)을 남한노인과 달리 차등적으로 적용하고, 소득 기준은 적용하지 않을 것을 제안한다. 즉, 연령 기준은 60세 이상이며, 건강은 남한의 노인장기요양등급 판정을 기준으로 하되 보다 관대하게 적용하자는 것이다.

그 이유는 첫째, 남한의 노인과 북한의 년로자의 기준은 각각 다르며, 그 5세 차이는 남북한 10세 정도의 기대수명 차이를 일정하게 반영하기 때문이다. 남한의 〈노인복지법〉과 〈기초연금법〉을 고려할 때, 노인은 65세 이상이다. 반면, 북한의 〈년로자보호법〉을 고려할 때, 노인은 60살 이상으로 규정되어 있다. 〈년로자보호법〉 제2조(년로자의 나이, 보호 대상)에 따르면, "조선민주주의인민공화국에서 년로자는 남녀 60살 이상의 공민이다. 로동년한을 끝마쳤거나 현재 일하고 있는 남자 60살, 여자 55살 이상의 공민은 이 법의 보호를 받는다"고 규정하고 있다. 노인은 60살 이상의 모든 공민이지만 〈년로자보호법〉에서 규정하고 있는 각종 제도적 지원은 '로동년한을 끝마쳤거나 현재 일하고 있는' 조건에 해당될 때만 지급되며, 그 연령은 남성 60살, 여성 55살 이상이라는 것이다. 북한과 달리 남한의 〈노인복지법〉에서는 과거 노동기록을 조건으로 하지 않기 때문에 남녀 모두 60살로 보는 것이 북한노인의 기준이 될 것이다.

둘째, 남한과 북한의 건강 수준은 다르며, 남한의 기준을 일괄적으로 북한에 적용한다면 실질적으로 욕구는 있되 의료서비스를 받지 못하는 북한노인이 많아질 것이기 때문이다. 남북한은 10세가량의 기대수명 차이를 보이는 것으로 추정된다. 그것은 남한노인의 건강 수준이 북한노인의 건강 수준보다 높다는 것을 반영한 결과이다. 따라서 남한보다 관대한 기준을 적용할 때만이 실질적으로 다양한 사회서비스를 이용할 수 있다.

셋째, 남한과 북한의 소득 수준은 다르며, 북한의 소득 수준을 판정할 만한 제도적 장치를 바로 마련하기 어렵기 때문에 제도 통합 초기에는 소득 기준을 적용하는 것이 현실적으로 불가능하다. 남한의 노인복지서비스 이용 대상자와 마찬가지로 소득 기준을 적용한다면 실질적으로 제도를 이용할 수 있는 사람은 대부분이 될 것으로 추정되므로 행정비용이 발생하는 소득 기준을 일부러 적용할 필요는 없는 것이다.

한편, 서비스 특성상 추가적으로 존재하는 판정 기준은 동일하게 적용할 수 있다. 예컨대 학대 판정 기준은 동일한 적용이 가능하다. 노인보호전문기관 업무수행지침상의 '노인복지생활시설 학대 판정 지표'는 신체적 학대, 정서적 학대, 성적 학대, 경제적 학대(착취), 방임, 유기로 규정하고 있다. 이러한 규정은 북한노인에게도 동일하게 적용할 수 있다.

4) 급여 쟁점: 급여 종류와 급여 수준

(1) 노후소득보장: 기초연금 단독 대 기초연금 + 국민연금 대 기초연금 + 국민연금 + 특수직역연금, 소득대체율 수준

노후소득보장 급여 종류와 급여 수준을 어느 수준까지 인정할 것이냐가 쟁점이 될 것이다. 특히, 통합 초기에 연금제도의 구성을 어떻게 할 것인가의 문제가 첨예하게 대립할 것이다.

먼저, 급여 종류의 문제이다. 이것은 통일 시점에 연금제도를 어떻게 구성할 것인지의 문제이다. 통일 시점에 과거의 가입 이력을 모두 무시하고 기초연금만 적용할 것인지, 기초연금과 함께 노동자이건 공로자이건 과거의 가입 이력을 국민연금에서 인정할 것인지, 기초연금 및 국민연금과 함께 과거의 북한 엘리트를 특수직역연금에서 인정할 것인지의 문제이다.

또한, 각각의 연금제도를 합산한 총 소득대체율은 어느 정도까지 인정해줄 것인지도 쟁점이 될 것이다. 현재 남한의 기초연금과 국민연금의 소득대체율은 약 50%이다. 기초연금은 약 10%이며 국민연금은 40%로 점진적으로 하향 조정 중이다. 이러한 50% 소득대체율 수준은 OECD 권고 수준인 40%보다 높다. 그러나 국민연금의 40% 소득대체율이라는 수치가 40년 평균 소득자 가입 기준이라는 점이 문제이다. 노동시장이 불안정한 상황에서 40년 동안 가입한다는 것은 현실적으로 어렵다. 무엇보다 가입자 사각지대가 약 50%인 상황에서 총 소득대체율 50%를 달성하는 사람은 소수에 불과할 것이다.

이 장에서는 기초연금과 함께 노동자이건 공로자이건 과거의 가입 이력을 국민연금에서 인정해 주는 연금 통합을 제안한다. 즉, 통합 시점에는 기초연금과 국민연금이라는 2개의 연금제도로 구성하는 것이다. 소득대체율 수준은 기초연금과 국민연금을 합산하여 통일 초기에는 북한 A값의 10% 수준에서 출발하여 장기적으로 40%, 50%로 상승시키는 점진통합방식을 제안한다.

그 이유는 첫째, 과거의 가입 이력을 전혀 인정하지 않을 경우 재산권 소송이 난무할 것이기 때문이다. 둘째, 북한의 공로자연금은 부가급여제도이므로 특수직역연금제도로 통합할 필요가 없기 때문이다. 셋째, 연금제도는 통일 과정에서 가장 큰 비용이 소요되므로 점진적인 속도로 통합하는 것이 비용 발생 충격을 최소화할 수 있기 때문이다.

(2) 노인복지서비스: 동일급여 대 차등급여, 동일단가 대 차등단가

노인복지서비스 단가를 어느 수준까지 보장할 것인가가 쟁점이 될 것이다. 서비스 단가는 전액 국가책임의 경우가 아닐 경우 이용자가 일정한 이용료를 납부해야 하므로, 이용료를 납부할 여력이 없는 노인은 서비스를 이용하지 못하는 상황이 발생하기 때문에 중요한 이슈이다. 또한 서비스 단가는 서비스를 둘러싼 요양보호사, 돌보미, 간병인, 보훈섬김이 관리사 등의 노동 조건에 영향을 미치기 때문에 중요하다.

이 장에서는 남한과 동일한 급여를 제공할 것과 남한과 동일한 서비스 단가를 적용할 것을 제안한다. 남한노인과 동일한 수준(월 서비스 시간량 또는 서비스 이용일수에 따른 동일한 서비스 단가 적용)에서 북한노인도 동일한 서비스를 이용하게 하는 것이다.

그 이유는 첫째, 서비스 이용 대상자와 이용 기간은 일정한 기준에 의해 제한되어 있어 무분별한 서비스 남용이 불가능하기 때문에 동일한 서비스 단가 수준에서 제공할 수 있기 때문이다. 둘째, 서비스 단가를 낮출 경우 해당 서비스를 제공할 남한인력이 실제 해당 서비스 제공활동을 선택하지 않을 가능성이 높기 때문이다. 셋째, 서비스 단가를 차등 적용할 경우 서비스의 질적 수준 저하가 우려되기 때문이다. 넷째, 남한에만 서비스가 존재하고 북한에는 없을 경우, 사회 통합을 저해할 것이기 때문이다.

5) 전달체계 쟁점

(1) 노후소득보장 전달체계: 국민연금공단의 역할 범위

노후소득보장 전달체계를 어떻게 구성할 것이냐가 쟁점이 될 것이다. 북한에 기존부터 존재하던 년로년금 전달체계를 완전히 해체하고 남한의 국민연금공단이 기초연금과 국민연금을 집행하기 위해 북한에 지부를 건설할 것인지, 아니면 남한의 국민연금공단은 지원 역할로 제한하고 북한의 전달체계를 복구할 것인지의 문제가 있다.

이 장에서는 북한의 전달체계 복구를 기본원칙으로 하며, 전산화 등의 제한적 범위에서 국민연금공단이 지원하는 방식을 제안한다.

그 이유는 첫째, 북한 노동시장 활성화를 통해 경제력을 회복하는 것이 관건이기 때문에 북한의 전달체계를 복구하는 것이 효율적이라고 할 수 있다. 둘째, 실질적으로 남한의 국민연금공단에서 할 수 있는 역할보다 북한의 관료가 할 수 있는 역할이 크다. 북한의 연금제도 시스템을 경험해 보지 못한 상황이기 때문에 국민연금공단의 역할에는 일정한 한계가 있다. 셋째, 남한의 전산 시스템이 북한보다 낫기 때문에 향후 데이터베이스를 구축하는 과정에서 남한이 개입할 여지가 있기 때문이다.

(2) 노인복지서비스 전달체계: 행정체계 구축, 제공인력, 현금 대 바우처

노후복지서비스 전달체계를 어떻게 구성할 것이냐가 쟁점이 될 것이다. 행정체계 구축, 제공인력 구성과 훈련, 현금이냐 바우처냐에 따라 서비스 전달체계 양상은 달라질 것이다. 특히, 행정체계는 다른 부문의 행정체계와의 관계 설정도 중요하며, 제공인력은 향후 북한경제 회복과 시장 활성화의 이슈와 연결되고, 급여방식에 따라 이용자의 행동양식도 변화할 수 있기 때문이다.

이 장에서는 북한 행정체계의 기본 골격을 유지하는 가운데 필요한 서비스 거점기관을 설립하는 것을 제안한다. 또한 제공인력은 통합 초기에 남한 전문가가 담당하며 북한 인력은 직업훈련을 거쳐 서비스 제공인력으로 투입되는 방식을 제안한다. 마지막으로 현금이 아닌 카드 바우처방식으로 제공할 것을 제안한다.

그 이유는 첫째, 북한 행정체계를 해체하는 데 오히려 비용이 발생하므로 북한의 기본 행정체계를 유지하는 가운데 필요한 서비스 거점기관을 설립하는 것이 효율적이기 때문이다. 둘째, 사회복지서비스 제공은 전문가가 행하는 것이 바람직하므로 북한인력을 바로 투입할 수 없기 때문이다. 셋째, 현금방식으로 제공하면 남용과 부정이 개입할 공산이 있으므로 신용, 체크 등 금융 기능이 포함된 국민행복카드 발급을 통해 국가가 제공하는 다양한 서비스를 카드 바우처로 이용하는 것이 효율적이다. 넷째, 카드 바우처방식은 자본주의 학습효과를 높일 수 있다. 북한주민이 직접 카드사 영업점을 통해 신청・발급하고 사용 및 결제하는 과정에서 시장을 이해하는 데 기여할 수 있다.

6) 재원 쟁점

(1) 노후소득보장 재원: 조세 대 국민연금기금

노후소득보장 재원을 조세로 해결할 것인지 아니면 국민연금기금을 활용할 것인지가 첨예한 쟁점이 될 것이다.

이 장에서는 기초연금과 국민연금 모두 조세로 재원을 마련하고, 국민연금기금은 북한 노인복지서비스에 공공투자하는 방식을 제안한다. 그 이유는 첫째, 남한 국민연금기금은 남한 수급자의 권리이기 때문이다. 둘째, 남북한 연금제도는 분리하여 운영되었다가 통합되는 방식이므로 각기 기금을 따로 관리했다가 제도 통합 과정이 성숙한 이후에 통합하는 것이 합리적이기 때문이다.

(2) 노인복지서비스 재원: 전액 조세 대 조세 + 본인 부담금, 중앙정부 전액 책임 대 지방정부 분담

노인복지서비스 재원을 전액 조세로 할 것인지, 아니면 조세뿐만 아니라 북한노인으로부터 본인 부담금을 납부하게 할 것인지가 쟁점이 될 것이다. 또한 노인복지서비스 소요 재원을 중앙정부가 전액 책임질 것인지 아니면 지방정부도 분담하게 할 것인지가 쟁점이 될 것이다.

이 장에서는 남한과 마찬가지로 노인복지서비스 재원은 조세와 본인 부담금으로 구성하는 것을 제안한다. 또한 분담 이슈와 관련해서는 남한과는 달리 북한 지방정부(시·도, 시·군·구)의 책임은 일정 시점까지 면제하는 방식을 제안한다.

그 이유는 첫째, 복지서비스는 '공짜'가 아니라는 인식이 필요하기 때문이다. 북한의 경우 사회서비스가 무상으로 제공되는 방식을 제도적으로 규정하므로 일정한 본인 부담금을 납부하는 것이 복지 자본주의임을 학습할 필요가 있다. 다만 본인 부담금의 비율에 있어서는 화폐통합 비율 및 통합 당시 북한경제 수준에 따라 남한과 차등적으로 적용할 필요가 있다. 정부지원금과 본인 부담금 비율 구성 시 남한과 차등적으로

〈표 6-4〉 남북한 노후소득보장제도 및 노인복지서비스 통합 쟁점 및 실천 방향

구분		쟁점	방향
통합이념		통합된 제도의 철학적 기초	노인을 위한 UN 원칙
통합속도		급진통합 대 점진통합	노후소득보장제도에서의 점진통합과 노인복지서비스에서의 급진통합
급여대상	노후소득보장 수급자	기초연금 적용 여부	북한노인에게도 남한 기초연금을 적용
		기초연금 수급자 규모	북한의 전체 노인에 적용, 기초연금제도의 성숙과 북한의 경제 성장 이후, 기초연금 수급자 규모 산정은 재고려
	노인복지 서비스 대상자	서비스 이용 대상자의 범위	북한의 전체 노인에게 연령 기준(60세 이상)과 건강 기준(남한보다 관대한 기준)을 남한노인과 달리 차등적으로 적용하고 소득기준은 적용하지 않을 것, 서비스 특성상 추가적으로 존재하는 판정 기준은 동일하게 적용(예: 학대)
급여 종류, 급여 수준	노후소득보장	기초연금 단독 대 기초연금 + 국민연금 대 기초연금 + 국민연금 + 특수직역연금	기초연금과 함께 노동자이건 공로자이건 과거의 가입 이력을 국민연금에서 인정해 주는 연금통합
		소득대체율 수준	기초연금과 국민연금 합산, 통일 초기 북한 A값의 10% 수준에서, 장기적으로 40%, 50%로 상승하는 점진통합방식
	노인복지 서비스	동일급여 대 차등급여, 동일단가 대 차등단가	동일급여와 동일단가
전달체계	노후소득보장	국민연금공단의 역할 범위	북한의 전달체계 복구를 기본원칙으로 하며 전산화 등의 제한적 범위에서 국민연금공단이 지원하는 방식
	노인복지 서비스	행정체계 구축, 제공인력, 현금 대 바우처	북한 행정체계의 기본 골격을 유지하는 가운데 필요한 서비스 거점기관을 설립, 제공인력은 통합 초기에 남한 전문가가 담당하며 북한 인력은 직업훈련을 거쳐 서비스 제공인력으로 투입되는 방식, 현금이 아닌 카드 바우처방식
재원	노후소득보장	조세 대 국민연금기금	기초연금과 국민연금 모두 조세로 재원을 마련하고, 국민연금기금은 북한 노인복지서비스에 공공투자
	노인복지 서비스	전액 조세 대 조세 + 본인 부담금, 중앙정부 전액책임 대 지방정부 분담	조세와 본인 부담금으로 구성, 북한 지방정부(시도, 시군구)의 책임은 일정 시점까지 면제하는 방식

적용하는 방식을 고려하는 것이다. 다만 일정한 소득 수준 이하(기초생활보장 수급자, 차상위계층)인 경우 남한과 마찬가지로 이용료를 면제한다.

둘째, 노인복지서비스를 급진통합하면 북한 지방정부가 실질적으로 비용을 담당할 여력이 되지 않기 때문이다. 따라서 통일 중앙정부가 전액 책임져야 할 것이다. 이후 일정한 북한지역 경제 성장 속도의 상승에 따라 북한 시·도와 시·군·구의 분담 비율을 설정하는 것이 현실적으로 가능할 것이다. 특히, 남한에서는 중앙정부가 서울시에 대해 50%, 기타 시·도에 대해 80%를 부담하고 지방자치단체는 나머지 금액을 부담하기 때문에, 북한도 마찬가지로 평양시 등 지방의 재정 자립도가 높은 지역과 낮은 지역 간에 차등을 두는 것이 바람직할 것이다.

이상의 남북한 노후소득보장제도 및 노인복지서비스 통합 쟁점 및 실천 방향을 종합하면 〈표 6-4〉와 같다.

4. 나가며

이 장은 남북한 노인복지제도 비교에 기초하여, 통일 이후 노후소득보장 및 노인복지서비스 통합 쟁점을 제시하고, 그에 대한 실천 과제를 도출했다. 이에 남한에서 시행하는 노후소득보장 및 노인복지서비스를 포괄적으로 적용하며, 통일 이후 통합될 노후소득보장 정책은 차등적 고려를 전제하고, 통일 이후 통합될 노인복지서비스는 생존권 차원에서 통일 초기 단계부터 급진적 사회 통합을 전제했다. 이 장에서 제시한 주요 통합 쟁점과 실천 방향은 다음과 같다.

노인복지 통합이념 방향으로 '노인을 위한 UN 원칙'을 제시하고자 한다. 해당 원칙에서 제시한 5가지의 원칙은 ① 독립의 원칙, ② 참여의 원칙, ③ 돌봄의 원칙, ④ 자아실현의 원칙, ⑤ 존엄성의 원칙이다.

노인복지 통합속도 쟁점으로 노후소득보장제도에서의 점진통합과 노인복지서비스에서의 급진통합을 제안한다.

급여대상 쟁점에서, 노후소득보장 수급자의 경우 북한의 전체 노인에게 기초연금을 적용하고, 노인복지서비스 대상자의 경우 북한의 전체 노인에게 연령 기준(60세 이상)과 건강 기준(남한보다 관대한 기준)을 차등적으로 적용하고 소득 기준은 적용하지 않을 것을 제안한다.

급여 종류와 급여 수준 쟁점에서, 노후소득보장의 경우 기초연금과 함께 노동자이건 공로자이건 과거의 가입 이력을 국민연금에서 인정해주는 연금통합을 제안한다. 공적연금을 2층으로 구성하는 방식이다. 노인복지서비스의 경우 남한과 동일한 급여를 제공할 것과 남한과 동일한 서비스 단가를 적용할 것을 제안한다.

전달체계 통합 방향은 북한의 전달체계 복구를 기본원칙으로 하며 전산화 등의 제한적 범위에서 국민연금공단이 지원하는 방식을 제안한다. 북한 행정체계의 기본 골격을 유지하는 가운데 필요한 서비스 거점기관을 설립하는 것이다.

재원 마련 방향은 기초연금과 국민연금 모두 조세로 재원을 마련하고, 국민연금기금은 북한 노인복지서비스에 공공투자하는 방식을 제안한다. 남한과 마찬가지로 노인복지서비스 재원은 조세와 본인 부담금으로 구성하는 것을 제안한다. 또한 분담 이슈와 관련해서는 남한과는 달리 북한 지방정부의 책임은 일정 시점까지 면제하는 방식을 제안한다.

이상과 같은 통합 방향이 현실화되기 위해서는 무엇보다도 남한이 견실한 복지국가로 성장하는 것과 함께 북한의 사회경제적 수준을 높이기 위한 교류협력사업이 요청된다. 남한 복지국가의 질 높은 성장과 북한 사회주의 복지체제의 회복이 향후 통합을 현실화하는 데 기초가 될 것이다.

참고문헌

국가통계포탈. "북한통계 북한인구추계". http://kosis.kr/index. 2017. 4. 25 인출.

〈로동신문〉(2016. 8. 14). "세레브로리진캡슐 제조기술 개발".

민기채 · 조성은 · 한경훈 · 김아람(2017). 《북한 노후소득보장 제도 및 실태 연구》. 서울: 국민연금연구원.

보건복지부(2018). 《노인보건복지사업안내 Ⅰ》. 서울: 보건복지부.

이철수 · 최준욱 · 모춘흥 · 민기채 · 소성규 · 송철종 · 유원섭 · 이요한 · 이화영 · 정은미 · 정지웅 · 조성은 · 조은희 · 김다울 · 조보배 · 조은빛 · 최요한(2017). 《통일의 인구 · 보건 · 복지 통합 쟁점과 과제》. 서울: 경제 · 인문사회연구회.

Deacon, B. (1992). *Social policy, Social Justice and Citizenship in Eastern Europe*. Aldershot: Avebury.

Gorbachev, M. (1987). *Perestroika: New Thinking for Our Community and the World*. New York: Happer & Row Publishers.

Inglot, T. (2008). *Welfare States in East Central Europe, 1919~2004*. Cambridge: Cambridge University Press.

Kornai, J. (1992). *The Socialist System: The Political Economy of Communism*. Princeton: Princeton University Press.

제 7 장

여성 · 가족 분야의 제도와 실천

장인숙 | 남북하나재단 자립지원부 선임연구원

1. 들어가며

2018년 세 차례의 남북정상회담이 개최되었다. 4월에 개최된 첫 번째 정상회담은 10여 년 동안 악화일로였던 남북관계의 전환점이 되었다. 5월에 개최된 두 번째 정상회담은 장기간 물밑 접촉 없이도 남북한 정상이 마주할 수 있음을 대내외에 보여 주었다. 복잡한 국제관계 속에서도 적시성 있는 남북한 정상 간 대화와 협력의 가능성을 열었다는 의미를 지닌다. 한편 짧은 기간에 정상회담이 세 번이나 개최되며 희소성이 감소한 측면이 있지만, 9월 회담의 의미는 적지 않다. 그동안 남북정상회담은 다음 회담을 기약하기 어려웠다. 그러나 9월의 정상회담은 4월 회담에서 남북이 약속했던 일정대로 실현되었다는 점에서 각별하다.

이상 세 번의 정상회담으로 남북한 정상이 필요할 때 만나고, 다양한 방식으로 소통하며, 예정대로 마주하는 모습을 보여 주며 새로운 남북관계가 시작되고 있음을 대내외에 알렸다. 남북관계는 한반도를 둘러싼 국제관계 속에서 풀어야 하는 복잡하고 어려운 문제로, 낙관도 비관도 어려운 상황이지만 통일 준비의 필요성에 대한 공감이 증가하고 있는 것은 분명하다.

통일은 단순히 분단 이전 상태로 돌아가는 것이 아니라 남북한의 현재 조건과 상황이 통합되어 하나의 사회를 만들어 가는 일이다. 갈등하던 이질적인 두 체제가 하나의 질서로 재연되는 과정은 거대한 변환을 수반할 수밖에 없다. 고용 증대, 소비력 증대, 내수시장 활성화, 국민의 삶 개선과 같은 편익뿐 아니라 두 체제의 모순이 중첩적으로 작용하여 사회적 혼란 또한 증폭될 우려가 있다. 하여, 분야별로 구체적인 준비가 필요하다.

그런데 여성·가족 분야는 여러 측면에서 소외되는 경향이 있다. 독일통일 과정에서도 여성이 양 체제에서 누렸던 법적·경제적 지위가 오히려 하락했던 것을 볼 수 있다. 이 글에서는 통일 과정 중 여성·가족 문제에 초점을 맞춰 통일에서 제기될 문제점을 검토하고 과제를 살펴보고자 한다.

이를 위해 첫째, 북한의 여성·가족 정책 변화를 살펴보고 북한여성의 삶에 대한 이해의 폭을 넓힌다. 둘째, 탈북여성이 우리 사회에 정착하는 과정에 대한 분석적 고찰을 통해 통합 과정에서 발생할 수 있는 문제를 예측해 본다. 셋째, 독일의 사례를 검토하여 통일 과정에서 여성과 가족 분야 정책의 시사점을 도출한다. 마지막으로 결론에서는 종합적으로 통일한국에서 여성의 삶의 질을 높일 수 있는 정책적 과제를 살펴볼 것이다. 이를 통해 통일과 사회 통합 과정에서 여성 · 가족 분야에 대한 정책적 통합의 방향성을 제시하는 데 이 장의 의의가 있다.

2. 북한의 여성 정책과 삶의 변화

1) 사회주의 건설 초기, 남녀평등을 위한 제도적 기반 구축

북한은 사회주의 건설 이래 일련의 국가 정책을 실행해 왔다. 그중 북한의 여성 정책은 사회주의 건설을 위한 국가 정책의 하위부문으로, 사회주의 건설 초기에는 노동력 동원에 초점을 두었다.[1] 즉, '여성의 평등을 실현하기 위하여 여성을 가정에서 해방시켜 산업사회에 돌려야 한다'고 주창하며 여성의 사회 진출을 촉진했다.

1946년 북한은 〈북조선 노동자 및 사무원에 대한 법령〉, 〈북조선 남녀평등권에 대한 법령〉 등을 제정하여 여성의 법적 지위와 사회적 참여를 보장했다. 이 법령들은 남녀평등권, 선거권, 동일임금, 자유이혼 소송권, 처첩 금지, 재산 및 토지상속권, 이혼 시 재산분할권 등을 명시하고 있다(김일성, 1979: 327~328). 이와 같이 북한여성에게는 위로부터

1) 사회주의국가들의 여성 정책은 다음과 같다. 첫째, 여성을 사회적 생산 현장에 적극적으로 동원한다. 둘째, 탁아소 설치 등으로 아동의 사회적 양육 추진과 임신과 출산에 대한 모성보호 조치가 취해진다. 셋째, 양성평등의 기초 위에 가족법, 혼인법 등을 재구성한다. 넷째, 여성단체를 조직하여 의식 개혁운동을 전개하고 이들의 활동을 제도화한다(김정자 외, 1994: 2).

법적, 제도적 남녀평등권이 주어졌다. 이어 1947년 6월 13일 인민보건국 명령 5호 "탁아소 규칙", 1958년 7월 19일 내각결정 84호 "인민경제 각 부분에 녀성들을 더욱 인입할데 대하여"와 "녀성들을 혁명화, 로동계급화할데 대하여"를 통해 일련의 남녀평등에 관련한 정책을 추진했다(김일성, 1984: 377~402). 이는 전후 복구와 농업 집단화를 추진했던 사회주의 건설 초기, 절대적으로 부족한 노동력을 충당하기 위한 여성의 노동력 필요에 따른 조치였다. 북한의 여성노동력 동원을 위한 정책적 취지는 1958년 내각결정 84호 '인민경제 각 부문에 여성들을 더욱 영입할 것'에 잘 드러나 있다.

여성노동의 사회적 동원을 위해, 가정에서 여성이 담당해 왔던 양육과 가사노동의 사회화가 활발하게 촉진되었다. 이는 탁아소와 유치원 건설의 적극적 추진으로 이어진다. 1960년에 탁아소와 유치원은 1956년 대비 340배 증가하며, 1976년경에는 6만여 개 시설에 350만여 명 수용 가능한 규모로 성장한다. 이는 대상이 되는 대부분의 어린이를 포괄할 수 있는 수준이다(강남식, 2002: 4). 여성의 경제활동을 뒷받침하기 위해 세탁소 등이 증설되었고 된장, 간장 등 부식물 공장 등도 활발하게 건설되었다.

이러한 일련의 정책에 따라 여성의 사회 참여가 대폭 증가한다. 〈표 7-1〉에서 '북한종업원 수' 성별 비중을 보면 1953년에 비해 1964년 여성노동자가 수가 4배 이상 상승한 것을 볼 수 있다. 남성 대비 여성종업원이 차지하는 비중은 26.2%에서 37.3%로 11.1%p 증가했다. 또한 1976년 여성의 노동력 비중은 48.0%까지 상승하면서 남성종업원 수에 거의 근접한다(〈로동신문〉, 1976. 7. 30). 2008년 북한인구센서스에

〈표 7-1〉 북한종업원 수

단위: 천 명

구분	평균 재적종업원 수	연말 재적종업원 수	그중 여성종업원 수	여성종업원 비중(%)
1953	575	628	165	26.2
1956	808	850	169	19.9
1959	1,381	1,459	510	34.9
1960	1,458	1,506	493	32.7
1961	1,538	1,609	521	32.4
1962	1,739	1,865	651	34.9
1963	1,872	1,924	695	36.1
1964	2,108	2,092	780	37.3

자료: 정보분석실(편)(1996). 《북한경제통계집》. 104쪽.

나타난 여성의 노동인구의 비중은 47.8%를 차지하여 최근까지도 여성의 높은 경제활동 참여도가 유지되고 있는 것을 볼 수 있다(통계청, 2018. 1. 25 인출). 이상에서 살펴보았듯, 북한은 사회주의 건설 초기부터 남녀평등에 관한 일련의 법령을 제정하고 여성의 사회적 동원을 뒷받침하기 위한 정책적 조치를 실행하며 여성의 사회적 활동이 활발하게 추진되었다.

2) 제도와 괴리된 여성 경제활동의 현실

사회주의 건설 초기 국가주도로 남녀평등에 관한 법령을 제정하고 동일노동·동일 임금 규정 등을 신설하면서 제도적 측면에서는 남녀평등이 상당히 진척되었다. 그러나 노동현장의 현실은 남녀에게 평등하지 않았다. 북한은 당이 노동력 배치의 전권을 행사하는 구조로, 당국의 직업 배치 정책적 기조는 노동현장에 직접 영향을 미친다. 1958년 공포된 내각결정 84호 "인민경제 각 부분에 녀성들을 더욱 인입할데 대하여"에서 북한당국은 모성을 보호한다는 명목하에 여성을 힘이 덜 드는 교육, 보건 부문과 시간제 노동에 우선적으로 배치할 것을 강조했다.[2] 이 결정으로 여성은 경공업과 서비스업 부문 등에 우선적으로 배치되었다.

〈표 7-2〉에서 북한여성의 주요 종사직종을 살펴보면, '경노동자'와 '사무원, 간호사, 보육원, 교육원, 인민학교 교사' 등과 같은 직종의 70%

〈표 7-2〉 북한여성의 주요 종사직종과 평균 임금

직종	평균 임금(원)	여성 비율(%)
경노동자	60	70
사무원, 간호사, 보육원, 교양원, 인민학교 교사	70	80
중노동자	90~100	20
기업소지배인	180	미상
대학 교수	190	15
정무원부 부장	300	미상
정무원 부장	350	0.7

자료: 윤미량(1991). 《북한의 여성정책》. 203쪽.

〈표 7-3〉 북한의 산업별 평균 임금 수준

단위: 북한 원

구분	중화학공업	농림수산업	서비스업	경공업	전체
평균 임금	2,329	2,242	1,802	1,614	2,012

자료: 김상훈(2007). "북한 주민의 실질 임금격차 분석: 산업별, 시도별 평균임금 및 곡물구매력을 중심으로". 20쪽 재구성.

2) 동독이 〈헌법〉에서 "남성과 여성은 사회, 국가, 개인의 삶의 모든 영역에서 법적으로 동등한 권리와 동일한 지위를 가진다. 특히, 전문자격 분야에서 여성의 발전은 국가와 사회를 위한 과제다"라고 명시하고 있는 것과 매우 대조적이다. "헐하고 쉬운 일은 녀성들과 체질이 약할 사람들이 하게 하며 힘든 일은 건장한 청년들이 수행하도록 배치하여야 한다"〔사회과학출판사(편), 1975: 608~609〕.

〈그림 7-1〉 북한 직종별 · 성별 분포

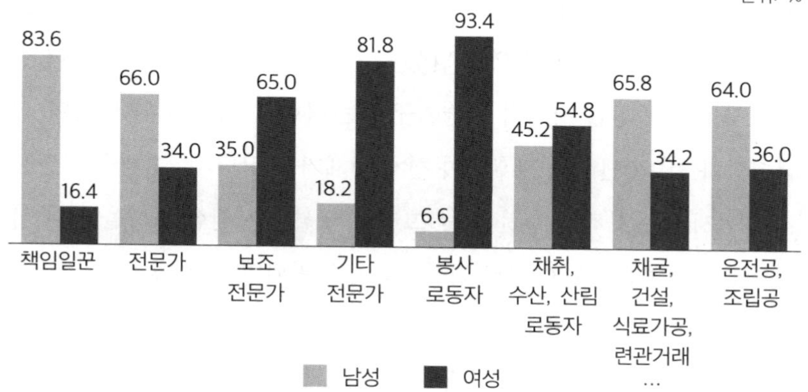

자료: 국가통계포털. "2008 북한인구일제조사". www.kosis.kr. 2018. 12. 31 인출.

이상이 여성임을 볼 수 있다. 문제는 이렇듯 여성이 다수를 차지하는 직종의 평균 임금이 매우 낮은 수준이라는 점이다. 〈표 7-3〉의 북한의 산업별(업종별) 평균 임금 수준을 보면, 경공업(1,614원)과 서비스업(1,802원)의 평균 임금이 남성이 대다수인 중화학공업(2,329원)의 70% 정도에 불과하다.

한편, 같은 업종 내에서도 여성을 숙련도가 낮은 단순업무에 배치하면서 임금 수준 격차는 더욱 벌어진다. 〈그림 7-1〉을 보면 여성은 봉사로동자(93.4%), 기타 전문가(81.8%), 보조 전문가(65%) 등 단순하고 보조적인 비숙련 직종에 포진해 있다. 반면에 남성은 책임일꾼(83.6%), 전문가(66%), 채굴, 건설 등(65.8%) 전문성과 숙련된 기술을 필요로 하는 직종을 차지하고 있다. 이렇듯 직종에 대한 성별에 따른 차별적 배치로 성별 임금 격차는 더 크게 벌어진다. 북한은 법과 제도적으로 남녀평등에 따른 동일 노동과 동일 임금을 채택하고 있지만, 여성이 남성보다 상대적으로 낮은 임금과 대우를 받는 업종과 직종에 배치되면서 경제·사회적으로 남성보다 낮은 위치를 차지하고 있다.

여성노동에 대한 사회적 저평가구조는 북한 경제 침체와 더불어 심화되었다. 1980년대를 전후하여 경제 침체가 시작되자, 여성을 가정으로 복귀시키는 정책이 추진된다. 그러나 여성들은 생산 현장을 떠나 가정으로 복귀했음에도 여전히 생산활동에 동원되었다. 여성들은 거주지 중심으로 인민반의 '가내작업반'에 소속되어 노동을 제공했다.[3] 가내작업반에서는 중공업 우선 정책 추진과 경제 침체 등으로 부족해진 소비품 생산을 담당했다. 가내작업반은 개별 가정에서 일하는 경우도 있지만 공동장소에서 집단으로 함께 일하는 경우가 많았다. 그러나 이곳에서 일하는 여성들의 조직적 참여에도 불구하고 공장이나 기업소의 재적종업원 수에는 포함되지 않았으며, 연금과 사회보장 혜택에서도 제외되었다. 비록 노동의 대가로 일정 정도 식량 배급을 받았으나 배급 수준은 경공업 또는 사무직 종사자의 절반 수준에 불과했다.

이렇듯 북한에서는 사회주의 건설 초기부터 제도적 차원에서 남녀평등을 강조하며 동일 노동, 동일 임금을 주창했으나 현실적으로는 성별 업종 분리 기제와 여성노동력에 대한 저평가구조가 작동하면서 노동 현장에서 남녀차별이 고착화되었다.

3) 가내작업반은 공장에서 대주는 원료, 자재, 반제품, 폐설물 등을 가져다가 가공하여 제품을 생산하는 생산조직 형태이다. 가내작업반은 1950년대 후반 북한의 중공업 우선 경제 정책이 추진되는 가운데, 인민생활의 향상을 위한 경공업의 병진적 발전이라는 목적을 달성하기 위해 조직되었다〔사회과학출판사(편), 2006: 12〕.

3) 가부장적 질서 강화와 여성의 이중부담

전후 복구를 성공적으로 마치고 놀랄 만한 경제적 성과를 이루었던 1960년대 시기, 북한 여성 정책의 강조점은 두 가지 방향으로 나뉘었다. 한편으로는 사회주의 공업화를 위해 여성을 계속 생산 현장에 동원했고, 다른 한편으로는 가정에서의 여성의 역할을 강조했다. 이러한 정책적 기조는 1961년 11월 '전국어머니대회'에서 가시화된다(김병로 외, 2000: 178). 이 대회에서 김일성은 "자녀교양에서 어머니들의 임무"라는 연설을 통해 여성에게 후대를 공산주의적으로 교양·육성하는 임무와 역할의 중요성을 강조했다. 이를 계기로 전국에 어머니학교가 설치되었고, 어머니학교에서는 여성이 가정에서 자녀를 공산주의적 인간형으로 양육할 것을 전파했다.

한편, 1972년 이후 유일사상체계가 확립되고 부자세습체계가 추진되면서 북한에서는 수령을 아버지로, 당을 어머니로, 인민을 자식으로 하는 '대가정론'이 대두했다. 국가가 하나의 대가정이 되면서 여성에게 어머니와 아내의 역할을 강조하는 등 가부장적 질서가 강화되었다. 이러한 사회적 분위기는 사적 영역인 가정에도 그대로 투영되면서 가정에서도 가장을 중심으로 한 성별 위계구조와 남녀역할 구분이 한층 명백해졌다.[4] 사회적으로 여성의 사회 참여를 촉구하면서도 가정에서는 전통적인 양육과 가사노동이라는 성역할을 전담시키며 여성의 부담은

---

4) 1990년에 채택된 〈조선민주주의인민공화국 가족법〉(이하 〈가족법〉, 3차례 수정)에는 부성 추종의 원칙(제26조)과 어린이 양육과 교양에서 어머니의 우선적 역할(제6조) 등이 명시되어 있다(북한정보포털, 2019. 1. 31 인출).

가중된다. 1990년대 중반 북한의 경제난으로 여성의 가사노동과 사회노동의 이중고는 더욱 심화된다. 북한여성은 배급체계가 붕괴된 상황에서 공장과 기업소를 떠날 수 없는 남편을 대신해 장마당을 오가며 식량을 찾아 가족을 부양했으며, 탁아소 또한 문을 닫자 육아마저도 전적으로 맡게 된다. 북한여성이 가족 부양의 책임을 지면서 과거보다 발언권이 높아진 측면이 있으나, 이 영향이 정치사회적인 지위 향상으로 이어진 것은 아니었다.

3. 탈북여성의 정착 실태

탈북민이 우리 사회에 어떻게 정착해 나가느냐는 통일국가에서 남북한 주민이 어떠한 모습으로 살아갈지를 예측 가능하게 하는 주요한 지표이다. 2018년 12월 입국자 기준으로 북한이탈주민의 수는 3만 2,476명에 이른다. 국내 입국 탈북자 수가 점차 감소하는 추세에도 불구하고, 탈북여성의 입국자 비중은 증가 추세에 있다(〈그림 7-2〉 참조). 2015년 입국자 중 여성 비율이 최초로 80% 이상을 초과한 이래, 지난 2018년에는 85%로 나타났다.[5] 전체 탈북민의 72%에 이르는 탈북여성의 정착 실태 데이터는 통일한국에서 남북한여성의 사회 통합 과정을 예측하는 데 주요한 자료가 된다.

---

5) 2018년 입국자 수는 총 1,137명으로 여성이 969명, 남성이 168명을 차지했다(통일부, 2019. 1. 31 인출).

탈북여성의 정착 과정을 고찰하기 위한 분석 자료로, 남북하나재단의 2017년 실태조사 데이터를 재분석하여 활용했다.[6] 일반여성과의 비교 데이터는 통계청의 "통계로 보는 여성의 삶", "경제활동인구조사"를 활용했다.[7] 연령대, 국내 거주 기간 등을 변수로 하여 탈북여성의 경제활동과 가정에서의 여성의 역할 등에 대한 인식을 살펴볼 것이다.[8]

〈그림 7-2〉 탈북민 여성입국자 비율

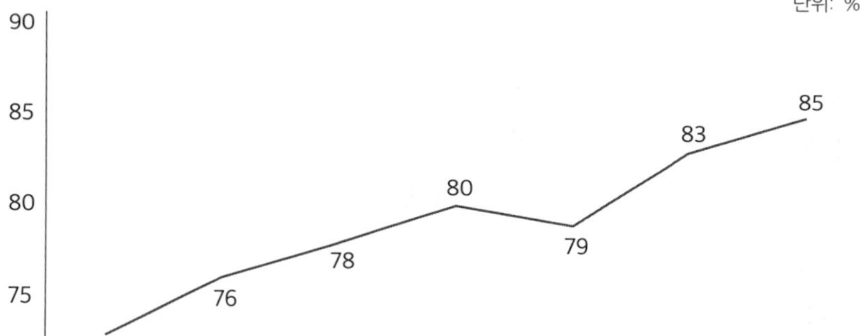

자료: 통일부. "북한이탈주민 주요통계". 2019. 1. 31 인출.

---

6) 남북하나재단은 모집단에 대한 정확한 정보를 토대로 통계학적 방법을 활용하여 표본을 추출해 조사를 진행한다. 이 장의 분석 결과의 사례 수는 응답자 수가 아닌 가중치를 부여한 모수를 추정한 결과로 반영했다.

7) 경제활동인구조사는 2017년 8월 조사 결과와 비교했다. 통계청의 사회조사는 2016년과 2017년 데이터를 활용했다. 통계청의 사회조사는 복지, 사회 참여, 문화·여가, 소득과 소비, 노동, 교육, 보건, 가족, 안전, 환경 등 10개 부문에 대해 5개씩 나누어 격년으로 조사를 실시한다.

8) "일반국민", "일반여성" 등의 용어는 남북하나재단의 실태조사에서 탈북민과 전체 국민과의 데이터 비교 시 사용하는 용어로, 이 장에서도 이를 사용했다.

1) 높은 경제활동 양적 지표

탈북민 정착 지원에 관한 법률이 본격화된 지 20여 년이 경과하면서 북한이탈주민의 우리 사회 정착도는 꾸준히 향상되어 왔다. 경제활동의 주요 지표인 경제활동참가율, 고용률을 살펴보면 2011년 56.5%였던 경제활동참가율이 61.2%로 4.7%p 상승했다.[9] 〈그림 7-3〉에서와 같이 일반국민과 격차는 2.1%p 수준이다. 탈북민의 고용률도 지속해서 상승하고 있다. 2011년 49.7%에서 55.0%로 5.3%p 증가했다. 일반국민이 58.7%에서 61.1%로 2.4%p 증가한 것과 비교해 보면 북한이탈주민의 증가 폭이 2배 이상 높다. 경제활동참가율과 고용률 같은 주요 경제활동 상태에 관한 양적 지표에서 탈북민은 일반국민 수준에 거의 근접해 있다.

탈북민과 일반국민과의 고용률 격차 감소가 무엇보다 유의미한 것은 여성이 75%를 차지하는 탈북민의 성비구조 속에서 이루어졌다는 점에서 찾을 수 있다. 통계청 경제활동인구조사의 남녀 비율은 49 : 51이다. 그러나 북한이탈주민 실태조사의 남녀 비율은 25 : 75이다. 통계청의 여성 경제활동참가율은 53.0%, 고용률은 51.3%이다. 남성의 경제활동참가율은 74.1%, 고용률은 71.2%이다. 남녀의 차이가 무려 20%p 이상이다. 이렇듯, 여성의 경제활동참가율과 고용률의 격차가 심하게 나타나는 우리 사회구조 속에서 여성이 72%를 기록한 것은 탈

9) 같은 기간 일반국민의 경제활동참가율이 61.0%에서 63.3%로 2.3%p 상승한 것과 비교할 때 2배 이상 상승했다(통계청, 2018. 12. 31 인출).

북여성의 생존력과 치열한 적응의 노력을 보여준다. 무엇보다 체제도 문화도 다른 낯선 사회에 보여준 노력이기에 더욱 유의미하다.

〈그림 7-4〉처럼 성별 영향을 제거하고 여성만의 경제활동 상태를 비교할 경우 탈북여성의 경제활동 지표가 일반여성보다 높은 것을 확인할 수 있다. 탈북여성 경제활동참가율은 57.3%로 일반여성의 53.0%보다 4.3%p 높다. 고용률 또한 52.6%로 일반여성의 51.3%보다 1.3%p

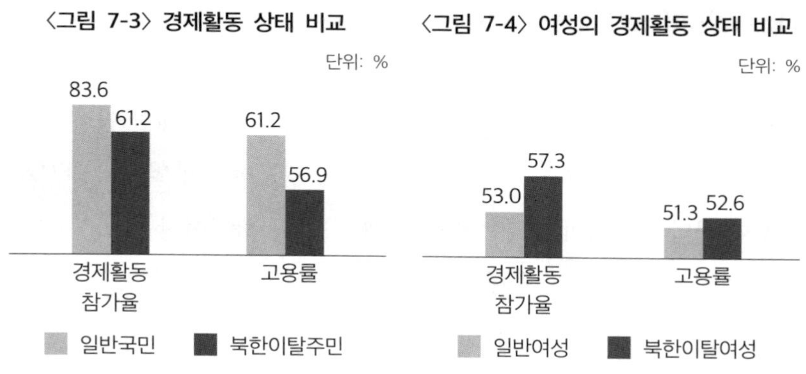

〈그림 7-5〉 종사상 지위 비교

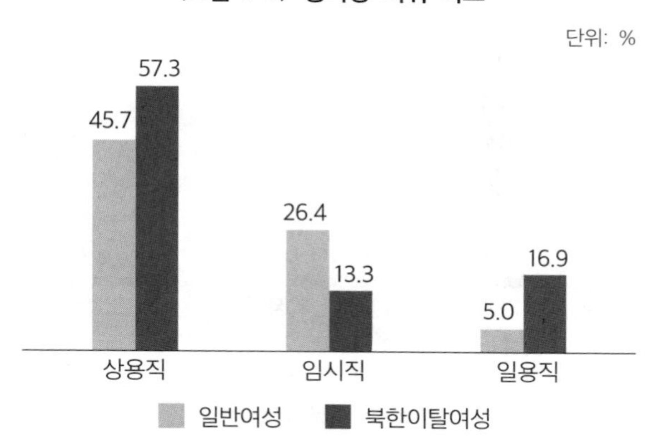

높다. 〈그림 7-5〉에서 고용의 안정성을 보여주는 '상용직' 수를 살펴보면, 탈북여성이 57.3%로 일반여성의 45.7%보다 11.6%p나 높다. 일자리의 불안정성이 높은 임시직의 경우, 일반여성이 26.4%로 탈북여성의 13.3%의 두 배에 이른다. 탈북여성이 일반여성에 비해 상대적으로 경제활동참여가 높고, 안정적인 고용형태를 유지하고 있음이 확인된다.

2) 탈북여성의 경제활동에 대한 높은 의지

탈북여성의 경제활동참가율이 높은 이유는 경제활동에 대한 인식 조사로부터 유추할 수 있다. 〈그림 7-6〉을 보면 탈북여성과 일반여성 모두 여성이 직업을 가져야 한다는 인식이 매우 높다. 탈북여성은 '여성이 직업을 가지는 것이 좋다'에 대한 응답이 93.2%로 압도적이다.

〈그림 7-6〉 여성 취업에 대한 견해

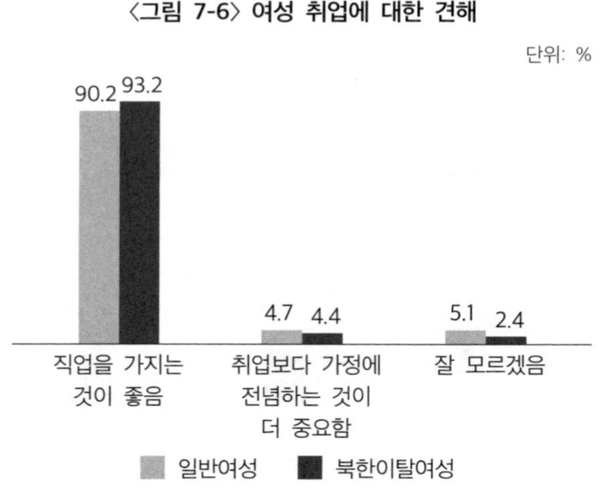

또한 〈그림 7-7〉의 '취업 적정 시기'를 분석한 결과에서도 탈북여성의 약 3분의 2에 이르는 67.9%가 '가정 일에 관계없이 계속 취업해야 한다'고 응답했다. 일반여성의 58.9%보다도 9.0%p 높은 수치다.

〈그림 7-8〉의 '일과 가정생활 우선도'에서 탈북여성은 '직장이 우선'

〈그림 7-7〉 여성 취업 적정 시기

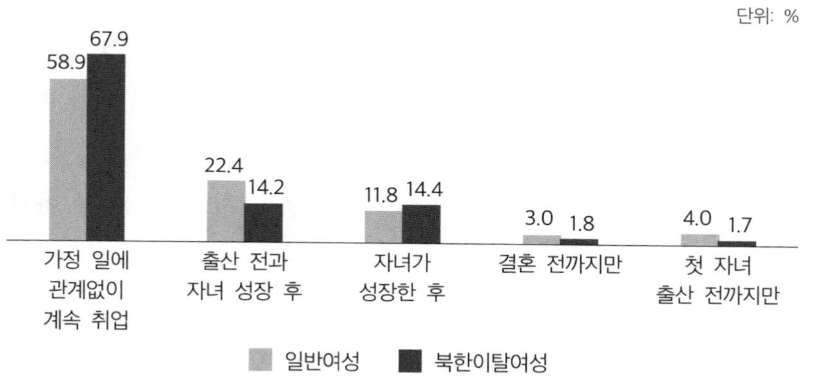

〈그림 7-8〉 일과 가정생활 우선도

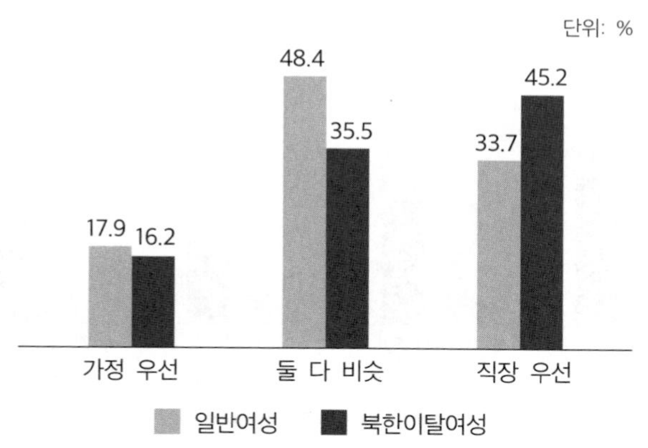

이라는 항목에 가장 많이 응답했다. '직장이 우선'(45.2%), '둘 다 비슷'(35.5%), '가정 우선'(16.2%) 순이다. 반면에 일반여성은 '둘 다 비슷'이 가장 높게 나타났다. '둘 다 비슷'(48.4%), '직장 우선'(33.7%), '가정 우선'(17.9%) 순이다.

3) 과반수가 비숙련 직종에 종사

경제활동 상태의 양적 지표를 통해 본 탈북여성의 정착도는 매우 긍정적으로 나타난다. 그러나 직업 유형을 살펴보면 경제활동의 질적 측면이 나아졌다고 보기는 어렵다. 〈그림 7-9〉처럼 재직 사업체 유형을 살펴보면 남녀 차이가 뚜렷하게 나타난다. 남성은 제조업이 1위를 차지했고 여성은 숙박 및 음식점업이 1위를 차지했다. 〈표 7-4〉의 종사업체 유형별 평균 임금을 살펴보면 북한이탈남성의 1위를 차지한 '제조업' 종사자의 평균 임금은 약 201만 원이고, 북한이탈여성이 1위를 차지한

〈그림 7-9〉 재직 사업체 유형

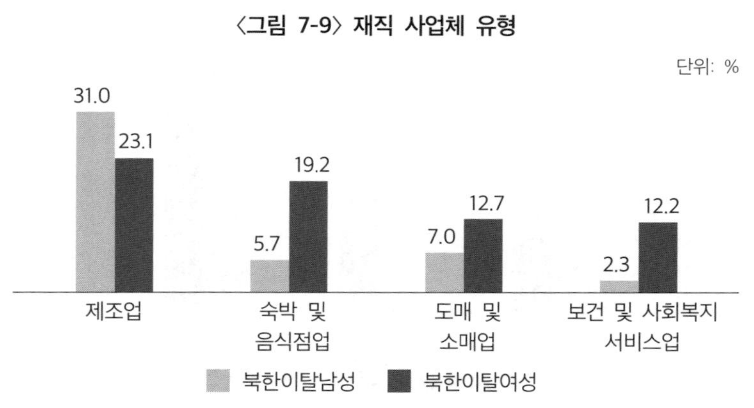

'숙박 및 음식점업' 종사자의 평균 임금은 140만 원에 불과하다.

동일 사업체 내에서도 여성은 남성보다 임금이 낮은 직종에 포진해 있다. 〈그림 7-10〉의 종사직업 유형을 살펴보면 탈북여성은 서비스 종사자(23.5%), 단순 노무 종사자(21.7%), 장치·기계 조작 및 조립 종사자(7.4%) 순이다. 탈북남성은 장치·기계 조작 및 조립 종사자(28.7%), 기능원 및 관련 기능 종사자(22.8%), 단순 노무 종사자(19.4%) 순이다. 비교해 보면 여성은 단순 노무와 서비스직과 같이 비숙련 노동에서 높았고, 남성은 장치·기계 조작 및 기능원과 같이 숙련된 노동에서 높게 나타났다.

〈표 7-4〉 종사업체 유형별 평균 임금

종사업체 유형	사례 수(명)	비율(%)	평균 임금(만 원)
제조업	3,602	28.3	201.2
숙박 및 음식점업	1,881	14.8	140.3
보건 및 사회복지서비스업	1,301	10.3	156.7
도매 및 소매업	1,207	9.5	157.5
기타	4,761	37.5	188.4

〈그림 7-10〉 종사직업 유형

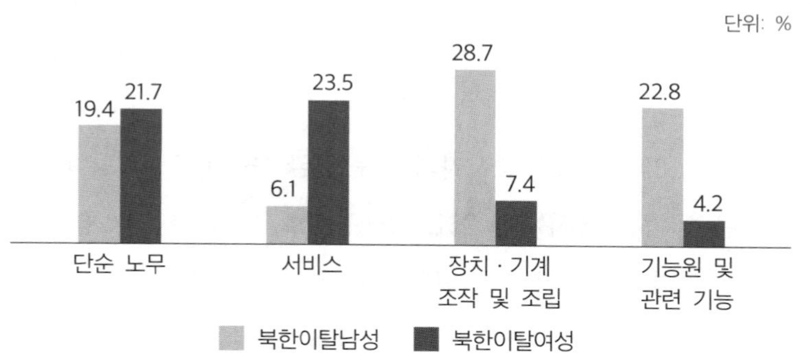

〈표 7-5〉 직업 유형별과 성별 평균 임금 비교

직업 유형	성별	사례 수(명)	비율(%)	평균 임금(만 원)	성별 차이
단순 노무 종사자	여성	2,192	24.5	140.5	72.2
	남성	836	22.5	212.7	
서비스 종사자	여성	2,088	23.3	143.9	22.0
	남성	219	5.9	165.9	
장치 · 기계 조작 및 조립 종사자	여성	746	8.3	173.1	85.0
	남성	991	25.8	258.1	
기능원 및 관련 기능 종사자	여성	352	3.9	181.0	96.5
	남성	958	25.8	277.5	
기타	여성	3,579	40.0	160.3	55.8
	남성	716	19.2	216.1	

북한이탈여성의 과반수 가까이 차지하고 있는 '단순 노무직'과 '서비스 종사자'의 경우, 전체 북한이탈주민 평균 임금(178.7만 원)에도 미치지 못한다. 서비스 종사자의 평균 임금은 146만 원이며, 단순 노무 종사자는 161만 원에 불과하다. 그러나 서비스나 단순 노무에 종사한다고 하여 모두 낮은 임금을 받는 것은 아니다. 북한이탈주민 내에서도 성별 임금 격차는 상당한 수준이다. 북한이탈여성의 평균 임금은 153.5만 원으로 북한이탈남성 239.4만 원에 비해 85.9만 원 적다. 남성 임금 수준의 64.1%에 불과하다. 〈표 7-5〉를 보면 같은 직종의 남녀 임금 격차를 확인할 수 있다. 같은 단순 노무자라도 남성은 212.7만 원으로 여성의 140.5만 원에 비해 72.2만 원 많다. 남성의 비중이 높은 장치・기계 조작 및 조립 종사자의 경우 임금 수준이 221.6만 원, 기능원 및 관련 기능 종사자는 251.5만 원으로, 일반국민의 평균 임금(242.3만 원)과 유사하거나 초과한다. 성별 직종 분리에 의한 임금 차별이 확인된다.

4) 경제활동과 가사 · 육아의 이중고

북한이탈여성의 66.5%가 가구를 대표하며 가구원의 생계를 책임지는 가구주라고 응답했다.[10] 다수 북한이탈여성이 가구원 또는 스스로의 생계를 책임지고 있는 것이다. 북한이탈여성에게 경제활동은 선택이 아니라 생존의 문제다. 북한이탈여성은 직업 선택에서 가장 중요한 기준이 '수입'이라고 응답했다. 〈그림 7-11〉에서와 같이 '수입' 36.6%, '안정성' 26.1%, '적성과 흥미' 16.9% 순이다.

북한이탈여성은 취업에 가장 큰 장애 요인이 육아 부담이라고 응답했다. 응답률은 40.0%에 이르며, 전 연령층에서 가장 높은 응답률을 보였다. 다음으로, 여성에 대한 사회적 편견 및 차별적 관행이 16.3%를 차지했으며 가사 부담은 13.1%로 나타났다. 2015년 조사 결과와 비교

〈그림 7-11〉 북한이탈여성의 직업 선택 요인

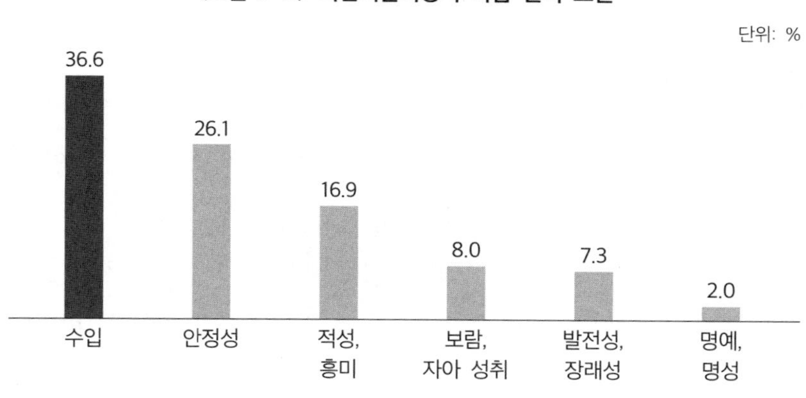

10) 가구주는 주민등록상 세대주와는 관계없이 가계의 생계를 책임지고 있는 그 가구의 실질적인 대표자를 의미한다(통계청, 2018. 4. 22 인출).

〈그림 7-12〉 북한이탈여성이 느끼는 여성의 취업 장애 요인

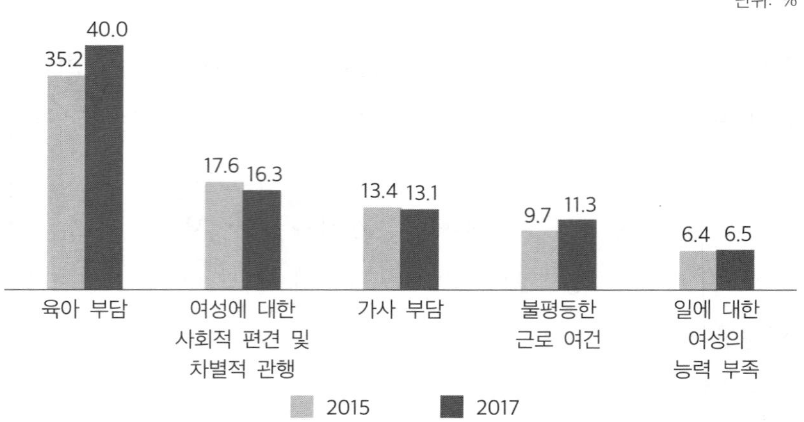

해볼 때 육아 부담이 약 5%p 증가한 것이 눈에 띈다. 최근 중국에서 출산한 자녀를 데려오는 사례가 증가한 점과 연관된다고 판단된다.

〈표 7-6〉을 보면 '여성 취업 장애 요인'에 대한 연령대별 응답의 차이를 확인할 수 있다. 10대는 '여성에 대한 사회적 편견과 차별적 관행'(21.8%)이 높게 나타났고, 20대는 '불평등한 근로 여건'(15.1%), 30대는 '육아'(52.6%)와 '가사 부담'(14.7%), 40대는 '여성의 직업의식·책임감 부족'(6.8%), 50대 이상은 '여성의 능력 부족'(6.8%), '구인 정보 부족'(3.2%)이 상대적으로 높았다.

30대는 '육아 부담'에 대한 응답률이 52.6%로 과반수를 차지한다. 이어 20대가 48.9%, 10대가 40.1%의 높은 응답률을 보였다. 반면에 40대는 29.5%로 다른 연령대와 20%p 이상 낮은 응답률을 보이는 것이 특징이다. 자녀가 어느 정도 성장했을 시기인 40대부터는 육아 부담보다는 사회적 차별, 근로 여건, 여성의 능력 부족 등으로 응답이 분산

되었다. 그러나 50대 이상에서 다시 육아 부담이 35.5%로 높게 나타난다. 자녀의 자식을 돌보는, 우리 사회의 황혼 육아 문제와 연관된다고 보인다.

육아에 대한 부담은 필요하거나 늘려야 한다고 생각하는 공공시설에

〈표 7-6〉 북한이탈여성의 연령대별 여성 취업 장애 요인

단위: %

구분	사례 수	육아 부담	사회적 편견 및 차별적 관행	가사 부담	불평등한 근로 여건	여성의 능력 부족	여성의 직업 의식 · 책임감 부족	구인 정보 부족	기타	잘 모르겠음
전체	19,809	40.1	16.3	13.1	11.3	6.5	4.3	2.5	1.7	4.2
10대	357	40.1	**21.8**	8.4	15.1	4.8	2.8	1.1	0.0	5.9
20대	3,153	48.9	14.8	14.6	**15.1**	4.1	2.5	1.3	0.2	2.9
30대	5,178	**52.6**	14.1	**14.7**	8.2	2.9	1.7	2.8	0.3	2.6
40대	6,761	29.5	18.6	11.9	14.7	8.4	**6.8**	2.6	2.4	5.1
50대 이상	4,360	35.5	16.0	12.3	9.7	**6.8**	4.7	**3.2**	3.3	5.3

〈그림 7-13〉 필요하거나 늘려야 한다고 생각하는 공공시설

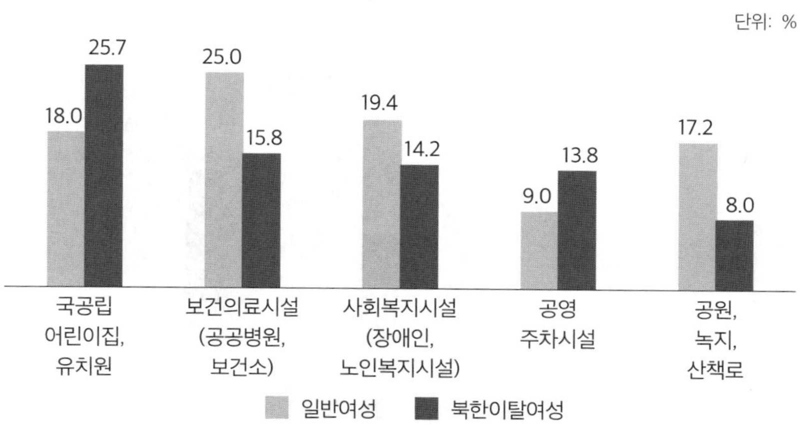

대한 질문에서도 확인된다. '국공립 어린이집, 유치원'이라는 응답이 25.7%로 가장 높았다.

〈그림 7-14〉에서 가사 분담에 대한 견해를 보면 북한이탈여성은 '공평하게 분담'에 69.1%가 응답했다. 그러나 〈그림 7-15〉의 가사 분담 실태는 여성 부담이 56.6%로 가장 높았다. 가사 분담에 대한 여성의 인식과 현실의 괴리를 볼 수 있다.

〈그림 7-14〉 가사 분담에 대한 견해

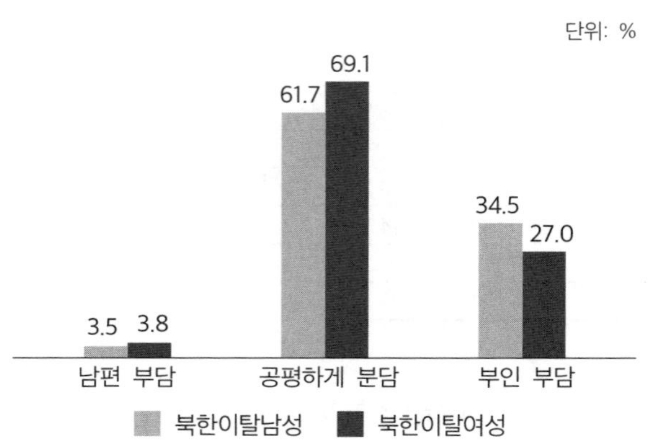

〈그림 7-15〉 가사 분담 실태

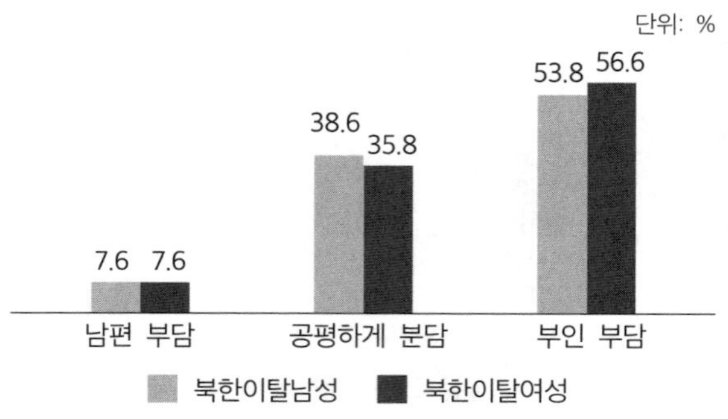

〈그림 7-16〉 비경제활동 북한이탈여성이 구직활동을 하지 않은 이유

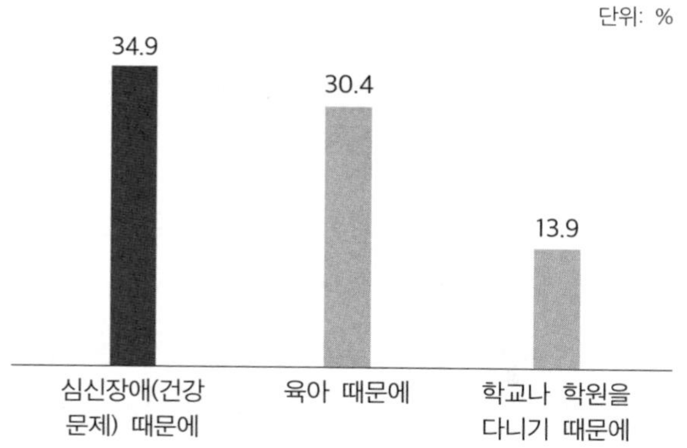

북한이탈여성의 높은 경제활동 의지에도 불구하고 직장을 그만둔 이유를 살펴보면, 건강 문제와 육아 문제가 가장 큰 요인으로 작용하고 있다. 실업자 및 비경제활동자 중 경제활동을 중단한 지 1년 미만인 응답자 2,287명을 대상으로 직장을 그만둔 이유를 조사한 바에 따르면 심신장애(건강 문제) 때문이라는 응답이 29.7%로 가장 높게 나타났다. 무려 840명에 이른다.

또한 〈그림 7-16〉처럼 비경제활동 탈북여성 중 취업을 원했으나 구직활동을 하지 않았다고 응답한 705명에 대해 그 이유를 조사한 결과, 심신장애(건강 문제) 때문이라는 응답이 34.9%(246명)로 가장 높았고, 육아 때문이라는 응답이 30.4%(214명)로 다음 순위를 차지했다. 취약한 건강 상태, 빈곤한 사회적 관계망 속에 홀로 겪어야 하는 육아로 인해 더 나은 삶을 위한 자기계발도, 취업을 통한 경력 쌓기도 어려운 현실이 고스란히 드러나는 결과이다.

4. 독일통일을 통해 본 통일과 여성

1) 통일 이전 동서독 여성의 사회 · 경제적 지위

동독과 서독 모두 법적으로 남녀평등의 권리 보장이 잘 구축되어 있었다. 서독은 〈헌법〉 제 3항에서 '성별에 관계없이 동등한 권리를 보장하며 성별에 근거한 어떠한 차별도 금지한다'고 명시했으며, 동독도 〈헌법〉을 통해 '남성과 여성은 사회, 국가, 개인의 삶의 모든 영역에서 법적으로 동등한 지위'를 보장하고 있었다. 그러나 동서독의 여성의 실제 경제활동에서는 차이가 크게 발생했다. 동독의 여성 고용률은 90%대였으나 서독의 경우 30%대로 저조했다. 이러한 양적인 부분뿐만 아니라 질적인 측면에서도 차이를 보였다. 동독여성 가운데 숙련노동자와 사무직 종사자는 3분의 2 이상을 차지하고 있었다. 반면 서독의 경우 20%를 넘지 못했다.

동서독여성의 경제활동 지표 차이는 가족복지 정책이 주요 요인으로 작용했다. 동독에서는 육아를 국가가 책임졌으나 서독에서는 전적으로 가정(개인)의 책임이었다. 동독은 국가가 보육원과 유치원, 청소년의 방과 후 활동을 지원했다. 1987년 동독에서는 3세 이하 유아 중 95%가 보육원에 다녔으나 서독의 경우 그 비율이 5~6%에 그쳤다. 동독에서는 7~11세 어린이 중 81%가 방과 후 학교에 다닌 반면, 서독의 경우 그 비율이 4~6%에 불과했다(황규성, 2015: 86).

동독정부는 일하는 여성의 육아 부담을 덜어주기 위해 노력했으며 여성에게 직업기술과 전문지식 교육의 기회를 제공함으로써 전통적인 남성 전문 영역에 진입하도록 격려했다(조진성, 2017: 82). 그러나 서독여성은 가족을 돌보는 것이 가장 중요했으며 경제활동을 하더라도 전일제가 아닌 시간제 형식으로 참여하는 것이 일반적이었다. 서독여성의 경제활동인구 중 90%에 이르는 대다수가 시간제로 일했다. 이렇듯 대다수가 비정규직 형태인 시간제로 일하면서 서독여성의 수입이 가계에서 차지하는 비중은 18%에 불과했다. 이는 동독여성이 차지하던 41%의 절반에도 미치지 못하는 수치다. 가계 수입은 가정에서의 부부간 역할과 의사 결정권 등에 주요한 영향을 미친다는 점을 고려할 때 동서독여성의 가정 내 지위를 추측할 수 있다.

이러한 사회적 분위기 속에서 서독에서는 '집에 있는 엄마'가 일반적인 모습이었으며, 일하는 엄마에 대한 인식이 좋지 않았다. 일하는 엄마는 라베무터〔*Rabenmutter*(까마귀 엄마)〕라 불렸는데, 이는 자기 경력에 집착하고 이기적인 엄마를 뜻했다.[11] 이렇듯 성별 분업을 근간으로 하는 서독의 사회 정책적 기반은 통일 후 동독여성이 누렸던 여성·가족복지를 후퇴시키는 요인으로 작용했다.

2) 통일 후 독일의 여성·가족복지 및 여성 삶

통일 후 동서독의 경제·사회시스템의 통합은 여성과 가족을 위한 복지제도의 변화를 가져왔다. 통일정부는 남성이 직업을 갖고, 여성은 가

11) 독일에는 까마귀가 새끼를 둥지에 두고 신경 쓰지 않는다는 속설이 있다(이정현·조경채, 2014).

사와 육아를 책임지며, 16세 이하의 자녀가 있는 가정을 지원하는 정책 기조를 취했다.[12] 여성의 사회활동을 뒷받침하는 사회보장 및 모성보호제도는 축소되었다. 보육원, 유치원, 방과 후 학교 등 탁아시설이 대폭 감소했으며 직장에서 제공하던 탁아시설도 사라졌다. 여성의 사회활동을 가능하게 했던 사회지원시스템이 축소되거나 사라지면서 동독지역 여성의 실업이 증가했다. 이러한 상황에서, 동독지역에서는 경쟁력이 떨어지는 기업에 대한 폐업과 구조조정이 대규모로 추진되었고 여성의 대규모 실직도 발생했다. 고용률 90% 이상을 차지하던 동독지역 여성의 고용률은 60% 이하로 뚝 떨어졌고, 동독지역 실업인구의 3분의 2를 여성이 차지했다(도기숙, 2005: 271).

동독지역의 남성노동자가 노동시장에 대거 유입함으로써 서독지역 여성도 실업의 증가를 피할 수 없었다. 또한 시간제 형태의 저임금 일자리 비중은 더욱 높아졌다. 〈표 7-7〉에서 동서독의 지역별 성별 고용지표를 살펴보면, 통일 직후 서독지역 여성의 시간제 비중의 증가와 동독지역 여성의 실업률 증가가 확연하다. 서독지역 여성의 시간제 비중은 34.3%(1991년)에서 점차 증가하여 48.5%(2012년)에 이르고 있다. 최근까지도 서독지역 여성은 절반 정도가 시간제 형태로 일하고 있다. 여성 고용의 질 하락은 동독지역에서도 발생했다. 동독지역 여성은 90%가 넘는 고용 상태를 유지했지만 통일 직후 실업이 두 배 이상 증가했다.

12) '정상가정' 내에서 한 사람만 직업활동을 하는 경우 조세를 감면해 주고 맞벌이 부부에게는 자녀에 대한 보조금을 제한했기 때문에, 결혼 후 여성은 육아와 가사에 전념하도록 유도되었다(도기숙, 2005: 272).

〈표 7-7〉 동서독의 지역별 성별 고용지표

단위: %

구분	고용률				시간제 비중				실업률			
	서독		동독		서독		동독		서독		동독	
	남성	여성	남성	여성	남성	여성	남성	여성	남성	여성	남성	여성
1991	78.4	54.6	78.5	56.7	2.3	34.3	1.2	17.5	5.6	7.0	8.7	11.9
1992	78.1	55.6	71.5	57.7	2.5	35.1	1.0	15.6	6.0	7.1	10.6	18.5
1993	76.4	54.8	68.8	55.3	2.6	36.1	1.3	16.5	7.8	8.3	11.3	19.9
1994	75.2	54.7	69.1	56.2	2.9	36.6	2.5	20.4	9.0	9.1	11.3	20.4
1995	74.7	54.5	70.5	57.5	3.2	37.3	2.9	20.7	9.1	9.0	11.3	18.5
1996	73.7	54.9	68.5	57.6	3.6	37.4	2.4	19.0	10.1	9.7	14.1	19.2
1997	73.1	54.8	67.1	56.7	4.2	39.1	2.8	20.5	11.0	10.5	16.7	21.6
1998	73.1	55.3	66.3	56.4	4.5	40.0	3.3	21.6	10.4	10.2	17.5	21.0
1999	73.6	56.7	67.3	57.9	4.8	41.7	3.6	22.0	9.7	9.6	17.3	20.2
2000	74.3	57.7	66.7	57.7	5.0	41.9	3.9	22.8	8.5	8.3	17.8	19.3
2001	74.4	59.0	65.7	57.9	5.3	43.1	4.5	24.4	8.3	7.7	18.5	19.0
2002	73.6	58.9	64.5	58.1	5.6	43.7	4.8	24.9	9.1	7.8	19.5	18.9
2003	72.5	58.9	64.0	58.3	6.1	44.7	5.7	26.5	10.2	8.3	20.6	19.6
2004	71.7	58.5	62.9	58.1	6.2	45.3	6.3	27.8	10.3	8.4	20.6	19.5
2005	73.3	59.7	63.5	58.8	7.0	47.4	9.0	32.0	11.3	10.8	21.3	19.7
2006	74.5	61.5	65.9	60.8	8.5	49.0	10.5	34.2	10.1	10.2	19.5	18.8
2007	76.0	63.1	68.9	63.0	8.5	49.0	11.0	35.0	8.0	8.7	16.6	16.8
2008	77.0	64.1	70.6	64.9	8.5	48.7	11.2	35.5	7.0	7.4	14.8	14.5
2009	76.3	64.7	71.3	66.8	8.8	48.6	11.3	34.5	8.1	7.3	15.5	13.4
2010	76.6	65.5	72.8	68.2	8.8	48.7	11.3	34.6	7.8	7.1	14.4	12.3
2011	77.8	67.1	74.0	69.3	9.3	48.7	11.2	34.9	6.9	6.5	13.4	11.8
2012	78.4	74.6	67.6	69.3	9.5	48.5	11.8	35.0	6.8	6.4	12.7	11.1

자료: 황규성(2015). "통일 이후 동서독 지역의 젠더와 복지: 성역할, 고용, 보육서비스를 중심으로". 59쪽; Statistisches Bundesamt(2014). "Statistiken der kinder und jugendhilfe. Kinder und tätige Personen in tageseinrichtungen und in öffentlich geförderter kindertagespflege am 01.03.2014".

〈표 7-7〉에서 시간제 비중 또한 17.5%에서 35%로 두 배나 증가한 것을 볼 수 있다.

통일은 동서독여성에게 대규모 해고와 낮은 수준의 일자리를 가져다 주었다. 사회화된 가사노동과 안정적 고용을 누렸던 동독여성은 급격한 환경 변화 속에서 결혼과 출산을 기피했다.[13] 동독지역 출산율은 1989년 천 명당 12명에서 1993년 5.3명으로 절반 이하로 하락했다.[14]

5. 나가며

북한의 여성 정책 변화, 탈북여성의 정착 실태, 통일독일의 여성 삶의 변화를 다각도로 살펴보았다. 북한은 사회주의 건설 초기 남녀평등 실현을 위한 법적·제도적 개혁을 추진했고, 여성의 사회적 동원을 뒷받침하기 위한 정책적 조치가 적극적으로 실행되면서 여성의 사회적 활동이 꾸준히 증가했다. 그러나 법적 이상이 현실에서 실현된 것은 아니다. 경제활동에 있어 성별 직종과 업종 분리 기제가 작동하면서 여성은 단순하고 보조적인 업무를 담당했다. 그뿐만 아니라 여성의 생산활동을 비공식 영역으로 구조화하면서 노동에 대해 정당한 대가를 제공하지

13) 더간(Lynn S. Duggan)은 동독여성을 "통일의 낙오자"(*losers of unification*)라고 부른다. 동독사회에서 고수입을 올렸던 많은 전문직 여성 중 상당수가 통일 이후 새로운 직업을 찾지 못했다(조진성, 2017: 80).

14) 1989년 17만 8천 명이었던 출생자 수는 1992년 8만 7천 명으로 하락했다(조진성, 2017: 105).

않았다. 여성의 노동은 저평가되었으며 낮은 경제·사회적 지위를 차지했다. 또한 김일성 유일지배체제가 확립되고 부자세습을 정당화하기 위한 '사회주의 대가정론' 등장으로 가부장적 질서가 강화되었다. 이러한 사회적 분위기는 가정에도 그대로 투영되어, 전통적 가족구조 속 가정에서 여성이 담당했던 어머니와 아내의 역할은 한층 강조되었다. 북한여성의 사회적 노동과 가사노동의 이중적 부담은 1990년대 국가배급체계가 붕괴하자 여성이 장사활동의 주체가 되어 가족 부양을 책임지면서 더욱 심화되었다.

북한의 여성 정책 변화를 보면, 여성의 삶은 사회적 노동과 자녀 양육, 가사 책임의 의무가 강화되었을 뿐 권리 보장과 지위 향상은 얻지 못했다. 이는 북한 법과 제도적 측면에서 여성 지위 향상에 기여했던 정책적 조치가 위로부터 주어진 것이었으며, 그 목적 또한 여성의 지위 향상을 목적으로 한 것이 아니었기 때문이다. 일련의 여성 정책은 국가 정책의 하위 부문으로서 전후 복구 또는 경제 발전과 같은 경제·사회적 필요에 따라 추진되었다. 그 결과, 정책의 실효성이 다하고 경제 침체로 유휴노동력이 발생하자 여성을 가정으로 복귀시켰다. 이렇듯 여성과 가족 정책이 통일과 통합의 과정에서 다른 국가·사회적 문제의 하위 부문으로서 부차적으로 다루어진다면 여성의 삶의 질은 여성의 권익과 동떨어진 방향으로 전개될 우려가 있다.

탈북여성의 정착 과정으로부터 통일국가에서 주목해야 할 정책적 과제를 찾아볼 수 있다. 30~40대가 주축인 탈북여성은 생존력이 강하다는 장점을 발휘하여, 일반여성보다 높은 경제활동참가율과 고용률을 기록하며 높은 적응력을 보였지만, 대부분 저임금 업종과 직종에 포진해 있다. 그러나 평균 임금 수준은 일반여성과 비교할 때 유사한 수준이다. 반면, 탈북남성 임금의 64% 정도에 불과하다. 탈북남성의 경우 오히려 일반여성보다 임금 수준이 높다. 이러한 결과로부터 우리 사회에 탈북민과 남한주민 간 임금 차이를 뛰어넘는 성별 임금 격차가 존재함을 볼 수 있다. 우리나라는 OECD 국가 중 성별 임금 격차가 가장 큰 국가이며, 여성임금근로자 중 저임금근로자가 차지하는 비율이 가장 높은 국가이기도 하다.[15] 이와 같은 성차별적 사회구조는 개인의 역량만으로 극복하기 힘들다.

통일은 남북한 두 체제의 현재 조건과 상황이 통합되어 하나의 사회를 만들어 가는 일이다. 서로 다른 두 체제가 하나의 질서로 편입되는 과정으로서 거대한 변환을 수반한다. 두 체제의 현재 상황에 통일 과정은 주요한 변수로 작용할 것이다. 북한의 여성 정책 변화를 통해 살펴본 북한여성의 삶과 탈북여성의 정착 실태에서 볼 수 있었던 남한에서의 여성의 삶에는 정도의 차이는 있지만 성차별적 불평등한 구조가 작동하고 있음이 확인된다. 우리 사회의 높은 성별 임금 격차, 저임금 업종과 직종에 여성이 포진해 있는 현실이 그대로 유지된 채 통일된다면 여성의 불안정한 고용과 사회경제적으로 낮은 지위 등은 재현될 것이다. 탈북여성의 정착 현실이 그 가능성을 보여준다. 두 체제가 지닌 갈등과 문제점들은 통일국가에서 재현되거나 증폭될 가능성이 높다. 통

15) OECD 평균은 14.1%이며, 그리스가 4.5%로 가장 낮고 독일 15.5%, 영국 16.8%, 미국 18.1% 등을 기록하고 있다(OECD, 2018. 4. 15 인출). 일본은 2016년 자료가 없으며 2015년 25.7%를 기록했다.

일국가에서 여성의 삶의 질이 향상되기를 바란다면 지금부터 우리 사회의 성차별적 요소를 점검해야 할 것이다. 통일 준비는 우리 사회의 성차별적 사회구조를 변화하는 것에서부터 시작되어야 할 것이다.

한편, 독일의 통일 과정에서 여성들은 양 체제에서 누렸던 법적·경제적 지위의 하락을 겪었다. 여성의 가사와 육아, 가족 부양 등의 부담은 가중되었고, 경제적 기회는 축소되었다. 여성은 실업의 1순위가 되었고, 단순하고 보조적인 일자리를 차지했으며, 양육과 가사의 책임 속에 시간제 일자리를 택할 수밖에 없었다. 그 결과, 여성 빈곤층은 증가했고, 남성에 대한 의존도는 높아졌으며, 결혼과 출산율을 기피하는 사회적 현상이 확산되었다. 통일이 여성 권익을 확대하는 방향으로 진행되도록 여성의 관점에서 삶의 조건과 환경 변화를 세밀하게 검토해야 하고 정책적 대안이 마련되어야 한다. 이를 위해 무엇보다 남북한의 여성·가족 정책의 현실을 검토하고 바람직한 통합 모델을 도출하기 위한 논의를 활성화할 필요가 있다. 그리고 그 과정은 남북한여성의 공동 참여와 공감대 속에서 이루어져야 할 것이다.

참고문헌

강남식(2002). "남북한 여성의 삶과 여성의 역할". 평화를 만드는 여성회. 229~237쪽.

강진웅(2010). "남북한의 국가와 가족: 체제 변화와 가족주의의 변형". 〈한국사회학〉, 44권 5호: 139~175.

국가통계포털. “2008 북한인구일제조사”. www.kosis.kr. 2018. 12. 31 인출.

김난주(2017). “세대별 성별 임금격차 현황과 시사점”. 〈이화젠더법학〉, 9권 2호: 69~124.

김병로·장인숙·황애리(2000). “북한의 여성교육과 여성상: 〈교과서〉와 〈조선녀성〉에 나타난 여성상을 중심으로”. 〈통일정책연구〉, 9권 2호: 173~209.

김상훈(2007). “북한 주민의 실질 임금격차 분석: 산업별, 시도별 평균임금 및 곡물구매력을 중심으로”. 서강대 북한경제전공 석사학위논문.

김영란·김혜영(2000). “남·북한 여성의 사회 의식에 관한 비교 연구 및 수렴 방안”. 〈아시아여성연구〉, 39권: 211~250.

김영란(1998). “통일한국의 여성정책 통합방안에 관한 연구: 사회복지정책 부문”. 〈한국사회복지학〉, 36권: 36~68.

김일성(1979). “북조선 남녀평등권에 대한 법령”. 《김일성 저작집 2》. 평양: 조선로동당출판사.

______(1984). “녀성들을 혁명화, 로동계급화할데 대하여”(1971년 10월 7일 조선민주녀성동맹 제4차대회에서 한 연설). 《김일성 저작집 26》, 377~402쪽. 평양: 조선로동당출판사.

김정자·문선화·김주희(1994). “북한 여성 연구: 가족, 복지, 소설의 측면에서”. 〈여성연구논집〉, 5권 1호: 1~50.

김해순(2013). “독일통일 이후 일-가족 조화정책과 여성경제활동: 성별분업을 위주로”. 〈젠더와 문화〉, 6권 2호: 7~42.

김혜영·이은주·윤홍식(2005). “여성빈곤의 구조적 요인과 빈곤의 여성화”. 〈아시아여성연구〉, 44권 1호: 5~51.

남북하나재단. www.koreahana.or.kr. 2019. 1. 31 인출.

______. 실태조사 2011~2017년. 2019. 1. 31 인출.

도기숙(2005). “통일이후 동독여성이 겪는 사회·문화 갈등: 한반도 통일을 대비한 교훈”. 〈한국여성학〉, 21권 1호: 265~299.

〈로동신문〉(1976. 7. 30). 1976년 7월 30일 자.

박경숙(2012). “북한 사회의 국가, 가부장제, 여성의 관계에 대한 시론”. 〈사회와 이론〉, 21권: 328~376.

박은정(1997). “북한법이론과 여성주의”. 〈한국여성학〉, 13권 1호: 115~146.

배영애(2010). “제3장 1990년대 북한의 경제난 이후 여성의 역할과 의식 변화”. 〈통일전략〉, 10권 2호: 93~188.

북한정보포털. “조선민주주의인민공화국 가족법”. nkinfo. unikorea. go. kr. 2019. 1. 31 인출.

사회과학출판사(편) (1975). 《경제사전》. 평양: 사회과학출판사.

______(2006). 《조선말대사전 1》. 평양종합인쇄공장. 평양: 사회과학출판사.

안인해(2001). “김정일체제의 경제와 여성”. 〈한국정치학회보〉, 35권 2호: 225~240.

이승윤·황은주·김유휘(2015). “북한 공식-비공식 노동시장의 형성과 여성”. 〈비판사회정책〉, 48권: 285~328.

이정현·조경채(2014). “아직도 진행중인 통일의 희생양 동독여성의 고통”. 아산정책연구원. https://bit. ly/2GDNDX5.

윤미량(1991). 《북한의 여성정책》. 서울: 한울.

장인숙·박희진·윤설아(2017). 《북한이탈주민 주요 거주지역 심층연구》. 서울: 남북하나재단.

장하용·박경우(2005). “〈로동신문〉을 통해 본 북한의 여성: 국가 건설기부터 수령제 성립기까지를 중심으로”. 〈언론과학연구〉, 5권 2호: 383~416.

전복희(2017). “통일 후 동·서독 여성의 갈등과 갈등극복을 위한 ‘차이의 정치’에 대한 연구”. 〈정치정보연구〉, 20권 2호: 305~332.

정보분석실(편) (1996). 《북한경제통계집》. 서울: 통일원.

정은찬·김재현(2014). “경제난 이후 북한 여성의 실질 소득격차 분석”. 〈아시아여성연구〉, 53권 1호: 33~64.

조진성(2017). 《분단과 여성: 한반도 여성의 권익과 여성통일신학》. 서울: 새물결플러스.

통계청. “북한인구센서스”. www. kosis. kr. 2018. 1. 25 인출.

______. “경제활동인구조사”. www. kostat. go. kr. 2018. 12. 31 인출.

______. “통계표준용어”(경제활동인구조사). https://meta. narastat. kr. 2018. 4. 22 인출.

통일부. “북한이탈주민 주요통계”. www. unikorea. go. kr/unkkorea/busi-

ness/statistics. 2019. 1. 31 인출.
황규성(2015). “통일 이후 동서독 지역의 젠더와 복지: 성역할, 고용, 보육 서비스를 중심으로”. 〈한국사회정책〉, 22권 2호: 33~59.

OECD. “Gender wage gap”. www.oecd.org. 2018. 4. 15 인출.
Statistisches Bundesamt(2014). “Statistiken der kinder- und jugendhilfe. Kinder und tätige Personen in tageseinrichtungen und in öffentlich geförderter kindertagespflege am 01.03.2014”.

제 8 장

장애인 분야의 제도와 실천

정지웅 | 배재대 복지신학과 교수

1. 정책 · 제도적 맥락

1) 북한 장애인복지 이해를 위한 기초적 사항

북한 장애인복지를 이해하기 위한 기초적 작업으로, 북한의 장애인복지 관련 주요 연혁, 장애의 정의, 장애인구 등을 살펴보자.

먼저, 북한의 장애인복지 관련 연혁이다.[1] 북한에서 장애인복지와 관련된 정책은 1946년 6월 〈노동자공무원노동법〉이 제정되면서 장애를 입은 노동자나 공무원을 대상으로 현금급여로서 장애수당을 지급한

1) 북한 장애인복지 연혁 내용은 정지웅 · 이철수(2016: 161)의 내용을 토대로 최신화한 것이다.

〈표 8-1〉 북한 장애인복지 관련 주요 연혁

시기	내용
1946년 6월 24일	〈노동자공무원노동법〉 제정(장애수당 지급)
1948년 2월 28일	조선민주맹인동맹 중앙위원회 결성
1951년	교정기구공장 건립
1959년 9월 2일	농아학교 8곳, 맹아학교 3곳 설립
1998년 7월	조선불구자지원협회 창설
2003년 6월 18일	〈조선민주주의인민공화국 장애자보호법〉 채택
2003년	조선장애자지원협회로 개칭
2006년 7월	조선장애자보호연맹 중앙위원회로 확대 개편
2011년 1월	조선장애자체육협회 발족
2011년 6월	'민족 장애인, 원아 지원협력사무소' 개설
2011년 9월	민족장애자올림픽위원회 조직
2012년 12월 31일	런던 패럴림픽 최초 참가
2013년	평양 문수기능회복원 개소
2013년 7월	UN 장애인권리협약에 서명
2013년 가을	조선장애인예술협회 발족
2013년 10월	제 3차 아시아장애청소년경기대회 참가 첫 메달 획득
2013년 11월	국제장애인올림픽위원회(IPC) 정식 회원국 가입
2013년 11월 21일	〈조선민주주의인민공화국 장애자보호법〉 개정
2013년 12월 3일	제 4회 세계 장애인의 날 기념식
2013년 12월	조선농인협회 발족
2014년 3월	조선맹인협회 발족
2014년 3월	조선장애인어린이회복중심 설립
2014년 6월 18일	2014년 국내 장애자의 날 연환모임
2014년 10월	인천장애인아시아경기대회 참가
2018년 3월	평창 패럴림픽 참가
2018년 12월	〈UN 장애인권리협약 최초국가보고서〉 제출

것을 통해 최초로 시행되었다. 1948년에는 최초의 장애인단체로서 조선민주맹인동맹이 결성되었고, 1951년 한국전쟁 영예군인(상이군인)을 위한 보조기구를 생산하는 교정기구공장이 설립되었으며, 1959년 농아학교 8곳, 맹아학교 3곳이 설립되었다. 하지만 그 이후 약 40여 년 동안 북한에서 장애인복지와 관련된 발전은 지체되어온 경향이 발견된다.

1998년 조선불구자지원협회(이후 조선장애자보호연맹으로 변경)가 창설된 이후, 2003년에 장애인복지의 기본법적 성격을 갖는 〈장애자보호법〉이 제정되었고, 조선장애자보호연맹의 확대 개편 및 협회 산하에 "조선롱인협회, 조선장애어린이회복원, 조선맹인협회, 조선장애자후원회사, 조선장애자체육협회, 조선장애자예술협회를 비롯한 조직들과 관련 기관들이 설립되여 장애자들의 건강 회복과 사회활동, 문화정서생활에 이바지"(〈조선신보〉, 2014. 12. 17) 하고자 노력하고 있다고 밝히는 등 나름의 노력을 경주해 오고 있다.

한편, 북한당국은 2013년에 국제연합 장애인권리협약(UN Convention on the Rights of Persons with Disabilities)에 서명하면서 국제적 기준에 근거한 장애인복지의 발전 의지를 나타냈고, 실제로 같은 해 〈장애자보호법〉을 개정했다. 이후 2013년 아시아장애청소년경기대회, 2014년 장애인아시아경기대회, 2018년 평창 패럴림픽 출전 등 국제 장애인 교류도 수행하고 있고, 2018년 12월에는 〈장애인권리협약 최초국가보고서〉를 UN에 제출했다.

다음으로 북한의 장애정의(*definitions of disability*)를 살펴보자.[2] 북

2) 정지웅(2018: 370~373)의 내용을 재구성하여 정리했다.

〈표 8-2〉 UN, 남한, 북한의 법규에 나타난 장애개념

법규명	조문	장애개념 규정의 성격
UN 장애인 권리협약	장애는 점진적으로 변화하는 개념이며, 손상을 지닌 사람과 그들이 다른 사람과 동등하게 완전하고 효과적으로 사회에 참여하는 것을 저해하는 태도 및 환경적인 장벽 간의 상호 작용으로부터 기인된다는 것을 인정하고(…)	손상과 사회적 장벽 간 상호 작용에 의해 형성됨을 강조
북한 〈장애자 보호법〉	제 2조(장애자의 정의, 장애자의 권리보장 원칙) 장애자는 장기적인 신체상 결함과 주위 환경의 요인들에 의하여 사회생활에 자립적으로 참가하는 데 지장을 받는 공민이다.	손상과 환경에 의하여 형성됨을 명시
남한 〈장애인 복지법〉	제 2조(장애인의 정의 등) ① "장애인"이란 신체적 · 정신적 장애로 오랫동안 일상생활이나 사회생활에서 상당한 제약을 받는 자를 말한다.	손상에 의해 형성
남한 〈장애인 차별금지법〉	제 2조(장애와 장애인) ① 이 법에서 금지하는 차별 행위의 사유가 되는 장애라 함은 신체적 · 정신적 손상 또는 기능 상실이 장기간에 걸쳐 개인의 일상 또는 사회생활에 상당한 제약을 초래하는 상태를 말한다.	손상에 의해 형성

자료: 정지웅(2018). "들뢰즈와 가타리의 철학에 근거한 북한 장애인 관련 법규 고찰".

한의 〈장애자보호법〉 제 2조(장애자의 정의)에 따르면, "장애자는 장기적인 신체상 결함과 주위 환경의 요인들에 의하여 사회생활에 자립적으로 참가하는 데 지장을 받는 공민이다"라고 규정되어 있다. 이는 장애의 원인을 개인적 요인과 사회적 요인의 상호작용으로 제시함으로써 장애의 의료모델(*medical model*)과 사회모델(*social model*)을 포괄한, 진보적인 장애정의로 평가할 수 있다.

이와 같은 장애정의는 UN의 장애인권리협약에 제시된 장애개념과 유사하다. 한편, 남한의 〈장애인복지법〉과 〈장애인차별금지법〉상 장애정의는 여전히 의료모델에 머물러 있다. 그럼에도 불구하고 2018년 12월에 북한이 UN 장애인권리위원회(Committee on the Rights of Persons with Disabilities)에 제출한 국가보고서(Democratic People's Republic of

Korea, 2018)의 내용을 살펴보면, 실제 북한의 장애 정책이 사회모델에 기반을 두었다고 평가하기에는 어려움이 있으며, 남한보다 더욱 의료모델에 가깝고, 보편주의가 아닌 잔여주의·선별주의에 기반을 둔 장애인 복지 정책이 시행되고 있다고 할 수 있다.

북한의 〈보통교육법〉에서도 장애개념을 확인할 수 있다. 동법 제12조에서는 "장애를 받는 어린이"라는 표현이 나타난다.

〈보통교육법〉 제 12조(학령어린이의 취학)

지방인민위원회와 해당 기관은 해마다 교육받을 나이에 이른 어린이를 빠짐없이 장악하여 취학시켜야 한다. 그러나 **육체적 및 지적 장애를 받는 어린이**는 장애 상태를 고려하여 취학 나이를 늦출 수 있다.

남한에서는 이와 같은 표현을 찾아보기 힘들다. 이는 영어로 '*disabled children*' 정도로 표현할 수 있다. 주지하다시피 장애인에 대한 영어 표현은 '*people with disability*'와 '*disabled people*'이 있다. 전자는 '장애라는 속성을 가진 사람', 후자는 '사회구조적으로 형성된 장애를 당하는 사람' 정도의 의미를 갖는다. 즉, "장애를 받는 어린이"라는 표현은 장애의 사회모델적 정의가 강하게 나타난다.

그럼에도 불구하고 〈사회주의헌법〉 제 72조나 〈교육법〉 제 15조에서는 장애의 원인을 '불구'[3]라는 단어를 활용하여 표현함으로써, '몸'의

3) 불구(不具)는 "몸의 어느 부분이 온전하지 못함. 또는 그런 상태"를 의미한다(국립국어원, 《표준국어대사전》).

손상에 기반을 둔 장애정의가 강하게 나타난다. 〈사회주의헌법〉 제 72조의 법문에 따르면, 노동 능력의 상실이라고 하는 능력장애(*disability*)가 "불구"에 기인한다는, 전형적인 개별모델(*individual model*) 사고방식이 나타나고 있다. 〈교육법〉 제 15조에는 시각장애와 청각장애아동은 '불구어린이'로서, 그들의 장애가 점자나 수어의 미비로 인해 발생하는 것이 아닌, 시각기관과 청각기관의 손상으로 인해 발생하고 있다고 인식하는 경향이 나타난다.

> 〈사회주의헌법〉 제 72조
> 공민은 무상으로 치료받을 권리를 가지며 나이 많거나 병 또는 **불구로 로동능력을 잃은 사람**, 돌볼 사람이 없는 늙은이와 어린이는 물질적 방조[4]를 받을 권리를 가진다.

> 〈교육법〉 제 15조(주민지역과 떨어져 있는 지역의 어린이, 불구어린이의 중등의무교육)
> 지방정권기관은 깊은 산골, 외진 섬 같이 주민지역과 멀리 떨어져 있는 지역 어린이와 맹, 롱아 같은 **불구**어린이의 중등의무교육을 보장하기 위한 조치를 취하여야 한다.

'불구'라는 표현으로 나타나는 장애에 대한 '손상' 중심의 사고방식은 〈장애자보호법〉 제 2조에서 비장애인에 대한 표현을 "건강한 사람"이라고 나타내는 것에서 역시 나타난다.

---

4) 방조(傍助)란 '곁에서 도와줌'을 의미한다(국립국어원, 《표준국어대사전》).

〈장애자보호법〉 제 2조(장애자의 정의, 장애자의 권리보장 원칙)

국가는 장애자의 인격을 존중하며 그들의 사회정치적 권리와 자유, 리익을 **건강한 사람**과 똑같이 보장하도록 한다.

이와 같은 인식은 전형적인 정상성 이데올로기(*ideology of normalcy*)를 나타내고 있다. 이로 인해 '장애인의 몸·정신은 온전하지 못한 것'이라는 담론(*discourse*)이 형성되고 장애인은 '나의 신체·정신은 비정상이다'라는 정체성을 갖게 된다. 비장애인 역시 '장애인의 신체는 비정상이다'라는 반대명제로서 '나의 신체·정신만 정상이다'라는 정체성이 형성된다.

이렇듯, 북한의 장애인 관련 법규에서 나타나는 장애정의는 모순적이다. 한편에서는 진보적인 측면이, 다른 한편에서는 억압적 측면이 관찰된다. 하지만 결론적으로 장애개념의 직접적 개념 규정을 하고 있는 조항을 제외하고, 실제적 측면에서 장애인과 관련된 규정을 명시하고 있는 북한의 법규에 나타난 장애정의는 억압적이라고 봐야 할 것이다. 이러한 장애 억압적 성격이 가장 극명하게 나타나는 법규는 북한의 〈의료법〉 제 28조이다. 이 법조문에서는 "기형, 유전자병 같은 것을 막기 위한 의료조작을 할 수 있다"라고 규정한다. 이는 법문의 맥락상 장애인의 생명권까지도 침해하는 장애억압(정지웅, 2016: 191)을 나타내고 있다.

〈의료법〉 제 28조

의료기관은 의사협의회에서 토의한 데 따라 인공임신조작을 하며 **선천성 대기형**, **유전자병** 같은 것을 막기 위한 **의료조작**을 할 수 있다.

마지막으로 북한의 장애인구를 알아보면 다음과 같다. 2016년 기준, 북한의 장애인 비율은 전체 인구의 5.5%로 나타나고 있다. 동 시기, 남한의 등록장애인 비율은 전체 인구의 4.9%(보건복지부, 2016)로서, 북한정부 발표 장애인 비율이 남한의 등록장애인 비율보다 높게 나타나고 있다.

〈표 8-3〉 북한의 전체 인구 대비 장애인 비율

단위: %

구분		2014			2016		
		계	남	여	계	남	여
연령	계	6.2	5.9	6.5	5.5	5.1	5.9
	0~4세	-	-	-	0.3	0.4	0.2
	5~6세	-	-	-	0.5	0.6	0.4
	7~16세	1.0	1.1	0.8	1.0	1.2	0.8
	17~59세	5.4	6.1	4.7	4.8	5.4	4.2
	60세 이상	18.5	15.1	20.5	16.9	13.3	19.1

주: 2014년 통계는 북한의 '2014 장애표본조사' 결과이며, 2017년 통계는 북한 중앙통계국 자료.
자료: Democratic People's Republic of Korea(2018).

〈표 8-4〉 장애 유형에 따른 북한 장애인 비율

장애 유형	2014		2016	
	장애인 비율(%)	장애인구 수(명)	장애인 비율(%)	장애인구 수(명)
시각장애	1.3	326,513	1.2	304,423
청각장애	1.5	376,745	1.3	329,792
언어장애	0.4	100,465	0.4	101,474
지체장애	2.8	703,258	2.5	634,216
지적장애	0.3	75,349	0.3	76,106
정신장애	0.4	100,465	0.4	101,474
계	6.2	1,557,215	5.5	1,395,274

주: 북한 장애인 비율은 Democratic People's Republic of Korea(2018)의 자료. 북한의 2014년 전체 인구수는 2,511만 6,363명, 2016년 전체 인구수는 2,536만 8,620명(World Bank, 2019).
자료: Democratic People's Republic of Korea(2018).

2) 남북한 장애인 정책 관련 법체계 현황

남한의 장애인 정책 관련 법률은 공공부조, 사회보험, 사회서비스, 장애인 고용 및 직업 재활, 인권보장, 접근권보장, 교육, 보훈, 기타로 나누어 살펴볼 수 있다.[5] 먼저, 장애인복지 관련 법률의 기본법적 성격을 지니고 있는 법률은 〈장애인복지법〉이다. 〈장애인복지법〉에서는 장애인의 경제적 부담 경감이나 주거 안정 등을 위해 장애인에 대한 수당 지급, 자립자금 대여 등을 정하고 있으며, 공공시설 등의 이용에 장애인의 생활편의를 도모하고 의료급여나 의료비 지급, 보조기구 지원 등을 하도록 정하고 있다. 장애인을 위한 공공부조 법률로는 소득보장을 위한 〈장애인연금법〉과 의료보장을 위한 〈의료급여법〉이 있다. 장애인을 위한 별도의 사회보험 법률은 없지만, 〈산업재해보상보험법〉, 〈국민연금법〉, 〈국민건강보험법〉 등에서 장애인에게 특화된 급여를 제공하고 있다. 장애인을 위한 서비스를 보장하기 위한 대표적인 법률로는 〈장애인활동 지원에 관한 법률〉과 〈장애인고용촉진 및 직업재활법〉이 있다. 그밖에 〈소득세법〉, 〈상속세 및 증여세법〉, 〈개별소비세법〉 등에서는 장애인에 대해 세금을 감면하도록 정하고 있으며, 〈장애인·노인·임산부 등의 편의증진보장에 관한 법률〉에서는 장애인의 접근권 향상을 위해 일정 시설에 대해 편의시설을 설치하도록 정하고 있다.

---

5) 이하, 남북한 장애인복지 관련 법체계, 정책, 공급체계 현황의 비교 내용은 정지웅(2017: 316~325; 2018: 348~352)을 토대로 최신화한 것이다.

북한의 장애인 정책 관련 법률은 북한 장애인 정책에 대한 기본법적 성격을 지니고 있는 〈장애자보호법〉과 함께, 장애인복지와 관련된 내용이 단편적으로 명시되어 있는 법규로서 〈사회보장법〉, 〈년로자보호법〉, 〈보통교육법〉, 〈의료법〉 등이 있다. 각 법률의 내용을 살펴보면

〈표 8-5〉 남북한 장애인 정책 관련 법률 유형화

구분	법률명	
	남한	북한
기본법	〈장애인복지법〉	〈장애자보호법〉
공공부조	〈장애인연금법〉, 〈의료급여법〉	
사회보험	〈산업재해보상보험법〉, 〈국민연금법〉, 〈국민건강보험법〉	〈사회보험법〉, 〈사회주의로동법〉
사회서비스	〈장애인활동 지원에 관한 법률〉, 〈발달장애인 권리보장 및 지원에 관한 법률〉, 〈장애아동 복지지원법〉, 〈정신건강증진 및 정신질환자 복지서비스 지원에 관한 법률〉, 〈민법〉(성년후견제도 관련)	〈장애자보호법〉, 〈가족법〉(후견인 관련)
장애인 고용, 직업재활	〈장애인고용촉진 및 직업재활법〉, 〈중증장애인생산품 우선구매 특별법〉, 〈장애인기업활동 촉진법〉	〈장애자보호법〉(장애인 노동 관련)
인권보장	〈장애인 차별 금지 및 권리 구제 등에 관한 법률〉	
접근권 보장	〈장애인 · 노인 · 임산부 등의 편의증진보장에 관한 법률〉, 〈교통약자의 이동편의 증진법〉, 〈장애인 · 고령자 등 주거약자 지원에 관한 법률〉, 〈장애인 · 노인 등을 위한 보조기기 지원 및 활용촉진에 관한 법률〉, 〈한국수화언어법〉, 〈점자법〉	〈사회보장법〉(장애인 보장기구 관련), 〈년로자보호법〉(무장애 환경 관련)
교육	〈장애인 등에 대한 특수교육법〉	〈장애자보호법〉(장애인 교육 관련), 〈보통교육법〉(장애인 교육기관 관련), 〈교원법〉(맹, 롱아학교 교원 관련)
보훈	〈국가유공자 등 예우 및 지원에 관한 법률〉	〈장애자보호법〉, 〈인민보건법〉
의료	〈장애인 건강권 및 의료접근성 보장에 관한 법률〉	

주: 2019년 1월 기준.

다음과 같다.

〈장애자보호법〉은 남한의 〈장애인복지법〉처럼 장애인복지의 기본법적 지위를 가지고 있는 법률로 평가할 수 있다(정지웅, 2016: 182). 2013년 개정된 동법의 구성은 총 6장 55조로서, 제 1장 '〈장애자보호법〉의 기본', 제 2장 '장애자의 회복치료', 제 3장 '장애자의 교육', 제 4장 '장애자의 문화생활', 제 5장 '장애자의 로동', 제 6장 '장애자보호사업에 대한 지도통제'로 이루어져 있다. 각 장의 주요 내용을 살펴보면 〈표 8-6〉과 같다.

〈표 8-6〉 북한 〈장애자보호법〉의 구성 및 주요 내용

구분	주요내용
제 1장 〈장애자보호법〉의 기본	• 법의 목적: 〈장애자보호법〉은 장애자보호제도와 질서를 엄격히 세워 사회생활의 모든 분야에서 장애자들의 권리와 리익을 보장하며 그들에게 안정되고 유리한 생활환경과 조건을 충분히 마련해주는데 이바지한다(제 1조) • 장애인에 대한 정의: 장기적인 신체상 결함과 주위 환경의 요인들에 의하여 사회생활에 자립적으로 참가하는 데 지장을 받는 공민(제 2조) • 장애 예방, 실태조사, 장애 정도 평가원칙 등
제 2장 장애자의 회복치료	• '장애자의 회복치료'를 위한 각종 지원책 • 보조기구의 생산과 품질에 대한 규정
제 3장 장애자의 교육	• 장애인 의무교육 • '맹인, 롱아인' 등을 위한 특수학교, 특수교육과정 운영 • '점자'와 '손말'의 발정
제 4장 장애자의 문화생활	• '장애자체육협회', '장애자예술협회' 운영 규정 • 장애인 출판물 편집 발행
제 5장 장애자의 로동	• 장애자전문기업소 • 장애인의 노동연령, 시간, 휴식 • 노동능력을 완전히 상실한 장애인에게 보조금 지원
제 6장 장애자보호사업에 대한 지도통제	• 장애인 보호사업에 대한 지도기관: 중앙보건지도기관, 해당 중앙기관 • 장애자보호사업 계획 및 집행기관: 장애자보호위원회 • 편의시설 설치 및 장애인 이동권 보장 관련 내용 • '장애자의 날', '장애자 후견인' • 법률 위반 시 처벌 규정

〈표 8-7〉 북한의 법규에서 '장애'(관련 용어) 단어가 포함된 조문

법률	'장애' 포함 조문
〈사회보장법〉	• 제 2조(사회보장 대상) 사회보장의 대상에는 나이가 많거나 병 또는 **신체장애로 로동능력을 잃은 사람**, 돌볼 사람이 없는 늙은이, 어린이가 속한다. 국가는 사회보장자들에게 사회보장의 혜택이 정확히 차례지도록 한다. • 제 18조(사회보장금의 지출 대상) 사회보장금은 사회보장년금, 보조금의 지불과 사회보장기관의 운영, **장애보조기구**의 생산, 공급 같은 목적에 지출한다. 해당 기관은 사회보장금 지출계획을 바로 세우고 정확히 집행하여야 한다. • 제 25조(사회보장기관의 조직운영) 중앙로동행정지도기관과 해당 인민위원회는 **영예군인**과 돌볼 사람이 없는 늙은이, **장애자**의 생활보장을 위하여 **영예군인**보양소, 양로원, 양생원 같은 사회보장기관을 조직하고 책임적으로 관리운영하여야 한다. • 제 37조(보조기구생산, 공급의 기본요구) 보조기구는 **장애자**의 필수적인 생활보조수단이다. 해당 기관, 기업소는 **장애자**들에게 필요한 보조기구를 제때에 생산, 공급하여야 한다. • 제 38조(보조기구의 생산) 중앙보건지도기관과 해당 기관, 기업소는 교정기구, 삼륜차, 안경, 보청기 같은 보조기구를 계획적으로 생산보장하여야 한다. 보조기구생산기업소는 **장애자**의 성별, 나이, **장애정도**와 기호에 맞는 여러 가지 보조기구를 질적으로 만들어야 한다. • 제 39조(보조기구의 공급승인신청) 보조기구를 공급받으려는 **장애자**는 신청서를 만들어 해당 인민위원회에 내야 한다. 신청서를 접수한 인민위원회는 그것을 정확히 검토하고 보조기구 공급승인문건을 발급하여야 한다. • 제 40조(보조기구의 공급) 보조기구는 정해진 기관, 기업소에서 공급한다. 보조기구를 공급받으려는 **장애자**는 해당 인민위원회에서 발급한 보조기구 공급승인문건을 해당 기관, 기업소에 내야 한다. 해당 기관, 기업소는 보조기구 공급승인문건에 따라 보조기구를 제때에 공급하여야 한다. • 제 41조(비용 부담) 보조기구의 값과 **장애자**가 보조기구를 공급받기 위하여 오는 데 든 려비는 국가와 본인이 부담한다.
〈가족법〉	• 제 40조(후견인의 선정조건) 부모의 보살핌을 받을 수 없는 미성인과 **신체상 결함으로 행위능력을 가지지 못한 자**를 위하여 후견인을 정한다. • 제 41조(후견인의 자격) 미성인에 대한 후견인으로는 조부모, 형제자매가 될 수 있다. **신체상 결함으로 행위능력이 없는 자**에 대한 후견인으로는 배우자 또는 부모나 자녀, 조부모나 손자녀, 형제자매가 될 수 있다. 후견인으로 될 수 있는 자가 여럿인 경우에는 후견의무수행에 가장 적당하다고 인정되는 자가 후견인으로 된다. • 제 42조(주민행정기관에 의한 후견인 선정) 미성인과 **신체상결함으로 행위능력을 가지지 못한 자**에게 이 법 제41조에 지적된 후견인이 없거나 후견인 선정에서 분쟁이 있을 경우에는 주민행정기관이 후견인을 정한다.
〈장애자 보호법〉	• 거의 모든 조문 해당

〈표 8-7〉 북한의 법규에서 '장애'(관련 용어) 단어가 포함된 조문(계속)

법률	'장애' 포함 조문
〈년로자 보호법〉	• 제 15조(**무장애환경보장**) 국가건설감독기관과 도시설계기관, 해당 건설기업소는 년로자의 생활상 안정과 편리를 도모하도록 도시계획과 살림집 및 대상설계, 건설에서 **무장애환경**을 보장하여야 한다. 부양의무자는 년로자의 개성적 특성과 생활에 편리하게 살림방을 꾸려주어야 한다.
〈아동권리 보장법〉	• 제 30조(**장애아동**의 보호) **장애아동**은 다른 아동과 꼭같은 교육과 치료를 받을 권리를 가진다. 교육지도기관과 보건지도기관, 지방인민위원회는 **맹**, **롱아학교**를 바로 운영하며 **장애아동**의 교육, 치료, 생활에 필요한 조건을 원만히 보장하여야 한다. • 제 40조(**장애아동**에 대한 부모 또는 후견인의 책임) 부모 또는 후견인은 **신체상 결함이 있는 아동**에 대한 교육교양에 특별한 관심을 돌리며 그의 생활과 건강을 책임적으로 돌보아야 한다.
〈녀성권리 보장법〉	• 제 38조(건강, 생명의 불가침권) 녀성은 건강과 생명의 불가침권을 가진다. 녀성이라는 리유로 갓난 녀자아이를 죽이거나 녀자아이를 낳은 녀성, 임신한 녀성, 앓고 있는 녀성, **장애녀성**, 년로한 녀성을 학대, 괄시하는 행위를 할 수 없다. 임신한 녀성에 대하여서는 산전 3개월부터 산후 7개월까지 형벌 집행을 정지한다.
〈교육법〉	• 제 15조(주민지역과 떨어져있는 지역의 어린이, **불구어린이**의 중등의무교육) 지방정권기관은 깊은 산골, 외진 섬 같이 주민지역과 멀리 떨어져 있는 지역 어린이와 **맹**, **롱아 같은 불구어린이**의 중등의무교육을 보장하기 위한 조치를 취하여야 한다. • 제 17조(장학금) 국가는 학업을 전문으로 하는 고등교육체계의 대학, 수재교육체계의 학교, **맹**, **롱아학교**의 정한 학생에게 일반장학금을 준다. 학업에서 특별히 우수한 학생에게는 특별장학금을, 군관복무 또는 그와 류사한 경력을 가진 학생, 박사원생에게는 우대장학금을, 일하면서 배우는 학생에게는 현직생활비를 준다.
〈보통교육법〉	• 제 12조(학령어린이의 취학) 지방인민위원회와 해당 기관은 해마다 교육받을 나이에 이른 어린이를 빠짐없이 장악하여 취학시켜야 한다. 그러나 **육체적 및 지적 장애를 받는 어린이**는 **장애상태**를 고려하여 취학나이를 늦출수 있다. 교육받을 나이에 이른 어린이의 부모 또는 보호자는 어린이를 의무적으로 학교에 보내야 한다. • 제 14조(장학금) 국가는 **맹**, **롱아학교**, 제 1중학교, 학원의 정한 학생에게 장학금을 준다. • 제 15조(무의무탁자, **장애자**의 교육 및 생활조건보장) 부모 또는 보호자가 없는 어린이와 **맹**, **롱아 같은 장애어린이**에 대한 교육과 생활조건은 국가가 책임지고 돌봐준다.

〈표 8-7〉 북한의 법규에서 '장애'(관련 용어) 단어가 포함된 조문(계속)

법률	'장애' 포함 조문
〈보통교육법〉	• 제19조(보통교육기관의 구분) 보통교육기관은 학업 내용과 그 특성에 따라 다음과 같이 나눈다. 1. 1년제 학교전교육을 위한 유치원 2. 5년제 초등교육을 위한 소학교 3. 3년제 낮은 단계의 중등교육을 위한 초급중학교 4. 3년제 높은 단계의 중등교육을 위한 고급중학교 5. **장애자교육을 위한 맹, 롱아학교** 6. 특정한 대상의 교육을 위한 학원 7. 수재형의 학생들을 위한 제1중학교
〈교원법〉	• 제2조(교원의 정의와 구분) 이 법에서 교원은 여러 형태의 각급 학교와 사회교육기관에서 전문적으로 교수교양사업을 맡아하는 일군이다. 교원은 학교교원과 사회교육기관의 교원으로 구분한다. 학교교원에는 학교 전 교육을 위한 유치원(애육원)교양원, 소학교, 초급 및 고급중학교(각급 제1중학교 포함), 학원, 대학, 각급 양성기관, 재교육기관, 청소년체육학교, 기능공학교, **장애자교육을 위한 맹, 롱아학교 교원**이 속한다. 사회교육기관교원에는 과학기술전당, 인민대학습당과 학생소년궁전, 학생소년회관, 소년단야영소같은 청소년과외교양기지에서 교육사업을 하는 교원이 속한다. • 제46조(교원가급금) 국가는 정해진 기준에 따라 교원에게 기본생활비 외에 여러 가지 형태의 가급금을 적용 실시한다. 애육원, 초등 및 중등학원, 이부모학원, **맹, 롱아학교**와 섬 같은 특수한 환경에서 사업하는 교원에게는 따로 정한 데 따르는 가급금을 적용 실시한다.
〈의료법〉	• 제28조 의료기관은 의사협의회에서 토의한 데 따라 인공임신조작을 하며 **선천성 대기형**, 유전자병 같은 것을 막기 위한 의료조작을 할 수 있다. 이 경우 의학적 적응관계를 검토하여야 한다.
〈인민보건법〉	• 제12조(혁명투사, 혁명렬사가족, 애국렬사가족, 사회주의 애국희생자가족, 영웅, 전쟁로병, **영예군인**, 인민군후방가족의 건강관리) 국가는 혁명투사, 혁명렬사가족, 애국렬사가족, **영예군인**, 인민군후방가족의 건강관리에 특별한 관심을 돌린다. • 제13조(**로동능력 상실자**, 무의무탁어린이, 만성환자, 년로한 환자의 건강 보호) 국가는 **로동능력을 잃은 사람**, 돌볼 사람이 없는 어린이와 만성환자, 년로한 환자들에게 무상치료의 혜택이 잘 차례지도록 그들을 책임적으로 돌보아 준다.
〈방송법〉	• 제40조(방송출연자와 조건보장) 방송에는 일군들과 어린이, 년로자, **장애자**에 이르기까지 광범한 대중이 출연할 수 있다. 해당 기관, 기업소, 단체는 방송에 출연하는 대상들의 조건보장을 책임적으로 맡아하며 출연 기간을 로력가동일수로 계산해 주어야 한다.

주: 2018년 5월 기준.

북한의 사회 정책 관련 법률의 조문에서 '장애' 혹은 장애 관련 용어가 포함된 법으로는 〈사회보장법〉, 〈가족법〉, 〈장애자보호법〉, 〈년로자보호법〉, 〈아동권리보장법〉, 〈녀성권리보장법〉, 〈교육법〉, 〈보통교육법〉, 〈교원법〉, 〈의료법〉, 〈인민보건법〉, 〈방송법〉 등이 있으며, 구체적인 표현은 〈표 8-7〉과 같다.

남북한의 장애인 정책 관련 법률을 종합적으로 살펴보면, 북한은 남한보다 장애인복지 관련 법률의 개수와 내용 측면에서 매우 미약함을 알 수 있다. 이는 북한의 장애인복지 수준이 매우 열악할 수밖에 없음을 나타내는 것으로, 통일의 과정에서 장애인의 권리와 복지 증진을 위한 자원의 투입이 매우 많을 것임을 예측하게 한다.

3) 남북한 장애인복지 정책 현황 및 비교

북한의 장애인복지제도는 남한보다 종류나 급여 수준이 매우 열악하다.[6] 남한의 장애인복지제도를 사회보험, 공공부조, 사회서비스로 나누어 살펴보면 〈표 8-8〉과 같이 제시할 수 있다. 남한의 장애인복지제도를 기준으로 북한의 장애인복지제도를 배치해 보면 먼저, 사회보험 중 장애연금(국민연금)과 장해급여(산재보험)에 해당하는 급여로 로동능력상실년금(국가공로자연금)과 군인연금이 배치된다. 다음으로 남한의 장애인에게 지급되는 현금급여로서 장애수당에 가까운 북한의 제도

6) 이하, 남북한 장애인복지 관련 법체계, 정책, 공급체계 현황의 비교 내용은 정지웅(2017: 316~325; 2018: 348~352)을 토대로 최신화한 것이다.

〈표 8-8〉 남북한의 장애인복지제도 유형별 분류

<table>
<tr><th rowspan="2">대분류</th><th rowspan="2">중분류</th><th colspan="2">소분류</th></tr>
<tr><th>남한</th><th>북한(추정)</th></tr>
<tr><td rowspan="3">사회 보험</td><td>국민연금</td><td>장애연금</td><td rowspan="2">국가공로자연금(로동능력상실년금), [영]군인연금</td></tr>
<tr><td>산재보험</td><td>장해급여</td></tr>
<tr><td>건강보험</td><td>장애인보장구 지원</td><td></td></tr>
<tr><td rowspan="7">공공 부조</td><td>국민기초생활보장제도</td><td>국민기초생활보장제도</td><td></td></tr>
<tr><td>장애인연금</td><td>장애인연금</td><td></td></tr>
<tr><td rowspan="2">장애수당</td><td>장애수당</td><td>생활비방조금, 특전보조금[1)]</td></tr>
<tr><td>장애아동수당</td><td></td></tr>
<tr><td rowspan="3">정신질환의료보장</td><td>만성정신질환급여</td><td></td></tr>
<tr><td>정신질환의료급여</td><td></td></tr>
<tr><td>정신보건의료보장</td><td></td></tr>
<tr><td rowspan="14">사회 서비스</td><td>활동지원제도</td><td>장애인활동지원제도</td><td></td></tr>
<tr><td rowspan="7">대상별 사회서비스</td><td>발달재활서비스</td><td></td></tr>
<tr><td>언어발달지원사업</td><td></td></tr>
<tr><td>양육지원사업</td><td></td></tr>
<tr><td>장애인자녀교육비 지원</td><td></td></tr>
<tr><td>여성장애인교육 지원</td><td></td></tr>
<tr><td>여성장애인출산비용 지원사업</td><td></td></tr>
<tr><td>발달장애인 지원사업</td><td></td></tr>
<tr><td rowspan="5">복지시설</td><td>장애인거주시설</td><td>양생원, 특수애육원</td></tr>
<tr><td>장애인지역사회재활시설</td><td>조선장애어린이회복원</td></tr>
<tr><td>장애인의료재활시설</td><td>[영]영예군인요양소 · 휴양소</td></tr>
<tr><td>장애인직업재활시설</td><td>장애자기능공학교, 교정기구공장, 경노동공장, [영]영예군인학원</td></tr>
<tr><td>정신보건기관</td><td>보양원(보양소)</td></tr>
</table>

주: 1) [영]은 '영예군인'(남한의 상이군인)에게만 주어지는 급여이다. 북한의 〈장애자보호법〉 제7조와 〈인민보건법〉 제11조는 영예군인에 대한 "사회적 우대"와 "특별한 배려"를 해야 한다는 점을 강조한다(정지웅 · 이철수, 2016). 영예군인인 장애인과 일반장애인의 급여 내용과 수준은 커다란 차이를 보임을 알 수 있다.

2) 북한의 〈장애자보호법〉 제40조에는 "국가는 로동능력을 완전히 상실한 장애자에게 보조금을 준다"라는 조항이 명시되어, 노동이 어려운 중증장애인을 대상으로 한 현금급여가 법규화되었다. 하지만 북한에서 실제로 중증장애인에게 현금급여가 제공되고 있는지에 대해서는 자료 접근의 한계상 정확한 확인이 어렵다(정지웅 · 이철수, 2016).

자료: 남한제도는 한국장애인개발원(2017)에서 재구성, 북한제도는 정지웅 · 이철수(2016: 162~172)의 내용을 토대로 재구성.

는 생활비방조금과 특전보조금이 있다. 장애인복지시설로서는 장애인 거주시설로서 양생원과 특수애육원, 장애인의료재활시설로서 영예군인요양소 및 휴양소, 장애인직업재활시설로서 장애자기능공학교, 교정기구공장, 경노동공장, 영예군인학원 등이 있다. 정신보건기관으로는 보양원 및 보양소가 있다.

북한 장애인복지제도의 주요한 특징으로, "장애인복지급여의 할당은 모든 장애인에게는 최소 수준의 복지급여가 보편주의(*universalism*)로 이루어지고, 영예군인에게는 비교적 높은 수준의 복지급여가 제공되는 선별주의(*selectivism*)가 적용"(정지웅 · 이철수, 2016: 162)되고 있음을 알 수 있다.

4) 남북한 장애인복지 공급체계 현황

북한 장애인복지 전달체계와 관련된 규정은 〈장애자보호법〉 제43조부터 제45조까지에 명시되어 있다. 북한의 "장애자보호사업에 대한 지도는 내각의 통일적인 지도 밑에 중앙보건지도기관과 해당 중앙기관이 한다. 중앙보건지도기관과 해당 중앙기관은 장애자보호사업에 대한 지도체계를 바로 세우고 장애자보호사업을 정상적으로 장악하고 지도하여야 한다"(제43조). 또한 "지방정권기관과 해당 기관은 관할지역의 장애자보호사업 실태를 료해하고 개선조치를 취하여야 한다"(제44조). 이러한 규정은 남한에서 보건복지부와 지방자치단체가 장애인복지 전달체계로 기능하는 것과 유사한 측면이 있음을 나타낸다. 그런데 북한에서는 "장애자보호사업을 계획적으로 협의하고 통일적으로 집행하기 위하여 비상설로 장애자보호위원회를 둔다. 장애자보호위원회의 실무사업은 장애자련맹이 한다”(제 45조) 라고 명시되어 장애인복지 정책 및 서비스를 전달하기 위한 별도의 조직을 두는 것을 명시하고 있으며, 이 ‘장애자련맹’이 바로 조선장애자보호련맹이다. 이와 같은 조직은 일선에서 장애인복지서비스를 제공하는 장애인복지기관을 지도·감독하는 체계로 구성된다. 이 내용을 보다 자세히 살펴보면 다음과 같다.

남한의 장애인복지 공급체계는 공공 부문과 민간 부문으로 나누어 살펴볼 수 있다. 공공 부문의 장애인복지 공급체계를 살펴보면, 국무총리 소속 장애인정책조정위원회와 보건복지부, 고용노동부, 교육부, 행정자치부가 주된 역할을 담당하고 있다. 민간 부문은 주로 〈장애인복지법〉에 명시된 장애인복지시설을 의미한다.

북한 장애인복지 공급체계를 이해하기 위해 먼저 북한의 사회복지공급체계를 살펴보면 다음과 같다.[7] 북한의 사회복지공급체계는 “조선노동당의 예비적 정책 기획 → 내각중앙성 → 도(직할시) → 시(구역)·군 → 읍·리(동·노동지구) 등 전달체계로 단일화되어 있다. 따라서 북한의 사회복지서비스 전달체계는 사적 전달체계가 존재하지 않는다”(장용철, 2015: 84).[8] 북한에서 “국가사회보장보호기관에 대한 관리운영의 직접적인 담당자는 다름 아닌 해당 도 정권기관[9] 이다”(김명옥,

7) 이하 북한 사회복지 공급체계 및 장애인복지 공급체계에 관한 내용은 정지웅·이철수(2016: 16~19)의 내용을 요약하여 제시했다.

8) “산업재해보상제도나 의료보장제도 등은 그 공급체계에 있어 직업총동맹이 관여하는 것으로 되어 있지만, 이는 어디까지나 정치적인 조직으로 여겨지고 있으므로, 진정한 사적공급체계의 개입이라고 보기는 어렵다”(장용철, 2015: 84).

2015: 78). 즉, 사회복지에 대한 직접적 책임은 광역지자체에 있음을 살펴볼 수 있다.

이상의 사회복지 공급체계 내에서 북한의 장애인에 대한 급여(식량, 교육, 의료, 주거, 생활보호 등)가 제공되며, 급부행정 업무는 내각(중앙정부부처)인 교육성, 보건성, 노동성과 형식적으로는 민간기구인 조선

〈그림 8-1〉 남북한 장애인복지 전달체계 도식화

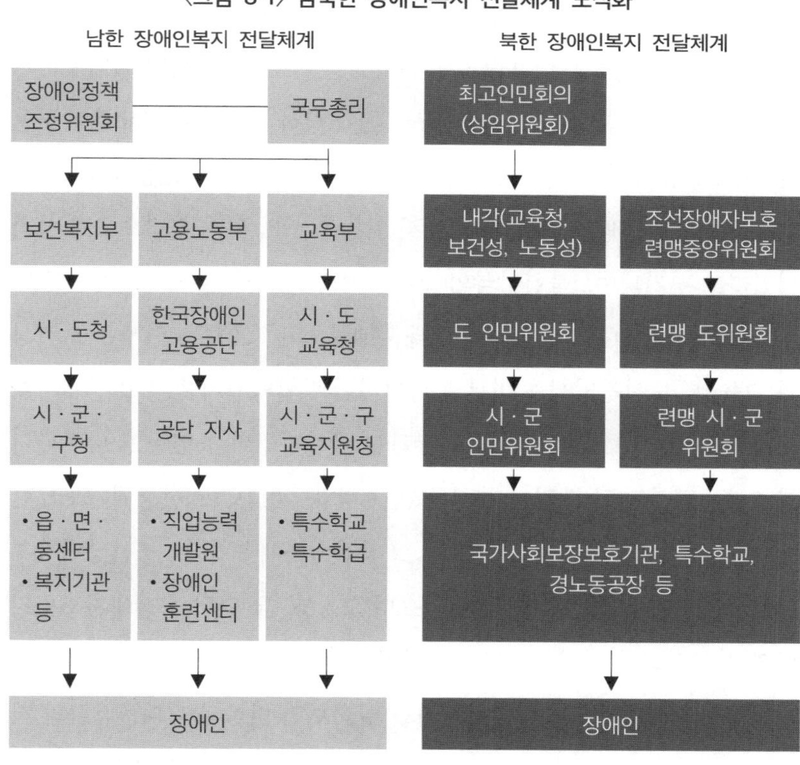

9) 도 정권기관이란 도 인민위원회를 의미한다.

장애자보호련맹 등이 담당하고 있다(장용철, 2015: 88). 조선장애자보호련맹은 1998년 7월 29일에 조선장애자지원협회로 설립되었다가, 2005년 7월 27일에 현재의 명칭으로 변경되었다. 조선장애자보호련맹은 장애인 관련 비정부기구로서 "장애자의 모든 권리와 리익을 옹호하고 대변하는 것을 자기의 사명으로 하며 여러 가지 지원활동과 옹호활동, 출판선전활동을 통하여 장애자의 정신육체적 기능 회복과 무장애환경의 수립, 장애 방지와 장애자의 사회적 지위보장에 기여함으로써 장애자가 사회와 집단의 참된 주인으로서의 자기의 역할을 다하도록 하는 것을 기본임무로 하고 있다"(조선인권연구협회, 2014). 연맹은 20여 명의 전임일꾼과 4천여 명의 자원봉사자 및 각 도와 시, 군에 산하 위원회와 필요한 기구들을 두고 활동하고 있다(〈데일리NK〉, 2006. 10. 23). 조선장애자보호련맹 등 북한의 장애인단체는 해외에서 지원을 받기 위한 수단으로서 시작되었다고 평가되며, 북한당국의 보건부에서 직원의 급여와 운영비가 나오고 있지만 NGO로 간주되고 있다(中西由起子, 2014). 연맹은 보건성과 교육성, 도시경영성을 비롯한 국가기관과 협력관계를 맺고 장애자보호사업을 진행하고 있으며 장애자 관련 국제기구와 유럽동맹 나라와의 협조활동도 추진하고 있다(조선인권연구협회, 2014). 조선장애자보호련맹 산하에는 조선장애자예술협회, 조선장애자체육협회, 조선장애자후원회사, 조선장애자원아기금이 있으며 도, 시, 군 단위에 장애자보호위원회가 설치되어 있다(〈조선신보〉, 2013. 12. 7).

남북한의 장애인 관련 기관 현황을 살펴보면 다음과 같다. 남한의 경우, 2016년을 기준으로 장애인복지시설, 정신보건 관련 기관, 특수학교 등이 총 5,609개소 있다. 북한의 장애인 관련 기관 현황을 보여주는

〈표 8-9〉 남북한 장애인 관련 기관 현황

구분		남한	북한	북한 현황 설명
장애인 복지 시설	거주시설	1,484	12	양생원 12개소(도 단위당 1개소)
	직업재활시설	560	75	경노동공장 75개소(시 · 군 · 구역 단위 3개당 1개소), 영예군인공장 62개소(시당 1개소)
	지역사회재활시설	1,248	1	조선장애어린이회복원, 보통강 종합편의, 대동강 장애인 문화센터[1)]
	장애인생산품판매시설	17		
	장애인의료재활시설	18	3	문수기능회복원, 함흥정형외과병원, 평안남도소아병원
정신 보건 관련 기관	광역형정신건강증진센터	15	213	49호[2)] 보양원 12개소(도 단위당 1개소), 49호 보양소 191개소(시 · 군 단위당 1개소)
	기초정신건강증진센터	209		
	중독관리통합지원센터	50		
	정신의료기관	1,449		
	사회복귀시설	333		
	정신요양시설	59		
특수학교		167	11	북한의 맹학교 3개소, 농학교 8개소[3)]
계		5,609	315	

주: 남한 현황은 2015년 기준, 북한 현황은 추정치.

1) 소수의 장애인에게 취업 기회를 제공하는 보통강 종합편의는 2007년 평양에서 시작되었다. 재봉작업장, 시계수리점, 머리방과 미용 시설을 갖고 있다. 평양 시내에 있기 때문에, 지역 주민이 이곳을 자주 이용하기는 하지만 일자리를 구하는 장애인의 수요가 여전히 많다. 2009년에 평양에 설립된 대동강 장애인 문화센터는 장애아동이 음악과 율동 그룹뿐만 아니라 다른 문화행사에도 참여하는 기회를 제공하는 것을 목표로 한다. 센터는 또한 장애인에 대한 인식을 높이고, 장애인과 주류 사회와의 통합을 조성하고자 한다. 이곳은 아마도 북한 전역에서 유일하게, 부모와 다른 가족 구성원이 가족인 장애자녀를 동반하고 와서, 지역사회와 장애아동이 서로 접촉할 수 있는 기회를 제공하면서 문화활동에 참여할 수 있는 곳이다. 한편으로는 이러한 기관이 존재하기 때문에, 장애자의 가족만이 아닌 센터 부근의 거주민이 장애인과 마주치는 것에 익숙해지고 있다. 하지만 완전한 사회 통합의 과정은 여전히 초기 단계에 머물러 있다(Zellweger, 2011: 21).

2) 북한에서 쓰이는 용어에는 숫자가 포함된 경우가 많다. '49호'는 정신장애인, '49호 병원'은 정신병원을 의미한다. 이는 1965년 발효된 정신장애인에 관한 '내각결정 49호'에서 연유한 숫자다(〈NK조선〉, 2010. 12. 10).

3) 1995년 봄, 북한은 청각 문제를 가진 960명의 아동을 위한 8개의 특수학교와 140명의 시각손상아동을 위한 3개의 특수학교의 목록을 국제 구호기관에 보고했다(카리타스-홍콩(Caritas-Hong Kong)의 내부자료, Zellweger, 2011: 18 재인용).

자료: 남한 복지시설 현황은 사회복지시설정보시스템(2017), 남한 정신보건 관련 기관 현황은 보건복지부 · 국립정신건강센터(2016: 104~106), 남한 특수학교 현황은 교육부(2015), 북한 현황은 정지웅 · 이철수(2016: 162~172)에서 재구성 후 추정.

통계치는 확보할 수 없어 추정만 가능하다. 먼저, 남한의 장애인거주시설에 해당하는 양생원은 도 단위당 1개소씩 배치되어 있다고 가정할 때 총 12개소로 추정된다.[10] 직업재활시설로는 경노동공장이 75개소(시·군·구역 단위 3개당 1개소 기준),[11] 영예군인공장 62개소(시 단위당 1개소), 지역사회재활시설이 1개소로 추정된다. 또한 장애인의료재활시설은 3개로 파악된다. 정신보건 관련 기관으로는 49호 보양원이 12개소(도 단위당 1개소 기준), 49호 보양소가 191개소(시·군 단위당 1개소)로 추정되고, 특수학교는 맹학교 3개소, 농학교 8개소로 총 11개소로 나타나고 있다.[12]

5) 남북한 장애인복지 재원체계

남한의 장애인복지를 수행하기 위한 재원은 일반조세, 사회보험, 이용료, 민간기부 등이 있다. 북한의 경우에는 일반조세, 이용료, 민간기부 등이 확인된다.

---

10) 북한의 행정구역은 그동안 60여 차례 개편되었으며, 현재는 1직할시, 2특별시, 9도 등으로 되어 있다(북한정보포털, 2017). 이렇듯 북한은 12개의 광역지자체에 62개 시, 129개의 군, 35개 구역으로 행정구역이 조직된 것으로 파악된다.

11) 시각장애인과 청각장애인은 경노동이 가능한데, 이러한 경우 3~4개 군을 하나의 단위로 통합하여 협동조합을 구성하여 별도의 경노동공장을 통해 취업이 이루어진다(이철수, 2012: 281).

12) 김홍덕(2005)에 의하면, 북한에서는 장애 관련 전문가조차 정신지체장애인이라든가 발달장애인, 다운증후군이라는 단어들을 생소하게 받아들이고 있었으며, 맹학교, 농학교는 존재하지만, 발달장애인을 위한 특수학교는 존재하지 않는다고 모두 인정했다고 한다.

먼저, 북한의 사회복지 정책 집행을 위한 재정은 기본적으로 전액 국가예산에서 지출되는데, 이를 보다 자세히 살펴보면 다음과 같다. 북한의 〈사회보장법〉 제 17조에 따르면 "사회보장금은 사회보장자의 생활을 보장하기 위하여 지출하는 자금이다. 재정은행기관과 해당 인민위원회는 사회보장금을 정확히 지출하여야 한다"라고 하여 정부의 사회복지에 대한 재정 지출 책임을 명시하고, 사회복지재정의 관리기관으로 재정은행기관과 인민위원회를 지정하고 있다. 북한의 〈사회보장법〉과 동일하게 〈장애자보호법〉 제 46조에서도 "국가계획기관과 로동행정기관, 자재공급기관, 보건기관, 재정은행기관은 장애자보호사업에 필요한 로력, 설비, 자재, 의약품, 의료기구, 자금을 제때에 보장하여야 한다"라고 명시함으로써 장애인복지 정책 재원으로서 조세가 중요한 재원임을 확인할 수 있다.

다음으로 이용료다. 북한의 〈사회보장법〉 제 26조에서는 "돌볼 사람이 없거나 돌볼 사람이 있는 경우에도 그의 부양을 받기 어렵다고 인정되는 사회보장자는 사회보장기관에서 생활할 수 있다. 부양의무자가 있는 대상을 사회보장기관에서 생활하게 하려 할 경우에는 본인의 동의를 받아야 한다. 이 경우, 부양의무자는 매달 정해진 부양료를 사회보장기관에 내야 한다"라고 하여 사회복지시설의 이용자가 일정한 이용료를 부담해야 함을 명시하고 있다. 이는 "시설수용자의 경우 부양의무자의 재정 기여를 분명히 했다는 것인데, 이는 무상 복지서비스를 강조하는 기존의 정책적 입장과 완전히 상반되고 북한도 남한처럼 유료복지시설을 운영"하고 있음을 나타내는 것이다(이철수, 2015: 193~194).

마지막으로 북한 장애인복지 정책의 재원으로서 특기할 만한 것은 바로 민간기부금으로서 '조선장애자원아기금'이다. 조선장애자보호련맹이 운영하고 있는 조선장애자원아기금은 2010년 1월에 창설되었는데, 북한의 "장애자들과 애육원, 육아원, 학원[13] 원아들의 권리를 옹호하고 건강과 복리를 증진시키기 위한 비정부단체"이다(조선장애자보호련맹, 2016). 본 기금을 통해 '장애자전문기업소' 설립, 장애아동을 위한 기능회복치료, 의료봉사, 영양상태 개선, 생활환경 개선, 문화, 체육, 예술 등의 사업을 수행한다. 이 기금은 북한당국의 출연금 이외에 국제 인도주의단체, 해외동포의 기부로 구성되어(조선장애자보호련맹, 2016) 북한 장애인복지 정책의 재원이 민간기부도 포함하고 있음을 알 수 있다.

2. 실천적 측면

1) 장애인복지서비스 대상의 특징

북한의 장애인복지서비스는 엄밀하게 말해 해방 이후부터 1950년대 초반까지만 해도 무장 항일운동 부상자와 한국전쟁 부상자(민간인 포함)를 주요 대상으로 했다. 하지만 이후 1978년 〈사회주의로동법〉이 제정

---

13) 북한에서는 고아를 지원하기 위한 아동복지시설로 육아원, 애육원, 학원이 있다. 육아원(育兒院)은 유치원 취학 전 아동을 양육하며, 애육원(愛育院)은 유치원 나이의 어린이를 양육하는 곳이고, 이후 초등학원(初等學院)과 중등학원(中等學院)에 입학하여 공부하며 생활한다. 이처럼 고아를 위한 '육아원-애육원-초등학원-중등학원' 연계 교육제도는 북한의 정규 의무교육 제도인 '탁아소-유치원-초등학교-초급중학교-고급중학교' 제도와 비교될 수 있다(최재영, 2015).

되면서, 동법 제 78조 "국가는 로동능력을 잃은 돌볼 사람이 없는 늙은 이들과 불구자들을 양로원과 양생원에서 무료로 돌보아 준다"라는 규정과 〈장애자보호법〉 제 40조 "국가는 로동능력을 완전히 상실한 장애자에게 보조금을 준다"라는 조항에 의해, 법률적으로는 모든 장애인을 대상으로 한 복지급여 할당이 규정되어 있다(노용오, 2006: 228).

그럼에도 불구하고, 북한에서 영예군인에 대한 복지급여 수준은 일반장애인에 비해 여전히 훨씬 높음을 알 수 있다. 즉, 북한 장애인복지급여의 할당은 모든 장애인에게는 최소 수준의 복지급여가 보편주의로 이루어지고, 영예군인에게는 비교적 높은 수준의 복지급여가 제공되는 선별주의가 적용되고 있다. 이 장에서는 먼저 일반장애인을 대상으로 하는 사업의 급여 내용을 살펴보며, 마지막에 영예군인을 위한 급여 내용을 살펴보도록 한다.[14]

2) 보건의료 관련 서비스: "장애자의 회복치료"

장애인을 위한 보건의료 관련 서비스를 북한에서는 "회복치료"라고 명명한다. 북한의 〈장애자보호법〉은 제 9조부터 제 14조까지를 회복치료 관련 규정으로 정하고 있다. 동법 제 9조에서는 "장애자의 회복치료는 장애자의 기능장애를 없애기 위한 중요한 사업이다. 의료기관과 해당 기관은 장애자에 대한 치료조직을 짜고 들며 그들이 전반적 무상치료제의 혜택을 원만히 보장받도록 하여야 한다"라고 되어 있고, 동법

14) 이하, 실천적 측면의 내용은 정지웅 · 이철수(2016: 162~174)를 재구성한 것이다.

제 14조에는 “보건지도기관과 해당 기관, 기업소는 교정기구, 삼륜차, 안경, 보청기 같은 보조기구를 계획적으로 생산 보장하여야 한다. 보조기구는 쓰기 편리하게 질적으로 만들어야 한다”라고 규정되어, 회복치료가 보건의료서비스와 장애인보장기구서비스를 포괄하는 개념임을 알 수 있다.

먼저, 북한의 보건의료서비스 제공과 관련하여 “각 도, 시, 군 병원에 기능장애자 치료를 위한 물리치료과가 있으며 중앙의 여러 병원에도 회복의학 강좌들이 있다”고 밝히고 있다(〈조선신보〉, 2013. 12. 17). 이와 별도로 북한 장애인의 건강권 보장을 위한 대표적인 시설로는 문수기능회복원을 들 수 있다. 〈조선신보〉(2013. 12. 17)에 따르면, 문수기능회복원은 2013년 12월 6일에 개원했으며 평양의 대동강 구역에 위치해 북한의 기능성회복치료의 모체병원 역할을 하는 기관으로, 총면적 1만 7,500여 제곱미터 규모의 3층 건물이다. 이 회복원은 병원 내 모든 구간의 단차를 없애 무장애환경으로 구성하고, 층마다 환자의 상태를 점검하기 위한 카메라가 설치되어 있으며, 접수와 약국의 접수대도 장애인의 편의를 도모하기 위해 높낮이가 조절되도록 설치되어 있다. 또한 회복원에는 손발치료실, 근육강화치료실, 일상생활동작치료실, 작업치료실, 물치료실, 감탕, 파라핀치료실을 비롯한 신경, 심장기능회복치료와 각종 물리치료, 외과치료를 할 수 있는 50개의 치료실과 10여 개의 입원실이 있다. 작업치료실에는 손정밀기능평가도구, 집게식손훈련도구, 25칸꼽기훈련판을 비롯하여 일정한 작업을 거듭하는 과정을 통해 치료받을 수 있는 60여 종의 치료기구가 구비되어 있다. 한편, 다목적렌트겐, 심폐기능검사기, 3차원심장초음파진단기, 체중

감중계, 뇌파기를 비롯한 150여 종에 달하는 치료설비가 일반기능장애환자에게 무상으로 제공된다. 향후 회복원에서는 기능장애자의 회복치료봉사를 진행하면서 각 도 병원을 대상으로 원격의료봉사도 진행할 계획이다(〈조선신보〉, 2013. 12. 17).

또한 조선장애자보호련맹은 지체장애인들이 교정기구를 착용하는데 편리하기 위한 절단수술을 받도록 함흥정형외과병원에 현대화를 실시했고 의료소모품과 약품을 보강했다고 밝혔으며, 장애인의 기능 회복에 더욱 유리한 환경을 마련하기 위하여 김만유병원을 비롯한 병원의 회복치료설비를 보강하고, 시중호료양소를 현대화했으며, 탄광을 비롯한 노동현장병원의 기능 보강도 실시했다고 밝히고 있다(〈NK조선〉, 2006. 4. 5).

북한에서는 "모든 장애자에게 접근 가능한 봉사를 제공하는 것은 조선장애자보호련맹 중앙위원회가 장애자에 대한 봉사사업에서 일관하게 견지하고 있는 원칙이다"(조선장애자보호련맹, 2016) 라고 명시함으로써, 장애인의 접근권에 대한 인식을 가지고 있는 것으로 판단된다. 북한에서 장애인보장기구를 생산하는 시설은 함흥영예군인교정기구공장, 송림교정기구공장, 평양영예군인교정기구수리공장 등이 있으며, 이 중 함흥영예군인교정기구공장은 북한에서 언론 노출이 가장 많은 대표적 시설이다. 1951년에 만들어진 함흥영예군인교정기구공장은 영예군인의 의수, 의지 등을 생산하고 있으며, 부지면적 23,310제곱미터, 건축면적 9,180제곱미터의 규모를 보이고 있다. 350명의 직원 대부분은 장애인 및 가족이며, 공장부지에는 의지, 보조기서비스를 받으러 오는 장애인을 위한 숙박시설도 갖추고 있다. 하지만 수요에 비해 공급

부족으로 기구의 지급까지 많은 기간이 소요된다(中西由起子, 2014). 특히, 함흥영예군인교정기구공장에서는 가죽 대신 불포화수지에 의한 교정기구제작기술을 완성한 것을 자랑거리로 보도하고 있다(〈로동신문〉, 2016. 7. 20).

조선장애자보호련맹에서는 장애인을 위한 '교정기구이동수리봉사'를 매년 수행하는데, 2015년 4월에는 조선장애자보호련맹과 함흥교정기구공장의 일꾼, 함흥정형외과병원의 물리치료사가 함께 황해남도 신천군의 지체장애자를 대상으로 사업을 진행했고, 이에 따라 286명의 장애인이 새로운 교정기구, 정형기구, 보조기구를 공급받았다(조선장애자보호련맹, 2016).

3) 무의탁 장애인 및 정신장애인 대상 시설복지

북한은 1953년 5월 내각지시(24호)를 통해 보호자가 없는 장애인은 각지에 설치된 '양생원'에 수용하여 자활훈련을 시키고 있다. 장애인을 대상으로 한 거주시설로는 양생원 외에 장애고아를 대상으로 한 '특수애육원', 정신장애인을 대상으로 한 '49호 보양원' 등이 있는데, 각 도에 49호 병원과 양생원이 하나씩 있고 각 군에는 49호 요양소가 하나씩 있다(북한보건의료네트워크, 2003).

49호 보양원은 남한의 정신병원에 해당하는 것으로, 진료와 검진을 실시한다. 시・군 단위에 설치되는 49호 보양소는 일종의 정신장애인 관리소라 볼 수 있다. 도 단위의 49호 보양원에서 검진 및 일정 기간 치료 이후 시・군 단위의 보양소로 환자를 내려보낸다. 시・군 보양소에서 이루어지는 치료 방법이란 특별히 없고, 취침 30분 전에 한 번 약물을 투약하는 것이 전부이며, 약물의 종류가 극히 제한되어 있고, 동일한 약을 장기 투여하다 보니 약물 중독에 걸리는 환자가 전체 환자의 약 30% 이상을 차지한다. 양약의 약물치료효과가 없어서 침, 뜸과 같은 한방 치료를 병행하고, 약제사는 직접 도라지, 두충, 대황, 율무, 결명자 등을 직접 가꾸는 것으로 전해진다(좋은벗들, 2006).

조선장애어린이회복원은 조선장애자보호련맹 중앙위원회 산하조직으로서 2012년 3월 29일 〈장애자보호법〉에 따라 정식 등록되어 활동하는 기관이다. 보건성과 연계 속에 북한 내에서 처음으로 장애아동의 조기발견과 회복을 전문으로 맡아 수행하게 되었다(국제푸른나무, 2016a). 조선장애어린이회복원에서는 장애아동의 영양 관리, 치료회복사업을 실시하고 있다.

4) 직업재활 및 고용서비스

북한에서 장애인의 노동을 보장하기 위한 시설은 장애자기능공학교, 장애자운송사업소, 만년필공장, 교정기구공장 등이 있다.

북한에서 장애인이 자신의 희망에 따라 노동을 영위할 수 있도록 지원하기 위한 사업은 1959년 9월 북한 소재 롱아학교와 맹학교가 운영되면서 시작되었는데, 이 교육 단위에서는 과외수업의 형태로 직업기술교육도 진행했다(〈조선신보〉, 2016. 5. 7). 또 1960년 장애인의 생산활동을 장려하기 위해 남포, 청진 등에 시각장애인 공장을 건설하고, 못, 우산, 가방의 손잡이 등을 생산했다. 그러나 이 공장은 1990년대 중반 고난의 행군[15] 시기에 경제적 곤궁으로 폐쇄되었다. 또한 지방 도시와 군 지역에서 봉사시설을 만들어 인감 조각, 시계 · TV · 신발 수리, 미용 등의 직업에 종사하게 했다(中西由起子, 2014).

이후, 북한에서는 2012년 5월 2일에 유럽연합(EU)의 지원으로 조선장애자보호련맹 중앙위원회에 의해 장애자기능공학교가 개교되었다(中西由起子, 2014). 여기서는 장애인에게 취미와 능력에 따라 재학 기간(2년)에 컴퓨터기술과 약전(弱電) 기술, 피복가공, 목재가공, 식료가공, 보조기구수리 등의 전문기술을 습득시키고 있다. 2016년 5월 기준으로, 제5기 개학식과 제3기 졸업식이 시행되었다(조선장애자보호련맹, 2016). 북한에서는 장애자기능공학교의 교원이 "우수한 실력가형의 대학졸업생으로 꾸려져 있다"라고 밝히고 있으며, 장애학생은 "국내의 모든 대학생과 꼭같이 국가로부터 교복과 학용품, 교과서를 무료로 공급받으며 공부하고 있다"(〈조선신보〉, 2016. 5. 7) 라고 선전하고 있다.

장애인의 노동현장으로는 평성만년필공장, 만경대만년필공장, 함흥영예군인교정기구공장 등이 있다. 여기서 일하는 노동자의 대부분은

15) 고난의 행군은 1994년 김일성 사망 후, 북한의 경제 사정이 극히 어려워지자 이를 극복하기 위해 주민의 희생을 강요하며 김정일이 내놓은 당적 구호이다. 1990년대 고난의 행군 시기(1996~2000년)를 상징하는 것은 배급의 중단, 배고픔과 굶주림, 질병과 죽음의 그림자로서, 실제로 2010년 대한민국 통계청이 UN의 인구센서스를 바탕으로 발표한 북한 인구 추계에 따르면 고난의 행군 시기 아사자 수는 대략 33만여 명이다. 즉, 고난의 행군이란 용어가 북한당국에게 사상의지를 강조하는 정치적 구호였다면, 북한주민에게는 국가의 배급 중단으로 인하여 자체적으로 생계 문제를 해결해야만 했고, 살기 위해 무엇이든 해야 했던 절박한 생존의 시기를 의미한다(북한정보포털, 2016).

장애인과 장애인의 가족(주로 아내)이며, 장애인 가족은 장애노동자의 조수 역할로 함께 일하고 있다(中西由起子, 2014).

장애자운송사업소에서도 장애인이 일하고 있다. 장애자운송사업소는 주조유럽동맹협조대표부 7조와 조선마라나타신용그룹, 국제푸른나무의 재정적 및 기술적 지원을 통해 설립되었으며, 이후 운송사업소를 장원물자보장소로 확대하고 업종을 늘렸고, 경영활동을 활성화하는 데 필요한 건물과 정보 설비, 식료품가공 설비를 보강했다(조선장애자보호련맹, 2016). 장애자운송사업소에서는 향후 총 20대의 장애인콜택시를 운영할 예정이며, 이미 확보된 5대를 우선 운영하도록 준비하고 있다(국제푸른나무, 2016b).

한편, 조선장애자보호련맹(2016)은 조선장애자원아기금과 러시아동포의 협력으로, 장애자피복생산실을 설립할 예정이라고 밝히고 있다. 이 시설은 800여 제곱미터의 건물에 장애인 고용률은 30% 이상이며, 장애인이 피복 임가공, 주문봉사 등 주요 생산활동에 참가할 것이라고 선전하고 있다.

5) 시각 및 청각장애인 대상 서비스

북한에서는 북한당국의 승인에 따라 조선맹인협회와 조선손말통역원협회가 2014년 3월 22일 결성되었다(조선장애자보호련맹, 2016). 조선장애자보호련맹 중앙위원회에 따르면 "조선맹인협회는 맹인으로 조직된 맹인의 자립조직으로서 조선민주주의인민공화국 공민권을 가진 모든 맹인의 리익을 대변하며 그들의 사회적 지위를 보장하고 당당한 권리를 행사하도록 하는 것을 기본사명"으로 설립되었다. 또한 "협회는 맹인 속에서 제기되는 의견과 그들의 수요를 정상적으로 조사 장악하고 충족시키기 위한 활동과 맹인교육에 깊은 관심을 돌리며 맹인직업교육을 비롯하여 점글자출판물의 제작, 보급 및 공보활동을 적극 벌려 협회에 대한 국내외적인 관심과 지원을 강화하기 위한 활동을 진행한다"고 소개하고 있다(조선장애자보호련맹, 2016). 조선맹인협회는 세계맹인동맹에 가입하기 위한 준비를 하고 있다(〈조선신보〉, 2014. 6. 24).

한편, 조선손말통역원협회는 "롱인들이 사회활동과 국제무대에서 동등한 기회와 평등, 충분한 참가를 보장받도록 하는 것을 기본사명으로 하며 정치, 경제, 문화의 모든 분야에서 손말에 기초한 롱인들의 자유로운 언어적 접근과 교제를 보장하여 롱인들의 의사와 요구를 충분히 실현하도록 하는 것을 기본임무"로 설립되었으며, 역시 조선장애자보호련맹 중앙위원회에 따르면 "협회는 손말통역에서 과학성, 유연성, 지속성, 동시성을 철저히 보장하며 TV를 비롯한 대중보도 수단, 다매체편집물들에 손말자막을 도입함으로써 손말의 표준화를 실현하며 롱인체육을 발전시키고 세계손말통역원협회와 여러 나라 손말통역원협회들과의 쌍무적 및 다무적 협조를 강화하기 위한 활동을 진행한다"라고 소개되고 있다(조선장애자보호련맹. 2016).

시각장애아동은 초등학교 4년, 중학교 5년 등 총 9년간의 특수교육과정을 기반으로 8,500시간의 교육을 받는다. 맹학교는 1959년 3개소가 개교되어 운영 중이며, 이 중 가장 큰 학교가 '대동맹학교'(평안남도 대동군 소재)로서, 8세부터 21세까지 41명이 한 반에 평균 5명으로 점자출판회의소가 제작한 교과서 및 점자장치를 사용하여 공부하고 있다.

학생 중 40%는 약시이지만 점자학습은 필수이다. 몇 살이라도 입학이 가능하며 월반도 가능하다. 교사는 15명이 있으며, 모두 정안인(正眼人)이다. 기숙사가 병설되어 한 방에 5명이 생활하고 교사 한 명이 사감을 맡는다. 시각장애아동의 가족은 대중교통이 없고 국내 장거리 이동이 일반적이지는 않은 형편과 이동 시에 특별한 허가가 필요함에 따라 학교로 자주 올 수는 없지만, 휴가철 등을 이용하여 아동과 가족이 함께 시간을 보낸다. 시각장애인에 특화된 고등교육도 존재하는데, 가령 청진의과대학은 1995년에 장애인을 위한 3년 과정의 고려전통의학 교육을 실시하고 있다. 이에 1998년에 남성 4명, 여성 2명이 전통의사

〈표 8-10〉 북한의 시각장애인복지 사업 사례

사업명	내용
전문출판사와 맹학교 연결 정보망 구축	조선맹인협회는 시각장애인을 위한 점글자정보기술센터 구축사업을 통해, 맹인들을 위한 점글자인쇄물을 전문으로 출판하는 광명출판사와 대동맹학교(평양시 대동군), 함흥맹학교(함경남도 함흥시), 봉천맹학교(황해남도 봉천군)를 연결하는 정보망을 형성한다. 이를 통해 맹학교 학생들은 컴퓨터망을 통하여 음성으로 된 각종 자료를 입수 이용할 수 있으며 필요한 내용을 점자로 인쇄하여 사용할 수도 있다(〈통일뉴스〉, 2014. 6. 25)
시각장애 회복을 위한 국제협력	조선장애자보호련맹 중앙위원회는 백내장에 의한 시각장애의 회복사업 위해, 네팔 띨겅가안과센터(Tilganga Eye Center)와 백내장 방지 및 치료 분야에서의 협력을 진행하고 있다. 그 일환으로 2013년 9월 10일부터 23일까지 박사 리따 그룽(Dr. Reeta Grung)을 단장으로 하는 네팔 띨겅가안과센터 대표단이 조선장애자보호련맹 중앙위원회의 초청으로 북한을 방문하여 평양안과병원과 평안북도인민병원에서 800여 건의 백내장수술을 진행했다. 오스트랄리아 프레드 홀로우즈재단(Australia Fred Hollows Foundation)의 후원을 받고 있는 네팔 띨겅가안과센터는 방문 과정에서 안과의사들에 대한 강습을 진행했으며 3대의 수술현미경, 초음파검진기, 이동식세극등과 6천여 개의 인공수정체 등 안과설비와 소모품을 기증했다. 또한 대표단은 조선장애자보호련맹 중앙위원회와 2014년부터 《회복가능한 실명에 관한 신속평가》(Rapid Assessment for Avoidable Blindness) 조사를 진행하는 데서 나서는 실무 문제들을 토의했다(조선장애자보호련맹. 2016).

〈표 8-11〉 북한의 청각장애인복지 사업 사례

사업명	내용
손말강습(수화교육)	2014년 5월 초부터 7월 초까지 조선장애자보호련맹 중앙위원회의 주최하에 봉천, 봉산, 운전, 성천롱아학교들에서 조선손말강습이 진행되었다. 강습에는 롱아학교 학생들의 학부형들과 지역주민들을 포함하여 130여 명이 참가했다(조선장애자보호련맹. 2016).
청력장애회복강습	조선장애자보호련맹 중앙위원회와 《올 이어즈캄보쟈》와의 청력장애 방지 및 회복관련 협력사업이 2015년 5월 8일부터 5월 22일까지 진행되었다. 강습에서는 청력진단학의 구체적인 내용들을 취급하고 청력장애어린이들을 위한 청력회복실을 꾸리기 위한 실무적 문제에 대하여 서로 의견을 교환했다. 또한 봉산롱아학교와 봉천롱아학교의 롱인학생들을 대상으로 청력장애회복봉사도 진행했다(조선장애자보호련맹. 2016).

학위를 수여받은 이후, 지속적인 교육이 이루어지고 있다(中西由起子, 2014).

북한에는 청각장애인을 위한 당사자단체로 2013년 12월에 창립된 조선농인협회가 있다. 본 협회는 모든 임원이 농인이며, "롱인의 권리를 대표하고 사회활동에서 그들의 창조적 능력과 가능성을 최대한 발양시켜 부를 창조해 나가도록 하는 것"을 협회의 기본사명으로 제시하고 있다(〈조선신보〉, 2014. 6. 24). 또한 농인 관련 국제기구와의 협력 강화, 농인 직업교육 실시 등의 사업을 수행하고 있다. 본 협회는 2011년 2월 9일 조선장애자보호련맹 중앙위원회와 세계롱인련맹 사이에 채택된 양해각서에 따라, 세계농인연맹에 성원국으로 가입하기 위한 사업을 추진하고 있다(〈조선신보〉, 2014. 6. 24).

청각장애아동 교육의 경우 시각장애아동과 마찬가지로 초등학교 4년, 중학교 5년 등 총 9년간 8,500시간의 특수교육을 받는다. 농학교는 원산시, 함흥시, 성천군, 봉산군 등에 8개교가 있고, 6세부터 15세까지의 약 1,250명이 수화로 교육을 받고 있다(中西由起子, 2014).

6) 중증장애인 대상 현금급여

북한의 〈장애자보호법〉 제40조에는 "국가는 로동능력을 완전히 상실한 장애자에게 보조금을 준다"라는 조항이 명시되어, 노동이 어려운 중증장애인을 대상으로 한 현금급여가 법규화되어 있다. 하지만 북한에서 실제로 중증장애인에게 현금급여가 제공되는지에 대해서는 자료 접근의 한계상 정확한 확인이 어렵다. 다만, 국내 언론의 북한이탈주민 인터뷰에 따르면 "현재 북한 기업소의 80%가 멈춰 있고, 가동되는 기업소에서도 제때 임금을 주지 않는 판에 장애인을 위해 보조금을 지급한다는 것은 믿을 수가 없다"라는 응답이 있어(〈데일리NK〉, 2005. 4. 20), 최소한 북한에서 현금급여 지급이 매우 어려운 상황임을 알 수 있다.

북한의 한 시각장애인이 북한 모 월간지에 기고한 글에 따르면, 북한에서는 생활비방조금, 특전보조금, 치료안내비, 관혼상제보조금, 맹아장학금 등의 현금급여가 제공되고 있으며, 이 중 "치료안내비란 맹인공장에서 일하는 맹인이 치료를 위하여 병원으로 갈 때 그를 안내한 종업원에게 지불하는 생활비와 려비이다. 맹인공장에 관한 규정에는 맹인이 치료를 위하여 병원에 갈 때 혼자 갈 수 없어 공장종업원이 함께 갔다 오는 경우 안내자의 생활비(기준생활비)와 려비를 특전자금에서 쓴다고 되어 있다"(〈연합뉴스〉, 2013. 10. 14)라고 제시되어 여러 종류의 현금급여가 존재하고 있는 것으로 판단된다.

7) 영예군인 대상 복지급여

지금까지 살펴본 장애인복지제도의 수준과 비교해 보았을 때, 북한에서 영예군인[16]에 대한 지원은 상대적으로 높은 수준으로 이루어지고 있다(김석향, 2010; 노용오, 2006). 김석향(2010: 15~16)은 북한의 〈장애자지원법〉 제7조[17]와 〈인민보건법〉 제11조[18]에 영예군인에 대한 "사회적 우대"와 "특별한 배려"를 해야 한다는 점이 강조되며 선전되고 있음을 제시했고, 《김일성 저작집》에 "영예군인들과 불구자로 된 애국자들이 인민경제 여러 부문에 진출하여 일할 수 있도록" 영예군인학교를 설치하고 영예군인공장을 설립하여 이들이 일하며 생활하는 데 필요한 조건을 다 보장해 주어야 한다고 독려하고 있다고 분석했다. 그 밖에, 〈조선녀성〉이라는 북한잡지의 분석을 통해, 북한사회 내에서 기차나 버스, 식당에 영예군인 좌석을 지정하고 상점 등에서 영예군인 우선봉사 안내문 등이 설치되며, 시설이 잘 갖추어진 살림집을 공급하는 등의 지원이 이루어지고 있음을 제시하고 있다(김석향, 2010: 15~16).

실제로, 영예군인에 대한 지원제도는 특별하게 구성되어 있다. 영예군인은 부분 노동이 가능한 경우 각 시·군 단위로 있는 경노동공장에 취업하며, 영예군인으로만 구성된 이른바 '영예군인 기업소'가 행정단

---

16) 북한에서는 상이군인(傷痍軍人)을 영예군인(榮譽軍人)이라고 한다.

17) "국가는 조국과 인민을 위하여 헌신한 영예군인을 비롯한 장애자를 사회적으로 우대하도록 한다."

18) "국가는 혁명투사, 혁명렬사 가족, 애국렬사 가족, 영예군인, 인민군 후방 가족의 건강 관리에 특별한 관심과 배려를 돌린다."

위별로 구성되어 있다. 이 기업소의 전체 노동자 중 10%는 영예군인의 가족인 비장애인으로 구성되어 있다(노용오, 2006: 229).

영예군인의 고용 이외에, 무상치료와 교정·의료기구 무상보급, 매월 정기검진, 간병인 보조, 거주시설을 통한 장기치료, 영예군인병원, 영예군인요양소·휴양소 등이 있으며, 특히 영예군인 본인이 입원보다 자택에서 치료를 희망할 경우 간병인을 영예군인 자택에 파견해 주기도 한다(노용오, 2006: 229).

영예군인학원은 북한의 영예군인 재활교육을 담당하는 고등교육기관으로, 군 복무 중 부상으로 제대한 군인인 영예군인을 대상으로 하는데, 1972년 9월부터 3년제 고등전문학교체제로 개편했다. 이 학교를 졸업하면 전공한 학과에 따라 준(準) 기사 자격을 수여하며 동시에 대학 입시 자격도 주어진다. 교육과 생산노동, 이론 및 실천교육을 밀접하게 연결해 기술자와 전문가를 육성하고자 공업경제학과, 건축설계학과, 기계설계학과 등을 개설했고, 1년제 양성반도 함께 개설되어 있다(한국학중앙연구원, 2016). 시설로는 3만 1천 제곱미터의 부지에 교사(校舍) 2동과 3층짜리 기숙사, 식당, 목욕탕 등 편의시설, 원생의 부식물을 생산하는 양어장(450제곱미터), 채소 온실(560제곱미터), 버섯 재배장(50제곱미터) 등이 있고, 강사진은 김일성종합대학, 김형직사범대학, 김책공업종합대학 출신 및 이 학원을 졸업한 영예군인으로 구성된다(〈연합뉴스〉, 2006. 2. 23). 학원 졸업 이후에는 각 공장을 비롯하여, 기업소와 경제기관 등에서 활동할 수 있다(한국학중앙연구원, 2016). 거동이 불편해 학습이 불가능한 영예군인을 위해 북한 전역의 영예군인을 대상으로 하는 통신학습반도 설립되었다(〈NK조선〉. 2013. 10. 28).

한편, 영예군인에게 공적연금을 지급하는데 노동능력완전상실 1급, 노동능력일부상실 2급, 노동능력가능자 3급, 경노동가능자 4급에 따라 각기 다른 급여[19] 가 지급된다(이철수, 2003; 노용오, 2006: 229 재인용).

3. '사람의 통합' 관점하 장애인복지의 쟁점과 과제[20]

1) 법률 및 복지제도 구성의 쟁점과 과제

북한의 장애인 관련 법규는 남한에 비해 매우 미약하며 단편적인 수준에 머물러 있기 때문에, 남한의 선진적인 장애인 관련 법규를 북한지역에 적용하는 것을 목표로 설정할 필요가 있다. 이렇게 법률의 정비가 이루어지면, 자연스럽게 장애인복지제도 구성도 이루어진다.

이를 위해 통합 제1단계에서는 현재 북한지역 장애인복지제도를 존치하면서 그 수준을 확대하고 강화시키며, 이를 위해 남한지역에서 적정 수준으로 인력 및 자원, 콘텐츠 등을 지원해 주면서 북한지역의 법규를 남한의 장애인복지 관련 법규를 기준으로 하여 단계적으로 정비해

19) 1급은 연금(최종급여 사병 100%, 군관 50%), 식량 배급(1일 본인 800g, 가족 400g), 원호금과 주택 무료제공이, 2급(1일 1~2시간 가능)은 연금(최종봉급 기준 사병 100%, 군관 50%), 원호금, 식량 배급(1일 본인 700g)이, 3급은 연금(최종급여 50%, 사병만 해당), 식량 배급(1일 본인 700g)이, 4급은 유급휴가, 무료치료가 제공된다(이철수, 2003; 노용오, 2006: 229 재인용).

20) 정지웅(2018: 327~333)을 토대로 재구성했다.

나가는 작업이 수행되어야 한다. 여기서 북한지역의 장애인복지 관련 법규의 정비는 북한에 새로운 법규를 제정하는 것을 목표로 추진되어야 할 것이다.

통합 제 2단계가 되면, 남한의 장애인복지제도를 북한에 동일하게 설계할 수 있도록 법률 개정 및 제정 작업이 이루어져야 한다. 단, 법규에 근거하여 현실의 행정과 정책이 구비되어 실제적 적용이 이루어져야 하는 만큼, 북한지역에 적용되는 장애인복지급여 수준에 대한 규정은 북한지역의 현실을 고려한 단계적 확대가 이루어지도록 단서조항을 설정하는 것이 요구된다. 물론, 이러한 단서조항의 설정은 경우에 따라 위헌(違憲)의 요소가 다분히 있다고도 할 수 있다. 하지만 현실의 사회경제적 상황을 무시한다면 통일한국의 지속가능한 발전을 담보할 수 없기 때문에, 법학적으로 치밀한 논리 개발과 함께 남북한 지역주민의 갈등을 최소화할 수 있는 고도의 정치적 역량이 발휘되어야 할 필요가 있다.

2) 공급체계 설계 쟁점의 쟁점과 과제

북한지역의 장애인복지 공급체계의 설계에서 중요한 사항은 장애인복지기관을 확충하는 것이다. 장애인복지기관은 장애인복지서비스 공급의 일선에서 장애인에게 직접적으로 서비스를 제공하기 때문에 적정한 수준의 시설 및 기관을 설립하는 것은 매우 중요한 과제가 된다. 이때 어떠한 시설을 우선적으로 건립해야 하는가가 쟁점사항이 될 수 있다. 이와 관련하여 남한지역의 장애인구 대비 시설 수를 기준으로 북한지역에 건립이 필요한 시설 수를 산출해 보면, 거주시설 756개소, 직업재활시설 285개소, 지역사회재활시설 636개소, 장애인생산품판매시설 9개소, 장애인의료재활시설 9개소, 정신보건 관련 기관 1,078개소, 특수학교 85개소 등이다.

이러한 추가 건립 필요기관 수의 절대치만을 보았을 때, 북한지역에서 추가 건립이 가장 우선적으로 이루어져야 하는 기관은 정신보건 관련 기관이며, 다음으로 거주시설, 지역사회재활시설, 특수학교, 직업재활시설 등임을 알 수 있다.

하지만 실질적으로 북한의 장애인복지가 총체적으로 낮은 수준임을

〈표 8-12〉 남북한 장애인 1만 명당 장애인기관 수

구분		남한		북한		
		시설 수	남한 장애인 1만 명당 시설 수	시설 수	북한 장애인 1만 명당 시설 수	남한 기준으로 추가 필요 시설 수
장애인 복지 시설	거주시설	1,484	5.69	12	0.09	756
	직업재활시설	560	2.15	75	0.56	285
	지역사회재활시설	1,248	4.78	1	0.01	636
	장애인생산품판매시설	17	0.07	0	0.00	9
	장애인의료재활시설	18	0.07	3	0.02	9
정신보건 관련 기관		2,115	8.10	213	1.60	1,078
특수학교		167	0.64	11	0.08	85
계		5,609	21.49	315	2.37	2,858

주: 시설 수는 2016년도 기준; 남북한 장애인구는 2040년 추정치.

〈표 8-13〉 북한지역에 건립이 필요한 장애인복지기관 우선순위

우선순위	1순위	2순위	3순위	4순위
내용	정신보건 관련 기관	거주시설	지역사회재활시설, 특수학교	직업재활시설, 의료재활시설

감안할 때, 특정 서비스가 아닌 종합적인 장애인복지서비스를 공급할 수 있는 일선 복지전달체계인 남한의 장애인복지관 모형의 시설을 건립하는 것이 필요하다. 이에 대해 장용철(2015: 91)은 "장애인종합복지관 12개소"(평양 등 3개 특별시 및 9개 도 단위 1개소) 설치를 제안하는데, 남북이 협력하여 1차적으로는 이 정도의 규모로 추진하는 것이 타당하다고 판단된다. 이러한 계획을 달성하기 위한 첫 단계로 북한에서 추진하고 있는 '대동강 장애인종합회복원' 건립을 참조할 수 있다. 대동강 장애인종합회복원은 "지역사회복지의 거점센터로서 장애인뿐만 아니라 북한사회의 다양한 세대와 문화, 교육, 여가 등을 통합하여 궁극적으로 행복한 자립생활을 즐길 수 있게끔 하며 남한과의 효과적이며 효율적인 연계와 상호 협력을 통해 북한 상황에 맞는 장애인복지 기술을 개발하고 인큐베이팅하여 구체적으로 북한 내 다른 지역에서도 이와 같은 모델의 시설을 설치하고 운영"(이준우, 2015: 21)을 추구하는 종합적 장애인복지서비스 제공기관이다. 이러한 장애인종합복지관 모델의 시설은 대동강 장애인종합회복원 건립의 경우와 마찬가지로 "정부가 직접 나서기보다는 북한의 대내외 채널로 조직한 연로자보호연맹, 장애자보호연맹, 조선어린이후원협회 등과 상대되는 남한 내 복지단체 등 민간자원을 동원하는 것이 바람직하다고 보인다"(장용철, 2015: 92~93). 이는 현실적으로 정부 차원에서 남북교류 협력이 이루어지기가 쉽지 않기 때문이다.

공급체계 구축과 관련하여 또 다른 쟁점은 장애인복지시설 등 일선에서 장애인복지서비스를 전달하는 기관의 공사 구분을 어떻게 설정할 것인가이다. 주지하다시피 남한의 장애인복지시설 대부분은 사회복지법인에 의해 운영되는 민간기관이다.[21] 한편, 북한의 모든 장애인복지시설은 공공기관으로 파악된다. 따라서 남한의 장애인복지 공급체계를 북한에 이식할 경우, 북한에 새롭게 건립되는 장애인복지시설이라면 사회복지법인이 주체가 되어 운영하면 되겠지만, 이미 존재하는 장애인복지기관의 성격을 공공 부문으로 존치해야 하는지, 아니면 사회복지법인에 위탁해야 하는지에 대한 논의가 진행될 수 있다. 만약 기존의 북한지역 장애인복지기관을 사회복지법인에 위탁하여 운영할 경우, 장애인복지기관 종사자의 신분과 처우와 관련한 갈등이 제기될 수 있다.

공급체계 설계에서 마지막 쟁점은 북한에 현재 존재하는, 장애인에게 특화된 별도의 공급체계, 즉 "조선장애자보호련맹-도 련맹-시·군 련맹" 조직을 어떻게 개편할 것인가이다. 조선장애자보호련맹은 북한의 장애인복지 공급체계에서 중요한 기능을 하리라 예측된다. 이러한 전달체계는 남한의 장애인복지 전달체계보다 전문성과 접근성이 강화된 것이라고 할 수도 있다. 따라서 북한의 장애인복지 공급체계를 기준으로 남한의 장애인복지 공급체계를 확대 개편하는 것도 고려할 수 있겠다.

---

21) 사회복지법인의 성격을 공공 부문으로 볼 것이냐 사적 부문으로 볼 것이냐에 대해서는 의견이 갈린다. 사회복지법인을 민간 부문으로 인식하는 입장(김영종, 2003; 문순영, 2005; 이혜경, 1998)이 있는 반면, 공공 부문으로 인식하는 입장(김연명·박상희, 2012; 김정환, 2009; 김종해, 2000; 표갑수, 2010)이 있다. 이 장에서는 사회복지법인을 민간 부문으로 파악하고자 한다. 왜냐하면 북한의 국가중심체계에 비했을 때, 남한의 사회복지법인의 민간기관으로의 성격이 더욱 부각되기 때문이다.

3) 서비스 급여 수준의 쟁점의 쟁점과 과제

남북한의 장애인복지가 통합되었을 때 급여 수준을 어떻게 설정할 것인가는 가장 첨예하고도 예민한 쟁점이 될 것이다. 특히, 북한지역 장애인복지제도 수급자의 급여 수준을 남한지역과 비교해 보았을 때 어떻게 설정할 것인가에 대한 결정이 이루어져야 한다.

단순히 경제학적인 관점에서 고려해 본다면, 북한지역의 급여 수준을 남한과 동일하게 하는 것은 자원 배분의 왜곡을 가져오고 경제 성장에도 악영향을 미치기 때문에 바람직하지 않다. 하지만 정치학적 관점에 의하면 남북통합 이후 북한지역의 주민 역시 통일한국의 국민이기 때문에, 동일한 제도 내에서 급여 수준을 차등적으로 설정하는 것은 위헌의 요소와 함께 남북한주민 간 심각한 갈등을 유발할 수 있다.

따라서 북한지역의 장애인복지급여 수준은 단계적으로 상승하되, 법률적 위헌 요소와 사회적 갈등을 최소화할 수 있도록 통합 제 1단계 때부터 법률적 검토와 정치적 합의를 위한 치밀한 준비가 이루어져야 할 필요가 있겠다.

4) 서비스 질의 쟁점의 쟁점과 과제

사회복지에서 서비스의 질은 사회복지인력의 전문성 정도에 크게 좌우된다. 따라서 양질의 장애인복지서비스가 전달되기 위해서는 북한지역에 장애인복지의 전문성이 확보된 전문인력을 안정적으로 공급하는 것이 필수적이다.

장애인복지 인력의 전문성은 교육에 달려 있다. 따라서 북한지역에 사회복지 및 장애인복지 교육 전문기관을 설립할 필요가 있다. 이를 위해 우선 북한에 존재하는 2년제 및 4년제 대학에 사회복지(학)과를 설립하고 사회복지 정책 및 실천에 특화된 학교를 전략적으로 육성하는 것도 고려할 수 있다.

북한에서 장애인복지 인력에 대한 수요는 매우 높을 것이기 때문에 단순히 대학교육을 통한 인력 공급에는 한계가 있을 것이다. 따라서 정부는 다양한 주체가 장애인복지서비스 공급에 참여할 수 있는 환경을 제공해야 할 것이다. 가령, 남한에서 사회복지의 시작이 종교기관을 통해 이루어진 것처럼, 북한 선교 및 포교에 관심이 있는 종교기관이 사회복지사업을 통해 포교활동이 이루어지도록 유인하는 것이 필요하다. 정부는 종교기관과 유기적인 협력관계를 형성하여 북한의 장애인복지 인력 및 인프라가 확충되는 데 전략적인 접근을 취하는 것을 적극적으로 고려할 필요가 있다.

5) 재정의 쟁점과 과제

북한의 장애출현율이 남한과 유사하고, 남한의 장애인복지를 북한에 동일한 내용으로 이식한다고 가정했을 경우, 통일한국의 장애인복지 집행을 위한 재정은 현재보다 상당 수준으로 상승할 것으로 예상된다.

여기서 상승의 수준은 완전통합이 언제 이루어지느냐, 북한지역 장애인의 급여 수준을 어떻게 설정하느냐에 따라 달라진다. 남북통합 속도를 급진적으로, 북한지역 장애인복지급여 수준을 남한과 동일하게

〈표 8-14〉 남북통합 속도와 북한지역 장애인복지급여 수준에 따른 재정 부담 수준

기준		북한지역 장애인복지급여 수준	
		남한과 동일	점진적 상승
남북통합 속도	급진적	매우 높음	높음
	점진적	높음	적정

설정하면 재정 소요는 천문학적 부담으로 오게 될 것이다. 반대로 남북통합 속도를 점진적으로, 북한지역 장애인복지급여 수준을 단계적으로 상승시킨다면 재정 부담은 적정한 수준으로 관리될 수 있을 것이다.

북한지역의 장애인복지가 보다 안정적으로 운영되기 위한 재원으로, 통합 제 1단계에서는 조세 이외에 국제장애인구호단체 등의 협조를 통한 조선장애자보호련맹의 조선장애자원아기금 액수 증가를 전략적으로 고려할 필요가 있다. 현재 북한의 장애인에 대한 국제사회의 관심이 높다는 점을 감안한다면, 이렇게 확보된 기금은 북한 장애인사회의 개발에 유용하게 활용될 수 있을 것이다. 이를 위해 남한의 국제구호단체들이 조선장애자보호련맹에 모금과 홍보 노하우를 전수하는 것이 요구된다.

6) 남북 장애인 교류 · 협력의 쟁점과 과제

남북의 장애인 교류 · 협력의 과정에서 상호 교류의 창구를 어떻게 설정해야 하는가가 현실적으로 중요한 쟁점이 된다. 핵심적으로 제안한다면 남북교류의 창구는 단일화하는 것이 용이할 것이다. 왜냐하면 소통창구의 단일화를 통해 남북 간 장애인복지 교류 · 협력의 혼란을 줄이

고, 신뢰성과 책무성을 담보·증진하며, 상호 협력내용의 중복과 누락을 방지할 수 있기 때문이다.

실제로 북한의 조선장애자보호련맹은 남한의 단일창구를 요구한다고 밝힌 바 있다(〈함께걸음〉, 2015. 8. 1). 물론, 대북 장애인복지 교류·협력의 단일창구를 맡은 기관이 모든 사업을 독자적으로 수행할 수는 없다. 남한에 존재하는 장애유형별 장애인단체는 각 단체의 전문성을 살려 북한의 장애인을 지원할 수 있도록 북한의 유사한 장애유형별 단체와 각기 협력하되, 소통의 창구는 단일창구를 맡은 기관을 활용하는 것이다. 가령, 한국시각장애인연합회는 조선맹인협회와, 한국농아인협회는 조선롱인협회 및 조선손말통역원협회와, 중앙정부차원의 장애인고용촉진기금과 지방정부(서울시) 차원의 사회복지기금(장애인복지계정) 등은 그 성격이 유사한 조선장애자원아기금과 교류·협력하며 서비스 제공 협력 및 통합에 대한 준비를 추진할 수 있을 것이다.

이상과 같은 중장기적 교류·협력 이외에, 보다 단기적으로 수행할 수 있는 교류·협력 사업으로는 장애인보장구나 장애인교육용 교재 지원, 장애인재활기술 상호 전수 등을 고려할 수 있다. 아울러 체계적인 북한장애인에 대한 각종 정보 수집, 장애인에 대한 남북한의 정확한 정보 공개, 이를 통한 남북한의 지속적인 연구와 관찰, 남북한장애인 당사자 및 전문가의 상호 교류 역시 남북교류의 활성화를 위하여 개선되고 고려해야 할 사안들이다.

참고문헌

고용노동부(2014). 《2014년 산재보험 사업연보》. 세종: 고용노동부.

교육부(2015). 〈2015 특수교육통계〉. 교육부.

국민연금관리공단(2015). 《2015 국민연금통계연보》. 전주: 국민연금관리공단.

국제푸른나무(2016a). 국제푸른나무 홈페이지. http://www.greentree-korea.org. 2018. 10. 30 인출.

______(2016b). "국제푸른나무 2016년 2차 방북 보고서". 국제푸른나무 홈페이지. http://www.greentreekorea.org. 2018. 10. 30 인출.

김동일·배성직(2001). "북한의 특수교육: 역사적 전개와 현황에 대한 이해". 〈특수교육연구〉, 8권: 27~46.

김동일·이태수(2007). "북한의 특수교육 교육과정에 관한 탐색적 연구". 〈특수교육학연구〉, 42권 3호: 149~165.

김명옥(2015). "우리 나라에서 돌볼 사람이 없는 늙은이, 장애자, 어린이들에 대한 생활보장의 법적담보". 〈김일성종합대학학보: 력사, 법률〉, 61권 2호: 77~80.

김석향(2010). "북한의 공식담론에 나타나는 영예군인과 그를 돌보는 여성 이야기의 사회적 의미 분석". 〈현대북한연구〉, 13권 2호: 7~46.

______(2011). "북한 장애인의 일상생활 현황: 북한이탈주민의 인식을 중심으로". 〈북한연구학회보〉, 15권 1호: 85~110.

김연명·박상희(2012). "공공복지인가? 민간복지인가?: 사회복지법인의 성격에 관한 연구". 〈비판사회정책〉, 36권: 7~38.

김영종(2003). "한국 사회복지서비스의 공공과 민간부문간 협력체계". 한국사회복지학회 2003년도 춘계학술대회 자료집〉. 한국사회복지학회.

김정환(2009). "사회복지시설에 관한 공법적 고찰". 연세대 법학과 박사학위 논문.

김종해(2000). "사회복지시설의 현황과 발전방향: 법인과 시설의 사회화를 중심으로". 〈상황과 복지〉, 8권: 13~42.

김추자(2015). "통일교육과 남북교류협력사업 활성화 방안". 시민통일교육과 남북교류협력 사업 활성화를 위한 조례 제정 방안 모색 정책토론회. 박정현 대전시의원실.

김홍덕(2005). "북한에도 장애인이 있습네다: 조이장애선교센터, 북한 장애인 사역 위해 8일간 북한 땅밟아". 〈뉴스앤조이〉.
노용오(2006). "북한의 장애인복지 정책, 제도, 지원전략". 〈한국동북아논총〉, 41권: 215~234.
노용환(2000). "북한의 보건의료기능 평가와 대북지원정책 기본방향". 〈남북한 보건의료〉 1권: 27~46. 서울: 한국보건사회연구원.
〈데일리NK〉(2005. 4. 20). "장애인들은 평양에 살 수 없어요".
______(2006. 10. 23). "장애인 재활 돕는 北 장애자보호연맹".
〈로동신문〉 (2016. 7. 20). "제힘을 믿고 일어설 때 불가능이란 없다".
문순영(2005). 《한국의 민간 비영리사회복지부문에 대한 이해》. 고양: 한국학술정보.
박범종(2010). "남북한 통일 대비 복지재원 확보방안에 관한 연구: 독일통일사례를 중심으로". 〈한국시민윤리학회보〉, 23권 2호: 197~216.
박종철 · 허문영 · 강일규 · 김학성 · 양현모 · 정순원 · 정은미 · 최은석(2011). 《통일대비를 위한 국내과제》. 서울: 통일연구원.
법무부(1992). 《북한법의 체계적 고찰 Ⅰ: 민사관계법》. 과천: 법무부.
______(2015). 《남북비교법령집》. 과천: 법무부.
법제처(1991). 《북한법제개요》. 서울: 법제처.
보건복지부(2016). "등록장애인 현황". 보건복지부 내부자료.
보건복지부 · 국립정신건강센터(2016). 《국가 정신건강현황 2차 예비조사 결과보고서》. 서울: 국립정신건강센터.
북한보건의료네트워크(2003). "북한의 장애인은 66만여 명". 북한보건의료네트워크 홈페이지. nkhealth.net. 2018. 5. 3 인출.
북한인권연구센터(편) (2015). 《북한인권백서 2015》. 서울: 통일연구원.
______(2016). 《북한인권백서 2016》. 서울: 통일연구원.
북한자료센터(2017). "북한 개요". http://munibook.unikorea.go.kr. 2017. 3. 21 인출.
북한정보포털(2016). "북한 지식사전: 고난의 행군". 북한정보포털 홈페이지. nkinfo.unikorea.go.kr. 2018. 5. 6 인출.
______(2017). "북한의 행정구역". 북한정보포털 홈페이지. http://nkinfo.unikorea.go.kr. 2017. 3. 21 인출.

사회과학출판사(편) (2007). 《조선말대사전》(증보판). 평양: 사회과학출판사.
사회복지시설정보시스템(2017). "사회복지시설현황". http://www.w4c.go.kr. 2018. 3. 2 인출.
송진호(2012). "북한법 이해의 새로운 모델: 분류와 체계". 〈제2회 아시아법제포럼 남북법제분과 자료집〉. 서울: 법제처.
〈에이블뉴스〉(2007. 12. 26). "북측에도 '장애자보호법'이 있어요".
〈NK조선〉(2006. 4. 5). "北 "장애자 재활교육 관심"".
______(2010. 12. 10). "'숫자 의미' 알면 북한이 보인다".
______(2013. 10. 28). "영예군인학교".
연하청·황나미(2010). 〈통일대비 사회복지 및 보건 정책과제〉(정책자료 2010-05). 서울: 한국보건사회연구원.
〈연합뉴스〉(2006. 2. 23). "북한 신의주영예군인학원".
______(2006. 5. 15). "달천요양소 상이군인 치료 성과".
______(2013. 10. 14). "北 대외용 잡지, 점자책 전문 출판사 소개 눈길".
______(2013. 12. 6). "北 '장애자보호법' 개정 … 국제기준 반영".
우해봉·백화종·이지은·노용환(2011). 〈남북한 통일과 노후소득보장제도 운영의 기본 방향〉(프로젝트 2011-01). 서울: 국민연금연구원.
유근춘·김원식·최 균·박종훈·이혜경·이철수·민기채·김연정·남근우·강일규·박지혜·황나미·김선희·최요한(2014). 《통일한국의 사회보장체계 구축을 위한 기초연구 II》. 서울: 한국보건사회연구원.
유근춘·민기채·박현선·유원섭·이용하·이철수·장용철·최 균·안형석(2015). 《통일한국의 사회보장체계 구축을 위한 기초연구 III》. 서울: 한국보건사회연구원.
이규창(2013). "북한 장애인의 권리 신장을 위한 법제도적 과제: 북한의 장애인권리협약 서명을 계기로". 〈통일문제연구〉, 25권 2호: 1~28.
이병수(2010). "통일의 당위성 담론에 대한 반성적 고찰". 〈시대와 철학〉, 21권 2호: 355~388.
이삼식·조남훈·백화종·유수정(1999). 《남북한 인구변동과 통일시 사회·인구학적 정책과제》. 서울: 한국보건사회연구원.
이용하·이정우(2002). 《통일시 남북한 연금제도의 통합방안에 대한 연구》. 서울: 국민연금연구센터.

이일형·강은정(2015). "남북한의 통일편익 추정". 〈KIEP 오늘의 세계경제〉, 15권 28호. 세종: 대외경제정책연구원.
이준우(2015). "남북한 장애인복지실천 협력모델 수립에 관한 연구". 〈대구재활연구〉, 38호: 43~68.
이진성(2008). "선천성 기형의 임상적 접근". 〈대한의학유전학회지〉, 5권 2호: 94~99.
이채정(2015). 《장애인복지사업 평가》. 서울: 국회예산정책처.
이철수(2003). 《북한사회복지: 반복지의 북한》. 서울: 청목.
______(2012). 《긴급구호, 북한의 사회복지: 풍요와 빈곤의 이중성》. 서울: 한울아카데미.
______(2015). "북한 사회보장법 법적 분석: 기존 사회복지 관련 법령과의 비교를 중심으로". 〈통일정책연구〉, 24권 1호: 177-207.
이헌경(2013). "남북한 사회복지제도 비교분석: 사회적 욕구충족과 사회경제적 불평등 감소를 위한 정책과 실태". 〈통일문제연구〉, 25권 1호: 44~77.
이혜경(1998). "민간 사회복지부문의 역사와 구조적 특성". 〈동서연구〉, 10권 2호: 41~75.
장애인활동지원(2016). 장애인활동지원 홈페이지. http://www.ableservice.or.kr. 2016. 11. 30 인출.
장용철(2015). "통일대비 북한 사회복지서비스 전달체계 구축 방안 연구". 〈북한학연구〉, 11권 1호: 71~102.
정지웅(2016). "북한 장애인 관련 법규의 장애학적 고찰: 노동지상주의와 집단주의가 초래하는 장애억압". 〈한국장애인복지학〉, 33권: 175~198.
______(2017). "남북한 장애인복지 통합". 이철수 외(2017). 《통일의 인구·보건·복지 통합 쟁점과 과제》, 307~334쪽. 서울: 경제·인문사회연구회.
______(2018). "들뢰즈와 가타리의 철학에 근거한 북한 장애인 관련 법규 고찰". 〈비판사회정책〉, 60권: 343~383.
정지웅·이철수(2016). "북한 장애인복지정책 분석". 〈한국장애인복지학〉, 34권: 155~180.
조봉현(2014). "북한의 경제특구 개발 동향과 남북협력 연계방안". 〈KDI 북한경제리뷰〉, 16권 9호: 34~64. 서울: 한국개발연구원.
조선민주주의인민공화국 정부(2009). “인권이사회 결의 5/1의 부속서 제 15(A)항에 의거, 제출된 국가보고서”. 국가인권위원회(2009), 《유엔 국가별 정례인권검토(UPR)에 대한 북한의 국가인권보고서 및 우리정부, NGO, INGO 관련 자료집》, 3~28쪽. 서울: 국가인권위원회.
〈조선신보〉(2013. 12. 6). “인터뷰: 조선장애자보호련맹 중앙위원회 정현부장”.
______(2013. 12. 7). “장애자들이 누리는 삶의 보람”.
______(2013. 12. 17). “문수기능회복원, 첨단설비를 무상제공/장애치료를 위한 모든 조건 갖추어”.
______(2014. 6. 24). “국제기구가입사업을 추진/조선맹인협회, 조선롱인협회에서”.
______(2014. 12. 17). “조선장애자보호련맹 중앙위원회 대변인, 탈북자들의 장애자를 걸고든 《인권》 소동을 규탄”.
______(2015. 12. 10). “높아지는 장애자예술에 대한 관심”.
______(2016. 2. 13). “새 지하전동차에 대한 시민들의 반향”.
______(2016. 5. 7). “장애자기능공학교에서 전문직업기술교육”.
조선인권연구협회(2014). 《조선인권연구협회 보고서》. 조선인권연구협회.
〈조선일보〉(2014. 1. 10). “글로벌 금융사들 “전쟁위험 국가인 한국, 통일되면 성장유망 국가””.
조선장애자보호련맹(2016). 조선장애자보호련맹 중앙위원회 홈페이지. www.naenara.com/kp/en/order/kfpd.
조윤화 외(2016). 〈2016 장애통계연보〉(정책 16-09). 한국장애인개발원.
좋은벗들(2006). 〈오늘의 북한소식〉, 8호. (사)좋은벗들 북한연구소.
______(2007). 〈오늘의 북한소식〉, 70호. (사)좋은벗들 북한연구소.
최 균(2014). “통일 후 북한 사회서비스체계 통합 및 구축방안”. 한국보건사회연구원(2014), 《통일한국의 사회보장체계 구축을 위한 기초연구 II》, 121~157쪽.
최재영(2015). “북한 아동들의 교육, 의료, 복지현장을 가다”. 〈통일뉴스〉.
최준욱(2008). 《남북 경제통합과 재정정책 I: 재정의 지속가능성에 영향을 미치는 요인 분석》. 서울: 한국조세연구원.

____(2014). "통일 과정에서의 사회제도 통합 논의와 시사점". 〈재정포럼〉, 220호: 6~24.
통계청(2010). 〈1993~2055 북한 인구추계〉. 통계청.
〈통일뉴스〉(2002. 3. 24). "북한의 예산 편성, 지출, 확보".
______(2014. 6. 25). "조선맹인협회, 전문출판사와 맹학교 연결 정보망 구축".
______(2014. 10. 20). "운명의 장난, 리분희-현정화의 재회 무산".
통일법제데이터베이스(2016). 통일법제데이터베이스 홈페이지. http://www.unilaw.go.kr. 2016. 7. 25 인출.
통일원(1995). 《북한개요》. 서울: 통일원.
표갑수(2010). "법인보육의 현실과 발전과제". 〈한국영유아보육학〉, 65권: 187~205.
한국장애인개발원(2017). 〈2017 장애통계연보〉. 한국장애인개발원.
한국학중앙연구원(2016). 한국민족문화대백과. http://encykorea.aks.ac.kr. 2016. 3. 20 인출.
〈함께걸음〉(2015. 8. 1). "남북 장애우 교류, 이제부터 시작이다". 함께걸음 홈페이지.
행정자치부(2000). 《북한의 기본현황》. 서울: 행정자치부.

中西由起子(2014). "アジア・ディスアビリティ・インスティテート: 北朝鮮の障害者". asiadisability.com. 2018. 7. 8 인출.

Democratic People's Republic of Korea(2018). "Initial report of the Democratic People's Republic of Korea on the implementation of the convention on the rights of persons with disabilities". Democratic People's Republic of Korea.
Kim, H. S.(2002). "Consideration of options for integrating social welfare systems of the North and South Korea". *Korea Journal*, *42*(3): 257~282.
World Bank(2019). Total Population of Dem. People's Rep. of Korea. https://data.worldbank.org/indicator/SP.POP.TOTL?locations=K

P&view=chart.

Zellweger, K. (2011). *People with Disabilities in a Changing North Korea and other APARC.* The Walter H. Shorenstein Asia-Pacific Research Center.

제 9 장

보건의료 분야의 제도와 실천

김신곤 | 고려대 의과대학 내과 교수

1. 왜 통일보건의료에 관심을 가져야 하는가?

남북 간 보건의료의 격차를 바라보는 필자의 마음은 무겁다. 남북한 평균 수명은 11년 차이가 나고, 5세 미만 영유아 사망률은 북한이 우리의 7배다. 몇 해 전에는 귀순한 북한병사의 몸에서 나온 기생충이 이슈가 되었다. 서울에서 불과 60㎞ 떨어진 북한땅에서 우리 자녀, 우리 형제가 출생했다면 겪었을 아픔들이다.

이렇듯 우리가 통일보건의료에 주목해야 하는 첫 번째 이유는 보건의료인이라면 환자의 아픔과 고통에 공감(*empathy*)해야 하기 때문이다. 좋은 의료인을 꿈꾸는 학생에게 필자가 항상 강조하는 말이 있다. 환자의 고통과 아픔을 상상하는 능력이야말로 좋은 의료인이 되는 첫걸음이라는 것이다. 지금 우리 눈앞에 70세의 중증 질환자가 있다고 상상해 보

자. 스스로의 힘으로 질병을 치유할 수 없는 비관적인 환자, 그 환자는 전쟁을 치르고도 아직 그 상흔을 지속하고 있는 분단된 한반도이다.

인간의 질병은 단순한 신체 질환이 아니라 총체적인 고통이며, 따라서 좋은 의료인이라면 이 시대 인간의 고통과 대결할 수 있어야 한다. 전쟁의 상흔, 공동체의 파괴, 이념 대립, 성공주의, 속도전, 엄청난 군사비 등 분단이 초래한 부정적 결과는 아직도 현재진행형이며 보건의료에도 고스란히 투영된다. 분단체제가 극복되고 평화협정이 체결되어 매년 40조가 넘는 군사비 중 상당 부분을 보건의료에 사용할 수 있다면, 저수가, 저부담, 저급여 등 우리 보건의료의 고질적인 문제는 단번에 해결 가능하다.

두 번째로, 한반도의 위험 관리를 위해서이다. 남북한 사이의 교류협력이 활발해질 때 먼저 고려할 것은 무엇일까? 필자는 남북한의 사람이 서로에 대한 치명적인 감염원이 될 가능성에 대한 대처라고 본다. 남북한의 감염성 질환 양상은 70년의 분단을 거치며 상당히 달라졌다. 우리의 경우 세균성 질환은 약화되고 바이러스 질환이 부각되고 있다. 반면, 북한은 아직도 세균이나 기생충 같은 후진국형 질환이 문제가 되고 있다. 대표적으로 우리는 몇 년 전 메르스 홍역을 치렀는데 북한은 결핵 유병률이 세계 최고 수준이며, 특히 여러 약제가 듣지 않는 난치성 다제내성 결핵이 문제가 되고 있다.

한반도의 면적은 22만 제곱킬로미터에 불과하다. 이 작은 땅덩어리에서 전염성 세균이나 바이러스, 그리고 미세먼지나 오염원은 남북을 가리지 않는다. 한반도는 환경과 기후, 감염병 등이 쉽게 공유되는 지정학적 구조라는 얘기다. 우리의 건강을 위해서라도 북한의 질병 관리에 관심을 가져야 하는 이유이다.

세 번째 이유는 통일보건의료가 사람의 통합과 번영에 기여할 가능성이 높기 때문이다. 보건의료는 통일을 대비할 때 가장 유효한 투자 영역이다. 영양 부족, 열악한 보건의료 상황 등이 초래한 북한주민의 불건강 상태는 통일한반도의 큰 부담으로 작용할 것이다. 따라서 북한주민의 건강과 보건의료의 개선, 더 나아가 미래 통일한국의 보건의료에 대비한 협력은 대표적인 '저위험 고수익'(*low risk, high return*)의 투자전략이 될 것이다. 육체적, 정신적, 사회적으로 건강한 사람과 이들의 통합이 통일한국의 가장 소중한 자산이기 때문이다.

또한, 분단 이후 서로 큰 상처를 주며 긴 세월을 지내온 남북의 사람들에게 통일보건의료는 서로를 이해하고 어루만지는 화해의 단초가 될 수 있다. 보건의료는 남북한 두 이방인을 같은 문법으로 소통하게 하고, 통일 전후 사람의 통합을 위한 가장 따뜻한 치유의 도구가 될 것이다.

2. 남북한 보건의료의 현황

1) 북한 보건의료의 특징

북한의 보건의료를 아우르는 몇 가지 특징이 있다. 첫 번째는 사회주의 의료체제라는 점이다. 사회주의형 의료체제는 국영의료시스템으로서, 사회주의국가 이외에 영국연방이나 스칸디나비아국가 등에서도 채택하고 있다. 경비 대부분을 국고로 조달하며 전 국민 무료서비스, 이른바 무상의료를 특징으로 한다. 유럽의 복지국가처럼 국가가 경제적으로 윤택하다면 국민에게 매력적인 제도이다. 그러나 국가경제가 어려운 경우 사회주의형 의료는 유명무실할 수밖에 없다.

사회주의 의료체제의 또 하나의 특징은 예방의학을 강조한다는 점이다. 질병을 미리 예방한다는 관점은 보건의료의 총비용을 감소할 수 있다는 장점이 있으나, 자본주의 의료에서 보이는 것과 같은 첨단의학의 발전은 더디다는 단점이 있다.

특히, 북한은 의사가 일정한 구역을 담당하며 주민의 건강을 책임지는 호(戶) 담당제를 운영한다. 의사가 외래로 찾아오는 환자를 진료할 뿐만 아니라 직접 담당구역에 나가 위생보건, 예방접종, 건강검진 등을 지속적으로 수행하는 제도이다. 2012년 세계보건기구의 발표(WHO, 2012)에 따르면 4만 4,760명의 호 담당 의사가 있으며, 한 명이 평균 130개 가구를 책임지는 것으로 알려졌다.

두 번째는, 정성의학과 동의학(고려의학)의 강조이다. "의사가 환자를 자기의 육친처럼 아끼고 사랑하며 치료사업에 끝없는 정성을 쏟아부을 때 고치지 못할 병이란 없다"는 김일성 주석의 교시로부터 시작된 정성운동은 북한 보건의료인의 자세와 태도를 보여주는 긍정적 사례로 강조되어 왔다.

또한 북한의 의료는 고려의학을 강조하여 신의학(서양의학)과의 협조와 결합을 강조하고 있다. 우리와는 달리 의학대학 내에서 고려의학을 선택하여 전공할 수 있도록 하여, 양·한방 일원화와 같은 모습으로 운영된다. 고려의학의 강조는 북한이 강조하는 주체성의 측면을 반영한 측면도 있고, 서구로부터 고립된 상황에서 나름대로 의학적 해법을 찾기 위한 노력의 일환으로도 보인다.

북한의 보건의료체제는 1990년대 초반까지는 정상적으로 작동되어 보건의료 지표가 우리와 비교해서도 나쁘지 않았고, 북한의료의 장점인 정성의학과 무상의료가 연계되어 북한주민의 만족도 역시 높았다고 한다. 그러나 사회주의 붕괴 이후, 특히 '고난의 행군' 이후 북한의 경제가 무너지면서 상황은 급속히 악화되었다. 고난의 행군 당시 적어도 수십만 명이 사망한 것으로 알려졌는데 가장 큰 피해를 본 것은 영유아였다. 기본적인 영양 공급과 위생, 보건방역 등이 무너지면서 생긴 결과였다. 최근까지도 약품이 병원에서 공급되지 않아 북한주민은 약품을 시장경제, 이른바 장마당 등을 통해 구입하며 진료를 위한 촌지나 뇌물도 횡행한다고 알려져 있다.

2) 남북한 보건의료의 격차

저소득국가의 질병구조가 감염성 질환에서 만성 질환 중심으로 변화하는 현상을 일컫는 역학적 변이(*epidemiological transition*)라는 개념이 있다. 그런데 북한의 경우 1970~1980년대에 이미 역학적 변이를 경험하여, 1990년대 고난의 행군 직전만 하더라도 당시 선진국 수준에 버금가는 평균 수명과 사망률 수준을 보이고 있었다. 실제로 《조선민주주의인민공화국 보건통계》(북한중앙통계국, 1987: Eberstadt 보고서 재인용)의 사망 원인 분포에 따르면, 감염성 및 기생충 질환의 비율이 1960년 28.3%에서 1986년 3.9%로 감소한 반면, 같은 기간 순환계 질환이 사망에 기여한 비율은 12.1%에서 45.3%로 크게 증가한 것으

〈표 9-1〉 남북한주민 건강지표 비교

구분	남한	북한
평균 기대수명(2012년)	81세	70세
남/여 사망률(2012년)	98/40명(인구 1천 명당)	188/115명(인구 1천 명당)
5세 미만 영유아 사망률(2012년)	4명(출생 1천 명당)	29명(출생 1천 명당)
모성 사망률(2013년)	27명(출생 10만 명당)	87명(출생 10만 명당)
전염병 사망률(2012년)	34명(인구 10만 명당)	117명(인구 10만 명당)
결핵환자 유병률(2012년)	146명(인구 10만 명당)	511명(인구 10만 명당)

자료: WHO(2014). "World Health Statistics 2014".

로 나타났다.

그러다가 1990년대 말 고난의 행군 당시 영양 결핍이나 감염성 질환으로 인한 질병 부담이 증가했으나 동시에 비감염성 질환의 부담 역시 커져, 예외적인 이중부담을 겪었던 것으로 파악된다. 즉, 고난의 행군 시기를 거치면서 식량난에 따른 조산, 신생아 뇌병증, 감염성 질환 등에 의한 사망이 증가했고, 동시에 극심한 스트레스, 생활습관의 악화, 의료시스템의 붕괴에 따른 비감염성 질환도 증가하여 당시 사망 부담 및 질병 부담에 기여했을 것이라는 점이다.

그 결과, 평균 기대수명, 남/여 사망률, 5세 미만 영유아 사망률, 모성 사망률, 전염병 사망률, 결핵환자 유병률에서 우리와 상당한 격차를 보이고 있다(〈표 9-1〉 참조). 최근 들어 상황은 다소 호전되었다고 알려져 있으나 2018년 3월 UNICEF의 보고서(UNICEF, 2018)에 따르면 아직도 북한 전체인구의 41%인 1,030여만 명이 영양부족인 것으로 알려졌다. 특히, 5세 미만 아동의 만성영양실조(키 성장 지연) 비율이 27.9%였고, 가임기 여성의 23.3%도 영양실조를 경험하는 것으로 보고되었다.

3) 북한이탈주민의 건강 실태: 비감염성 만성질환을 중심으로

통일 이행기에 북한의 만성질환 변화를 예측할 수 있는 세 가지 창이 있다. 북한이탈주민의 남한화 과정 중 건강 변화의 추이, 사회주의체제 이행국의 사례, 그리고 최근 북한의 건강구조 변화 양상이다. 그중에서도 이미 서구국가 못지않게 만성질환 구조가 정착된 우리나라에 정착한 북한이탈주민의 사례가 향후 북한 비감염성 질환 관리에 중요한 시사점을 줄 수 있다.

필자는 2008년 10월부터 NOrth Korean Refugees IN South Korea (NORNS) 연구를 진행하며, 특별히 생활습관병을 중심으로 북한이탈주민의 건강 상태를 추적해 오고 있다. 북한이탈주민은 남한주민과 동일한 유전자를 가지고 있으나, 오랜 기간 상이한 생활습관과 환경에 노출되어 왔다. 그 결과, 상대적으로 서구화된 환경적 조건에서 살아온 남한주민과 북한이탈주민의 질병 발생 양상은 상당한 차이가 있다. 이 코호트를 통해 확인된 몇 가지 결과를 요약하면 다음과 같다.

- 1990년대 북한의 극심한 기아사태의 여파로, 당시 청소년기를 지낸 30대의 경우 남한주민보다 키가 남녀 각각 6㎝ 및 5㎝ 작았음.
- 북한이탈주민의 복부비만 정도는 남한사람보다 현저히 적으나(남자 6분의 1 수준, 여자 3분의 1 수준), 대사증후군의 유병률은 이미 남한과 비슷해짐. 대사증후군은 당뇨병의 위험요인인 데다 이 연령층 북한이탈주민의 췌장 인슐린 분비 기능이 매우 낮게 나타났기에 이후 당뇨병 유병률의 급격한 증가가 예상됨(〈표 9-2〉 참조).

〈표 9-2〉 탈북자와 남측 30대 남성 건강 지표 비교

구분	탈북자	남측
평균 키(㎝)	166.5	172.5
평균 체중(㎏)	62.8	72.3
복부 비만율(%)	5.6*	31.8
췌장 호르몬 분비 능력	79.2	117.4
대사증후군 유병률(%)	14.3	16.7

주: * 탈북자는 복부비만이 적어도 혈당 분해능력이 약해 대사증후군 급증.
자료: 고려대 의대, 국내 거주 탈북자 건강 추적 코호트 연구. 〈프리미엄 조선〉(2015. 2. 24)에서 재인용.

- 남한 입국 시 정상체중이었던 북한이탈주민 중 약 4분의 3이 체중이 증가했으며, 남한 정착 후 8년 정도 지나면 남한주민과 비슷한 비만율을 보이는 것으로 나타남. 특히, 남한 입국 후 5% 이상 체중이 증가한 사람은 체중 증가가 없었던 사람에 비해 대사증후군을 가질 확률이 10배까지 증가함.

이상의 자료를 종합하면, 북한이탈주민은 이른바 '마른 비만'(비만 정도가 심하지 않으나 대사 위험도는 비만자와 유사) 양상을 보이며, 이후 이들의 남한화 정도가 진행됨에 따라 대사성 질환의 위험성은 우리의 그것을 뛰어넘을 수 있음을 시사한다고 할 수 있다.

당뇨병, 고지혈증, 고혈압, 대사증후군과 같은 대사성 질환을 흔히 빈곤과 풍요가 만나는 병이라고 한다. 우리나라의 대사증후군과 당뇨병의 유병률은 이미 미국과 비슷한 수준으로, 지난 30여 년간 폭발적으로 증가해 왔다. 한국인의 비만 정도가 미국보다 적다는 점을 고려할 때 한국인의 대사적 취약성을 보여주는 사례이다. 이에 관한 유력한 설

명이 한국전쟁 이후 빈곤 시기에 임신한 모성에게서 태어난 아이의 영양 결핍과 발육 장애가 이후 사회경제적으로 발전해 풍요의 시기를 만나면서 대사성 질환의 발병을 증가시켰다는 설명이다. 따라서 1990년대 후반 우리보다 훨씬 심각한 영양 박탈을 경험한 북한이 이후 사회경제적 풍요를 경험한다면 생활습관병의 급격한 증가를 초래할 수 있다.

북한이탈주민은 '우리 안에 이미 다가온 통일'이다. 따라서 이들의 건강 상태를 추적하는 것을 넘어 이들이 비감염성 질환에 이환되지 않도록 중재하는 모델을 개발하고 성공적으로 적용한다면, 이후 통일 시대 북한지역에서 급증할 가능성이 높은 비감염성 질환에 대한 선제적 준비를 할 수 있을 것이다.

더 나아가 우리 사회가 이들의 적응과 동화에 긍정적인 영향을 준다면, 통일 이후 남북한주민의 함께 살아가기가 더욱 수월할 것으로 예측할 수 있다. 그러나 현실은 그렇지 못하다. 필자의 북한이탈주민 코호트 연구에 따르면, 특히 탈북여성의 남한 내 적응이 용이하지 않았고 안타깝게도 남한 내 거주 기간이 증가할수록 자살사고가 증가했다.

3. 통일 시대, 남북한 보건의료의 교류협력

1) 인도적 지원인가, 보건의료 교류협력인가

과거 남북관계가 좋았던 김대중, 노무현 정부 당시, 북한을 향한 적지 않은 인도적 지원이 있었다. 그러나 지금까지 지속되고 있는 인도적 지

〈그림 9-1〉 남북한 보건의료 협력의 패러다임 전환

고전적 방식		패러다임의 전환(상생전략)
• 단기적, 인도적 지원 • 북한당국의 요구사업 우선 지원 • 반응적 • 기업의 사회적 책임모델(CSR)	→	• 지속 가능한 협력 • 북한의 실제적인 미충족 수요 반영 • 주도적 • 공유가치 창출모델(CSV) • 전략적 로드맵 수립

원의 성과를 찾아보기는 어렵다. 한반도 건강공동체라는 공동의 유익을 위해 남북한이 교류하며 협력하는 방식으로 패러다임의 전환이 필요한 이유이다.

이제는 단기적, 인도적 지원을 넘어 지속 가능한 협력 모델을 만들어야 한다. 이를 위해 북한당국의 요구를 넘어 북한의 실질적인 의료적 필요를 채우는 방식으로 접근해야 하며, 문제가 발생하면 대응하는 방식(*reactive*)을 넘어 다가올 상황을 예측하고 선제적으로 준비(*proactive*)해야 한다. 또한 민관 기관이 참여할 때 기부나 사회공헌과 같은 기업의 사회적 책임모델(Corporate Social Responsibility, CSR)을 넘어, 북한의 보건의료에 대한 협력과 참여가 기업의 비즈니스 경쟁력 등 미래 가치에 도움이 되는 공유가치 창출모델(Creative Sharing Value, CSV)로의 전환이 필요하다. 더불어 중장기적 로드맵을 설정하고 이에 따른 전략적 교류협력을 해나가는 것이 중요하다(〈그림 9-1〉 참조).

한반도는 환경과 기후, 감염병 등이 쉽게 공유되는 지정학적 구조이므로, 남북 한쪽의 문제가 한반도 전체를 아우르는 사회적, 보건의학적 의제가 될 수 있다. 따라서 군사당국 핫라인뿐만 아니라 전염병 핫라인도 시급하게 만드는 등, 한반도 건강공동체를 위한 남북 쌍방의 노력과 협력이 중요하다.

남북한 화해 분위기 속에 바야흐로 교류협력이 활발해질 시기가 다가오고 있다. 앞으로도 여러 곡절이 있겠지만 필자는 한반도 평화를 향한 물꼬는 거스르기 어려울 것이라고 예상한다. 이제 시대적 요청과 실제적인 미충족 수요에 주목하며, 남북한 서로의 장점으로 협력하여 상생의 결과를 창출할 수 있는 창의적인 콘텐츠를 준비해야 한다.

2) 통일보건의료 교류협력의 창의적 사례

보건의료 교류협력 연구·개발은 공동의 유익에 부합하는 창의적인 콘텐츠가 될 수 있다. 몇 가지 사례를 생각해 보자. 통일에 대비한 적정 의료기술은 좋은 교류협력의 영역이다. 적정 기술이란 크기, 비용, 사용성의 측면에서 공간, 시간, 인간에 가장 적합하고 효과적인 기술을 의미한다. 가격이 비싸지 않으면서 접근성이 좋고 창의적이며 작은 규모로 적용 가능해야 한다는 것이 적정기술의 중요한 지표이다.

우리나라는 IT 강국으로 이미 수많은 원격진료기술이 개발되었음에도 의료에 적용하고 있지 않다. 만일 북한에 우리 원격진료기술이 적용되고 활용된다면 북한주민의 건강 수준 향상에 크게 기여할 수 있다. 북한의 핸드폰 이용인구가 6백만 명을 넘어섰으므로 불가능한 얘기가 아니다. 원격진료 이외에도 북한처럼 당을 중심으로 조직된 사회에서 빅데이터, 사물인터넷, 인공지능 등 4차 산업혁명의 다양한 기술을 활용할 수 있다면, 짧은 시간 내에 남북한 건강 격차를 줄일 좋은 모델이 개발될 수 있을 것이다.

천연물 신약도 남북한 협력의 좋은 주제다. 파클리탁셀〔Paclitaxel (Taxol)〕, 엑센딘-4〔Exendin-4 (Exenatide)〕, 플로리진〔Phlorizin (SGLT2 inhibitor)〕, 그리고 아르테미시닌(Artemisinin)의 공통점은 천연물 신약이라는 점이다. 파클리탁셀은 주목나무 껍질 추출물에서 개발된 항암제이고, 엑센딘과 플로리진은 각각 독도마뱀의 침샘과 사과나무 껍질에서 추출된 당뇨병 신약이다. 아르테미시닌은 개똥쑥에서 추출된 말라리아 치료제로, 중국에 노벨생리의학상을 안겨준 천연물 신약이다. 우리가 널리 사용하는 화학물 기반 신약이 수입되지 못하는 북한 실정에서 천연물 신약에 집중하여 연구해온 것은 당연하다. 이미 북한에서 임상 활용한 결과 인체에 효과가 있는 것으로 알려진 많은 천연물이 있다. 이들을 잘 정제해서 화학물의 구조, 약리성 특성 등을 규명하고, 과학적 연구를 바탕으로 임상 경험으로부터 기초연구(*beside to bench*)의 역순으로 약물 개발에 나선다면 이 역시 중요한 남북한 교류협력 연구·개발의 성과가 될 수 있을 것이다.

4. 한반도 건강공동체의 미래상

1) 왜 한반도 건강공동체인가?

통일은 우리의 소원이며 미래 한반도의 궁극적 비전이다. 그러나 통일은 한편에서는 적화통일을, 또 한편에서는 흡수통일을 의미하며 적잖은 오해를 불러왔다. 또한 준비되지 않은 급격한 통일은 남북한 모두에 상당한 문제를 초래할 수 있다. 따라서 최근에는 한반도 건강공동체라는 표현을 많이 사용하고 있다. 《한반도 공동체 준비》(2018)의 대표저자인 전우택 교수는 다음과 같이 설명한다.

> 통일이라는 단어는 분단의 궁극적 극복 방법으로서 매우 중요한 단어인 것이 사실이다. 그러나 동시에, 둘을 억지로라도 하나로 만든다는 무언가 공격적이고 강압적인 느낌을 주는 측면도 있다. 그러나 "한반도 공동체"라는 용어는 다르다. 굳이 두 개를 하나로 만들지 않아도 서로를 인정하고 협력하여, 각자 더 나은 사회를 만들 수 있도록 공동 노력한다는 의미가 더 크기 때문이다. 그런 일들이 꾸준히 이루어져, 정말 서로가 기쁜 마음으로 최종적 "통일"에 합의하면 그것도 좋고, 설사 그런 일이 바로 이루어지지 않는다 할지라도 얼마든지 괜찮은, 그런 여유 있고 평화적인 관계를 상정하도록 한다(서문, viii쪽).

민족의 분단은 이 땅 대부분의 지역에서 엄청난 양의 총알이 날아다니게 했고, 엄청난 양의 폭탄을 떨어지게 했다. 그리고 그에 의하여 그야말로 강처럼 피가 산하를 흐르면서, 민족의 가슴속에 엄청난 상처와 트라우마를 남겼다. 한반도 공동체의 형성, 그리고 궁극적으로 이루어지기를 바라는 통일은, 바로 그런 상처, 그런 트라우마를 치유하는 일이다. 개인적이고, 집단적이고, 그리고 공간적인 이 상처를 치유하는 일이 바로 보건의료의 가장 직접적이고 일차적인 역할이다(서문, x쪽).

통일 이전에 공동체가 선행되어야 하며, 진정한 통일로 나아가기 위해서도 공동체 단계가 꼭 필요하다는 말이다. 건강공동체는 경제, 사회, 문화, 더 나아가 통일의 최종적 단계라고 할 수 있는 정치, 군사공동체에 우선해 형성되어야 하고, 그럴 때 다른 공동체의 형성에 긍정적인 기여를 할 수 있다. 경제공동체를 예로 들어보자. 경제공동체를 위해서는 북한사람의 노동력이 필수적이다. 건강공동체는 건강한 사람을 준비하는 것이며, 이들이 제공하는 노동력은 한반도 경제공동체의 소중한 자산이 될 것이다. 따라서 경제협력을 할 때도 북한지역의 보건의료와 복지 수준을 높이고 건강한 사람을 준비한다는 관점이 겸비되어야 한다. 즉, 건강공동체가 먼저 혹은 동시에 형성되어야 경제공동체도 성공할 수 있다는 것이다.

2) 남북한 공동 질병관리를 위한 모델과 전략

남북한 보건의료 교류협력은 여러 방식에서 진행될 것이다. 필자가 제안하는 우선적이고 상징적인 남북한 공동 질병관리 모델은 다음과 같다(〈그림 9-2〉 참조).

남북한 보건의료 교류협력의 첫 출발은 개성이 될 것이다. 개성공단이 재개되면 개성에 남북협력병원을 개설하여 남북한 건강공동체의 상징적 출발점이 되게 하자는 것이다. 이렇게 되면 기업-병원 통합모델이 될 수 있다. 건강한 노동력과 경쟁력 있는 기업, 기본적 사회복지가 제공되는 복지공동체로의 선순환이 가능할 수 있다. 또한 실제적인 남북보건의료 협력의 성공 사례가 될 수 있다. 휴전선을 중심으로 남하했던 북한발 말라리아가 2008년 개성지역을 중심으로 남북공동방역사업을

〈그림 9-2〉 남북한 공동질병 관리의 상징적 모델

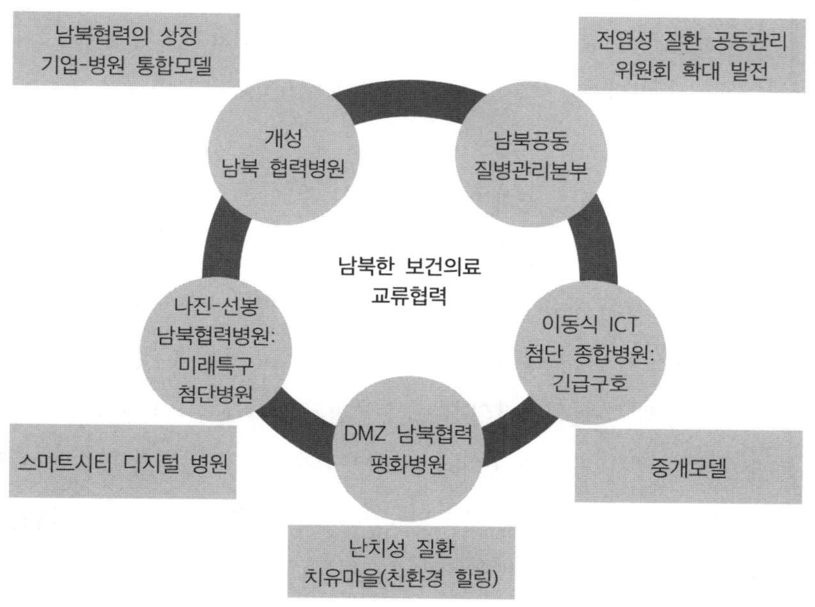

펼친 결과, 북한지역뿐만 아니라 경기도 북부지역에서도 예방되는 효과를 가져왔다는 점은 시사하는 바가 크다. 인도적 지원을 넘어 건강 이슈에 대한 공동대처가 남북한의 공동이익에 기여했기 때문이다.

남북 사이의 전염성 질환 공동대처는 무척 중요하다. 몇 해 전 우리 사회를 떠들썩하게 만들었던 메르스가 북한에 창궐하고, 북한발 다제내성 결핵이 남하하는 상황을 상상해 보자. 핫라인을 통한 남북한의 소통과 공동대처가 무척이나 중요하지 않겠는가? 단기적으로 남북한 전염성 질환 공동통제부터 시작해 중장기적으로는 남북한 공동질병관리본부가 구축되어야 할 이유이다.

북한의 보건의료가 복원되기까지 이동식 ICT 첨단병원이 긴급구호에 활용될 수 있을 것이다. 일종의 중개모델(*bridging model*)이다. 기본적 혈액검사, CT 등 영상검사, 수술, 여러 대의 진료차량이 함께 움직이는 이동식 병원으로서의 역할을 하며 북한의 긴급한 의료적 필요를 채우는 것이다.

DMZ에는 남북협력 평화병원이 들어설 수 있을 것이다. 70년간 남북한 대립의 역사적 공간이자 인간의 손길이 닿지 않았던 친환경의 보고가 "난치성 질환 치유마을"로 변모할 수 있다면, 남북한 보건의료 협력의 상징으로 전 세계에 울림을 주는 사례가 될 수 있을 것이다.

나진-선봉의 경우 최첨단의 의료가 구현되는 미래특구병원을 구상해 볼 수 있다. 나진-선봉을 스마트 시티로 혁신하면서 그에 걸맞은 디지털병원을 구현하는 것이다. 중국과 러시아의 환자가 철도를 통해 내원하여 치료받는 유라시아 대표병원이 등장한다면, 최고 수준의 북한 보건의료인을 양성하는 플랫폼의 역할을 할 수 있을 것이다.

북한 전역의 비감염성 질환 관리를 위해서는 더욱 전략적인 접근이 필요하다. 북한 비감염성 질환 관리전략은 통일 전 남북보건의료협정 체결 시점까지를 1기(경색 완화기), 이후 통일 시점까지를 2기(교류협력 확대기), 그리고 통일 직후 완전한 통합까지를 3기(통합 과도기)로 나누어 볼 수 있다.

1기 경색 완화기에는 거점 중심의 교류협력모델 창출과 남북한 공동 실태조사가 필요하다. 남한의 상급종합병원 및 국공립병원과 북한의 거점의료기관과의 1 : 1 결연을 통해 인적 교류와 더불어 현대화에 상호 협력한다. 거점의료기관 관할지역의 비감염성 질환 이환자를 대상으로 선도적인 치료사업을 시행한다. 특히, 뇌졸중 발병과 같은 중증

비감염성 질환의 급성기 관리 시스템을 구축한다. 또한 우리의 국민건강영양조사와 유사한 형식으로 북한의 비감염성 질환에 대한 실태조사를 통해 질환별 우선순위를 도출한다.

2기 교류협력 확대기에는 시・군별 거점병원을 전국적으로 확대하고, 북측 최일선 보건기관인 리・동 진료소의 호 담당의사를 지원 및 협력하여 비감염성 질환 유병자를 발굴해 관리한다. 또한 지역 진료소를 기반으로 생활습관병 예방 시범사업을 진행한다. 이를 관장할 거버넌스로 남북 만성질환 공동관리위원회를 설립하고 이후 남북한 질병관리본부로 확대, 발전시킨다.

3기 통합 과도기에는 남북한 전역에 대한 공동 영양조사를 실시하고, 한반도의 만성질환지도를 작성한다. 일반 인구 집단으로 생활습관 중재를 확대하고, 고위험군을 대상으로 맞춤형 생활습관 관리서비스를 제공한다.

통일 이전 교류기부터 통일 이후 일정 기간까지 남북주민의 건강은 남북보건의료인 각각의 주도성과 책임성이라는 원칙하에 접근할 필요가 있다. 서로의 보건의료체계와 인력구조, 의료문화나 수준 등에 상당한 차이가 있기 때문에, 북한의 질환을 우리가 주도해 관리하겠다고 하면 상당한 난맥상을 초래할 가능성이 있기 때문이다.

3) 통일보건의료 연구의 미래

한반도를 아우르는 환경과 기후, 감염병 등 사회적, 보건의학적 의제를 남북한의 보건의료인이 함께 해결하는 과정에서 통일보건의료 연구의 미래가 열릴 수 있다. 몇 가지 예를 들어보자.

북한의 결핵 유병률은 OECD 국가 중 1위인 우리나라의 5배로 추산되고, 특히 다제내성 결핵이 심각하다. 당장은 이 문제가 인도적 차원의 의제로 보이지만, 머지않아 남북한 보건의료 교류협력이 활발해질 때면 우리 자신의 문제가 될 수 있다. 우리 자신과 자녀를 위해서라도 북한의 결핵에 관심을 두어야 한다. 사회적 문제가 클수록 문제 해결에 대한 요구 역시 높아질 것이다. 북한의 결핵에 관심을 두는 연구자가 많아질수록 머지않은 미래에 다제내성 결핵과 관련한 최고 수준의 연구가 한반도에서 쏟아질 가능성이 있다.

북한의 기생충 역시 좋은 연구주제가 될 수 있다. 우리나라에선 찾아볼 수 없는 기생충 질환이 북한에선 창궐하고 있다. 북한의 후진국형 질병 현실이 microbiome, toll-like receptor 등 최신 연구 경향과 만날 때 역설적이게도 자가 면역질환 등 선진국형 질환의 해법을 제시할 수도 있다. 좋지 못한 위생 환경과 기생충과 같은 질환이 자가 면역질환이나 아토피성 질환의 억제에 도움이 된다는 가설이 새롭게 부각되고 있기 때문이다.

만성 질환의 영역으로 눈을 돌려보자. 전 세계적으로 보았을 때 한반도는 매우 독특한 코호트다. 유전적으로는 동일하나 70년 이상의 분단을 겪으며 상당히 다른 환경에 노출되어 왔기 때문이다. 그런 의미에서 유전적 동일성을 전제한 환경의 변화가 세대를 넘어 질병에 미치는 영향을 추적할 수 있는, 전 세계적으로 유일한 코호트가 한반도다. 갈라파고스라는 고립된 섬이 현대 과학에 엄청난 영감을 주었듯, 고립되어 있던 북한주민과 개방되어 있던 남한주민 간의 비교연구를 남북한의 학자가 함께 진행한다면 어떻게 될까?

우리나라에서 시행하고 있는 국민건강영양조사를 남북한이 동시에 진행하는 미래를 상상해 보자. 이를 통해 한반도 건강지도를 그려 내고 환경이 질병의 양상에 미친 영향, 후생유전학 등 관련된 병인, 치료에서의 공통점과 차이점 등 다양한 연구주제에 관해 남북한의 학자가 공동연구를 진행한다면 전 세계에 울림과 영향을 줄 수 있는 기념비적 작품이 한반도에서 출현할 수 있지 않을까?

정신건강의학, 사회의학 분야도 중요한 연구 영역이다. 내전으로 수백만 명의 사상자를 내고 70년 이상 상호 증오로 대립해 왔던 집단이 그 갈등구조를 극복하고 화해와 협력으로 나아갈 수 있다면 사회치유, 정신건강의 역동과 관련한 수많은 학문적 이슈가 도출될 수 있을 것이다. 이렇게 된다면 전 세계적 차원의 사회치유학, 화해학, 평화학의 교과서를 우리가 쓰게 될 것이다.

지금까지 필자가 생각하는 통일의학의 미래를 연구 측면에서 다양하게 상상해 보았다. 분단이라는 과거의 비극적 유산이 미래의 희망적 자산이 되는 유쾌한 상상 말이다. 그러나 미래의 건강한 한반도를 꿈꾸며 오늘 고민하고 연구하는 사람은 아직 너무 적다. 그간 정치, 경제, 사회, 문화 등 제반 영역에 비추어 상대적 소홀하게 다루어졌던 통일보건의료에 관심을 두고 연구하고 소통하는 학자가 앞으로 많아져야 한다.

필자는 후학에게 연구를 위한 연구를 하지 말고, 논문을 위한 논문을 쓰지 말라고 강조한다. 단 하나일지라도 세상을 바꾸는 연구를 하고, 이웃과 사회에 기여하는 논문을 쓰라고 말한다. 한반도 건강공동체를 꿈꾸는 통일보건의료는 그런 영역이라고 자부한다.

5. 한반도 건강공동체를 위한 사람의 준비

동서독은 1974년도에 보건의료협정을 맺고 지속적인 교류협력을 통해 양국의 보건의료 격차를 줄이기 위한 노력을 해오던 중 통일을 맞이했다. 또한 1990년 독일통일조약을 맺은 후에는 기능 마비에 빠진 동독의 보건의료 인프라를 회생하기 위한 긴급원조를 시행하고, 동독지역 신연방 5개 주에 새로운 의사협회를 결성하는 등 다각도의 노력을 기울였다. 그럼에도 보건의료체제의 통합은 쉽지 않아 동서독 간 의료 격차를 줄이기 위한 노력은 현재까지 지속되고 있다.

이와 같이 독일이 통일을 위해 꾸준히 투자하고 지속적으로 교류하여 동서독 간 보건의료의 이질성이 상당히 극복된 상태에서 통일을 맞이했음에도 여러 난맥을 경험했다는 점은 우리에게 시사하는 바가 크다. 더구나 동서독의 경우 통일 전 인구 격차는 4배, 경제 수준 격차는 약 3배였으나, 현재 남북한의 경우 인구는 2배, 경제 수준은 40배 이상의 차이가 있음을 고려해야 한다. 우리의 한반도 건강공동체를 향한 여정이 만만치 않음을 짐작하게 한다.

한반도 건강공동체를 위해서는 상생의 원칙이 중요하다. 다시 말해, 어느 일방이 상대방을 흡수하여 제도를 일방적으로 이식하거나 혹은 단순히 분리하여 관리하는 방식으로 한반도 건강공동체가 구상되어서는 안 된다. 한반도 건강공동체는 남한과 북한이 만나 더욱 커지는 일이 되어야 한다. 따라서 남북한 보건의료의 통합은 서로의 장점은 계승하고 단점은 혁신하며, 통일한반도의 미래에 바람직한 보건의료상을 제시하는 계기가 되어야 한다. 남한의 첨단의학을 발전적으로 계승하면서도 북한 특유의 예방의학, 호 담당제, 정성의료와 같은 고전적 가치도 강조하는 제도로의 발전이 필요하다.

남북한 보건의료 교류협력, 건강 격차의 극복, 의료문화 이질성의 극복, 보건의료 용어의 통일 등은 한반도 건강공동체로 나아가기 위해 통일 이전이라도 주목하며 준비해야 할 내용이다. 이런 내용이 현실화되기 위해, 즉 건강한 통일을 향한 로드맵이 실제로 가능하기 위해 가장 중요한 요소는 무엇일까? 그것은 건강한 통일을 위해 준비된 사람이다. 따라서 한반도 건강공동체의 구축, 최종적으로는 통일 이후 한반도 보건의료 통합의 성패가 남북한의 준비된 보건의료인에 달려 있다고 해도 과언이 아니다. 남북한 보건의료인이 활발한 교류협력을 통해 상호 이해의 폭을 넓혀 가고 공동실천의 영역을 만들어 가야 할 이유이다. 질병으로부터 자유로운 한반도 건강공동체를 만들어 나가기 위한 쉽지 않은 여정에 한마음으로 공감하며 힘을 모을 사람이 많아졌으면 하는 바람이 간절하다.

참고문헌

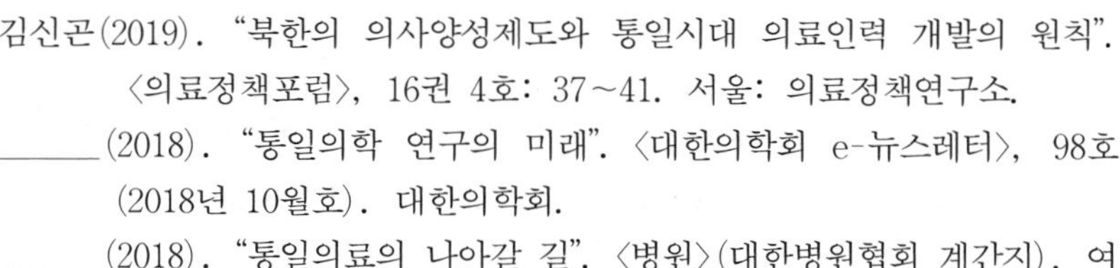

김신곤(2019). "북한의 의사양성제도와 통일시대 의료인력 개발의 원칙". 〈의료정책포럼〉, 16권 4호: 37~41. 서울: 의료정책연구소.

______(2018). "통일의학 연구의 미래". 〈대한의학회 e-뉴스레터〉, 98호(2018년 10월호). 대한의학회.

______(2018). "통일의료의 나아갈 길". 〈병원〉(대한병원협회 계간지), 여

름호. 서울: 대한병원협회.
김신곤·김영훈(2018). “한반도 건강공동체를 향한 리더십 준비”. 전우택(편) (2018), 《한반도 건강공동체 준비》, 269~282쪽, 서울: 박영사. <*쪽수 정보가 필요합니다.>
김신곤·윤석준(2018). “비감염성 질환에 대한 준비”. 전우택(편) (2018), 《한반도 건강공동체 준비》, 137~149쪽, 서울: 박영사. <*쪽수 정보가 필요합니다.>
북한중앙통계국(1987). 《조선민주주의인민공화국 보건통계》. Eberstadt 보고서에서 재인용.
신희영·이혜원·안경수·안형순·임아영·전지은·최소영(2017). 《통일의료》. 서울: 서울대학교 출판문화원.
전우택(편) (2018). 《한반도 건강공동체 준비》. 서울: 박영사.
<프리미엄 조선>(2015. 2. 24). “세끼 잘 챙겨먹어서 탈… 탈북자 ‘풍요의 역설’”. http://premium.chosun.com/site/data/html_dir/2015/02/24/2015022400284.html.

Kim, Y. J., Lee, Y. H., Lee, Y. J., Kim, K. J., An, J. H., Kim, N. H., Kim, H. Y., Choi, D. S., & Kim, S. G. (2016). “Prevalence of metabolic syndrome and its related factors among North Korean refugees in South Korea: A cross-sectional study”. *BMJ Open*, *6*(6): e010849.
Kim, Y. J., Kim, S. G., & Lee, Y. H. (2018). “Prevalence of general and central obesity and associated factors among North Korean refugees in South Korea by duration after defection from North Korea: A cross-sectional study. *International Journal of Environmental Research and Public Health*, 15(4): 811.
Kim, S. G., Kim, K. J., Ha, S., & Kim, Y.-H. (2016). “A peek into the Galapagos of the medical research field”. *Lancet*, *388*(10063): 2989-2990.
Lee, Y. H., Lee, W. J., Kim, Y. J., Cho, M. J., Kim, J. H., Lee, Y. J., Kim, H. Y., Choi, D. S., Kim, S. G., & Robinson,

C. (2012). "North Korean refugee health in South Korea (NORNS) study: Study design and methods". *BMC Public Health*, *12*: 172.

Noh, J.-W., Park, H., Kwon, Y. D., Kim, I. H., Lee, Y. H., Kim, Y. J., & Kim, S. G. (2017). "Gender differences in suicidal ideation and related factors among North Korean refugees in South Korea". *Psychiatry Investigation*, 14(6): 762~769.

WHO (2012). "Human Resources for Health Country Profile DPR Korea".

______ (2014). "World Health Statistic 2014". https://apps.who.int/iris/bitstream/handle/10665/112738/9789240692671_eng.pdf?sequence=1.

UNICEF (2018). "DPR Korea Needs and Priorities". https://www.undp.org/content/dam/unct/dprk/docs/unct_kp_NP2018.pdf.

제 3 부

통일 시대의 사회복지실천

제 10 장

지역사회 중심의 복지 전달체계와 사례관리 접근

김선화 | 마천종합사회복지관 관장

1. 통일 시대의 사회복지실천에서 지역사회 중심의 접근이 갖는 의의

다가올 통일에 대해 누구도 정답을 가지고 있지 않은 상황에서 통일 시대 사회복지실천의 구체적인 방향성을 제시하는 것은 매우 어려운 일이라고 할 수 있겠다. 그러나 인간이 인간답게, 그리고 더욱 나은 삶을 살아가기 위한 지원의 한 방법인 사회복지서비스가 통일 시대의 북한사회에 꼭 필요하며 시급하게 진행되어야 할 영역이라는 전제에 대해서는 누구나 동의할 것이다.

우리는 이미 남한에 거주하고 있는 북한이탈주민을 통해 북한사회를 알아 왔고 최근 변화하고 있는 북한사회에 대해서도 다양한 방법으로 정보를 습득하여 이해해 가는 중이다. 이 과정에서 남한과 북한은 다양한 동질성을 포함하고도 있지만, 분단 70년을 지나면서 각각의 고유한 특성과 특색을 가지고 있다는 것을 알 수 있었다. 북한주민에게 가장 적합한 사회복지서비스를 제공하기 위해, 이러한 남한과 북한의 동질성 및 차별성을 바르게 이해하고 구체적인 계획을 수립해야 할 것이다.

남한의 사회복지서비스는 중앙정부에서부터 지방자치단체를 거쳐, 민간기관으로 이어지는 사회복지 전달체계를 가지고 있다. 이러한 전달체계는 일반 행정의 전달체계와 유사하면서도, 최종 지점인 민간기관에 복지서비스를 위탁하여 진행한다는 특성이 있다. 최근 이러한 민간위탁과 관련해 여러 각도에서 변화의 움직임(사회서비스원 설립 등)이 있기는 하나, 정부 차원에서 계획을 수립하고 시·군·구를 거쳐 서비스를 전달하는 구조에는 큰 틀에서의 변화가 아직 없는 상황이다. 이러한 남한의 사회복지서비스 전달체계를 북한사회의 특성에 맞춰 어떻게 적용할 것인지, 그리고 어떻게 새로운 틀을 구상할 것인지는 북한의 특성을 잘 이해하면서 진행해야 할 문제이다.

사회복지서비스 전달체계는 지역사회를 바탕으로 구체적 지원이 이루어지기 때문에, 지역사회 안 다양한 서비스는 역동적으로 그리고 상호 유기적으로 역할을 분담하고 연계를 통해 협업하는 구조로 진행되고 있다. 결국, 행정의 최소 단위인 시·군·구 이하의 읍·면·동 단위에서 구체적으로 추진되기 때문에 통일 시대의 사회복지서비스 전달체계의 가장 하위 단위도 읍·면·동 단위에서 진행될 수 있을 것이다. 우리가 익히 아는 바와 같이 북한사회는 인민반을 중심으로 동 단위 관리감독체계를 가지고 있기 때문에 남한의 동 단위 행정체계와 유사한 점이 많으므로 이 점을 잘 활용할 필요가 있다.

2. 지역사회 중심의 사회복지 전달체계

1) 변화하는 지역사회 중심의 사회복지 전달체계

(1) 읍 · 면 · 동 복지서비스 전달체계 개편1)

보건복지부는 2019년부터 전국의 모든 읍・면・동사무소를 찾아가는 보건복지서비스 전달체계로 개편하겠다는 계획을 발표하고 실행 중이다. 그간 정부는 복지 사각지대 최소화, 생애주기별 맞춤형 복지 실현 및 국민의 복지 체감도 제고를 위해 사회복지공무원을 확충(2011~2014년 7천 명에서 2014~2017년 6천 명으로)하고, 찾아가는 서비스 및 민관 협력을 강화하는 등 복지 전달체계를 개편・발전시키기 위한 노력을 지속해 왔다.

특히, 2014년 동 복지기능 강화 시범사업을 통해 방문상담 및 민간서비스 연계, 사례관리 등이 국민의 복지 체감도를 높이는 데 큰 성과가 있음을 확인하고, 2016년부터 2018년까지 단계적으로 지역주민과 가장 가까운 전국 모든 읍・면・동사무소를 복지사업 신청・접수만을 받는 곳이 아니라, 복지기관・보건소・지역주민 등과 함께 협력하여 찾아가는 보건복지서비스 제공의 중심 기관으로 개편할 계획을 발표했다(2016년 1,092개에서 2017년 2,600개, 2018년 3,500여 개로 모든 읍・면・동에 찾아가는 보건복지서비스 시행).

읍・면・동사무소의 찾아가는 보건복지서비스란 위기상황에 처해

---

1) 보건복지부 홈페이지를 참고해 작성했다.

〈표 10-1〉 찾아가는 복지 전담팀의 주요 기능

구분	세부 내용
찾아가는 서비스 활성화	도움이 필요함에도 적정한 서비스를 지원받지 못한 사람을 복지공무원, 복지통(이)장 및 읍 · 면 · 동 지역사회보장협의체가 직접 찾아가 상담 · 지원
읍 · 면 · 동 통합서비스 제공	대상자별 욕구에 따른 다양한 서비스를 맞춤형으로 제공, 가구별 서비스 제공 계획 수립 · 연계 등 통합 사례관리서비스 제공
찾아가는 건강서비스	방문간호사가 건강관리가 필요한 노인가구 등을 직접 방문하여 건강 문제 상담 및 건강관리 서비스 제공
민간조직 · 자원 활용	복지통(이)장, 읍 · 면 · 동 지역사회보장협의체 위원, 복지기관 등과 협력하여 지역자원을 발굴하고, 발굴자원을 적극 연계

자료: 보건복지부 홈페이지. "복지전달체계 개편". 2019. 3. 20 인출.

〈그림 10-1〉 찾아가는 읍 · 면 · 동 보건복지서비스

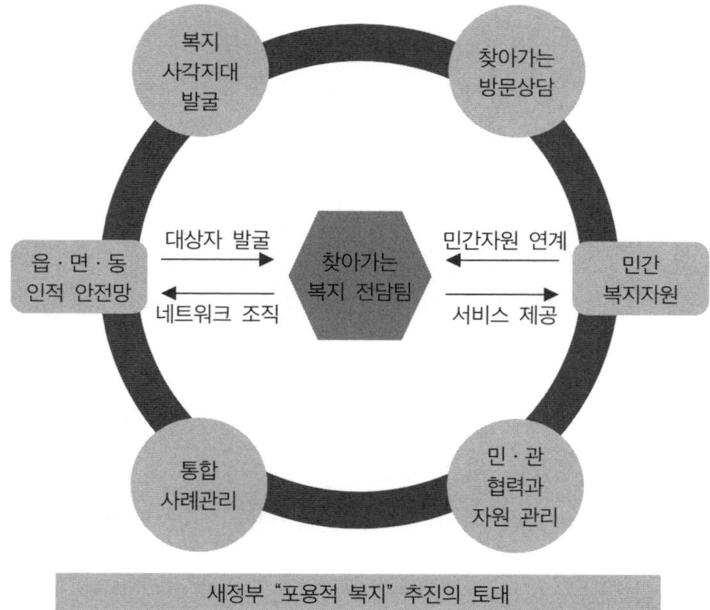

자료: 보건복지부 홈페이지. "복지전달체계 개편". 2019. 3. 20 인출.

있음에도 복지제도를 잘 알지 못하거나 도움을 청하지 못하는 주변의 어려운 이웃에게 복지공무원이 복지통(이)장과 읍·면·동 지역사회보장협의체 위원 등 지역주민과 함께 찾아가, 필요한 공적 급여 지원과 전문적 통합 사례관리서비스 등을 제공하고, 소득·재산 기준 초과 등으로 인해 공적 급여 및 서비스를 받지 못하지만 실질적으로는 생활의 어려움에 처한 사람을 위해 지역사회 내 다양한 민간자원을 찾아 서비스를 연계하는 것을 의미한다.

(2) 서울시의 찾아가는 동주민센터 사업

서울시는 보건복지부와 연결된 사업 이외에도 서울 시민을 대상으로 독자적인 지역사회 중심의 사회복지 전달체계를 개편하고 추진했다. 대표적 정책으로 "찾아가는 동주민센터" 사업이 있다. 서울시에서 추진하는 이 사업은 2014년 말 자치구 대상 공모에서 선정된 13개 자치구 80개 동주민센터를 대상으로 2015년 7월 1일부터 1단계 운영을 시작했으며, 2단계를 2016년 7월 1일부터 18개 자치구 283개 동에서 실시했고, 3단계를 2017년 7월 1일부터 24개 자치구 342개 동에서 실시했다. 4단계는 2018년 7월 1일부터 25개 자치구 408개 동에서 실시하고 있다(서울시 홈페이지, "찾아가는 동주민센터 운영현황", 2019. 3. 20 인출).

서울시에서는 별도의 추진단을 설치하여 자치구별로 자체적인 활동이 가능하도록 지원하고 있으며, 자치구에서도 별도의 추진단을 설치하여 동마다 본 사업이 원활히 추진되도록 지원하고 있다. 서울시의 찾아가는 동주민센터에서 수행하는 역할은 다음과 같다.

첫째, 동주민센터에 복지플래너가 상주하여 필요에 맞춰 서비스를

〈표 10-2〉 서울시의 찾아가는 동주민센터 지원 내용

출산 · 양육 가정	빈곤 · 돌봄 위기 가정	65세 도래 어르신
사회복지담당공무원 • 복지서비스(출산지원금, 양육수당 등) • 돌봄서비스 안내(아이돌보미, 공동육아 등) **영유아방문간호사** • 모유수유 교육, 신생아 건강 평가 • 영유아 건강검진, 예방접종 안내	**사회복지담당공무원** • 서울형 긴급복지, 지역자원 연계, 동 단위 사례관리 등을 통해 문제 해결 **복지통반장** • 지속적으로 모니터링	**사회복지담당공무원** • 복지서비스(기초연금 등) 및 상담 • 지역 내 복지시설 이용 등 자원 연계 **방문간호사** • 어르신 건강상태 체크 및 상담 • 3개군으로 구분하여 지속적으로 건강관리

자료: 서울시 홈페이지. "찾아가는 동주민센터 운영현황". 2019. 3. 20 인출.

〈그림 10-2〉 찾아가는 동주민센터에서 실시하는 통합 사례관리 모형도

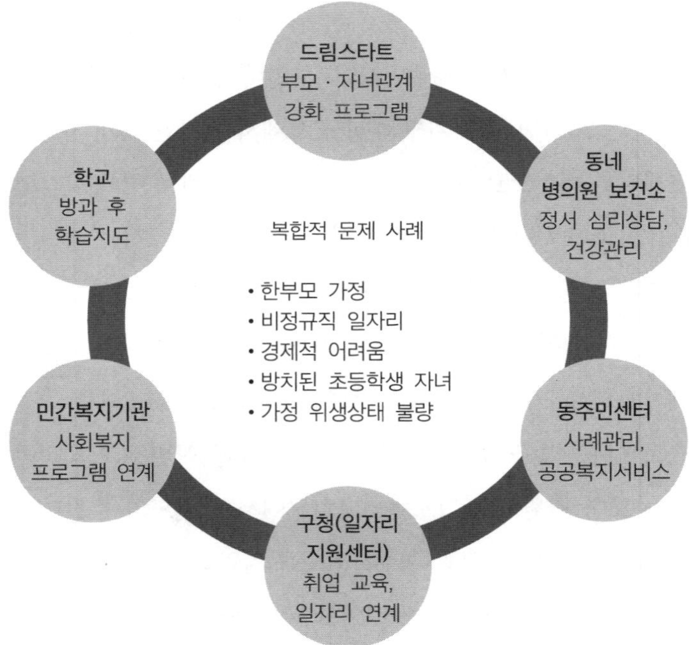

자료: 서울시 홈페이지. "찾아가는 동주민센터 운영현황". 2019. 3. 20 인출.

〈그림 10-3〉 서울시 찾아가는 동주민센터 마을복지 생태계 모형도

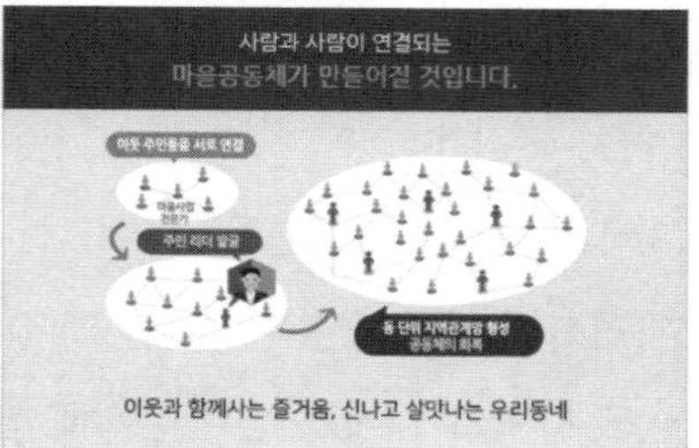

자료: 서울시 홈페이지. “찾아가는 동주민센터 운영현황”. 2019. 3. 20 인출.

제공한다.

둘째, 복지상담전문관이 생활의 어려움과 관련한 구체적인 지원을 실시한다. 특히, 관련 실무 경력과 정보를 가진 사회복지공무원을 복지상담전문관으로 배치하여 찾아가는 형태의 서비스를 제공하므로, 주민은 창구를 옮겨 다닐 필요 없이 하나의 창구에서 상담하고 해결할 수 있다. 또한 민간기관(민간복지전문관, 마을변호사 및 마을세무사 등)과 연계하여 동 단위 사례관리를 통해 복합적인 문제를 분석하고, 마을의 다양한 자원과 협력하여 당사자인 주민과 함께 해결한다.

셋째, 이웃과 함께 문제를 해결하는 마을복지 생태계를 만드는 역할을 수행한다. 주민의 문제, 지역사회의 문제를 지역 단위, 즉 동 단위에서 해결할 방법을 찾기 위한 마을 내 복지 생태계를 만들기 위해, 다양한 자원을 발굴하고 함께할 인력을 발굴 및 교육 · 훈련하는 역할을 하는 것이다.

이러한 접근방식은 기존의 복지 이슈 해결방식과는 다소 차이가 있다. 이 방식은 정책과 제도를 중심으로 예산을 확보하여 사업을 추진하는 형태로, 지역복지 이슈를 해결하는 것 이외에도 지역 단위에서 지역

주민과 함께 문제의식을 공유하고 그 문제나 이슈를 해결할 방법도 함께 찾아가고자 하는, 매우 적극적이고 주민 주도적인 성격을 갖는다.

(3) 지역사회 통합 돌봄

'지역사회 통합 돌봄'(커뮤니티케어)은 지역사회 내에서 돌봄(*care*)이 필요한 다양한 대상층, 즉 노인과 발달장애인, 정신장애인 등이 자신이

〈그림 10-4〉 커뮤니티케어 체계도

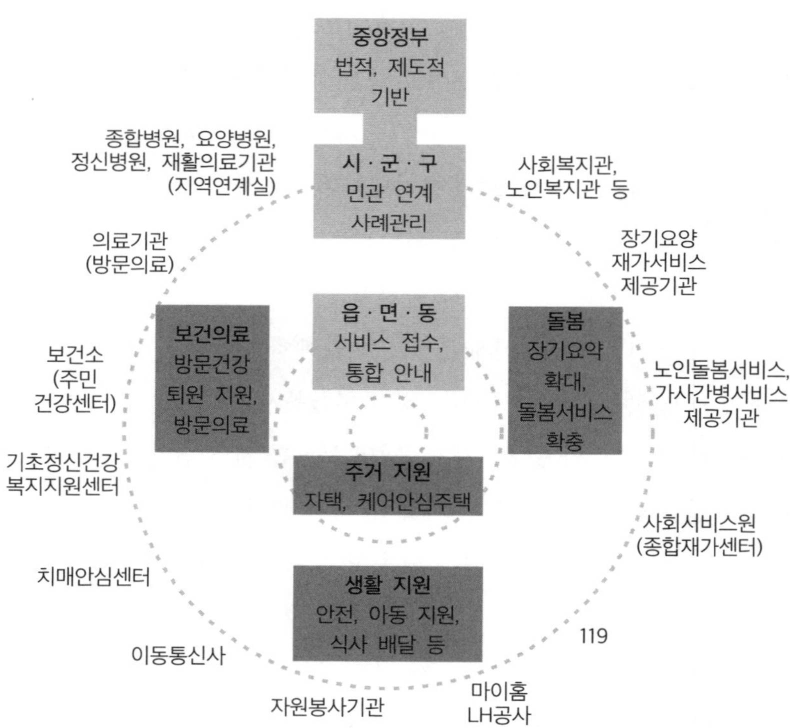

자료: 보건복지부(2018. 11. 20). "어르신이 살던 곳에서 건강한 노후를 보낸다: 〈지역사회 통합 돌봄 기본계획〉(1단계: 노인 커뮤니티케어) 발표". 보도자료. 2019. 3. 20 인출.

사는 지역에 거주하면서 본인의 욕구에 맞게 다양한 돌봄서비스를 받도록 지원하는 혁신적인 사회서비스 정책이라고 할 수 있다. 기존의 지원체계보다 훨씬 더 구체화하고 확장하여 지역복지 차원의 공급체계를 더 포괄적으로 구성하는 것을 목표로 한다.

이는 돌봄이 필요한 주민이 ① 자기 집이나 그룹홈 등 지역사회에 거주하면서 ② 개개인의 욕구에 맞는 복지급여와 서비스를 누리고 ③ 지역사회와 함께 어울려 살아가며 자아실현과 활동을 할 수 있도록 돕는 사회서비스체계이다. 적용 대상은 지역사회에서 돌봄이 필요한 모든 주민이다(보건복지부, 2018. 11. 20). 커뮤니티케어는 공공복지 전달체계의 중심축이라고 할 수 있는 읍·면·동을 케어 통합창구로 활용하고 민간의 지역복지 및 사회서비스 제공 주체 간 네트워크와 통합적으로 연결하는 구조라고 할 수 있다(한동우 외, 2019).

"제 2차 사회보장 기본계획"(2019년 2월)에 반영된 핵심 사회 정책의 하나이며, 2019년도에는 국정과제로 추가되어 본격적으로 추진되고 있다. 지역 단위별로 현실적이고 실질적인 지역사회 통합돌봄시스템을 구축해 나가는 정책이다. 이 정책 시행을 위해 각 지자체를 대상으로 선도 시범사업을 실시하고 다양한 모델을 시범적으로 운영하고 있다.

2) 지역사회복지관과 탈북민 정착 및 사회 통합사업

〈사회복지사업법〉에 의거하여 설치, 운영되고 있는 지역사회복지관은 2017년도 현재 전국에서 464개소가 운영되고 있다. 서울의 경우 약 100여 개의 사회복지관이 운영 중인데, 지방자치단체에서 비영리민간

법인에게 위탁하여 운영하는 곳이 대부분이다.

지역사회복지관은 1906년 원산 인보관에서 태동하여 지역사회를 기반으로 다양한 복지서비스를 제공해온, 가장 역사가 긴 지역복지 전달체계라고 할 수 있다. 이후 많은 사회복지 정책과 서비스가 지역사회복지관을 통해 주민과 이용자에게 전달 및 제공되었으며, 최근에 급변하고 있는 지역복지 전달체계 개편에서도 그 역할이 재조명되고 있다. 아울러, 민관 협력을 추구하는 접근방식에서 민간전문기관의 역할을 제시하고 있다.

오랫동안 대한민국 지역복지 전달체계의 핵심이면서 허브 역할을 해온 지역사회복지관은 향후 통일 시대에 북한지역의 주민에게 복지서비스를 제공하는 데 매우 유익할 모델이 될 수 있을 것이다. 또한 지역복지관은 북한이탈주민이 밀집하여 거주하는 지역을 중심으로 북한이탈주민 정착 지원사업 및 주민 간 통합사업을 다양한 차원으로 실시하고 있는바, 통일 시대 복지서비스 제공 및 사회복지실천에 유용한 전달체계이다. 하여 지역사회복지관의 정의, 목표, 역할과 기능을 소개하고, 지역사회복지관에서 실시하는 북한이탈주민 관련 사업을 소개하고자 한다.

(1) 지역사회복지관의 기능과 역할

법적 근거를 바탕으로 사회복지관의 기능과 역할을 분명하게 제시하고 있는 정의를 살펴보고, 운영의 목표와 100여 년간의 주요 연혁을 살펴보고자 한다. 또한 사회복지관의 기능과 역할에 따라 실시하는 주요 사업의 내용을 소개하여 향후 통일 시대에 필요한 사업 내용을 예상하는 데 도움이 되도록 하고자 한다.

〈사회복지사업법〉 제 2호의 5에 따르면,[2] 사회복지관이란 지역사회를 기반으로 일정한 시설과 전문인력을 갖추고 지역주민의 참여와 협력을 통해 지역사회 복지 문제를 예방하고 해결하기 위해 종합적인 복지서비스를 제공하는 시설을 말한다. 여기서 지역사회복지란 주민의 복지 증진과 삶의 질 향상을 위해 지역사회 차원에서 전개하는 사회복지를 말한다.

사회복지관의 목표는 다음과 같다. 사회복지관은 사회복지서비스 욕구를 가지는 모든 지역사회 주민을 대상으로 보호서비스, 재가복지서비스, 자립능력 배양을 위한 교육 훈련 등 그들이 필요로 하는 복지서비스를 제공하고, 가족 기능 강화 및 주민 상호 간 연대감 조성을 통해 각종 지역사회 문제를 예방·치료하는 종합적인 복지서비스 전달기구로서 지역사회 주민의 복지 증진을 위한 중심적 역할을 수행해야 한다.

사회복지관의 주요 연혁을 살펴보면 다음과 같다. 1906년, 원산 인보관운동에서 사회복지관사업이 태동했다. 1921년에는 서울에 최초로 태화여자관이 설립되었으며, 그 후 5년 뒤인 1926년에는 원산에 보혜

2) 사회복지관에 대한 법적 근거는 〈사회복지사업법〉 제 2조의 5에서 그 정의를, 동법 제 34조의 5에서 사회복지관의 설치 등에 관한 사항을 찾을 수 있다. 또한 "〈사회복지사업법〉 시행규칙"(보건복지부령) 제 23조에서는 사회복지관의 설치 기준을, 제 23조의 2에서는 사회복지관의 운영 기준을 제시하고 있다. 임대단지 내 사회복지관 설치에 관한 법적 근거는 〈주택법〉 제 2조 제 14호의 나 그리고 "주택건설기준 등에 관한 규정" 제 5조 제 6호에서 제시된다.

여자관이 설립되었다. 1930년에는 서울에 인보관을 설치했다. 1975년에는 국제사회복지관연합회 회원국으로 가입했으며, 1976년에는 한국사회복지관연합회를 설립(22개 사회복지관) 했다. 1989년에는 〈주택건설촉진법〉 등에 의거하여 영구임대아파트 건립 시 사회복지관 건립을 의무화했다. 1989년, 사회복지법인 한국사회복지관협회를 설립했다.

한편, 사회복지관은 저소득 취약계층과 지역주민에 대해 실질적인 사회복지서비스가 이루어질 수 있도록 각 사업을 유기적으로 연계하여 실시해야 한다. 모든 사회복지관이 천편일률적인 사업을 시행하는 것이 아니라 복지관의 지역적 특성을 바탕으로, 즉 복지관의 위치(임대아파트 단지, 주택 밀집 단지, 신생 주거지역 혹은 재개발지역 등), 지역적 특성, 대상별 특성, 복지관의 규모, 담당 인력 등에 의거해 각 사회복지관이 전문성, 효율성, 책임성을 최대한 살릴 수 있는 능력 범위 내에서 선택적으로 사업을 수행하고 있다.

또한 사회복지관은 지역사회의 특성과 지역주민의 복지 욕구에 대한 조사 결과를 바탕으로 〈사회복지사업법〉에서 제시하는 주된 사업 내용에 대해 자율적으로 결정하되, 분야별 단위사업 중 해당 사회복지관의

〈표 10-3〉 지역사회복지관의 사례관리 기능

사업 분야	사업 및 내용
사례 발굴	지역 내 보호가 필요한 대상자 및 위기 개입 대상자를 발굴하여 개입계획 수립
사례 개입	지역 내 보호가 필요한 대상자 및 위기 개입 대상자의 문제와 욕구에 대한 맞춤형 서비스가 제공될 수 있도록 사례 개입
서비스 연계	사례 개입에 필요한 지역 내 민간 및 공공의 가용자원과 서비스에 대한 정보 제공 및 연계, 의뢰

자료: 한국사회복지관협회 홈페이지. "사회복지관 소개". 2019. 3. 20 인출.

〈표 10-4〉 지역사회복지관의 서비스 제공 기능

사업 분야	사업 및 내용
가족기능 강화	1. 가족관계 증진사업: 가족원 간의 의사소통을 원활히 하고 각자의 역할을 수행함으로써 이상적인 가족관계를 유지함과 동시에 가족의 능력을 개발 · 강화하는 사업 2. 가족기능 보완사업: 사회구조 변화로 부족한 가족기능, 특히 부모의 역할을 보완하기 위하여 주로 아동 · 청소년을 대상으로 실시되는 사업 3. 가정 문제 해결 · 치료사업: 문제가 발생한 가족에 대한 진단 · 치료 · 사회복귀 지원사업 4. 부양가족 지원사업: 보호대상 가족을 돌보는 가족원의 부양 부담을 줄여주고 관련 정보를 공유하는 등 부양가족 대상 지원사업 5. 다문화가정, 북한이탈주민 등 지역 내 이용자 특성을 반영한 사업
지역사회 보호	1. 급식서비스: 지역사회에 거주하는 요보호 노인이나 결식아동 등을 위한 식사 제공 서비스 2. 보건의료서비스: 노인, 장애인, 저소득층 등 재가복지사업 대상자들을 위한 보건의료 관련 서비스 3. 경제적 지원: 경제적으로 어려운 지역사회 주민을 대상으로 생활에 필요한 현금 및 물품 등을 지원하는 사업 4. 일상생활 지원: 독립적인 생활능력이 떨어지는 요보호 대상자가 시설이 아닌 지역사회에 거주하기 위해서 필요한 기초적인 일상생활 지원서비스 5. 정서서비스: 지역사회에 거주하는 독거노인이나 소년소녀 가장 등 부양가족이 없는 요보호 대상자를 위한 비물질적인 지원 서비스 6. 일시보호서비스: 독립적인 생활이 불가능한 노인이나 장애인 또는 일시적인 보호가 필요한 실직자 · 노숙자 등을 위한 보호서비스 7. 재가복지봉사서비스: 가정에서 보호를 요하는 장애인, 노인, 소년 · 소녀가정, 한부모 가족 등 가족 기능이 취약한 저소득 소외계층과 국가유공자, 지역사회 내에서 재가복지봉사서비스를 원하는 사람에게 다양한 서비스 제공
교육 문화	1. 아동 · 청소년 사회교육: 주거환경이 열악하여 가정에서 학습하기 곤란하거나 경제적 이유 등으로 학원 등 다른 기관의 활용이 어려운 아동 · 청소년에게 필요한 경우 학습 내용 등에 대하여 지도하거나 각종 기능 교육 2. 성인기능교실: 기능습득을 목적으로 하는 성인사회교육사업 3. 노인 여가 · 문화: 노인 대상으로 제공되는 각종 사회교육 및 취미교실운영사업 4. 문화복지사업: 일반주민을 위한 여가 · 오락프로그램, 문화 소외 집단을 위한 문화프로그램, 그 밖에 각종 지역문화행사사업
자활 지원 등 기타	1. 직업기능훈련: 저소득층의 자립능력 배양과 가계소득에 기여할 수 있는 기능훈련을 실시하여 창업 또는 취업을 지원하는 사업 2. 취업알선: 직업훈련 이수자 기타 취업희망자를 대상으로 취업에 관한 정보 제공 및 알선사업 3. 직업능력개발: 근로의욕 및 동기가 낮은 주민의 취업욕구 증대와 재취업을 위한 심리 · 사회적인 지원프로그램 실시사업 4. 그 밖의 특화사업

자료: 한국사회복지관협회 홈페이지. "사회복지관 소개". 2019. 3. 20 인출.

〈표 10-5〉 지역사회복지관의 지역 조직화 기능

사업 분야	사업 및 내용
복지 네트워크 구축	• 지역 내 복지기관 · 시설과 네트워크를 구축함으로써 복지서비스 공급의 효율성을 제고하고, 지역복지의 중심으로서의 역할을 강화하는 사업 • 지역사회연계사업, 지역욕구조사, 실습지도 등
주민 조직화	• 주민이 지역사회 문제에 스스로 참여하고 공동체 의식을 갖도록 주민 조직의 육성을 지원하고, 이러한 주민협력 강화에 필요한 주민의식을 높이기 위한 교육을 실시하는 사업 • 주민복지증진사업, 주민조직화 사업, 주민교육 등
자원 개발 및 관리	• 지역주민의 다양한 욕구 충족 및 문제해결을 위해 필요한 인력, 재원 등을 발굴하여 연계 및 지원하는 사업 • 자원봉사자 개발 · 관리, 후원자 개발 · 관리 등

자료: 한국사회복지관협회 홈페이지. "사회복지관 소개". 2019. 3. 20 인출.

실정에 적합한 프로그램을 선정하여 수행한다. 〈사회복지사업법〉 시행규칙에서 제시하는 사회복지관의 사업 내용은 사업 수행의 가장 근간이 된다. 사회복지관의 사업은 3대 주요 기능, 즉 사례관리 기능, 서비스 제공 기능, 지역 조직화 기능으로 구분된다.

첫째, 사례관리 기능은 지역 내 집중 지원이 필요한 취약계층에 대해 사회복지사가 대상자와 함께 필요를 찾아가고 해결하는 서비스이다(〈표 10-3〉 참조).

둘째, 서비스 제공 기능은 클라이언트에게 직접적인 전문서비스가 제공되는 영역으로, 가족기능 강화 사업, 지역사회 보호 사업, 교육문화 사업, 자활 사업 등으로 구분된다(〈표 10-4〉 참조).

셋째, 지역 조직화 기능은 지역사회복지관의 고유한 특징인 지역사회를 기반으로 하여, 지역 문제를 함께 찾고 해결할 수 있도록 지역사회 및 지역주민을 조직화하고 역량을 강화하여 지역 안에서 역동적으로 활동하도록 하는 사업 영역이다(〈표 10-5〉 참조).

(2) 지역사회복지관의 북한이탈주민 사업 및 통일 사업 추진 내용

① 지역사회복지관의 북한이탈주민 사업 시작 배경

각종 지역사회 문제를 예방·치료하는 종합적인 복지서비스 전달기구로서 지역사회 주민의 복지 증진을 위해 중심적 역할을 수행하는 지역사회복지관의 북한이탈주민 정착 지원 사업은 2000년도 사회복지공동모금회가 시범 사업으로 추진한 북한이탈주민 정착 지원 사업에 지역복지관(공릉종합사회복지관, 부산종합사회복지관, 새문안교회 종합사회복지관 등)의 활동이 선정되었던 것에서 비롯되었다(김선화, 2004). 이러한 공모 사업과 더불어, 지역복지관이 서비스를 제공하는 영구임대아파트의 입주민으로 북한이탈주민이 거주하게 되었고, 그 수가 증가하면서 다른 입주민과는 다른 특성을 가진 북한이탈주민에 대한 서비스 필요가 부각되었던 점이 또 다른 배경이 되었다. 또한, 북한이탈주민 정착 지원제도 중 2005년에 새롭게 시작된 북한이탈주민 정착도우미제도를 북한이탈주민이 밀집 거주하는 지역사회복지관에서 위탁 운영하면서 더욱 활성화되었다.[3]

지역사회복지관이 그 본연의 기능에 맞게 지역사회에 새롭게 진입하고 증가한 서비스 대상 집단의 욕구와 필요를 파악하여 서비스를 제공하면서부터 북한이탈주민에 대한 다양한 서비스와 프로그램이 개발되기 시작했다. 2000년대 초기 서울 및 경기도와 광역시(대구, 부산 등)를

3) 정착도우미제도는 북한이탈주민이 하나원 퇴소 이후 지역사회에 편입하는 과정에서 정착 지원을 돕는 자원봉사자의 활동으로, 통일부가 북한이탈주민지원재단을 통해 민간위탁하는 사업이다. 현재는 전국적으로 배치된 하나센터가 전담으로 담당한다.

중심으로 밀집 지역이 형성되면서 전국 28개 지역복지관에서 북한이탈주민 정착 사업이 진행되었으며, 이들 복지관에서는 민간의 다양한 재원(사회복지공동모금회, 아산복지재단, 삼성복지재단 등)을 확보하여 전반에 걸쳐 정착을 지원했다(김선화, 2007).

지역사회복지관은 하나원 이후 북한이탈주민이 거주하는 지역에서 사회 적응을 위한 보완 교육 및 프로그램을 통해 정착지원제도를 보완하고 사회복지 영역의 전문 프로그램을 개발·적용하여 북한이탈주민의 정착 지원 수준 향상에 기여했다고 할 수 있다. 이러한 경험이 바탕이 되어 2009년 통일부는 하나센터라는, 북한이탈주민을 종합적으로 지원하는 지역 거점의 정착지원센터를 설치·운영하게 되었다. 지역복지관의 전문적 지원활동이 하나센터를 중심으로 통합되는 등 점차 축소되기도 했으나, 여전히 적극적으로 북한이탈주민 정착 지원 사업을 하는 기관도 존재한다.

② 지역사회복지관의 북한이탈주민 사업 내용

각 지역복지관에서 수행하는 사업의 내용은 별도로 조사된 내용이 없어, 필자가 관계한 여러 활동을 통해 파악한 내용을 정리하는 형태로 소개하고자 한다. 〈표 10-6〉에서 제시된 사업의 내용은 지역사회복지관의 3대 기능으로 나눠 제시했다.

지역사회복지관이 북한이탈주민들의 정착 및 사회 통합을 위해 수행하는 사업의 영역은 매우 넓고, 이러한 사업을 통해 지역사회복지관에는 북한 및 북한이탈주민 지원과 관련된 경험적 노하우를 쌓아 왔다고 할 수 있다.

〈표 10-6〉 지역사회복지관의 북한이탈주민 정착 지원 사업 내용

구분		세부 내용
사례관리 기능 (사례 발굴, 개입, 서비스 연계)		• 요보호대상자 사례관리(노인, 환자 및 모자세대 등) • 경제적 지원(장학금, 긴급생계비 등) 및 생활 지원(밑반찬) • 의료적 지원(종합병원 무료 진료팀 연계, 지역 내 병원 연계)
서비스 제공 기능	가족기능 강화사업	• 아동공부방, 청소년 및 대학생 멘토링 • 가족 의사소통 향상 프로그램 및 가족캠프 • 가족 문제 상담 및 가족치료 프로그램 • 심리상담 및 심리검사 • 정신건강예방 및 치료프로그램(음악, 미술, ADHD, 영화, 독서 등) • 가정 결연(북한이탈주민 가족과 남한주민가족의 결연)
	지역사회 보호사업	• 탈북어르신 돌봄사업 • 명절 및 절기별 지원(생필품 및 식품 지원) • 결혼식 지원(무료합동결혼식 지원)
	자활사업	• 취업알선 및 진로 상담 • 취업생활 지원(직장생활 고충 상담 및 문제해결 지원) • 근로의욕 증진 프로그램
	교육문화 사업	• 성인 북한이탈주민 교육(영어 교육, 컴퓨터 교육, 표준어 교육) • 아동 · 청소년의 교육(영어, 수학, 한자, 컴퓨터 교육) • 문화생활 지원을 위한 교양강좌 • 문화체험 프로그램 및 야유회, 송년행사
지역조직화 기능 (주민조직화 사업)		• 북한이탈주민과 남한주민 간 통합프로그램 및 주민통합행사 • 북한이탈주민과 주민조직과의 간담회(공동활동) • 북한이탈주민에 대한 인식개선을 위한 세미나 및 활동 • 북한이탈주민 봉사단 조직 및 활동 • 북한이탈주민을 지원하는 자원봉사단 조직[도우미봉사단, 학습지도봉사단, 대학생 멘토링 봉사단, 전문가봉사단(법률 · 의료 · 상담)] • 지역사회 네트워크 구축 및 활동(북한이탈주민 지원 관련 기관과의 네트워크)

자료: 김선화(2007). "새터민 정착지원을 위한 사회복지 프로그램의 현황과 평가". 수정 · 보완.

③ 지역주민 통합의 장으로서 지역복지관의 사업

지역사회복지관에서 북한이탈주민의 정착 지원과 관련해 수행해 왔던 다양한 사업적 경험은 이후 남북한주민이 통합되어 전국적으로 거주할 통일 시대에 유용하게 사용될 수 있을 것이다. 지역복지관에서 수행했던 다양한 사업 중 북한이탈주민과 남한주민 간 통합을 지원하는 프로

그램은 남북한의 분단의 세월이 길었던 만큼 통일 한반도에서 가장 중요하게 부각될 영역 중 하나일 것이다.

지역사회복지관에서 북한이탈주민과 남한주민 간의 통합 지원 프로그램을 진행한 것은 이들이 물리적으로 같은 지역사회 환경에서 함께 거주하며 이웃사촌이 될 수 있음에도 이들 간에 많은 갈등이 있었고, 남한주민이 새로운 이주자인 북한이탈주민을 낯선 이방인처럼 인식하여 정착에 방해 요인이 되어 왔기 때문이다. 북한이탈주민과 남한주민 간 상호 인식은 서로 부정적인데, 이는 여러 요인에 의한다. 북한이탈주민이 주로 거주하는 지역은 남한에서도 경제적으로 어려운 주민이 생활하는 영구임대·공공임대아파트인 경우가 많은데, 주민들의 의견에 따르면 동일한 주거 환경에 거주함에도 정부나 여러 민간단체 및 관련 기관으로부터 더 많은 지원을 받는 북한이탈주민에 대해 상대적인 박탈감을 경험하고 있다고 한다. 또한, 서로 상이한 생활습관 및 가치관이 일상생활 환경 속 여러 불편한 차이로 나타나 서로에 대해 부정적인 감정과 불신의 감정을 갖게 된다고 한다. 북한이탈주민과 지역주민은 거주하는 지역에서 긍정적인 관계 형성을 통해 서로 융화하고 배려하기보다는 이질적이고 배타적인 관계를 형성하여, 북한이탈주민이 고립적이면서도 이방인적인 위치에 있다고 할 수 있겠다.

이러한 상황은 궁극적으로 북한이탈주민의 정착에 부정적으로 작용할 수 있다. 낯선 환경에서 정착하고자 노력하지만, 주변 환경에서 받는 부정적인 시선과 인식, 오해와 편견은 궁극적으로 북한이탈주민에게 한국사회에 대한 거리감과 불편함, 소외감을 경험하게 하여 한국사회에 정착하고자 하는 의지를 위축하고 여러 적응 스트레스에 대한 저항력을 낮게 한다.

이러한 문제점을 고려하여 북한이탈주민 당사자에 대한 집중적인 지원을 넘어, 북한이탈주민이 지역주민과 함께 어우러지고 상호 간 경험 속에서 이해와 배려를 축적할 수 있는 정착 지원이 필요하다. 지역사회복지관 및 지역사회복지관에서 위탁 운영하는 하나센터를 중심으로 이러한 주민 간의 통합을 위한 사업이 활성화되고 있다.

북한이탈주민의 사회 혹은 주민 통합을 위해 지역사회복지관에서 현재 진행하는 사업을 소개하면 다음과 같다. 지역사회복지관은 남북한주민의 만남의 장으로서 남북한주민이 교류하는 프로그램(남북한주민 연합 체육대회, 캠프, 북한음식 나눔, 봉사활동, 인식 개선 교육 및 캠페인 등)을 운영한다.

둘째로, 지역사회복지관은 남북한주민의 삶을 공유하는 장으로서 기능할 수 있다. 관련 프로그램의 구체적 예로, 자녀를 양육하는 엄마들의 모임, 남북한주민 가족역량 강화 사업, 남북한주민이 함께하는 여가문화 동아리활동(사진 동아리, 봉사 동아리, 기타 활동 동아리)과 남북한주민이 함께 노래로 통합되는 합창단활동 등이 있다.

마지막으로, 남북한주민의 지역공동체를 만드는 장의 역할을 하는데, 지역복지관이 중개자가 되어 지역주민 모임 및 조직과 북한이탈주민 혹은 북한이탈주민 조직(모임)을 연계하여 상호 교류하면서 하나의 공동체를 형성하도록 돕는 것이다. 이러한 역할 수행이 효과적으로 진행될 경우, 북한이탈주민이 대한민국 국민으로서 더욱 안정적인 자리를 확보할 수 있다.

3) 북한사회 내 실현 가능한 지역사회 중심의 사회복지 전달체계 구상

앞서 살펴본 바와 같이 한국사회의 사회복지 전달체계는 많은 변화를 앞두고 있으며, 그 과정에서 다양한 시행착오를 경험하며 국민의 삶에 더욱 밀접한 방식으로 변화, 발전할 것이 예상된다. 복지에 대한 이슈가 민간전문기관에 위탁하여 운영하는 방식에서 국가(공공)가 직접 지역복지서비스 공급의 주체가 되거나 공급의 주요 부분에서 역할을 해나가는 방식으로 전환되면서, 한국사회의 복지서비스는 매우 풍성해졌다고도 할 수 있으며 한편으로는 통합 및 재정비의 필요가 예상된다. 그럼에도 이러한 변화의 흐름은 한국사회에서 저출산에 따른 문제, 초고령화 사회에서 발생하는 문제, 가족 기능 변화에 따른 사회적 책임 및 국가 자원의 지원 문제 등을 다루기 위함으로, 매우 긍정적으로 볼 수 있다.

이러한 변화 속에서 통일 시대를 전망하며 북한지역 내 실현 가능한 지역사회 중심의 사회복지 전달체계를 구성하는 것은 다소 어려울 수 있다. 또한 북한사회의 특성에 관해 경험적 이해가 부족하기 때문에 북한사회에 적절한 지역복지 전달체계를 구상하는 데도 일정한 한계가 있을 수밖에 없다. 이러한 제한적인 상황을 고려하여 남북한 지역사회의 유사점과 차이점을 생각해 보고 통일 시대에 북한사회에 적용 가능한 지역복지 전달체계를 구상해 보고자 한다.

(1) 남북한 지역사회 비교: 단순 차원의 유사점 및 차이점

북한의 행정조직은 큰 틀에서는 남한과 큰 차이점이 있으나, 지역 단위에는 유사한 점이 있다. 또한 공식적 조직 이외에도 실질적으로 기능하는 동 단위의 다양한 조직이 있다. 이러한 조직들은 지역사회를 아우르면서 지역 단위 행사를 진행하고 지역사회의 이슈나 문제를 해결하기 위한 노력을 하고 있다. 이러한 유사한 부분에서 지역복지 전달체계를 구축할 만한 가능성을 찾아보고자 한다.

〈표 10-7〉과 〈그림 10-5〉에서 보는 바와 같이 남한과 북한은 유사

〈표 10-7〉 남북한의 지역사회 단위 공통점

구분	남한	북한
동 단위 행정구조	동주민센터(반, 통)	읍, 구역 주민센터(인민반, 지구)
동 단위 주민조직	동 단위 직능단체 (새마을부녀회, 새마을지도자협의회, 통반장협의회 등)	지역별 여맹, 인민반
동 단위 지역사회활동	위의 주민조직 및 관련 지역사회 내 복지기관, 단체를 중심으로 복지 인프라가 확대되어 있으며 활동도 다양하게 진행	여맹과 인민반을 중심으로 지역행사, 장례, 결혼 등 각종 행사 추진

〈그림 10-5〉 남북한의 유사 지역사회 조직

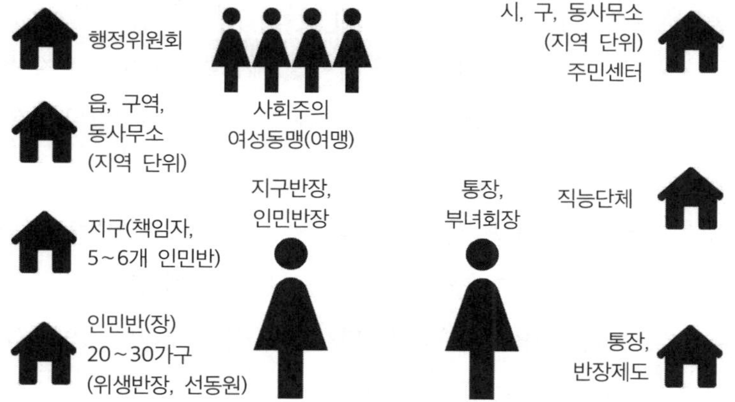

자료: 김선화 · 이임순(2019). "통일사회복지 실천방법의 이해: 지역사회 중심의 사례관리 접근법 및 사회복지 전문가의 역할". 수정 · 보완.

〈표 10-8〉 남북한의 지역사회 단위 차이점

구분	남한	북한
복지 욕구	• 초고령화에 따른 노년기 복지 이슈 • 전 생애에 걸친 국가차원의 돌봄 • 긴급지원 및 사각지대 지원망 확충 • 삶의 질 향상과 보편적 복지	• 의식주 중심의 생활복지 • 기초생계 및 긴급생계지원 • 기초의료 및 건강관리체계 구축 • 교육복지 영역
복지 인프라 (자원망)	• 분야별 복지기관이 다양(민간, 공공 영역의 복지 인프라 풍성) • 지역 단위 인적, 물적 자원망 풍부	• 복지 관련 유관 인프라 취약 • 지역 단위 인적 조직의 강한 조직력

한 지역조직을 가지고 있다고 할 수 있다. 동 단위 주민조직의 경우 남한과 북한이 해당 조직을 만든 근본적인 이유는 다르지만, 수행하는 역할 등에서 여러 유사점을 볼 수 있으며 향후 통일 시대에 지역 중심의 서비스 전달체계를 만들어 가는 데 도움이 될 부분이라고 할 수 있다.

지역사회 중심의 복지서비스 전달체계를 구상할 때, 남북한의 지역사회 단위에는 유사점보다는 차이점이 더 많을 것이다.

〈표 10-8〉에서 보는 바와 같이 지역사회 환경은 정치·경제·사회·문화적으로 매우 큰 차이가 있으며, 이 부분과 연결된 지역주민의 복지욕구 수준이나 복지 이슈에서도 큰 차이를 예상할 수 있다. 복지 욕구에서도 서비스에 대한 기대 수준은 남한과 북한 간 큰 차이점이 있을 것이다.

또한, 지역사회 단위로 활용 가능한 유관 인프라 및 자원망과 관련해 남한은 다양하고 풍성한 수준인 반면, 북한은 매우 제한된 차원의 자원망이 있다. 이러한 차이점을 고려하면서 향후 통일 시대의 지역사회 중심 복지 전달체계를 구상해야 할 것이다.

(2) 실현 가능한 지역사회 중심의 사회복지 전달체계 구상

통일 시대에 실현 가능한 지역사회 중심의 사회복지 전달체계를 구체적으로 제시하기엔 사실상 많은 어려움이 있다. 따라서 이 장에서는 통일 시대 북한사회 내에서 실현 가능한 사회복지 전달체계를 만들어 가는 데 있어 고려해야 할 사항과 유용한 사항을 제시하고자 한다.

첫째, 지역사회 내에서 중심적인 역할을 하고 있는 기존 북한조직을 활용하는 것이다. 통일 초기 북한 내 지역사회 단위에 복지서비스를 제공하기 위해서는 남한의 지역복지서비스 전달체계를 일방적으로 적용하는 것은 적절한 방법이 아닐 수 있다. 북한사회가 가지고 있는 고유한 생활문화 및 지역사회의 특징을 고려하면서 효과적인 방법을 찾아내는 것이 매우 중요한 일이라고 생각한다. 앞서 살펴본 바와 같이 남한과 북한 사이에는 큰 차이점도 존재하지만 유사한 부분이 있으므로, 그 유사한 부분을 효과적으로 사용하는 것이 첫 번째로 고려해야 할 부분이라고 할 수 있다.

예를 들면, 북한에서 인민반 관리의 실제적인 역할을 수행하는 동사무소를 지역복지서비스 전달체계의 중심축으로 활용하는 것이다. 북한 내에서 일정 공간을 가지는 동사무소는 공간 제공도 가능할 뿐 아니라 지역주민을 매우 면밀하게 이해하고 있어 실질적 복지 수혜자 및 복지서비스 욕구를 파악하고 확인하는 데 유용하다. 아울러, 복지서비스 전달 과정에서도 매우 유용성이 있을 것이라 판단된다. 동사무소는 남한의 통장, 반장 등과 유사한 역할을 수행하는 지역 내 인민반장을 관리하기 때문에, 실제로 북한주민의 삶과 매우 가까이에서 다양한 역할과 기능을 수행하므로 적극적으로 활용할 필요가 있다. 동사무소는 현재 행정적이고 조직 관리적인 측면이 강하지만, 이를 적극적으로 활용하여 통일 초기 지역복지서비스 전달체계의 1차적 역할을 수행할 수 있도록 하는 것이 매우 효과적일 것이다.

둘째, 남한 내에서 지역사회 중심으로 다양한 복지서비스를 제공하며 허브 역할을 수행하는 지역사회복지관의 역할과 기능을 북한사회에 적용해 보는 것이다. 남한의 지역사회복지관은 전국에 460여 개가 설치되어 운영 중이며, 특히 저소득 밀집 지역 및 영구임대아파트 단지에 설치되어 있다. 지역사회복지관은 지역주민을 위한 다양한 서비스뿐 아니라 취약계층에 대한 서비스를 제공하고 맞춤형 사례관리 기능을 하며 지역주민 및 지역사회 자원을 조직화하여 효과적으로 지역주민의 삶에 밀접한 복지서비스를 제공하는 조직으로, 남한에서 지역사회 단위로 매우 큰 역할을 수행하는 사회복지조직이라고 할 수 있다.

지역사회복지관에서 수행하는 사업 내용은 대부분 통일 초기 북한지역 주민에게도 필요한 서비스 영역이라고 할 수 있다. 지역사회복지관은 아동부터 성인, 노인, 장애인에 이르는 대상자 중심의 서비스뿐 아니라 가족 단위로도 지원 프로그램을 진행하며, 특히 취약한 대상층을 위해 일정 기간 동안 매우 밀착하여 어려운 문제를 해결하거나 지원하는 사례관리서비스를 제공한다. 즉, 북한주민에게 복지서비스를 제공하는 데 효과적인 사업 내용을 다수 포함하고 있다.

또한 앞서 언급한 바와 같이 많은 지역사회복지관이 북한이탈주민의 정착 지원을 돕는 과정에서 남한주민을 대상으로 했던 사업을 이들에게도 적용하는 경험을 했으며 이를 통해 북한이탈주민에게 최적화된 프로그램을 가지고 있기 때문에, 이 내용들을 바탕으로 북한주민에게 적합한 프로그램을 더욱더 개발할 수 있는 역량을 가지고 있다고 볼 수 있다. 이러한 남한의 지역사회복지관 모델을 통일 초기에 북한사회에 적용해 보는 것은 의미가 있을 것이다.

셋째, 북한 내 지역주민 조직망(여맹)을 적극적으로 활용하는 것이다. 북한사회는 주민을 다양한 방식으로 조직화하여 관리, 통제하고 있다. 따라서 개인적인 삶의 영역보다 조직화된 삶의 영역이 매우 많으며 이러한 조직이 북한사회를 구성하고 있다고 해도 과언이 아니다. 조직화된 구조는 매우 다양하지만, 지역사회를 바탕으로 조직화되어 다양한 일을 수행하는 지역조직은 여맹이다. 많은 북한이탈주민은 여맹을 북한사회를 이끌어 가는 중요한 중심축으로 설명한다. 여맹은 일하지 않는 북한여성의 대부분이 소속된 조직체로, 불가능할 것 같은 역할도 다양한 수단과 방법을 동원하여 완수할 정도로 활동성이 높으며 역동적인 조직체라고 할 수 있다.

북한사회 내 지역복지서비스 전달체계를 구축하는 과정에서 이러한 여맹 조직을 활용하는 것도 하나의 방법이 될 수 있다. 통일 초기에 북한의 여맹이 어떻게 남을지는 예상하기 어려운 측면이 있으나, 그때 여맹이 존재하든 그렇지 않든 여맹의 조직력 및 역할 수행방식과 경험은 통일 초기 북한주민의 복지서비스 욕구를 파악하는 데도 유용할 것이며 복지서비스 제공을 위한 협력적 지원 인력으로도 역할을 수행할 수 있을 것이다.

넷째, 지역 내 활용 가능한 조직(직맹) 및 기관(학교)을 활용하는 것이다. 통일 초기에 북한사회에 효과적으로 복지서비스를 제공하는 것은 매우 중요한 일이다. 사회보장제도를 더욱더 견고하게 계획하여 제도화하는 것도 중요하겠으나, 사회복지실천 현장을 중심으로 제공될 수 있는 사회복지서비스를 효과적으로 전달하기 위해서는 지역복지 전달체계의 구축이 중요한 부분이 될 것이다. 지역복지 전달체계를 구축하기 위해서는 북한 지역사회가 가진 특징을 이해하여 북한 내 존재하는 지역조직 및 관공서를 적절하게 활용할 필요가 있다. 특히, 북한에서 비교적 안정적인 구조인 교육체계 혹은 직장마다 구성된 조직체인 직맹을 활용해볼 수 있다.

지역 단위로 있는 학교는 복지서비스 제공을 위한 중요한 하나의 장이 될 수 있을 것이다. 학교는 아동·청소년과 관련한 복지 욕구 파악 및 복지서비스 제공을 위한 공식적인 전달체계로 활용될 수 있다. 학교를 통해 급식서비스 및 학습 지원서비스, 심리정서 지원서비스, 건강증진 및 신체성장 발달을 지원하는 서비스, 가족(가정)과 연결된 서비스 등을 제공할 수 있을 것이며, 학교 내 교사(교원)는 복지서비스 제공에 있어 정보를 제공하거나 연계를 하는 데 도움이 될 수 있을 것이다.

또한, 직맹의 경우 여맹과 다르게 직맹 구성원을 중심으로 필요한 서비스를 제공하는 데 도움이 되는 조직체라고 할 수 있겠다. 비교적 근로 능력이 있고 건강한 사람, 특히 남성이 많이 소속되어 활동하고 있는바, 이들을 위한 의료 및 건강 관련 서비스, 심리정서적 지원서비스, 개인역량을 개발하고 강화하는 교육 및 훈련서비스 등이 포함될 수 있을 것이다.

통일 초기에 북한사회 내 복지서비스를 제공하기 위해서는 사용 가능한 북한의 조직 및 공공행정조직 등을 적극적으로 활용하는 것이 중요하다. 북한사회는 개방된 사회가 아니며 고유한 특성이 있기 때문에 새로운 제도와 정책을 적용하는 것보다 기존의 시스템을 활용하면서 새로운 제도와 정책을 조합하는 것이 더욱 효과적일 것이다.

다섯째, 복지서비스 제공 전문인력은 남한의 지역복지 전문가와 북한이탈주민 지원 전문가가 함께 협업할 수 있도록 구성하는 것이다. 통일 시대에 북한지역에 가급적 빠르게 지역복지서비스를 제공하기 위해서는 상당히 숙련된 전문가의 활동이 필요할 것이다. 북한지역사회와 북한주민의 특성에 대한 이해가 깊고 관련한 경험이 있으면서도, 지역복지서비스 제공을 위한 기본서비스 구상 및 구체적인 활동 계획을 수립하고 실행할 수 있어야 한다. 이를 위해서는 북한사회 및 북한주민 그리고 지역복지 영역에 최적화된 전문인력이 필요할 것이다.

이러한 전문가를 지금부터 양성하고 준비하는 것은 북한주민의 복지서비스 제공에 중요한 준비 과정이라고 할 수 있다. 2019년 현재 남한에는 3만 1천 명이 넘는 북한이탈주민이 거주하고, 이들을 지원하는 전문인력으로 지역사회복지관 및 하나센터 등에서 근무하는 다수의 사회복지사가 있다. 또한 이들 사회복지사 중에는 북한 출신인 북한이탈주민도 포함되어 있다. 지역복지 전문가면서 북한이탈주민 및 북한사회에 대한 이해가 깊은 남한 출신의 사회복지사도 유능하게 활동할 수 있을 것이며, 동시에 북한 출신으로 남한에서 오랜 세월 거주하면서 남한과 북한의 문화 등을 전반적으로 잘 이해하는, 사회복지를 전공한 전문가 또한 유능하게 활동할 수 있을 것이라 생각한다. 이들이 함께 일할 수 있는 구조를 만든다면 통일 초기 북한주민에게 짧은 시간 안에 효과적으로 복지서비스를 제공하는 데 도움이 될 것이다.

3. 통일 시대, 통합서비스 제공을 위한 사례관리적 접근

1) 남한의 사례관리 방향: 민관 협력 통합 사례관리

남한사회의 복지서비스는 갈수록 더 포괄적이면서 개별화되고 있으며, 복지서비스 이용자에게 서비스 제공자 및 급여 제공자가 더 적극적으로 찾아가는 복지서비스 제공을 실현하기 위한 노력이 증가하고 있다.

초고령화와 가족 유형 및 기능의 변화 속에서 나타난 어르신 돌봄지원서비스 증가, 복지서비스 욕구의 다양화에 따른 각종 맞춤형 서비스 증가, 맞벌이 부부 증가와 여성의 사회 참여활동 증가 및 촉진을 위한 영유아 및 아동기 돌봄서비스체계의 강화 등 복지 정책은 더욱 다양해지고 있으며 그 복지 정책을 실현하는 과정에 지역복지 전달체계가 다양한 방식으로 활용되고 있다. 지역사회 환경 안에서 어르신과 장애인의 돌봄체계를 구축하고자 하는 "커뮤니티케어"는 2019년에 이미 시범사업으로 시작되었으며, 저출산 문제 해결을 위한 영유아 및 아동기 돌봄체계 마련을 위해 국가 차원의 지원뿐 아니라 각 지방자치체 단위로 새로운 정책이 늘고 있다. 서울시의 경우, 2019년부터 우리동네 키움센터 운영을 시작했으며, 성인기 돌봄이 필요한 대상자를 위한 돌봄 SOS 센터를 기존의 인프라를 활용해 운영할 것을 발표했다.

이러한 각종 돌봄체계의 마련 및 지원 정책은 궁극적으로 한국사회의 사회적 변화와 연결되어 국민에게 보다 나은 삶의 질을 제공하기 위해 국가가 국민의 삶을 매우 섬세하게 챙기며 지원하겠다는 의지에서 나왔다. 이러한 정책은 각 실행 기구에 의해 추진되었으며, 궁극적으로는 사례관리와 연결된 맞춤형 지원이 되었다. 최근 한국사회에는 이러한 사례관리를 어떻게 효율적으로 운영할 것인지와 관련해 민관 통합 사례관리와 연관된 많은 실천과 고민이 이어져 오고 있다. 민관 통합 사례관리를 소개하면서, 통일 초기에 북한지역의 복지 증진을 위한 사례관리의 방향을 구상해 보고자 한다.

(1) 민관 통합 사례관리[4)]

사례관리는 지역주민의 다양한 욕구에 통합서비스를 연계 · 제공함으로써 지역주민의 삶을 안정적으로 지원 · 지지하고, 복지제도의 효과성 · 효율성을 향상한다. 일반적으로 지역주민을 대상으로 하나, 복지 욕구 및 경제적 여건을 고려하여 빈곤계층의 탈빈곤 · 빈곤 예방을 중점 목표로 설정하고 있다. 사례관리의 중점 대상은 통합 사례관리를 통해 빈곤에서 벗어날 수 있거나 자활이 지원 가능한 가구, 차상위 빈곤가구이다. 특히, 긴급지원 대상 가구 및 국민기초생활보장 수급자의 신규 수급자거나 이에 탈락한 가구 가운데, 통합 사례관리를 통해 빈곤 예방 지원이 가능한 가구라고 할 수 있다. 한마디로 정리하면, 집중 지원과 개입을 통해 해당 가구의 힘으로 삶을 살아갈 수 있도록 지원하는 방식이 사회복지실천에서의 사례관리라고 할 수 있겠다.

통합 사례관리의 개념은 ① 복합적인 욕구가 있으나 ② 스스로 해결 방법을 찾기 어려운 대상에게 ③ 지속적인 상담과 다양한 공공 · 민간지원 연계를 통해 ④ 문제 해결과 주체적인 사회 적응을 지원(서비스 연계 +

4) 보건복지부 홈페이지를 참고해 작성했다.

〈그림 10-6〉 변경 전 민관 통합 사례관리를 통한 지원 과정

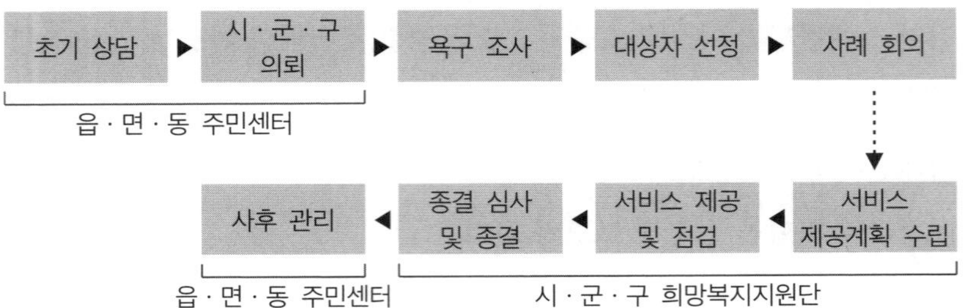

자료: 보건복지부 홈페이지. "복지전달체계 개편". 2019. 3. 20 인출.

사례관리) 하는 것이다. 통합 사례관리 시 사례당 평균 6개월 정도를 소요 기간으로 잡으며, 담당자별 약 20사례를 담당하도록 하고 있다(보건복지부 홈페이지, "복지전달체계 개편", 2019. 3. 20 인출). 민관 통합 사례관리를 실행하는 공공기관으로는 읍 · 면 · 동사무소가 있으며 민관기관으로는 지역사회복지관을 포함한, 지역 내의 사회복지관과 유관 기관을 언급할 수 있겠다. 지역아동센터, 어르신데이케어센터, 지역 내 정신보건기관, 개별 병원, 학교 등이 대표적인 유관 기관이다.

기존의 민관 통합 사례관리의 절차를 살펴보자. 읍 · 면 · 동에서 대상자 초기 상담을 거쳐 사례관리 필요성이 있을 경우 시 · 군 · 구에 의뢰하며, 시 · 군 · 구 희망복지지원단에서 통합적 서비스를 제공하는 과정을 거친다(〈그림 10-6〉 참조). 즉, 읍 · 면 · 동 주민센터에서 사례관리 과정의 시작과 끝을 담당하고, 시 · 군 · 구 차원의 희망복지지원단에서는 의뢰된 사례를 집중적으로 관리하는 이원화된 방식으로 진행되었다. 이원화되다 보니 시 · 군 · 구 단위에서 사례가 집중되는 경향이 있었으며, 궁극적으로 사례는 동 단위의 지속적 모니터링과 지원이 연

〈그림 10-7〉 찾아가는 보건복지서비스 실시 이후, 민관 통합 사례관리 모형

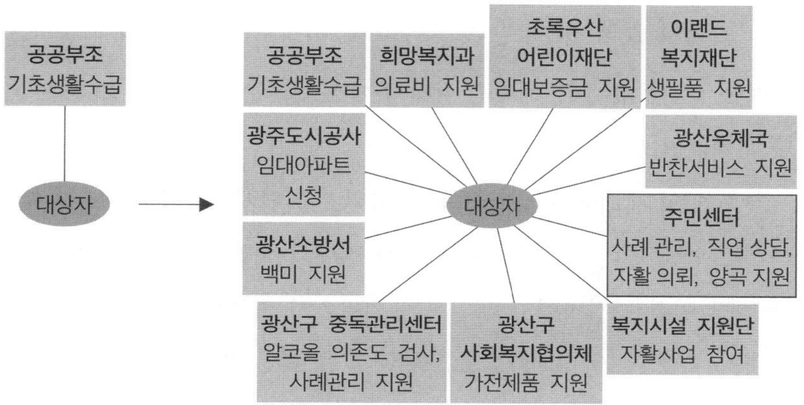

자료: 보건복지부 홈페이지. "복지전달체계 개편". 2019. 3. 20 인출.

결되어야 했기 때문에 기존의 민관 통합 사례관리에서는 아쉬운 점이 많았다.

찾아가는 보건복지서비스 실시 이후, 민관 협력 통합 사례관리의 진행 절차는 〈그림 10-7〉과 같이 변화했다. 대상자 중심으로 지역사회 내 각계 기관이 협력하여 서비스를 제공해 문제 해결력을 강화하는 방식으로 진행된다. 우선, 읍·면·동에서 사례의 발굴부터 관리까지 전 과정을 수행한다. 구체적으로는, 대상자를 발굴하여 초기 상담을 통해 욕구 및 위기도를 조사한다. 다음으로, 서비스 제공 계획을 수립하여 서비스를 제공하고 점검한다. 종결되면 회의를 실시하고, 사후 관리 단계로 넘어간다. 대상자의 문제 해결과 충분한 복지서비스 제공을 위해 일부 기관만이 개입하거나 제한된 공공부조를 제공하는 차원을 넘어, 대상자를 중심으로 민간과 공공의 모든 제도와 정책, 그리고 서비

스를 총망라하여 집중적으로 지원하면서 문제 해결력을 높인다는 것이다. 〈그림 10-7〉에서 보는 바와 같이, 대상자의 문제 해결력을 높이는 것과 관련된 모든 자원, 즉 모든 관련된 기관이 협업하면서 기관별로 역할을 분담하고 문제 해결을 위해 함께 노력하는 과정 전체를 민관 통합 사례관리라고 할 수 있겠다.

향후 통일 시대에도 사람 중심의 서비스 지원체계를 만들어 가는 것이 중요한 관건이 될 것이다. 그러한 점에서 여러 사회복지실천 방법 중 가장 인간 중심적이고 개별화된 서비스가 가능한 사례관리는 통일 시대에 북한주민의 삶의 질을 향상할 좋은 실천 방법이 될 수 있을 것이다.

(2) 사회복지관의 사례관리 현황

대표적 사례관리 기관인 사회복지관의 사례관리 전반을 소개하기 위해, 한국사회복지관협회에서 2013년 전국 사회복지관을 대상으로 사례관리 주요 현황을 조사한 결과를 살펴보면 〈표 10-9〉와 같다.

전국적으로 분포된 사회복지관은 만 5년 이상의 경력자가 사례관리 전담팀 내에서 사례관리 전담 인력으로 업무를 수행하며, 사례관리자가 가장 많이 지원하는 대상자 유형은 노인과 장애인으로 구성된 독거세대였다. 또한 한부모 가정 등에 대해 우선순위를 두고 사례관리를 하고 있었고, 경제적으로 취약한 계층이 대다수를 차지하고 있었다. 사회복지관은 유관 사회복지시설 및 관공서, 교육기관 등 연계할 수 있는 자원을 36개 정도 확보하고 있으며 이들 기관과 서비스 연계 등을 집중적으로 하고 있음을 볼 수 있다.

이는 2013년 기준 자료이므로, 2019년도 현재 사회복지관에서 실시하는 사례관리 현황은 더 진일보한 상태라고 할 수 있다. 사회복지관 종사자의 적정 인력의 수와 기능별 적절 인력의 수가 확정되면서, 즉 사례관리 기능을 수행하기 위해 필요한 사례관리팀의 전담 인력 수를 3명 이상으로 확정함에 따라 사회복지관에서의 사례관리의 기능이 더욱 강화되고 그 성과도 더 커졌을 것으로 예상할 수 있다.

〈표 10-9〉 사회복지관 사례관리 주요 현황

구분	세부내용
사례관리 인력 규모	• 평균 2.24명 사례관리팀 사례관리 전담 인력 • 최근에는 사례관리팀에 3명 이상의 전담 인력이 배치됨
사례관리자의 경력	• 사례관리자의 사회복지시설 근무 경력 평균 59.9개월 • 사례관리자의 사례관리 근무 경력 평균 33.2개월
담당 사례관리 수	• 사례관리자 1인당 집중 사례관리 수는 평균 6.4명 • 사례관리자 1인단 단순 사례관리 수는 평균 29.9명
사례 유형	• 사회복지관 위기개입사례 수 평균 3.4명 • 사회복지관 집중사례 수 평균 19.4명 • 사회복지관 일반사례 수 평균 82.6명
사례 대상	• 사회복지관 1개 기관당 총 사례관리 수는 118.1사례 • 노인, 장애인 단독세대 54.7사례, 한부모 가정 27.5사례, 부모-자녀가정 18.5사례 순으로 사례 대상이 분포됨 • 수급자는 평균 77.1사례이며, 차상위계층이 21.5사례, 그 외 집단이 18.5사례
자원 연계	• 사회복지관은 평균 36개의 자원 연계기관을 확보 • 사회복지시설 연계는 11.3개, 관공서 6.1개, 교육시설 5.8개, 의료시설 3.8개순 • 자원 연계 실적은 1개 기관당 평균 115.7건으로 서비스 연계가 88.5건, 대상자 의뢰 및 발굴 16.8건, 서비스 조정은 10.8건
공공 사례관리 연계	• 사회복지관은 공공 사례관리와 연계 경험이 90.3%

주: 한국사회복지관협회는 2013년 전국 438개 사회복지관을 대상으로 설문조사를 수행하여 사례관리 현황을 분석했고, 총 320개 사회복지관(73.1%)이 설문에 응답했다.

자료: 김형용 외(2019). “사회복지관 사례관리 허브기능 강화 및 모델 구축”. 《사회복지관 사업의 이해와 사회경제적 가치》.

(3) 사회복지관의 민관 통합 사례관리의 시사점

첫째, 민관 통합 사례관리는 요보호 대상자의 문제 해결을 위한 종합적인 지원을 하는 데 매우 효과적이다. 요보호 대상자를 위해 민간과 공공이 각각의 영역에서 사례관리를 했을 때 많은 한계가 발견되었으며, 이후 공공과 민간이 협력하여 통합 사례관리가 시작되자 상당히 큰 성과를 볼 수 있었다. 인간의 문제가 그만큼 복잡하고 다양하기 때문에 다양한 지원 주체의 협력이 필요하고, 각 지원 주체가 가진 고유한 기능이 제 기능을 적절하게 수행할 때 가장 효과적인 결과를 얻을 수 있기 때문일 것이다.

둘째, 사회복지관과 같은 사례관리뿐 아니라 관련 종합서비스를 제공할 수 있는 전문 기관이 있어야 한다. 민관 협력의 통합 사례관리가 의미 있게 그 기능을 발휘한 것은 사례관리 기능과 서비스 제공 기능을 복합적으로 수행하는, 사회복지관이라는 민간전문기관이 있었기 때문이다. 사회복지관은 이미 지역사회를 바탕으로 지역주민의 삶에 밀접하게 관계되어 있을 뿐 아니라 주민의 필요에 맞는 다양한 서비스를 제공하고 있으므로, 요보호 대상자에 사례관리적 개입을 할 때 외부의 자원을 연계할 뿐 아니라 내부에서 공급 가능한 자원을 빠르게 제공할 수 있다는 장점이 있다. 따라서 사회복지관과 같은, 사례관리 기능을 기본적으로 잘 수행하고 있는 기관이 지역사회 안에 있었으므로 민관 통합 사례관리를 원활히 수행해 왔다고 할 수 있겠다.

셋째, 민간 영역과 공공 영역 각각에서 주민의 삶을 세밀하게 파악하고 지원할 수 있는 인력이 필요하다. 돌봄이 필요하고 집중적인 지원이 필요한 대상자가 적절한 도움을 받기 위해서는 사각지대가 없는 것이 중요하다. 이러한 판단에서 더욱 적극적으로 지역주민의 삶으로 들어가 도움이 필요한 대상자를 발굴하고 그 대상자에게 적절한 도움을 제공할 수 있는 공공기관과 관련 민간전문기관을 연계하는 조력자의 역할이 매우 중요하다. 이 조력자는 최근 민관 통합 사례관리에서 매우 중요한 역할을 수행하는데, '복지도우미', '복지통장' 등 다양한 이름으로 불린다. 지역주민과 삶의 터전을 함께하면서 그들의 삶을 잘 파악하고 있는 지역주민, 즉 통장과 반장, 새마을 부녀회 관계자는 민관 통합 사례관리를 효과적으로 수행하는 데 크게 기여하고 있다.

넷째, 인간에 대한 깊은 이해를 바탕으로 문제 해결을 도울 수 있는 자원을 발굴하고 연결할 전문인력이 필요하다. 즉, 사례관리를 위해 전문적인 역량을 가진 전담자가 필요하다. 사례관리자는 기본적으로 사례관리 대상자와 깊은 관계를 맺으면서 그들의 삶의 깊은 부분에까지 개입해야 하므로 인간에 대한 깊은 이해가 있어야 할 뿐 아니라, 대상자와 상호 교류하며 깊은 소통을 할 수 있어야 한다. 또한 함께 합의하여 해결하고자 하는 문제 혹은 욕구에 대해 계획을 수립하는 문제 해결 역량도 필요하며, 해당 문제를 해결하기 위해 다양한 자원을 발굴하고 연계할 수 있는 중개자의 역할도 원활히 수행할 수 있어야 한다.

2) 통일 초기 북한사회 내 사례관리 구조에 대한 구상

첫째, 북한의 동사무소와 신설되는 지역복지관을 민관 협력 사례관리의 중심축으로 한다. 앞서 언급한 바와 같이 북한은 남한과 유사한 기능을 수행하는 동사무소가 있기 때문에 이 동사무소가 사례관리에서 공공 영역을 대표할 수 있을 것이다. 또한 북한지역에도 남한의 지역사회복지관과 같은 기능을 수행하는 지역복지관이 신설되기를 바란다. 이 지역사회복지관은 남한의 지역사회복지관과 유사하면서도 북한의 지역적 특성이 반영된 기능을 수행하되, 사례관리 기능을 최대화하여 통일 초기에 북한주민의 삶에 더욱 밀접하게 연결되어 서비스를 제공하는 것이 바람직하다. 북한의 동사무소와 신설될 수 있는 북한지역의 지역사회복지관이 함께, 남한의 민관 통합 사례관리와 유사한 차원으로 사례관리를 시작한다면 비교적 안정적인 시작이 가능할 것이다.

둘째, 남한의 사회복지사와 북한이탈주민 출신의 사회복지사, 그리고 북한지역의 사회복지 관련 업무 담당자를 사례관리 공동 전담 인력으로 구성한다. 사례관리에는 사례관리자의 전문적 역량이 매우 중요하기 때문에 통일 초기 북한지역에서의 사례관리를 위해서는 북한사회에 관해 이해가 깊은 전문가의 활동이 필요하다. 북한이탈주민 중 사회복지를 전공하고 사회복지 분야에서 경력을 쌓아온 인력이 북한지역에서 사례관리를 하는 데 가장 적절한 수행 인력이 될 것이다. 또한, 북한이탈주민 출신 사회복지사 이외에도 사례관리에 대한 전문지식과 숙련된 경력을 가진 남한의 전문가가 함께한다면 더욱 효과적일 것이다. 마지막으로, 사회복지 관련 영역에서 근무 경험이 있는 북한의 담당자가 함께한다면 통일 초기 사례관리의 기틀을 잡고 북한사회에 적합한 사례관리 모델을 만들어 가는 데 큰 도움이 될 것이다.

셋째, 사례관리의 조력자로 북한의 인민반장을 참여시킨다. 남한의 민관 통합 사례관리에서도 전담인력 이외에, 사례관리가 필요한 주민을 직접 발굴하고 서비스 제공 과정에 조력하는 조력자의 역할이 매우 중요하게 부각되었다. 통일 초기 북한 지역에서 사례관리를 하는 데도 이러한 조력자의 역할이 매우 중요할 것이라고 생각한다. 주민을 인민반으로 묶어 조직적 차원으로 관리하는 북한사회에서는 인민반장이 주민의 삶과 가장 가까운 담당자이기 때문에 인민반장을 중요한 사례관리 조력자로서 참여시킬 필요가 있다. 인민반장은 각 세대의 세밀한 부분까지 파악하고 있을 뿐 아니라 각 세대가 가진 어려운 점이나 도움이 필요한 부분을 비교적 상세하게 파악하고 있기 때문에, 요보호 대상자를 발굴하는 과정, 발굴된 요보호 대상자에게 필요한 서비스 내용을 결정하는 과정, 그리고 서비스를 제공하는 과정 등에 인민반장이 함께한다면 사례관리에 큰 도움이 될 것이다.

넷째, 지역 협력체계 구축을 위해 여맹위원장, 직맹위원장, 교육기관 관계자를 참여시킨다. 효과적인 사례관리를 위해서는 지역사회의 자원 및 네트워크가 잘 구축되어 있어야 할 것이다. 통일 초기 북한사회에서 지역자원을 발굴하고 그것을 연결하는 네트워크를 구축하는 일은 사례관리 기반을 만들어 가는 데 매우 중요한 부분일 것이다. 이 부분에 대해 지역 여맹위원장, 지역 내 직맹위원장, 관내 교육기관의 관계자를 적극적으로 활용할 필요가 있다. 지역사회 환경 및 특성을 가장 잘 파악하고 있을 뿐 아니라 실질적으로 지역사회에서 활동하는 기구의 관계자이므로 이들은 통일 초기 북한주민의 사례관리에 큰 도움이 될 것이다. 이들과 함께 지역 협력체계를 구축한다면 사례관리 영역뿐 아니라 지역복지 전달체계를 만들어 가는 데도 도움이 될 것이다.

다섯째, 주된 사례관리 대상자로서 경제적으로 취약한 가정, 의료취약 가정, 노인 가정, 장애인 가정, 한부모 가정을 중심으로 서비스를 시작해야 한다. 통일 초기에 사례관리 서비스가 필요한 주된 대상층으로는 1차적으로 경제적으로 취약한 모든 대상자가 될 수 있을 것이다. 북한의 상황도 시시각각 변화하고 있기 때문에 향후 통일 초기의 상황은 다소 차이가 있을 수 있다. 그러나 기본적으로 경제적 취약층은 여전히 존재할 수 있기 때문에 이들에 대한 개입에 우선순위를 두어야 할 것이다. 또한, 의료적 취약계층에 대한 개입, 경제적으로나 의료적으로 취약한 노인과 장애인, 그리고 한부모 가정에 대한 개입이 우선적으로 진행되어야 할 것이다. 이들을 위한 사례관리적 개입 방안 및 구체적인 서비스 내용을 함께 파악하여 서비스 제공 영역에서도 적절한 프로그램이나 서비스가 개발되어야 할 뿐 아니라, 각 대상층이 가진 고유한 특성과 공통으로 요구되는 욕구 부분에 대해 지원 방안을 마련할 필요가 있다.

참고문헌

김선화(2004). "지역사회복지관의 북한이탈주민 지원사업 평가". 〈지역사회 중심의 북한이탈주민 지원사업의 전망〉(북한이탈주민 지원 민간단체 협의회 동계 워크숍) 자료집.

______(2007). "새터민 정착지원을 위한 사회복지 프로그램의 현황과 평가: 새터민 1만 명 시대, 지난 7년과 앞으로의 7년". 북한이탈주민연구학회·한국사회복지사협회·한국노동연구원 공동학술대회(2007. 5. 4).

김선화·이임순(2019). "통일사회복지 실천방법의 이해: 지역사회 중심의 사례관리 접근법 및 사회복지 전문가의 역할". 《통일사회복지아카데미 3기 강의 자료집》. 서울: 북한인권정보센터.

김형용 외(2019). "사회복지관 사례관리 허브기능 강화 및 모델 구축". 《사회복지관 사업의 이해와 사회경제적 가치》. 서울: 한국사회복지관협회.

보건복지부(2018. 11. 20). "어르신이 살던 곳에서 건강한 노후를 보낸다: 〈지역사회 통합 돌봄 기본계획〉(1단계: 노인 커뮤니티케어) 발표". 보도자료. http://www.mohw.go.kr/react/al/sal0301vw.jsp?PAR_MENU_ID=04&MENU_ID=0403&page=2&CONT_SEQ=346683. 2019. 3. 20 인출.

보건복지부 홈페이지. "복지전달체계 개편". http://www.mohw.go.kr/react/policy/index.jsp?PAR_MENU_ID=06&MENU_ID=06350401&PAGE=1&topTitle=복지전달체계 개편. 2019. 3. 20 인출.

서울시 홈페이지. "찾아가는 동주민센터 운영현황". http://wis.seoul.go.kr/human/business.do. 2019. 3. 20 인출.

한국사회복지관협회 홈페이지. http://kaswc.or.kr.

한동우 외(2019). 〈지역기반 공급체계 구축에 따른 사회복지관 역할 및 민관협력 강화방안〉. 부산: 한국사회복지행정학회.

제 11 장

통일사회복지실천을 위한 다문화 관점의 접근

최혜지 | 서울여대 사회복지학과 교수

1. 통일사회복지실천의 이해: 개념, 목적 및 범위

1) 개념적 논의

통일사회복지실천은 통일이라는 체제의 변화가 사회구성원의 일상적 삶에 실질적으로 영향을 미친다는 조건에서 이루어지는 사회복지의 실천적 행위로 개념화될 수 있다. 통일은 사회, 경제, 정치적으로 분리된 두 개 이상의 체제가 하나로 통합되는 현상과 그 과정을 포괄적으로 의미한다. 따라서 통일사회복지실천은 두 체제의 통합이 완료된 조국통일의 상황에서 이루어지는 것으로 제한되지 않으며, 체제 통합의 준비 시기부터 완료 이후의 시기까지 전 과정 동안 이루어진다고 볼 수 있다.

광의적 차원에서, 통일사회복지실천은 사회복지실천을 통일이라는 역사적 맥락과 관련해 제공하는 것으로 이해할 수 있다. 그러나 통일사회복지실천을 지나치게 광의적으로 해석할 경우, 통일 준비기, 전환기, 안정기 등 전 과정 동안 이루어지는 모든 사회복지실천이 통일사회복지실천으로 개념화되어 사회복지실천과 통일사회복지실천의 경계가 모호해진다는 한계가 있다. 따라서 통일이라는 역사적 맥락이 사회복지실천의 현장과 조우하는 시간, 대상, 문제 등의 조건에 따라 통일사회복지실천의 개념을 구체화함으로써 통일사회복지실천과 사회복지실천의 경계적 모호성을 극복할 필요가 있다.

우선, 시간적 차원에서 보면 통일사회복지실천은 넓게는 체제 통합을 준비하는 시기부터 단일체제로 전환하는 시기, 체제 통합이 완성된 시기, 체제 통합이 안정화된 시기까지 전 시기에 이루어지는 것으로 볼 수 있다. 그러나 통일이 다수 사회구성원의 일상에 의미 있는 영향이나 변화를 유도하지 않는 시기에 이루어지는 사회복지실천을 통일사회복지실천으로 개념화하는 것은 무리가 있다. 따라서 체제 통합에 대한 인식이나 과정이 실제로 사회구성원 다수의 일상에 의미 있는 영향을 미칠 것으로 가정되는 체제 전환기 이후부터를 통일사회복지실천이 이루어지는 시기로 제한할 수 있다. 또한, 체제 통합이 완성된 후 구성원의 삶이 통일된 사회, 경제, 문화적 체제를 중심으로 조율되고 적응된 체제 통합의 안정화기는 체제 통합이 개인의 삶에 미치는 영향이 약화되기 때문에 이 시기의 사회복지실천을 통일사회복지실천으로 개념화하는 것은 사회복지실천과의 경계를 더욱 모호하게 한다. 이에 따라, 시간적 차원에서 통일사회복지실천은 협의적으로 체제 통합의 전환기부터 체제 통합이 안정화되기 전까지 이루어지는 사회복지실천으로 구체화할 수 있다.

통일사회복지실천의 대상은 광의적으로는 사회복지실천을 필요로 하는 모든 개인, 집단, 조직으로 확대될 수 있다. 협의적으로는 사회적, 심리적, 경제적 차원에서 통일이라는 역사적 사건과 관련된, 자력으로 해결하기 어려운 문제와 역기능을 경험하거나 삶의 질이 위협받고 있는 개인, 집단, 조직 등이 통일사회복지실천의 대상으로 특정된다. 통일사회복지실천을 필요로 하는 대상은 광의적 차원에서는 체계의 기능을 와해하거나, 잠재력과 역량의 증진을 저해하고, 삶의 질을 위협하는 것으로 확대될 수 있다. 협의적 차원에서는 사회복지의 실천적 개입이 필요한 문제 중 체제의 통합과 직접 또는 간접적으로 관련된 문제로 축소될 수 있다.

한편, 사회복지실천은 사회복지를 실천하는 행위와 과정을 의미한다. 미국사회복지사협회(National Association of Social Workers: NASW)의 정의에 따르면 사회복지실천은 "바람직한 사회적 환경을 조성하는 개인의 능력을 증진하고 회복하는 것을 목적으로 개인, 가족, 집단, 지역사회에 제공되는 전문적 원조활동"을 의미한다(Baker, 1995: 최혜지 외, 2013: 15 재인용). 그러나 NASW의 정의는 21세기의 사회적 맥락을 적절히 반영하지 못했다는 비판과 함께 비드굿(Bidgood, 2003)은 사회복지실천의 현대적 정의에 반영되어야 할 요소를 제안했다. 현대적 정의의 사회복지실천은 그 적용이 전 지구적이어야 하며, 클라이언트 중심적이어야 하고, 사회복지 전문직의 가치에 근거해야 하고, 일반주의 관점을 아우르며, 사회적 약자를 위한 실천임을 강조해야 하고, 사회정의와 변혁이라는 사회복지 전문직의 목적을 드러낼 수 있어야 한다(최혜지

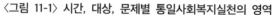

〈그림 11-1〉 시간, 대상, 문제별 통일사회복지실천의 영역

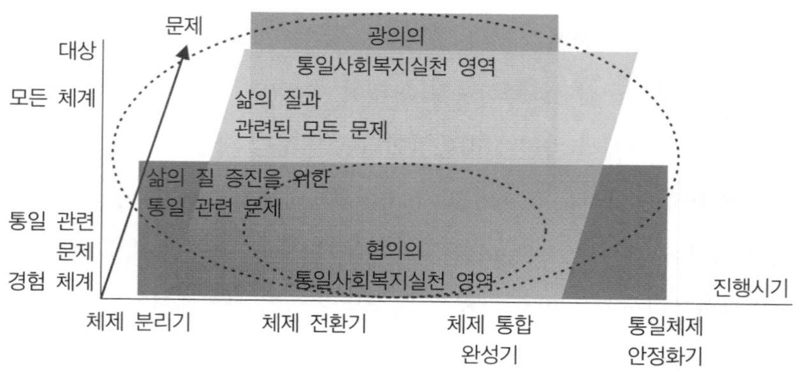

외, 2013 재인용). NASW의 정의와 비드굿의 비판을 고려하면 사회복지실천은 "각 체계의 문화적 다양성과 사회적 권리를 존중하며 행복 추구의 주체로서 각 체계의 역량을 극대화하고, 상위체계에 대한 사회적 약자의 통제력을 증진하고, 각 체계가 주변 체계와 상생의 관계를 유지하고 지원하는 일체의 계획적이고 전문화된 제도적 과정"으로 정리할 수 있다(최혜지 외, 2013).

이상에서 논의한 사회복지실천의 정의와 통일사회복지실천의 개념적 논의에 기초하면, 통일사회복지실천은 "체제 통합의 과정이 야기한 다양한 사회, 심리, 문화, 경제적 변화와 상황에서 각 체계의 역량을 극대화하고, 상위체계에 대한 사회적 약자의 통제력을 증진하며, 각 체계가 주변 체계와 상생의 관계를 유지하도록 지원하는 일체의 계획적이고 전문화된 제도적 과정"으로 해석할 수 있다.

2) 통일사회복지실천의 목적 및 목표

통일사회복지실천의 목표와 목적은 사회복지실천의 목적 및 목표와 연관된다. NASW는 사회복지의 목적에 대한 작업적 정의에서 사회복지실천의 목적을 "모든 개개인의 삶의 질을 향상하기 위해 개인과 사회 간의 상호 유익한 관계를 증진하거나 복귀하는 것"으로 기술하고 있다(Stoner, 1983: 29: 최혜지 외, 2013 재인용).

미국사회복지교육협의회(Council of Social Work Education: CSWE)는 일반주의 실천모델에 기초하여 사회복지실천의 목적을 네 가지로 제시했다. 첫째, 사회복지실천은 개인, 가족, 조직, 지역사회가 목적을 달성하고 고통을 완화하며 자원을 활용할 수 있도록 도움으로써 이들의 사회기능을 촉진, 회복, 유지, 향상한다. 둘째, 인간의 기본욕구를 충족하고 인간이 가진 잠재력 및 가능성 개발을 돕기 위해 필요한 사회 정책, 서비스, 자원 그리고 프로그램을 계획, 공식화, 시행한다. 셋째, 곤궁에 처한 집단에 힘을 실어 주고 사회적, 경제적 정의를 실현하기 위해 조직 및 행정적 옹호와 사회정치적 운동을 통해 정책, 서비스, 자원, 프로그램을 추구한다. 넷째, 이러한 목적과 관련된 모든 전문적 지식과 기술을 개발하고 시험한다.

사회복지실천의 목적은 통일사회복지실천의 목적을 수립하는 데 토대를 제공한다. CSWE의 사회복지실천 목적에 준해 통일사회복지실천의 목적을 정리하면 첫째, 개인, 가족, 조직, 지역사회의 각 체계가 체제 통합의 과정과 관련한 다양한 고통을 완화하고 이에 필요한 자원을 활용할 수 있도록 지원함으로써 각 체계의 사회적 기능을 최대화하는 것이다. 둘째, 체제 통합이 야기한 환경적 변화 속에서 각 체계의 잠재력과 역량 증진을 돕는 데 필요한 사회 정책, 서비스, 자원 프로그램을 계획하고 시행하는 것이다. 셋째, 체제 통합의 역동 속에서 사회, 정치, 경제적 권력으로부터 배제된 체계의 사회적, 경제적, 정치적 정의를 실현하기 위한 다양한 활동을 수행하는 것이다. 넷째, 이상의 목적을 추진하는 데 필요한 전문적 지식과 기술을 개발하는 것이다. 통일사회복지실천이 통일이라는 역사적 사건에 의한 특수한 환경적 맥락에서 이루어지는 사회복지실천의 한 유형이라는 점에서 통일사회복지실천의 목적은 정리된 바와 같이 사회복지실천의 목적을 벗어나지 않는다.

3) 통일사회복지실천의 범위

범위는 어떤 사건 또는 사유가 주로 논의되거나 그에 관한 영향이 머무는 물리적, 인지적 경계 내의 영역을 의미한다. 앞서 논의된 통일사회복지실천의 정의에 따르면, 통일사회복지실천의 범위란 통일사회복지실천에 관한 사유가 논의되고 이로부터 영향을 받는 물리적, 인지적 영역을 의미한다.

통일사회복지실천의 범위는 사회복지실천의 범위에 관한 기존의 개념에 근거해 사회복지실천 대상의 포괄성과 사회복지실천이 이루어지는 차원에 따라 구분해 논의하는 것이 적절하다. 사건이나 사유에 대한 논의와 그의 영향이 미치는 경계는 고정적이지 않기 때문에 사회 환경의 변화와 시간의 흐름에 따라 통일사회복지실천의 범위 또한 변화한다.

통일사회복지실천은 개입 차원의 범위에 따라 미시적 실천, 중시적 실천, 거시적 실천으로 분류할 수 있다. 미시적 실천(*micro practice*)은 클라이언트 개인 또는 클라이언트의 욕구와 관련된 개인 또는 일차적 공동체 수준에서 이루어진다. 사회복지사는 체제 변화 과정에서 심리사회적 적응에 어려움을 겪거나 새로운 체제에서 자원 확보에 어려움을 겪는 클라이언트와 가족을 대상으로 개입한다. 예를 들면, 북한이탈주민으로 남한에서 생활한 클라이언트가 북한에 남겨진 가족과 재결합한 후 가치관과 문화적 차이로 겪는 가족 갈등의 문제, 남한 출신 구성원이 다수인 회사에 취업한 후 소외감으로 고통받는 북한 출신 클라이언트의 문제, 북한 지역으로 이주한 후 지지체계의 부족으로 어려움을 경험하는 남한 출신 가족의 문제 등에의 개입이 미시적 차원의 실천에 해당한다.

중시적 실천(*meso practice*)은 미시와 거시의 중간 체계인 기관, 행정체계, 지역사회 및 이들 사이의 상호관계와 관련한 문제와 욕구를 지원하는 것이다. 체제 통합이 야기한 사회구성원의 욕구 변화에 적절히 대응하지 못하고 정체된 기관이나 조직이 변화된 욕구에 반응하도록 지원하는 것 등이 중시적 실천에 해당한다. 예를 들면, 통일 후 남한 출신 사회구성원의 유입이 증가함에 따라 북한 출신 토착주민과 남한 출신 이주민 사이에 갈등이 증가한 지역사회가 서로의 문화를 이해하는 기회를 마련하고 갈등을 조정하는 기구로서 지역주민협의체를 구성하도록 지원하는 것 등이 중시적 실천이다.

거시적 실천(*macro practice*)은 전체 사회구조, 국가, 국가의 정책 및 제도 등 거시체계를 대상으로 한 사회복지사의 실천활동을 의미한다. 체계 통합 과정에서 발생하는 사회 문제나 새로운 사회 욕구의 해결을 위해 관련 정책과 제도의 마련을 촉구하는 사회복지사의 활동이 해당한다.

2. 통일사회복지실천의 관점: 다문화적 관점과 문화적 역량

지리적 영토, 문화적 정체성, 그리고 역사적 경험을 공유한 민족은 동질적인 문화를 공유한다. 체제 분리에도 불구하고 뿌리 깊은 문화유산을 공유하고 있는 남한과 북한은 동일한 언어를 사용하는 등 문화적 차이가 존재하지 않는다고 가정하기 쉽다. 그러나 두 체제는 지리적 근접성에도 70년 이상 물리적 이동과 사회적 교류가 단절된 채 독자적인 역사를 발전시켜 오면서 문화적 차이 또한 확대되어 왔다. 따라서 통일사회복지실천은 체제의 분리가 하나의 민족에 야기한 문화적 차이를 민감하게 인지하고 이를 적절히 다루는 문화적 다양성에 대한 이해와 문화적 역량이 필요하다.

1) 문화적 다양성

문화적 다양성은 민족, 성적 기호, 장애 유무, 성별 등 문화적 차이를 만드는 다양한 준거를 기반으로, 집단마다 고유한 가치 및 신념체계, 행동 양식, 생활 습관, 언어 등 다른 집단과 구분되는 독자적인 문화를 유지하는 사회적 현상이자 특성을 의미한다.

문화적 다양성을 다루는 방식은 사회마다 차이를 보인다. 다문화주의를 지지하는 사회는 각 집단의 문화적 차이를 인정하고 존중하며 문화적 차이가 차별과 같은 사회적 불평등의 원인이 되지 않도록 소수 집단을 옹호하는 적극적 사회 정책을 지향한다. 문화적 다원주의는 문화적 차이를 인정하지만 지배적 주류문화가 존재함을 인정하고 소수문화는 주류문화의 포용에 의지해 유지된다. 특히, 문화적 다원주의를 표방하는 사회는 소수문화가 주류문화에 흡수되는 동화주의적 정책을 지향한다(최혜지 외, 2013).

2) 문화적 역량

문화적 역량은 일련의 문화적 행동과 태도를 여러 문화적 상황에서 효과적으로 작용하도록 만드는 체계 또는 전문 직업의 실행방법으로 통합하는 능력을 의미한다(Dwayne, 2007). 미국사회복지사협회(NASW, 2001: 54)는 특히 사회복지실천에서의 문화적 역량을 "개인, 가족, 지역단체의 가치를 인정하고 지지하며 중시하고 각각의 존엄성을 보호하고 존중하는 태도로 모든 문화나 언어, 계층, 인종 및 민족적 배경, 종교 또는 다른 다양한 요소를 가진 사람에게 개인이나 체계가 정중하고 효과적으로 반응하는 방식"으로 정의한다(Lum, 2004: 56~61 재인용).

사회복지사가 갖추어야 할 문화적 역량은 인식, 지식, 기술의 차원으로 구성되며 각 차원의 세부내용은 〈표 11-1〉에 제시된 바와 같다(Sue, 2001: 최혜지 외, 2013 재인용).

문화적 역량을 지닌 실천가는 먼저, 인간행동에 대한 자신의 가정과 가치 및 편견, 특히 클라이언트의 원조에 장애가 되는 자신의 편견과 가치를 정확히 인식하고 있어야 한다. 가치 및 편견에 대한 자기 인식의 필요성은 인지적 수준에서 머무는 것이 아니라 훈련을 통해 사회복지사의 행동으로 연결될 수 있어야 한다. 이를 위해 사회복지사는 "북

〈표 11-1〉 문화적 역량의 차원별 세부 요소

차원	세부 요소
인식	• 사회복지사 자신의 문화적 배경을 민감하게 인식하고 그 가치를 존중 • 사회복지사 자신의 가치나 편견을 인식하고 다른 집단에 어떻게 영향을 미치는지 이해 • 클라이언트와의 인종, 성별, 성적 지향의 차이에 대한 인식과 수용 • 인종 차별, 이성애주의 등 비적절한 태도나 신념을 인지 • 자신보다 클라이언트의 문화에 민감하고 적절하게 지원할 수 있는 사회복지사에게 의뢰할 수 있어야 함
지식	• 클라이언트 집단에 대한 구체적인 지식과 정보 • 소수자에 대한 한국의 사회정치적 체계에 대한 이해 • 클라이언트 원조를 위한 사회복지 지식에 대한 명확한 이해 • 클라이언트의 사회복지서비스 접근을 방해하는 제도적 장애에 대한 이해
기술	• 상황에 적절한, 광범위한 언어적, 비언어적 반응 • 클라이언트를 위해 제도적인 개입기술의 사용 • 자신의 원조방식과 그 한계에 관한 이해 및 클라이언트에게 미치는 영향에 대한 예측 • 체계로서 환경에 대한 이해와 환경에 대한 개입 기술

자료: 최혜지 외(2013). 《사회복지실천론》. 167쪽.

한 출신이나 남한 출신에게 차별적이거나 억압적인 클라이언트를 만난다면?" 등의 상황을 가정하고 자신의 감정을 기록하는 등 인지와 행동을 병행하는 구체적 훈련을 지속해야 한다.

둘째, 사회복지사는 자신과 문화적 배경이 다른 클라이언트의 세계관을 이해하고 공유할 수 있어야 한다. 이는 사회복지사가 클라이언트의 세계관에 자신의 세계관을 맞추거나 변형하는 것을 의미하지 않으며, 클라이언트의 세계관을 비심판적인 태도로 이해하고 있는 그대로 인정하는 '문화적 역할 수용'을 의미한다. 예컨대 자본주의체제하에서 성장한 사회복지사는 사회주의를 넘어 공산주의의 도래를 꿈꾸어온 클라이언트의 세계관을 이해할 수 있어야 한다.

셋째, 사회복지사는 클라이언트의 문화적 배경에 적합한 개입전략과 기술을 발전시킬 수 있어야 한다. 클라이언트 토착문화의 전통적인 개입전략을 이해하고, 클라이언트의 문화에서 수용될 수 있는 지지, 의사소통, 개입전략을 발전시켜야 한다. 무엇보다 문화적으로 역량이 있는 사회복지사라면 문화적 배경으로 인해 클라이언트에게 가해지는 다중적 억압과 불평등구조를 이해하고 사회 정책이 클라이언트에게 정의롭게 작용하는지를 민감하게 판단할 수 있어야 한다. 클라이언트가 지닌 사회적 권리를 억압하고 차별하는 부당한 사회적 구조를 발견하고, 구조의 변화를 유도함으로써 클라이언트의 권익을 옹호할 수 있어야 한다.

끝으로 사회복지사는 문화적 다양성을 지지하거나 또는 부정하는 조직적이고 제도적인 힘을 이해해야 한다. 다문화를 지향하는 사회에서조차 문화적 다양성을 지원하거나 반대하는 다양한 세력이 존재한다. 소수 집단의 권리를 인정하지 않거나 주류문화로의 편입을 강조하는 차별적 또는 동화주의적 사회체제를 지지하고 이와 같은 사회체제를 만들기 위해 노력하는 다양한 세력을 이해하고 이에 대응할 수 있어야 한다.

3) 문화정체감 변용이론

문화변용은 문화적으로 상이한 배경을 지닌 이주 집단이 새로운 문화와 지속적으로 접촉하면서 발생하는 현상을 포괄적으로 지칭하는 개념으로, 둘 이상의 문화가 접촉하는 문화충돌의 상황에서 발생하는 문화정체감 재편의 과정이자 결과이다(Redfield, Linton, & Herskovits, 1936: 149: 최혜지, 2012 재인용). 문화변용은 하나의 문화에서만 이루어지는 일방향적 과정이 아니며 문화적 접점에 놓인 두 개의 문화 모두에서 이루어지는 쌍방향적 변화로 이해해야 한다. 주로 이주민 또는 비주류 집단이 선주민이나 주류 집단의 문화를 체득하고 문화정체감을 변형하는 것으로 이해하기 쉬우나, 선주민 혹은 주류 집단 또한 이주민의 문화를 습득하고 적응한다. 따라서 체제 통합의 과정에서 남한 출신자는 북한 문화와의, 북한 출신자는 남한문화와의 차이를 인지하고 두 문화 사이에서 최적의 조화를 이루는 문화적 정체감의 변화를 경험하게 된다.

문화변용에 관한 이론적 시각은 원문화정체감과 이주문화정체감의 관계를 어떻게 규정하는가에 따라 단일차원이론과 다차원이론으로 분류된다. 단일차원이론은 문화변용을 원문화정체감과 선주민문화정체감이 양 끝의 정점을 이루는 하나의 연속적 차원으로 설명한다(Gordon, 1964). 원문화에 의존한 문화정체감은 새로운 문화와 접촉함으로써 새로운 문화를 흡수하고 원문화를 대체해감에 따라 점차 새로운 문화와 원문화가 혼재한 형태를 띠고, 새로운 문화의 영향 정도가 강할수록 문화정체감이 새로운 문화를 중심으로 재편된다고 설명한다.

1980년 이후 문화변용에 새로운 시각을 제안하며 등장한 다차원이론은 원문화정체감의 몰입과 상실은 이주문화의 몰입 및 상실과 독립된 차원이라고 주장한다. 이주문화에 대한 몰입의 경우, 원문화정체감의 상실을 전제로 하는 단일차원이론과는 달리, 문화변용의 다차원이론은 원문화정체감의 몰입과 이주문화정체감의 몰입이 병존 가능한 것으로 설명한다(Marin & Gamba, 1996).

다차원이론을 제안한 베리(Berry, 1997)는 개인이 새로운 문화에 접촉하는 상황에서 발생하는 문화정체감 변용의 유형을 '문화적 유지'와 '접촉과 참여'의 두 차원을 기준으로, 통합, 동화, 분리, 주변화 등 네

〈그림 11-2〉 문화정체감 변용의 유형

		원문화의 정체감 유지	
		예	아니오
주사회와 참여 접촉	예	통합	동화
	아니오	분리	주변화

자료: 최혜지(2009). "이주여성의 문화적응유형과 관련 특성에 관한 연구". 167쪽.

가지로 소개했다. 이때 문화적 유지는 개인이 원문화를 중요하게 생각하는 정도를 의미하며, 접촉과 참여는 새로운 문화를 습득하고 개입하는 정도를 뜻한다. 통합은 문화적 유지와 접촉과 참여 모두 높아, 원문화에 대한 정체감을 유지하면서 동시에 새로운 문화에 적극적으로 참여하는 특성을 보인다. 동화는 문화적 유지는 낮고 접촉과 참여는 높은 유형으로, 원문화 유지에는 소극적인 반면 새로운 문화의 습득과 참여에는 적극적이다. 분리는 원문화를 유지하는 것에는 적극적인 반면 새로운 문화에의 접촉과 참여는 소극적이라는 특성이 있다. 주변화는 문화적 유지와 접촉과 참여 모두 낮아, 원문화정체감은 약해지는 반면 새로운 문화와의 접촉이나 상호작용에도 소극적이다.

문화변용의 유형은 문화적 충돌로 인한 심리적 갈등을 개인이 해결하는 방식으로 이해할 수 있다. 예컨대 동화유형은 원문화가 담당해온 역할을 새로운 문화로 대체함으로써 원문화와 새로운 문화의 충돌에 따른 갈등을 해결한다.

베리의 이론에 이어, 문화변용의 다차원성을 지지하는 다양한 주장이 소개되었다. 학자마다 사용하는 용어에는 차이가 있으나 문화변용을 원문화에 대한 유지와 새로운 문화의 습득이라는 두 차원의 조합이 빚은 결과로 설명한다는 공통점을 갖는다. 마린과 감바(Marin & Gamba, 1996)는 '지배문화에의 동화'와 '부정적 문화적 소멸'의 결합방식에 따라 문화적 저항, 문화적 변화, 문화적 협력, 문화적 변용 등 네 차원으로 구분했다.

문화변용의 다차원이론은 북한과 남한 두 문화적 충돌의 상황에서 개인이 경험하는 문화정체감의 변용을 설명하는 데 적용되어 왔다. 북한이탈여성을 대상으로 한 연구에서, 북한의 원문화를 유지하는 데 적극적이며 남한문화에 접촉하고 참여하는 데도 적극적인 통합형은 10.17%에 불과했으며, 북한의 원문화를 유지하는 데 소극적이고 남한문화에 적극적으로 참여하는 동화형은 15.25%를 차지했다. 반면, 북한의 원문화를 유지하는 데 적극적이고 남한문화에 접촉하고 참여하는 것에는 소극적인 분리형은 27.12%를 이루었으며, 북한 원문화의 유지와 남한문화의 참여 모두에 소극적인 주변화형이 47.46%로 다수를 차지했다.

특히, 정체성 형성의 발달 과업을 안고 있는 청소년에게 새로운 문화와의 접촉은 원문화와 이주문화 사이의 갈등으로 정체감 혼란을 야기한다. 북한을 떠나 남한으로 이주한 북한이탈청소년은 문화적 연속성과 동질성의 급격한 변화로 정체감 형성에 어려움을 경험하는 것으로 보고되었다(최보영 외, 2012).

3. 통일사회복지실천 방법

1) 관계 형성 및 의사소통

(1) 관계 형성

사람은 공통점이 많은 상대에게 호의적인 경향을 보인다. 그 때문에 외모, 언어 등 문화적 차이가 뚜렷한 클라이언트와 신뢰하는 관계를 형성해야 할 때 사회복지사는 상대적으로 높은 전문성을 필요로 한다. 사회복지사와 클라이언트의 출신 체제가 남한과 북한으로 일치하지 않는 경우 이주민 클라이언트를 대상으로 실천하는 경우와 유사하게 사회복지사는 세심하고 사려 깊은 자세, 겸허하고 열린 마음, 감정 이입, 상호성을 필요로 한다(최명민 외, 2015).

사회복지사와 클라이언트는 체제 통합의 과정에서 남한 또는 북한이라는 출신 배경으로 인해 부당한 처우나 억압을 경험할 수 있다. 다른 체제 출신인 사람과의 부정적인 경험은 사회복지사와의 관계에서 방어적인 태도로 나타날 수 있다. 사회복지사는 부당한 처우와 억압에 저항하고 또 상처받는 등 부정적 경험을 겪은 클라이언트의 반응을 충분히 이해하고 배려하는 사려 깊은 자세를 취해야 한다.

남한과 북한은 동일한 민족이기 때문에 문화적 차이가 극명하지 않다. 이로 인해 사회복지사는 다른 체제 출신의 클라이언트를 충분히 잘 이해하고 있다는 선부른 판단을 자칫 내리기 쉽다. 경험을 통해 다른 체제 출신의 클라이언트에 대한 이해를 높여갈 수 있지만 이전에 충분한 경험을 한 경우에도 사회복지사는 자신의 경험에 의존하기보다는 클라이언트를 알아가려는 겸허하고 열린 마음을 잃지 말아야 한다.

탈북 과정에서 겪은 부정적 경험으로 북한이탈청소년은 주변 사람을 믿지 못하고 경계심과 폐쇄성이 높아 관계 형성에 어려움을 보인다(이수연, 2008). 사회복지사는 태어나고 자란 지역을 떠나 북한 또는 남한으로 이동한 클라이언트가 출신 체제가 다른 사회복지사와의 원조관계에서 이주 경험으로 인해 경계심이 높고 폐쇄적인 태도를 보일 수 있음을 통찰할 수 있어야 한다.

감정 이입은 관계 형성에 개입하는 두 주체 사이의 동질성을 확인함으로써 감정적 유대감을 발전시킨다(Lum, 2004). 감정 이입은 사회복지사가 출신 체제가 다른 클라이언트로부터 편안함을 느끼도록, 그리고 클라이언트가 궁극적으로 사회복지사에게 자신을 개방하도록 이끄는 중요한 열쇠이다.

상호성은 관계에 개입하고 발전하는 과정에서, 사회복지사는 클라이언트에게, 클라이언트는 사회복지사에게 쌍방 간 호혜적으로 의지하고 관계로부터의 영향을 서로 주고받는 상황을 의미한다. 사회복지실천 관계에서 사회복지사는 전문성에 근거한 권위를 부여받으며 이는 종종 사회복지사와 클라이언트 관계에서 권력의 불균형을 야기한다. 권력의 우위에서 사회복지사는 관계를 일방적으로 주도하는 오류를 범하지 않고, 서로 의존하고 변화하는 상호성을 지킬 수 있어야 한다.

(2) 의사소통

의사소통의 문제는 언어적 차이에 의해서만 발생하는 것은 아니다. 동일한 언어권에도 사회문화적 이질성이 존재하는 경우 소통의 어려움을 야기할 수 있다. 남한과 북한 모두 한국어를 사용하지만 70년 이상의 오랜 기간 동안 교류 없이 단절되어온 까닭에 동일한 개념이나 사물을 지칭하기 위해 사용하는 단어가 상이하거나 표현하는 방식에서 차이가 관찰된다. 따라서 민족적 배경과 언어가 상이한 클라이언트와의 관계에서와 다르지 않게 서로 다른 체제 출신의 사회복지사와 클라이언트 사이에도 문화적으로 민감한 소통이 요구된다.

① 클라이언트의 언어로 표현하기

북한은 주민을 대상으로 사회주의사상 교육을 적극적으로 시행해 왔으며, 이 교육은 주로 교리나 공산당 지시문을 공유하고 반복하는 형식을 취한다. 이와 같은 사회적 특성으로 북한주민은 암기하듯 동일한 표현을 사용하며, 이에 익숙하지 않은 사회복지사는 그 의미를 이해하지 못하거나 낯선 표현에 어색함을 느낄 수 있다. 사회복지사는 상대 체제에서 사용하는 언어를 이해하고 필요에 따라 클라이언트의 언어로 표현하는 것이 필요하다. 클라이언트는 사회복지사의 언어와 표현으로부터 동질감을 느끼고 경계감을 완화할 수 있다.

② 문화적 특수성 이해하기

언어는 사회적 산물이다. 사회를 구성하는 다양한 차원은 언어에 담기고, 문화는 언어에 담기는 사회적 요소의 하나이다. 따라서 언어를 주요 매개로 하는 의사소통은 문화에 대한 이해를 기반으로 둔다.

예컨대, 물론 개인마다 차이가 있으나 집단으로서 북한주민은 감정 표현에 솔직하고 직설 화법을 주로 사용한다. 상대적으로 남한주민은 자신의 감정 이상으로 상대방이 어떻게 받아들일지 고민하고 완곡 화법에 익숙하다. 사회주의체제에서 북한주민은 여러 사람 앞에서 당을 향한 충성을 맹세하거나 자신의 과오를 반성하는 발언을 하는 일이 일상의 하나였다. 따라서 북한 출신 주민은 비교적 큰 목소리로 발화하는데 익숙하기에 남한주민의 목소리가 자신감이 없고 힘이 없다고 판단하는 반면, 남한주민은 북한주민이 필요 이상으로 소리를 크게 내거나 과장한다고 판단할 수 있다. 사회복지사는 각 체제의 문화가 표현의 직설 정도 또는 완곡성, 목소리의 크기나 톤 등에 어떤 영향을 미치는지 이해하고 클라이언트와 소통에서 이를 적절히 통제할 수 있어야 한다.

③ 원활한 대화의 특성

문화적 배경이 다른 사회복지사와 클라이언트 사이의 원활한 소통을 위해 사회복지사는 문화적 배경을 근거로 클라이언트를 성급하게 유형화하지 않아야 하며, 서로의 표현과 느낌이 상대방에게 받아들여지고 있다고 느낄 수 있어야 하며, 감정 표현은 풍부할수록 바람직하다. 무엇보다 사회복지사와 클라이언트 모두 진실한 자신으로 의사소통에 참여해야 하며, 목적을 추구하는 수단으로 의사소통이 적절히 사용될 수 있어야 한다(Ford, 2000: 최명민 외, 2015 재인용).

2) 과정

통일사회복지실천은 사회복지실천의 과정과 다르지 않다. 사회복지실천의 과정을 어떻게 구성하는가는 학자에 따라 다양하게 제안했으나,

문화적 배경이 다른 클라이언트를 대상으로 한 사회복지실천의 과정을 제시한 럼(Lum, 2004)의 제안은 다른 체제 출신의 클라이언트를 위한 사회복지실천의 과정으로 적합성이 높다. 럼에 의하면 사회복지실천은 만남, 정보 수집 및 사정, 개입, 평가 및 종결의 과정을 따른다.

(1) 만남

사회복지사와 클라이언트의 전문적 원조 관계는 첫 만남으로부터 시작한다. 누구에게나 첫 만남에서 상대방으로부터 받은 인상은 이후의 관계에 의미 있는 영향을 미친다. 특히, 사적인 문제를 전문가와 상의하고 도움을 요청하는 것이 보편적이지 않은 문화에서 온 클라이언트는 사회복지사와의 첫 만남에서 혼란스럽고 소극적인 태도를 보이기 쉽다. 북한이탈청소년은 상담이라는 무형의 도움을 요청하는 것에 낯설어했으며, 특히 그 유익성과 효과를 확신하지 못해 상담에 부정적인 태도를 보였다(최보영 외, 2012)는 것은 클라이언트의 출신 문화가 전문적 원조를 어떻게 이해하는가에 관해 사회복지사가 충분히 인식하고 있어야 함을 강조한다.

첫 만남의 주요 과업은 클라이언트와 호의적인 관계 형성을 위한 기초를 마련하는 것으로, 라포 형성이 시작되었음을 의미한다. 첫 만남에서 사회복지사는 클라이언트의 출신 체제에 적합한 호칭으로 클라이언트를 칭하는 것이 중요하다. 클라이언트가 출신 체제와 상대 체제, 즉 사회복지사의 체제에 어떤 태도를 지니는지 파악하고, 이후 클라이언트의 원조 과정에 이를 고려할 수 있어야 한다. 첫 만남을 마칠 때는 다음 만남이나 의뢰에 관한 내용을 명확히 공유해야 한다.

(2) 정보 수집 및 사정

정보 수집과 사정은 신뢰 관계가 비교적 안정된 단계에서 진행하는 것이 적절하며, 클라이언트의 문제, 욕구, 강점에 초점을 둔다.

출신 체제가 다른 사회복지사에게 자신의 문제와 욕구를 공개하는 것이 어떤 결과를 초래할지 모르기 때문에 클라이언트는 사회복지사를 신뢰함에도 일시적으로 방어적인 자세를 보일 수 있다. 신분 노출에 대한 우려, 북한 출신 정체성 드러내기의 불편함 등으로 북한이탈청소년은 상담 과정에서 자기 노출에 어려움이 많았다는 연구 결과(최보영 외, 2012)는 정보 수집과 사정 단계에서 클라이언트가 출신 체제가 다른 사회복지사에게 정확한 충분한 정보를 개방하기보다는 방어적이고 소극적일 가능성을 시사한다. 사회복지사는 정보 수집과 사정이 정확히 이루어져야 하는 이유를 클라이언트에게 자세히 설명함으로써 클라이언

〈표 11-2〉 정보수집과 사정의 항목

딜러	그리거와 폰테로토	통일사회복지실천
• 태어난 곳 • 현재 삶의 공간에서 생활환 기간 • 가족의 역할 및 구조 • 집에서 사용하는 언어 • 한국어의 유창성 • 경제적 상황과 지위 • 교육 수준 • 한국문화에 동화된 정도 • 고수하고 있는 문화적 전통 • 한국의 생활방식에 대해 편안한 정도 • 종교적 소속 • 공동체 및 친구관계	• 심리정신적 상태 • 가족의 심리정신적 상태 • 원조에 대한 클라이언트와 가족의 태도 • 클라이언트의 동화 수준 • 가족의 동화 수준 • 동화에 대한 가족의 태도	• 출신 지역 • 경제적 상황과 지위 • 교육 수준 • 현 거주지 거주 기간 • 클라이언트 및 가족의 심리정신 상태 • 원조에 대한 클라이언트와 가족의 태도 • 다른 체제가 편안한 정도 • 통합된 또는 전환기 체제에 익숙한 정도 • 통합된 또는 전환기 체제에 대한 가족의 태도

자료: 최명민 외(2015). 《다문화사회복지론》.

트의 불안감과 방어적 자세를 완화할 수 있다.

출신 체제가 다른 클라이언트로부터 정보를 수집하고 사정할 때 출신 배경의 차이가 클라이언트의 문제나 욕구와 어떻게 관련되는지를 파악하는 것이 중요하다. 북한이라는 클라이언트의 출신 체제와 문화가 클라이언트에게 강점으로 작용할 수 있으나, 경우에 따라서는 클라이언트가 사회적인 억압과 차별을 받는 주요 원인으로 부정적으로 작용할 가능성 또한 크다(Lum, 2004).

딜러(Diller, 2007)가 제안한 다문화적 원조 상황에서 수집해야 할 정보의 목록은 통일사회복지실천 과정에서의 정보 수집과 사정에 함의하는 바가 크다(최명민 외, 2015 재인용). 이에 근거해 통일사회복지실천에서 사회복지사가 파악해야 하는 정보 수집과 사정의 항목은 〈표 11-2〉와 같다.

(3) 개입

개입은 수립된 목표를 달성하기 위한 원조행위가 계획에 따라 진행되는 과정을 의미한다. 클라이언트의 욕구를 해결하기 위한 개입 단위는 개별, 가족, 집단, 지역사회 등 다양한 차원에서 이루어질 수 있다. 개입 차원은 사회복지사와 클라이언트 사이의 논의와 합의에 따라 결정되어야 하며, 개별과 가족을 병행하는 등 절충적 방법을 사용할 수도 있다.

개별 클라이언트에 대한 개입은 체제 통합 과정에서 심리사회적 적응을 높이거나, 클라이언트의 욕구에 적절히 반응하지 못하거나 억압적인 구조와 제도를 대상으로 클라이언트를 옹호하는 것에 집중될 수 있다. 사회복지사는 클라이언트의 욕구와 문제에 적합한 개입모델과 기술을 판단하고 클라이언트와 합의해 이를 적용한다.

가족을 단위로 한 개입은 체제 통합과 그 과정이 가족에 야기한 구성원 사이의 관계적 갈등, 자원의 부족으로 인한 기능적 제한, 사회문화적 불안정과 문화적 차이로 인한 가족의 부적응, 가족을 억압하는 사회적 구조 등의 문제를 대상으로 한다. 체제 통합이라는 구조적 변화 속에서 가족은 새로운 적응의 과제를 부여받고, 체계의 안정성을 회복하기 위해 내적 및 외적으로 새로운 역동을 형성해 낸다. 사회복지사는 개입의 과정에서 가족의 역동을 기능적이고 긍정적으로 활용할 수 있어야 한다.

(4) 평가 및 종결

종결은 개입이 종료되는 상황을 의미하며, 평가는 종결의 과정에서 수행해야 하는 과업 중 하나이다. 종결 단계에서 사회복지사는 클라이언트와 개입에 따른 성과를 확인하고, 목적의 달성 정도를 평가하며, 새로운 욕구의 출현 여부를 확인해야 한다. 무엇보다 종결에 이르기까지 유지해온 사회복지사와의 관계로 인한 긍정적 감정은 물론, 관계의 종료에 따른 불안과 부정적 감정 또한 효과적으로 다루어야 한다. 종결과 함께 클라이언트는 그가 속한 가족, 조직, 지역사회로 돌아가 성공적으로 통합될 수 있어야 한다.

참고문헌

이수연(2008). "새터민 청소년의 학교적응에 관한 질적 분석". 〈청소년학연구〉, 15권 1호: 81~113.

최명민·이기영·김정진·최현미(2015). 《다문화사회복지론》. 서울: 학지사.

최보영·김현아·최연우(2012). 《북한이탈 청소년 대상 상담개입 프로그램 개발: 대인관계 증진을 중심으로》. 서울: 한국청소년상담복지개발원.

최혜지(2009). "이주여성의 문화적응유형과 관련 특성에 관한 연구". 〈한국사회복지학〉, 61권 1호: 164~194.

______(2012). "이주여성의 사회적 배제가 문화변용에 미치는 영향". 〈사회보장연구〉, 28권 1호: 217~244.

최혜지·김경미·정순둘·박선영·장수미·박형원·배진형·박화옥·안준희(2013). 《사회복지실천론》. 서울: 학지사.

Berry, J. W. (1997). "Immigration, acculturation, and adaptation". *Applied Psychology*, *46*(1): 5~68.

Diller, J. V. (2007). *Cultural Diversity: A Primer for the Human Services*. CA: Brooks/Cole.

Gordon, M. M. (1964). *Assimilation in American Life: The Role of Race, Religion, and National Origins*. CA: Oxford University Press.

Lum, D. (2004). *Social Work Practice and People of Color*. Belmont, CA: Brooks/Cole.

Marin, G. & Gamba, R. J. (1996). "A new measurement of acculturation for Hispanics: The Bidimensional Acculturation Scale for Hispanics(BAS)". *Hispanic Journal of the Behavioral Science*, *18*(3): 297~316.

제 12 장

통일사회 사회복지 전문가의 역할 및 실천 역량*

양옥경 | 이화여대 사회복지학과 교수

1. 통일사회복지의 사회 통합적 실천

독일통일에서 가장 힘들었던 것이 사회복지 영역이었다고 한다. 사회복지가 통일사회에서 대부분의 영역에 다 걸쳐 있기 때문일 것이다. 앞서 말했듯 통일은 통합이다. 정치 및 경제체제의 통합, 법과 제도의 통합, 사회문화체계의 통합, 사람의 통합 등 다차원적 차원에서 통합이

* 북한이주민 9명으로부터 통일사회에서의 분야별 사회복지의 역할 및 사회복지사의 역할과 역량에 관해 의견을 청취했다. 남성 5명, 여성 4명으로 최저 45세부터 최고 61세까지 평균 51.2세였다. 남한 거주 기간은 최단 3년부터 최고 19년까지로 꽤 오랫동안(평균 12년 6개월) 한국에서 생활해온 사람들이었다. 이들은 통일을 열망하고 있었으며 통일이 되어 남북한의 주민이 서로 화합하면서 통합된 사회를 이루어 나가기를 기대하고 있었다. 여기서는 가명(김미례, 노인성, 민진하, 박상희, 서수미, 예진수, 우수정, 이민주, 주철종 등)을 사용했다.

이루어져야 통일이 달성될 수 있다. 그중에서도 매일매일 일상의 삶을 살아가는 사람의 통합이 가장 중요하다. 사람의 통합은 사회복지의 영역이자 가장 기본이 되어야 할 영역이다. 그래서 가장 힘들고 어려웠을 것이다. 정치경제적 통합은 위로부터 법과 제도와 정책으로 통합을 이루어낼 수 있다고 하더라도, 사람들이 삶을 일구어 내는 동네와 마을, 학교와 직장에서 통합이 이루어지지 않는다면, 그래서 일상의 삶에서 항상 갈등과 분쟁과 다툼이 일어난다면 진정한 통합이요 통일이라고 할 수 없다. 진정한 통합과 통일은 일반 사람의 아래로부터의 통합이고 통일이기 때문이다.

통일사회에서 이와 같은 사회 통합의 과정에 앞장서서 역할을 발휘할 사람은 당연히 사회복지사일 것이다. 사회복지라는 전문직의 특성 때문이다. 사회복지사는 통일의 과정에서 또는 통일이 실현되고 난 직후 발생할 다양한 통합 문제를 다룰 것인데, 그 대부분이 복지 관련 문제일 가능성이 매우 높다. 그러나 통일사회의 북한지역에서 사회복지를 실천할 사회복지사는 대부분 남한에서 교육과 훈련을 받은 사람으로, 사회복지 이슈에 관해서는 이해하고 있으나 통일이 되었을 때 어떤 사회복지 문제가 발생할지와 북한사회가 어떤지, 또 북한사람은 어떤 사람들인지에 관한 이해도는 낮을 수 있다. 이는 북한 및 북한사회에 관한 이해, 남북한주민이 함께 살아나갈 상황에 대한 이해 등에 관해서는 교육 및 훈련을 받을 기회가 없었던 것에 기인한다.

따라서 통일 대비 사회복지 전문가 양성이 필요하다는 주장(장용철, 2015; 전경만, 2016)도 있고, 실제 대학을 비롯한 민간단체에서 통일사회복지사 양성 과정을 운영하기도 한다(양옥경 외, 2019). 더불어, 북한

이주민[1]을 통일사회에서 중간다리 역할을 하게 하자는 견해도 많은데, 특히 이들을 "통일사회복지실천의 현장에 배치"(박상희) 하자는 의견도 제시된 바 있다. 북한이주민 중에는 사회복지사 자격증을 가진 사람이 꽤 많으므로 이들이 실제 통일사회 사회복지실천 현장에서 통일사회복지사로서 적극적으로 활동할 수 있도록 역량을 강화할 필요가 있다는 것은 설득력이 있는 말이다. 박상희는 북한이주민을 '통일한국인'이라고 지칭하면서, 이 북한이주민이 '통일한국 사회복지사'로 준비되어 북한주민도 인간다운 삶을 살 수 있도록 통일사회복지를 실현하는 데 기여할 방법을 모색하고 실천해줄 것을 요구하기도 했다.

사회복지실천은 생태체계이론에 근거하여 환경 속 인간(*person-in-environment*), 상황 속 인간(*person-in-situation*)을 대상으로 서비스를 제공하는 것이다. 사회복지사는 국제 사회복지 정의가 말하듯 '사회구조(*social structure*)라는 환경에 처해 있는 사람(*people*), 즉 국민에게 전문적으로 관여(*engage*)하여 서비스와 프로그램을 제공하는 전문직'이다. 통일 시대의 통일사회복지의 기본 틀도 지금 우리가 개념 정의하는 사회복지의 기본 틀과 크게 다르지 않을 것이다. 다만, 통합의 과정을 거쳐야 하기 때문에 그 과정에 심도 있는 준비가 필요할 뿐이다. 그 준비를 지금부터 체계적으로 철저히 해나가야 한다.

---

1) 북한이주민의 법적 공식명칭은 1997년 제정된 〈북한이탈주민의 보호 및 정착지원에 관한 법률〉에 따라 '북한이탈주민'이다. 그러나 부정적 의미의 이탈을 지우고 거주지 이전의 의미를 담는 '북한이주민'이라는 단어가 최근 통칭되고 있어(배한동 외, 2005; 이기영, 2005; 윤인진, 2007; 2012; 정진헌, 2013; 김성남 외, 2019), 이 장에서도 이 논거를 수용하여 북한이주민으로 표기하기로 했다.

통일사회에서 사회복지를 실천함에 있어 가장 시급하게 나타날 것으로 예상되는 이슈는 다음과 같다. 서로 다른 문화에서 생활하면서 습관화된 서로 다른 관습, 급격한 사회 변화로 인한 대인관계 이슈, 남북한주민의 생활 격차로 인한 불평등 인식 및 위기 상황, 이산가족[2]의 상봉으로 인한 가족 이슈, 남북한주민의 지역 이동으로 인한 새로운 이산가족의 이슈, 그리고 근본적인 이념과 체제의 이질성에 관한 인식의 차이 등일 것이다.

북한은 현재도 계층 및 지역에 따라 생활수준이나 방식에 차이를 보이는데(서수미; 노인성), 이는 통일사회에서는 더욱 명백한 차이와 차별로 나타날 것이다. 북한에도 이미 부의 분배가 편향적으로 이루어져 빈부의 격차가 심하게 나타난다는 보고는 북한의 복지 욕구의 심각성과 사회복지실천 개입의 시급성을 말해 주고 있다. 계획경제는 이미 무너졌고, 자본주의 자유시장경제가 깊숙하게 자리하고 있는 상황에서 빈곤층의 빈곤 상태는 매우 심각하다. 그런 취약계층이 빈곤을 인정하지 않는 북한의 정치체제로 인해 아무런 도움도 받지 못하는 것으로 알려져 있다. 또한, 이 같은 문제를 해결해온 것으로 알려져 있던 직맹, 여맹, 인민반 등의 조직이 현재는 거의 가동되지 못하는 형편인 것으로 알려졌다(이미경, 2006; 임순희, 2006). 모두 다 같이 힘들어서 모두 다 같이 장마당의 시장에서 상업 행위를 해야 하기 때문에 여맹이나 인민반에서 활동할 시간적 여유가 없다는 것이다. 결국, 자신의 살길을 자

---

2) 이때의 이산가족은 1990년대 이후 새롭게 발생한 북한이주민이 다시 고향으로 돌아갔을 때 만나게 되는 새로운 형태의 이산가족을 포함한다.

신이 스스로 찾아야 하는 상황인 것이다.

따라서 이와 같이 빈곤한 사람을 비롯한 사회적 취약계층이 범람할 수 있는 상황에서 사회복지의 개념과 사회복지를 전달해줄 전달자인 사회복지사는 절대적으로 필요하다. 그러나 그렇다고 해서 북한사람 모두를 빈곤한 취약계층이라고 치부해서는 안 될 것이다. 북한이주민이 남한에서의 생활에서 인간적으로 가장 힘들어하는 것은 남한사람이나 남한의 사회복지사가 자신을 동정하는 마음으로 측은하고 불쌍하게 생각한다는 점이다(예진수). 한때 '꽃제비'가 굶어 죽든지 탈북하다 총 맞아 죽든지 마찬가지라며 넘어오던 때의 상황을 계속 적용하여 생각하면서 하층민 취급하는 것을 경험할 때 자괴감을 느낀다고 한다. 통일사회에서는 북한주민을 이렇게 봐서는 안 될 것이다. 사회복지의 강점인 임파워먼트 시각으로 이들을 바라보고 이들과 함께 문제를 해결해 나가야 할 것이다.

또한 북한의 인권 문제가 부각되다 보니 북한주민이 억압받는 사람이라는 관점이 생기고 억압을 받는 불쌍한 사람이자 남한에서 구제해주어야 할 사람이라는 논리가 생김에 따라 북한주민을 구제의 대상으로 바라보는 시선이 굳어진 점도 있다. 그러나 이것을 개인에게 적용하여 피해자의 관점으로 부각하는 것은 상황을 악화하기만 할 것이므로, 개인은 개인이라는 사람의 관점으로 보아야 할 것이다. 북한 인권은 사회구조적 측면에서 강조하여 변화를 이끌어 내기 위한 도구로 활용하는 차원으로 접근해야 할 것이다.

그뿐만 아니라 사회복지가 무엇인가에 관해 개념 정의를 내리고 북한주민이 이해할 수 있도록 알리는 것 역시 매우 중요하게 진행되어야 한다. 북한사회에서는 사회복지라는 용어 없이 무상지급의 배급제 등을 기본으로 하는 계획경제를 채택해 왔기 때문에, 사회복지가 무상지급이나 배급과 어떻게 다른지 정확한 이해할 수 있도록 알려야 사회복지의 실천이 제대로 이루어질 수 있을 것이다. 물론, 현재 북한은 계획경제가 무너져 과거 사회가 책임지던 보호의 부담이 개인과 가정으로 이양된 상황이므로 사회복지의 개념 및 필요성에 대한 이해가 과거보다는 더 빠를 수도 있을 것이다(이민주).

이와 같은 다양한 이슈는 사회복지실천의 접근을 통해 문제를 해결하고 예방할 수 있을 것이다(김상철, 2016: 30; 이철수, 2015: 157). 이에 이 장에서는 이 이슈의 북한지역 발생을 염두에 두고 남한에서 교육과 훈련을 받은 사회복지사가 어떤 역량으로 어떻게 실천해 나가야 할 것인가를 중심으로 정리하고자 한다.

2. 통일사회복지사의 실천 과정 준비

통일 시대 사회복지실천을 위해 사회복지사는 다양한 차원에서의 준비가 필요할 것이다. 북한에 대한 이해에 앞서 통일 시대의 주체로서의 자기 인식을 우선할 필요가 있다. 통일 시대 사회복지의 이슈를 선도할 수 있는 역량도 갖출 필요가 있다. 그뿐만 아니라 남한에서 성장하고 교육과 훈련을 받은 사회복지사가 북한지역에 가서 적응하는 과정도 충분히 준비해야 할 것이다. 낯선 사람들, 낯선 지역과 환경 및 문화에서 생활하고 네트워크를 만들어 가야 하기 때문에 적응을 위한 철저한 사전 준비는 매우 중요하다.

1) 통일 시대 주체로서의 자기 인식

통일사회에서 사회복지실천을 통해 사회 통합을 이루어 내는 주체로서의 사회복지사는 자신의 통일과 통일사회에 대한 인식과 관점을 명확하게 정립할 필요가 있다. 단순한 찬성과 반대의 이분법적인 사고가 아니라 남북한 사람이 남북한 지역에서 만나 통일사회를 어떻게 일구어갈 것인가에 관해, 사람과 사회구조를 대상으로 전문적 활동을 하는 전문직인 사회복지사로서 자신의 명확한 관점이 정리되어야 한다는 것이다. 즉, 통일사회복지사로서의 정체성 형성이 이루어져야 한다는 것이다.

사회복지사에 따라서는 어떤 조직에 취업해 있느냐에 따라, 자발적인 선택이라기보다 파견 또는 순환근무의 형태로 북한지역에 배치되기도 할 것이다. 따라서 기관 차원에서 통일사회복지사에 대한 준비를 철저히 할 필요가 있다. 통일사회에서는 북한지역에 연고가 있거나, 현재 국제개발협력사업을 하고 있거나, 현재 북한이주민 대상의 사업을 활발하게 펼치고 있는 법인이나 기관이 북한지역에서 사회복지서비스 사업을 할 가능성이 높다. 따라서 이와 같은 기관의 경우 동남아시아나 아프리카에서 사업을 시작했을 때의 경험을 상기하면서 통일사회복지사를 미리 교육하고 훈련하는 등의 준비를 할 필요가 있다. 준비는 아무리 많이 해도 지나치지 않다. 다양한 경우의 수를 생각하면서 시뮬레이션하여 만반의 준비를 할 필요가 있다.

통일이 되었다는 선포는 국가가 하지만 통일을 이루어가는 것은 국민이 한다. 즉, 아래로부터의 통일이고, 작은 것부터의 통일이며, 일상생활로부터의 통일이다. 통일은 그렇게 온다. 국가가 선포해도 일반

국민이 삶의 현장에서 통일할 준비가 되지 않아 지역사회 내에서 통합하지 못하고 갈등만 연속된다면 진정한 통일은 오지 않을 것이다. 따라서 통일사회에 북한지역에서 사회복지를 하려는 기관은 통일 진행의 단계별로 준비를 할 필요가 있다. 물론 그 단계대로 통일이 이루어질지는 알 수 없지만, 단계별로 준비하고 있다가 만약 단계를 뛰어넘는다면 단계를 통합하여 진행하면 되기 때문에 준비가 부족한 것보다 낫다.

2) 북한사회와 사람에 대한 이해

북한의 이해가 우선되어야 하며, 북한사람의 북한사회에서의 삶에 대한 이해가 절대적으로 필요하다. 사회복지사는 북한지역에서 삶의 한가운데서 삶에 관한 도전을 맞이하고 문제를 해결해야 하므로 이들의 삶을 이해하는 것은 절대적으로 중요한 준비 과정이라 하겠다. 이를 위해 '미리 온 통일'이라 불리는 북한이주민과의 협력이 매우 중요하다. 이들과 함께 협력체계 형성을 위한 네트워크를 구성하고 운영하면서 북한에서의 생활에 관해 알고 이해한다면 많은 준비가 될 것이다.

통일사회의 성공을 위해서는 사회와 사람에 대한 이해가 절대적으로 필요하다. 남한사람은 북한사람과 북한사회에 대해, 북한사람은 남한사람과 남한사회에 대해 학습해야 할 것이다. 통일사회에서는 하나의 체제로 통일되기 때문에 다른 체제에 대한 학습이 필요 없을 것이라는 단정은 잘못된 생각이다. 각각의 체제에서 오랫동안 서로에 대해 아는 바 없이 생활해 왔기 때문에 생활 속 하나의 체제로의 통일은 꽤 오랜 시간을 필요로 할 것이다. 따라서 서로 동화하려고 강요해서는 안 되며 함께 서로를 이해하고 수용하는 차원에서 하나를 만들어 가야 할 것이다. 서로에 대한 이해를 위해 서로의 사회에 대해 공부하는 것은 통일보다 선행되어야 할 전제인 것이다.

북한사람도 사람이라는 것을 잊지 말아야 한다. 북한사람을 북한체제와 동일시하지 말고 북한사람을 사람으로 바라보며 개별화하는 시각을 가져야 한다. '북한사람은 이렇다'라고 정형화하는 '북한사람' 유형화를 하지 말고 다양성을 인정해야 할 것이다. 그중에서도 특히, 북한사람을 북한의 정체세력 집단과 동일시하지 말아야 할 것이다. 오랫동안 서로 다른 이념과 정치의 체제에서 생활해 왔음을 이해해야 할 것이며, 그 차이를 인정해 주면서 서로가 화합할 방법을 찾아야 할 것이다. 필요에 따라서는 동화의 과정도 있어야 할 것이다. 서로의 문화권 안에 들어가야 서로를 이해할 수 있고 그래야 그 사람과 진정으로 통합될 수 있으므로, 때에 따라서는 어느 정도 서로 간 동화도 배척하지 말고 채택할 수도 있음을 인지하고 실천해야 할 것이다. 이는 다르고 틀린 것을 고치고 없애는 마이너스(-)적 뺄셈통일이 아니라 비슷하고 좋고 이익이 되는 것을 수용하고 받아들이는 플러스(+)적 덧셈통일을 위해서도 필요한 일이다.

북한이주민은 가장 먼저 정체성의 혼란을 경험했다고 한다. "북한 사회주의와 남한 자본주의의 이중체제를 경험하면서 그 차이로 인한 갈등과 혼돈 속에서 반복적인 실수를 통해 자신의 정체성을 정립하고 경쟁원리를 깨닫고 생활방식을 배우고 자율적인 사고방식을 갖게 되면서 점차 남한생활에 적응했다"(예진수) 고 했다. 사회복지에 대해 "전 국가적 차원에서 교육이 진행되어야 함을 강조해 주기 바란다"(주철종) 고 했다.

3. 통일사회복지사의 실천 역량

통일 시대 사회복지사가 갖추어야 할 실천 역량 및 자질은 사회복지사의 기본 역량 및 자질(양옥경, 2006: 44~47; 양옥경·김정진 외, 2018: 223~228)과 크게 다르지 않다. 민감성, 헌신성, 개방성, 현실성, 개척성의 5성(五性)과 관찰력, 공감력, 인내력, 정보력, 통찰력, 순발력, 판단력의 7력(七力)으로 요약된다.

1) 통일사회복지사 5대 자질

(1) 민감성

민감성(*sensitivity*)은 자신에 대한 정확한 이해를 바탕으로 타인을 이해하려고 노력하는 마음이다. 다른 사람이 처한 상황에 대해 민감한 감각을 갖고 공감(*empathy*)하는 능력으로, 전문가라면 전문가로서의 업무를 시작하기 전 필수적으로 갖추어야 할 자질이다. 사회복지사가 만나는 사람들은 각각 속한 환경에 공통점과 함께 차이점이 있다. 그리고 이것은 통일사회에만 국한되어 나타나는 현상은 아니다.

따라서 통일 시대 사회복지사는 70년이 넘는 세월 동안 교류 없이 생활해 오던 것에서부터 비롯되는, 서로에 대한 이질감에 대해 민감성을 갖고 살펴볼 필요가 있다. 이 이질감은 감내할 수 없이 엄청나고 실질적인 커다란 차이라기보다는 지금까지 경험하지 못했던 것에 대한 낯섦에서 기인하는, 불확실한 개념에 대한 불편함의 감정일 가능성이 높다. 박상희는 북한문화를 "그 땅에서 직접 살아보지 못한 사람은 전혀 이해할 수 없는 생소함과 독특함 그 자체"라고 했다. 따라서 사회복지사는 민감성을 갖고 북한주민과 북한지역사회를 볼 필요가 있으며 남북한주민의 교류를 도울 필요가 있다.

이 같은 필요성과 노력은 사회복지사의 시각 확장과 변화를 요구한다. 통일사회복지사는 통일사회에서 지역주민으로서 만나는 북한사람을 어떤 시선으로 볼 것인지에 대한 입장을 확실하게 해야 한다. 오랜 시간 동안 완전히 다른 역사를 만들어 왔고 완전히 다른 문화를 창출해 온 사람들을 클라이언트라는 새로운 호칭으로서 만나게 될 것이다. 이 같은 문화적 차이를 수용하는 것은 쉬운 일이 아니다. 그럼에도 사회복지사는 이 차이를 극복해야 하며 클라이언트 중심의 사고를 통해 북한사람의 다름을 이해하고 수용해야 한다. 사회복지사는 "문화적 차이를 위협적인 것으로 이해하기보다는 문화적으로 적합한 해결책을 찾아가기 위한 자원으로 받아들이고 그 차이를 탐색"(양옥경 · 김정진 외, 2018: 228) 해야 한다.

북한이주민들은 남한에서 살면서 "이방인 취급"(예진수) 을 받았다고 털어놓았다. 나와는 다른 사람, 내가 도와주어야 하는 불쌍한 사람, 즉 도움의 대상으로 북한이주민을 바라본다는 것이다. 한국국민이 북한이주민을 바라보는 시선이 바뀌지 않는다면(박상희, 김미례) 통일사회에서 남북한사람이 하나 되는 모습을 보기는 어려울 것이라는 지적을 새겨들을 필요가 있다. 통일사회에서는 남한에서 살다가 북쪽으로 이주해 살든, 북한에서 살다가 남쪽으로 이주해 살든 남한주민과 북한주민 모두 남한사회와 북한사회에 대한 이해를 기본으로 두면서 함께 생활할 것이다. 서로 어울려서 살 수밖에 없는 상황이 될 것이다. 그러므로 남북한주민의 마음과 태도, 행동을 민감하게 이해해야 한다. 지속적으로 만나고 교류하면서 부족한 점을 점진적으로 보완해 나가는 과정이 필요하다(우수정).

(2) 헌신성

헌신성(*commitment*)은 전문가라면 전문성과 함께 꼭 지녀야 하는 자질로서 동전의 양면과도 같다. 이는 겸손한 자세, 객관적이면서도 감정이입적인 태도, 그리고 책임감 있고 진실한(*integrity*) 자세이다. 클라이언트의 이익을 위해 존재하는 전문가로서 그 역할과 기능을 하는, 일관성 있는 자질이다. 헌신성에는 책임감이 절대적으로 중요한 개념으로서 포함되어야 한다(양옥경 외, 2010: 141). 타인과의 상호 작용에 책임감을 갖지 않고서는 의미 있는 관계를 맺을 수 없다. 헌신성은 진실성과 존중을 기본으로 한다. 클라이언트를 수용하고 존중하면서 클라이언트와 같음과 다름이 있음을 인정하고 알아가는 과정을 받아들이는 진실함은 사회복지사의 헌신으로 이해된다.

북한주민과의 관계 역시 마찬가지이다. 헌신으로 대할 때 클라이언트도 시행착오적 탐색이나 시험적 태도를 줄이고 자기방어를 사용하지 않게 된다(양옥경 외, 2010: 141). 자기 보호에 연연하기보다 목적을 향해 사회복지사와 함께 협력해서 문제해결에 임할 수 있게 된다는 것이다.

(3) 개방성

개방성(*openness*)은 전문가로서 가질 수 있는 편견적 사고로부터의 해방, 전문가라는 권위 의식이나 권력 남용의 마음으로부터의 해방을 의미한다. 이를 위해서는 열린 마음과 열린 사고가 필요하다. 문제를 병리적 관점으로 정형화(*stereotyping*) 하지 않으면서 무비판적이고 수용적인 마음가짐을 갖는 것이다.

통일사회에서는 이 같은 열린 마음을 갖는 개방성이 어쩌면 가장 중요한지도 모른다. 70년 이상 떨어져 살면서 거의 전혀 교류하지 않았던 사회, 어떤 것도 사실대로 내보이려 하지 않았던 사회, 그래서 거의 모든 것이 세상에 알려지지 않은 사회, 이런 북한사회에서 사는 북한주민을 대상으로 사회복지실천을 실행한다는 것은 열린 마음 없이는 거의 불가능한 일이다. 북한주민을 정형화하지 않고 개별적으로 인식하며 불확실성에 대한 조급함이나 불안감으로부터 해방된 마음, 이는 사회복지사가 가져야 할 가장 중요한 마음가짐이다.

이 열린 마음은 북한주민을 바라보는 열린 시각에서 비롯된다. 김미례는 남한사회나 남한사람이 북한이주민을 바라보는 "시선이 근본적으로 바뀌지 않는다면 남북주민의 하나 된 모습을 기대하기 어렵다"고 생각한다고 했다. 통일로 인해 북한이 남한에 기대는 삶을 살 것이라는 식의 부정적 시각만 가질 것이 아니라, "사람을 사람으로 동등하게 인정해 주는" 인간 존엄성의 시각으로 통일사회에서의 남북주민을 바라봐야 한다는 것이다.

통일사회복지실천을 하기 위해 "반드시 전제로 해야 하는 것"으로 "북한과 북한사람에 대한 공부"를 지적했다(민진하). 사회복지사가 대상으로 하는 사람과 사회에 대한 정확한 이해가 통일보다 선행되어야 한다는 것이다. 북한이주민에게 남한에서의 생활은 모든 측면에서 "상식이 지식이 되는 어려운 상황"(예진수) 이었다고 말한다. 수십 년 동안 자신의 생각과 감정, 의지와는 상관없이 수동적인 사고와 행위만을 해오던 사회에서 모든 것을 본인 스스로 생각하고 결정하는 능동적인 사회로 이주하여 정착하기가 힘들었다고 털어놓았다.

이렇게 북한사람은 다른 사회에서 생활하던 사람임을 정확하게 알아야 사회복지실천을 제대로 할 수 있다. 지금 남한의 젊은 세대는 북한사회에 대해 모르는 것이 너무 많은데, 다른 나라보다 더 아는 게 없고 관심도 없는 것으로 생각된다고 토로했다(이민주). 같은 민족이고 같은 문화권에서 살았음에도 다른 나라의 문화보다 더 접할 기회가 적었고 그래서 더 잘 모른다. 사회복지사도 예외는 아니다. 3만 명이 넘는 북한이주민이 남한에서 생활한 지 20년이 넘었지만, 이들을 통해서라도 배울 수 있었던 북한사회에 대한 '공부'를 하지 못했다. 이제라도 서둘러 해야 한다.

개방성은 탄력성(*resiliency*), 유연성(*flexibility*)과도 상통한다. 즉, 유연하고 지지적이고 탄력적인 태도를 보이는 것을 의미한다. 자율성을 갖고 낙관적이고 희망적으로 상황에 대처할 수 있으면서 확실하고 확고한 믿음으로 대하는 태도를 말한다. 탄력성이란 "성공적으로 회복하는 능력"〔Benard, 1993: 44: Greene, 2002, 양옥경 외(역), 2004: 17 재인용〕, "위기에 적응하는 강력한 능력"〔Greene, 2002, 양옥경 외(역), 2004: 24〕, 그리고 "위기로부터 회복하고 삶의 도전을 극복할 수 있는 능력"〔Walsh, 1998, 양옥경 외(역), 2002: 5〕과 같은 '자기복원' 능력을 말한다. 탄력성은 강점과 잠재력을 통해 도전에 직면하는 것으로, 위기나 고난을 통해 문제 해결을 넘어 긍정적인 성장을 하는 것이다. 클라이언트를 임파워(*empower*)하고 힘을 실어 주는 강점 관점을 가진 태도이다.

통일사회에서는 북한주민에게 믿음을 심어줄 수 있는, 그래서 북한주민을 임파워할 수 있는 성질이다. 북한주민을 임파워한다는 것은 북한주민을 강점 관점의 시각으로 본다는 것이다(Miley et al., 1995; Saleebey, 1992). 즉, 잠재적 역량과 자원을 가진 한 개인으로서 자신의 삶을 스스로 통제하고 관리할 수 있는 힘과 권한을 가진 사람으로 본다는 것이다. 이들을 동정의 대상으로 치부하지 않고 이들과 함께 협력적 파트너십을 형성하여 파트너로서 함께 문제 해결 과정에 동행하는 한 명의 사람으로 보는 것이다. 이 과정에서 사회복지사는 북한주민의 잠재 역량, 능력, 강점 등을 파악하는 데 주력해야 할 것이다. 이같이 긍정적으로 강점을 강조하는 것은 인본주의 관점과도 통하는(양옥경·김정진 외, 2018: 135), 사회복지의 인간 존엄 실천이다. 또한 이들이 가진 자원을 파악해야 하는데, 지역사회 내 자원이 부족할 것이므로 자원을 개발하고 조달하는 역할 역시 적극적으로 해야 한다. "탈북민이라면 덮어놓고 불쌍한 사람, 도움의 대상이라는 무의식적인 관점으로 무언가 다른 사람이라는 취급"(예진수)을 하고 있는데, 이런 시각은 사회 통합에 전혀 도움이 되지 않는다는 것이 북한이주민들의 주장이다.

(4) 현실성

현실성(*reality*)도 통일사회에서 사회복지사가 갖춰야 할 중요한 자질이다. 현실 감각 없이 꿈과 비전만 있다면 사회복지실천을 제대로 해낼 수 없기 때문이다. 이는 남한과 북한의 주민이 통일사회에서 함께 생활하고 있다는 현실 감각을 갖는 것을 뜻하며, 실제 상황에서 적절하게 대응할 수 있는 실질적이며 문제 해결 중심적인 전문가가 되어야 한다는 의미이다.

통일사회에서 북한의 현실을 접하면 예상했던 것보다 더 심하게 낙후되어 있음을 발견할 것이다. 북한이 발표해온 통계자료도 현실과 많이 떨어져 있다는 것(서수미, 노인성)을 알게 될 것이며, 특수계층을 제외하고는 복지가 작동하지 않는, 즉 노동에 대한 낮은 수준의 보상과 공훈에 대한 높은 수준의 보상이라는 사회주의 복지제도의 이중성(박상희)을 보게 될 것이다. 예를 들어 현재 북한은 무상치료제가 실시되지 못하고 있는 것으로 파악되어, 병에 걸리면 병원으로 가는 것이 아니라 시장에서 약을 직접 구입해 복용해야 한다고 한다(박상희). 그런데 이는 모두에게 그런 것이 아니라 지역마다, 계층마다 차이가 있다는 것이다. 즉, 평양을 비롯한 중앙급 병원에는 당뇨병이나 고혈압과 같은 선진국형 질병인 대사호르몬 장애질병의 환자가 넘쳐 나는 반면, 지방병원에는 감염성 질병과 정신신경장애와 영양장애 등 개도국에서 일반적으로 볼 수 있는 질병의 환자로 채워져 있다(서수미, 노인성). 질병의 유형조차 계층과 빈부에 따른 양극화를 보이는 현실을 직시할 수 있어야 한다는 지적이다. 군에서 장애를 입으면 "여성이 이들에게 시집가는 것을 사회적으로 장려하기도" 한다는데 남한에서는 생각할 수도 없는 조치이다.

사회복지제도는 〈사회보장법〉을 비롯해 다양한 법령에 정리되어 있지만 실체 현장에 그와 같은 서비스가 존재하고 직접 주민에게 제공되고 있는가는 다른 문제이다. 예를 들어 "국가는 로동능력을 잃은 돌볼 사람이 없는 늙은이들과 불구자들을 양로원과 양생원에서 무료로 돌보아 준다", "장애인들이 자신의 희망에 따라 노동을 영위할 수 있도록 지원하기 위한 사업", "조선장애자보호련맹은 지체장애인들이 교정기구를 착용하는 데 편리하기 위한 절단수술을 받도록 함흥정형외과에 대한 현대화를 실시" 등의 문구를 보면 "지상낙원이라 생각되지만 이런 모습은 어디까지나 그들이 실현하고자 하는 목표일 뿐 아직 그 단계는 이르지 못했다"고 생각한다는 고백도 있었다(우수정). 통일사회에서 사회복지실천을 제대로 하고자 한다면 "현장을 통해 확인"하는 것이 중요하다.

(5) 개척성

개척성(*frontiership*)은 사회복지사로서 통일사회의 사회복지실천 현장을 이끌어가기 위해 매우 중요하고 절실히 필요한 자질이다. 거의 미지의 세계라 할 수 있는 상황에서 가동할 수 있는 자원도 충분하지 않을 때 사회복지사는 새로운 자원을 창출해 내야 하고, 모험도 해야 하며 실패도 두려워하지 않아야 한다. 개척자이자 선구자(*pioneer*)와 같은 정신으로 앞장서서 나가야 한다.

여기에는 창의성, 도전정신, 그리고 솔선성(*initiativeness*)이 함께 발휘되어야 한다. 통일사회의 사회복지실천은 아직 아무도 가지 않은 새로운 길이다. 새로운 현장에서 새롭게 프로그램을 개발해 서비스를 제공하겠다는 창조적 다짐이 있어야 제대로 일할 수 있을 것이다. 누구나 할 수 있는 일이 아닌 일, 그래서 준비된 내가 할 수 있는 일이라는 생각으로 임해야 하는 일이다.

그러나 이와 같은 창의성은 무에서 유를 창조하는 것이 아니라, 현장에 대한 정확한 자료와 이 자료에 대한 정확한 이해 및 분석을 바탕으로 해야 한다. 이 이해와 분석의 과정에 이미 남한 땅에 와있는 '미리 온 통일'인 북한이주민의 도움을 받는 것은 매우 바람직하다고 하겠다. 박상

〈표 12-1〉 통일사회복지사 5대 자질

	자질	개념
1	민감성	자신에 대한 정확한 이해를 바탕으로 타인을 이해하려고 노력하는 마음
2	헌신성	겸손하면서도 객관적이고 감정 이입적인 태도, 책임감 있고 진실한 자세
3	개방성	문제를 정형화하지 않으면서 무비판적이고 수용적인 마음가짐
4	현실성	상황에 적절하게 대응할 수 있는, 실질적이며 문제 해결 중심적인 현실 감각
5	개척성	아직까지 아무도 가지 않은 새로운 길을 개척해 나가는, 창의성과 도전정신으로 솔선성을 발휘하는 정신

희는 이들을 통일한국인이라고 명명하면서 "통일한국인을 인정하고 통일사회복지실천 현장에 재배치할 수 있는 전문인으로 양성하는 것"이 필요하다고 강력히 주장했다. 실제로 현장에서 이들과의 협업을 통해 창의성이 발휘될 수 있을 것이다.

2) 통일사회복지사 7대 역량

(1) 관찰력

관찰력(*observability*)은 상황을 예리하게 관찰하는 능력이다. 사회복지사는 통일사회에서 새롭게 변화한 환경에 대한 관찰, 남한주민과 북한주민이 통합하여 어울리는 환경에 대한 관찰, 그런 환경에서 생활하는 사람들에 대한 관찰을 민감하고 예리하게 해내야 한다.

물론 이때의 관찰은 감시가 아니다. 따라서 감시와 통제가 주를 이루던 북한사회에서 생활하던 사람들이 통일사회에서도 감시당하는 것과 같은 느낌을 가지지 않도록 관찰의 역량을 발휘할 때 주의를 기울여야 한다.

통일사회에서 사회복지사는 통일사회의 상황, 남북한주민의 통일사회에 대한 적응 상태, 남북한주민의 서로에 대한 이해 등에 대해 예리한 관찰력을 통해 파악하고 있어야 한다. 그리고 이러한 관찰이 집단적 사고와 편견적 사고, 그리고 정형화된 사고로 치닫는 것을 방지해야 한다.

(2) 공감력

공감력(*empathy*)은 사회복지사에게 가장 중요한 능력이다. 이는 "클라이언트의 감정과 그 감정의 의미를 정확하게, 그리고 민감하게 인식하고 전달하는 사회복지사의 능력"(Miley et al., 1995: 145)이다. "클라이언트의 감정 및 감정의 의미에 민감성을 가지고 이를 정확하게 인식하여 의사소통할 수 있는 능력"(Fischer, 1973: 329)인 것이다. 이는 동정(*sympathy*)이나 연민(*pity*)과는 다르다. 동정이나 연민은 상대를 어리고 취약한 사람으로 여기는 데서 생겨나는 것으로, 상대와 나 사이에 위계를 만들고 상대를 무력화한다(양옥경·김정진 외, 2018: 227). 통일사회에서 북한사람을 우리보다 못한 또는 우리만큼 가지지 못한 불쌍한 사람으로 동정하지 않고 공감하는 시각으로 바라보는 것은 매우 중요하다.

공감은 두 가지 차원으로 구성되는데, 첫 번째 차원은 공감적으로 인식하는 것이고, 두 번째 차원은 인식한 것을 전달하는 것이다(Hepworth & Larsen, 1986: 92). 즉, 공감적으로 인식한 것으로 공감적으로 전달하는 공감적 의사소통(*empathic communication*)이 중요하다. 공감적 의사소통을 하기 위해 사회복지사는 자신의 객관성을 잃지 않고 전문적 판단을 유지하면서도 클라이언트의 입장과 그 마음을 이해해야 하는데, 이는 쉽지 않은 일이다. 그러나 클라이언트의 입장에서 보았을 때, 자신의 감정이 이해받는 경험은 스스로를 이해하는 폭을 넓히도록 도와준다. 이해받는다는 경험 그 자체가 클라이언트의 성장적 변화에 도움이 된다는 것이다. 이 존중의 경험이 클라이언트의 자아 존중감을 높여주며 소외감을 해소하기도 하기 때문이다.

통일사회에서 남북한사람이 하나의 사회에서 생활할 때 가장 중요한 것은 서로에 대한 믿음이며 화합이고 공감이다. 공감은 목표 지향적이고, 객관적이며, 전문적인 상호 긍정적 친화관계인 라포(양옥경 · 김정진 외, 2018: 245)를 형성할 수 있도록 한다. 라포는 상호 이해와 작업 관계를 수립하게 하는 조화, 공감, 화합의 상태이다(Barker, 1987: 135). 사회복지의 기본 가치인 인간 존엄의 상태에서 서로를 대하는 것이 바로 공감이고 그 선행 조건이 라포 형성이다. 김미례는 "타인에 대한 존중과 배려"가 통일사회에서 꼭 갖춰져야 할 자질이라고 지적했다. 남한과 북한의 사람을 '사람'이라는 가치 하나로 동등하게 인정해 주는 것이 이질감을 극복하고 하나의 주민이 될 수 있는 동력이 된다는 것이다. 인간 존엄의 가치이며 공감의 가치라 할 수 있다. 그럼에도 실제 생활에서는 억양이 다르고 말투가 다르다는 사소한 점이 공감을 이루어 내는 것을 어렵게 할 수도 있다. 불필요한 오해를 자아내기도 하고 상대방을 무시하는 마음가짐을 가지게도 하면서 의사소통 자체를 힘들게 할 수도 있다. 그래서 공감력이 중요하다.

(3) 인내력

인내력(*patience*)은 잘 이해되지 않는 측면이 있을 때도 믿고, 참고, 기다려 주는 능력, 즉 조화롭게 협력하면서 통합하여 생활할 수 있도록 환경을 만들면서 기다리는 능력이다. 상대방을 믿고 기다리는 능력은 전문가의 능력 가운데서도 매우 중요하다. 이 능력은 모든 관계에 다 영향을 미침에도 사회복지사가 잘 해내지 못하는 역량이기도 하다. 클라이언트를 믿고 기다려 주기보다는 전문가인 자신을 더 신뢰하고 자신의 전문가적 판단을 더 확신하기 때문인데, 이 같은 클라이언트에 대한 믿음이 전문가적 판단과 대치되는 것이 아님을 유념해야 할 것이다.

인내력에는 신뢰가 밑바탕이 되어야 하는데, 신뢰의 수준은 과거의 경험에 따라 달리 나타난다. 이전에 가졌던 다른 사람과의 신뢰의 경험이 현재의 신뢰 수준을 결정하는데, 그렇기 때문에 사회복지사는 의도적으로 신뢰의 강도를 강하게 보임으로써 클라이언트가 신뢰를 따라갈 수 있도록 할 필요가 있다(양옥경 · 김정진 외, 2018: 226).

통일사회에서 북한주민을 남한의 기준으로 보면, 미흡한 부분이 많이 있을 것이다. 그러나 이 부족한 점을 개인의 결점이나 약점으로 보지 말고 체제에서 비롯된 상이함으로 이해하면서, 스스로 변화하고 발전할 수 있도록 자원을 제공해 주고 기다려 주어야 할 것이다. 북한이주민은 일상적인 생활과 관련된 욕구에 관해서는 쉽게 표현하고 적극적으로 서비스를 찾으면서도, 트라우마나 다양한 정서적 내면의 문제에 관해서는 쉽게 드러내려고 하지 않는 모습을 자주 보인다. 실질적인 문제는 숨겨 놓고 사회복지사의 접근을 차단하는 경우가 종종 있다. 따라서 표면적으로 내보이는 것만이 진정한 욕구가 아닐 수 있음을 인식하고 진정한 욕구가 무엇인지를 파악하려고 노력해야 한다. 이때 참고 기다려 주면서 진정한 믿음으로 관계를 이어나가는 인내력이 필요하다. 이 같은 인내의 과정을 통해 북한주민은 사회복지사를 신뢰하게 될 것이며 그 신뢰의 감정은 자신의 변화 발전의 동력으로 작용할 것이다.

(4) 정보력

정보력(*networking*)은 사고를 바탕으로 필요한 정보를 구하고 필요한 네트워크를 구성하거나 네트워크를 사용할 수 있는 능력이다. 주변 자원에 대한 정보(*information*)와 자원의 5대 요소, 즉 적절성(*appropriateness*), 적정성(*adequacy*), 접근성(*accessibility*), 이용 가능성(*availability*), 수용성(*acceptability*) 등(Sorenson, Hammer, & Windle, 1979: 양옥경, 1996: 176~179 재인용)에 대한 정보 수집을 기본으로 하여 자원을 동원할 수 있는 능력이다. 적절성은 현존하는 지역사회 프로그램이 클라이언트의 특정 욕구에 맞도록 클라이언트에게 알맞은 방법으로 제공될 수 있는지를 점검하는 것이며, 적정성은 클라이언트의 욕구에 부응하기 위해 서비스의 양이 충분한지를 점검하는 것이다. 접근성이란 제공될 서비스와 프로그램이 지리적, 경제적, 사회문화적, 심리적, 그리고 물리적으로 접근 가능한가를 타진해 보는 것이며, 이용 가능성이란 클라이언트에게 제공되는 서비스가 실제로 이용 가능한지를 확인해 보는 것이다. 마지막으로 수용성이란 클라이언트의 선호에 부응하는 서비스가 무엇인지를 찾아내는 것으로 사회복지사가 클라이언트의 독특한 관심과 욕구에 대해 정확하게 이해하는 것을 필요로 한다.

통일사회에서 사회복지사는 이 5대 요소에 입각하여 자원에 대한 정보를 획득해야 할 것이다. 지역사회를 중심으로 자원에 대한 정보를 수집해야 하며 근거리 지역사회에 자원이 없다면 자원을 개발하거나 주변 지역사회로부터 가져오는 역할도 해야 한다.

그러나 현재 북한사회에 대한 정보는 매우 제한적이다. 북한의 법과 제도에 대해서는 논문을 통해 기본 골격만 알려져 있을 뿐, 사회복지제도가 어떻게 실행되고 있는지에 대해서는 거의 알려진 바가 없다. 또한 지역적 특성에 따른 북한주민의 삶의 모습이라든가 사회문화적 현상 및 활동 등에 대해 알려진 바가 없기 때문에, 객관적인 통계 수치에서부터 전반적인 문화 현상까지 충분한 자료와 근거를 수집하는 것에는 한계가 있을 것이다. 따라서 북한지역에 들어가자마자 가장 시급한 것은 지역주민의 욕구 조사와 지역사회 자원 조사이다. 가능하다면 최근 북한을 떠나오거나 경험한 사람을 통해 북한의 내부 사정을 미연에 파악하는 것도 바람직한 준비 과정이 될 것이다.

(5) 통찰력

통찰력(*insightfulness*)은 관찰한 내용과 구한 정보를 종합하여 통찰을 갖고 해석하고 분석하는 능력을 말한다. 통찰적 사고력 및 분석력이다. 인내를 가지고 관찰한 것에 대해 명철하게 사고하여 클라이언트의 행동이 무엇을 의미하는지, 행동의 변화가 무엇을 의미하는지, 행동이 변화하지 않는다면 변화하지 않는 것은 무엇을 의미하는지 등에 대해 깊이 있고 통찰력 있는 사고와 분석이 있어야 한다.

(6) 순발력

순발력(*rightfulness*)은 사고의 내용을 실천 행동으로 옮기기 위한 적합한 시점에서의 행동력을 말한다. 적절한 시점에 적정한 내용의 사회복지서비스가 전달되고 서비스를 전달받을 수 있도록 하는 능력이다. 정보력에 의해 얻은 정보와 통찰력 있는 사고를 통해 분석해낸 서비스와 프로그램 계획 내용이 정확한 시점에 제공되어야 하기 때문에 순발력이 중요하다. 따라서 어느 시점이 적절한 시점인지 그 시점을 정확히 파악해 내고 그 결과에 따라 행동하는 능력이 필요하다.

(7) 판단력

판단력(*judgement*)은 클라이언트의 상황에 대해 적절하고 정확한 판단을 내릴 수 있는 능력이다. 클라이언트를 비난하거나 질책하거나 편견에 끼워 맞추는 등의 행동을 하지 말아야 한다는 원칙인 비심판적(*non-judgemental*) 태도를 갖추어야 하지만, 그렇다고 해서 판단력까지 갖지 말라는 뜻은 아니다. 정확한 판단력은 갖추고 있어야 하며, 이를 위한 클라이언트와의 깊이 있는 의사소통의 능력과 공감 능력은 선행되어야 하는 필수 능력이다. 정확하게 알아야 정확하게 판단할 수 있기 때문이다. 그러기 위해서는 "북한과 북한사람에 대해 공부를 해야 한다"고 대부분의 북한이주민은 강조한다.

통일사회에서 사회복지사는 통일사회의 상황, 남북한주민의 통일사

〈표 12-2〉 통일사회복지사 7대 역량

	역량	개념
1	관찰력	상황에 대해 예리하게 관찰하는 능력
2	공감력	클라이언트의 감정과 그 감정의 의미를 정확하고 민감하게 인식하여 의사소통할 수 있는 능력
3	인내력	이해되지 않을 때 믿고, 참고, 기다려 주는 능력
4	정보력	필요한 정보를 구하고 필요한 네트워크를 구성하거나 네트워크를 사용할 수 있는 능력
5	통찰력	관찰한 내용과 구한 정보를 종합하여 통찰력을 갖고 사고하며 해석하고 분석하는 능력
6	순발력	사고의 내용을 적합한 시점에서 실천 행동으로 옮기기 위한 능력
7	판단력	상황에 대한 적절하고 정확한 판단을 내릴 수 있는 능력

회에 대한 적응 상태, 남북한주민의 서로에 대한 이해 등을 예리하게 관찰하여 정확하게 분석하고 파악해서 누가, 언제, 어디서, 무엇을, 누구에게, 어떻게 제공할 것인지를 판단하고 결정해야 한다.

4. 통일사회복지실천 방법

통일 시대 사회복지실천 방법은 지역사회 중심의 지역 개발과 사례관리가 중심이 될 것이다. 지역사회를 중심으로 지역사회 전체가 지원체계로 기능하도록 지역사회의 자원을 활용하여 지지체계를 확립하고 사회복지 전문가의 상담으로 서비스를 제공하는 사례관리를 하는 것이다. 이때의 사례관리는 지역사회를 중심으로 다양한 서비스를 제공하는 '서비스관리'가 될 것이다.

지역사회 중심의 통일사회복지실천에서는 사회적 지지체계 개발이 가장 중요하다. 아동, 노인, 장애인, 그리고 가족 등 북한의 개별 주민과 접근할 때는 남한에서의 지지 및 자원의 체계와는 다른 차원의 자원을 찾아내야 한다. 아직도 기능하는 대가족체계도 좋은 자원이 될 수 있으며, 현재는 활동이 미약하고 당의 외곽조직으로 당의 명령을 받아오던 감시기구의 역할을 했던 것이 제한점이 될 수 있겠지만 오랜 세월 주민과 함께 해왔던 여맹과 직맹의 체계 등도 유용한 자원이 될 수 있을 것이다(양옥경·이민영 외, 2018). 어려움에 처한 이웃, 특정 취약계층인 고아와 독거노인 등을 돕고 가정 문제를 돕는 일을 여맹원의 활동으로 해오고 있다는 연구 결과(양옥경·이민영 외, 2018: 47; 이미경, 2006)

는 이를 가능하게 한다. 북한주민에게 명칭부터 친근하고 내용적으로도 편하게 느낄 수 있는 자연적 지지체계를 활성화하고 기존에 존재하던 공식적 지지체계를 활용하면서, 주위에 있는 사람을 자원봉사자로 활용하는 등 자원의 체계를 적극적으로 발굴하고 발견해 내는 것(양옥경·김정진 외, 2018: 429~433)이 중요하다.

이 같은 접근은 임파워먼트모델을 활용하면 매우 효과적으로 진행할 수 있다. 임파워먼트모델은 클라이언트를 "강점 중심으로 보면서 잠재역량과 자원을 인정하고 내외 탄력성을 전제하여, 스스로가 자신의 삶을 통제할 수 있도록 권한과 힘을 부여해 주는 것"(양옥경·김정진 외, 2018: 128)이다. 따라서 지역사회에서 임파워먼트모델을 적용한다면, 지역사회를 단위로 하면서 지역사회 내의 각 개인을 권리와 권한과 자원과 서비스 등을 가진 사람으로 인정하고 보호하고 강화하며 보장하려는 철학을 바탕으로 진행하면 된다(Miley et al., 2016: 319).

통일사회에서 지역사회를 중심으로 하는 임파워먼트모델의 적용은 효과적일 것이다. 다만 임파워먼트모델이 좋고 바람직한 모델이라고 해서 고민 없이 적용해서는 안 될 것이다. 이럴 경우 임파워먼트실천의 의미를 잘못 이해한 채 기존의 사업을 임파워먼트실천이라고 오해할 수 있기 때문이다(양옥경·최명민, 2006). 따라서 북한사회와 북한의 지역사회에 대한 정확한 이해를 도모하기 위해 제대로 된 교육을 받아야 할 것이며 북한지역에 파견된 후에도 해당 지역사회에 대해 다양한 자원을 통해 공부해야 할 것이다. 최옥채(2013)는 지역사회에서 임파워먼트실천을 하기 위해 몇 가지 중요하게 고려해야 할 점이 있다고 주장했다. 그중 강점 관점, 레질리언스 등과 결합한 지역사회 조직화 사업, 2~3년 보이기식이나 겉치레가 되지 않기 위해 지속적으로 다양한 기관에서의 실행, 가족의 중요성 인식, 그리고 수행기관의 안정화(최옥채, 2013: 65~68) 등은 통일사회 북한지역에서 통일사회복지실천을 임파워먼트모델에 입각해 실행해낼 때도 중요한 요소라 하겠다.

임파워먼트모델을 적용한 지역사회 중심의 통일사회복지실천은 북한주민을 역량이 있는 사람으로 인정하고 문제 해결 과정에서 파트너로 삼으면서 협력의 과정을 맺어 나가는 일련의 과정이 될 것이다. 지역주민과 상호 협력적인 관계를 확립하고 협력체계를 구축하여 지역주민의 욕구와 자원을 정확하게 파악할 필요가 있다. 평소 욕구 조사라고 불리던 것이다. 이때는 북한주민의 가치관이나 삶에 대한 관점과 태도 등을 정확히 파악해야 할 것이다. 이 과정에서 북한주민은 스스로 해낼 수 있는 내적, 외적 역량을 찾을 수 있고 그 힘으로 남한에서 온 통일사회복지사에게 과도하게 의존하지 않고도 자신의 욕구에 입각한 사회복지 서비스와 프로그램을 찾아낼 수도 있으며, 새롭게 만들어갈 수도 있고, 사회 변화를 추구하기 위해 노력하는 모습을 보일 수도 있다.

이를 위해 지역주민이 참여할 방법을 개발하는 것은 매우 중요한 선행 과제라 하겠다. 인민반장 등 기존의 지역사회 자원이나 주요 조직을 활용하는 것도 좋은 방법이다. 다만 이럴 경우 조직의 견해가 주민의 의견이나 욕구와 항상 일치하지는 않는다는 것을 명심해야 할 것이다.

또한 북한의 해당 지역 출신 북한이주민을 활용하는 것도 매우 바람직한 방법이라 하겠다. 통일사회복지사 양성을 위해 남한의 사회복지사에게 통일사회에 대비하여 역할을 해낼 수 있도록 교육과 훈련을 제공함과 동시에, 북한이주민 중 사회복지 교육과 훈련을 받은 사회복지사가 고향으로 돌아가 지역 중심의 통일사회복지실천을 할 수 있도록 교육하고 훈련하는 것은 매우 중요한 일이 될 것이다. 북한이주민 통일사회복지사는 자신의 경험을 통해 남한에 대한 환상적인 생각이나 비현실적인 기대보다는 현실을 정확하게 인식하게 하여 미지의 세계일 수 있는 남한을 동경하지 않고 북한지역에서 잘 생활할 수 있도록 현실적이고 구체적인 통일사회복지실천을 해낼 수 있을 것이다. 이들은 남한에서 북한으로 이주한 남한사람이 북한의 문화와 사회에 적응해야 하는 과제에도 상당히 큰 도움이 될 것이다. 북한을 정확히 알면서 남한에서 생활했던 사람으로서 이들이 이질적인 사회에서 얼마나 적응이 어려우며 어떤 점에서 힘들 것인지를 예측하고 대응해줄 수 있으므로 유용한 자원으로 활용될 수 있을 것이다.

참고문헌

김성남 · 양옥경 · 유가환 · 윤지혜(2019). "재입국 북한이주민의 재정착 경험: 탈북, 탈남에서 재입국까지". 〈미래사회복지연구〉, 10권 1호: 39~75.

김상철(2016). "독일을 사례로 한 한반도 사회복지제도의 통합에 관한 연구". 〈질서경제저널〉, 19권 3호: 17~39.

배한동 · 성장환 · 김영하 · 이희갑 · 이정희(2005). "북한이주민의 지역사회 적응 실태 분석을 통한 통일교육 자원 활용 가능성 연구". 〈한국동북아논총〉, 36권: 207~244.

양옥경(1996). 《지역사회 정신 건강》. 서울: 나남.

______(2006). 《정신보건과 사회복지》. 파주: 나남.

양옥경·최명민(2006). "한국 사회복지에서 임파워먼트(*empowerment*) 접근의 현황 및 과제". 〈한국사회복지교육〉, 2권 2호: 39~84.

양옥경·김학령·유간환(2019). "통일사회복지 교육과정 개발을 위한 기초연구". 〈한국사회복지교육〉, 46권: 89~122.

양옥경·김정진·서미경·김미옥·김소희(2010). 《사회복지실천론》(개정4판). 파주: 나남.

______(2018). 《사회복지실천론》(개정5판). 파주: 나남.

양옥경·이민영·최혜지·김선화·김성남·김학령(2018). "지역사회 복지자원으로서 조선민주녀성동맹(여맹)원 역할의 가능성 탐색". 〈사회복지실천과 연구〉, 15권 2호: 33~56.

윤인진(2007). "북한이주민의 사회적응 실태와 정착지원방안". 〈아세아연구〉, 50권 2호: 106~143.

______(2012). "북한이주민의 문화변용과 사회적응". 〈한국학연구〉, 41권: 37~61.

이기영(2005). "소수자로서의 북한이주민의 문제와 사회복지의 과제". 〈통일연구〉, 9권 2호: 157~198.

이미경(2006). "경제난 이후 북한여성의 삶과 의식변화와 한계: 탈북여성과의 심층면접을 중심으로". 북한연구학회(편) (2006). 《북한의 여성과 가족》, 377~411쪽. 서울: 경인문화사.

이철수(2015). "남북한 사회복지 통합에 대한 소고". 〈동북아연구〉, 30권 1호: 131~169.

임순희(2006). "식량난이 북한여성에게 미친 영향". 북한연구학회(편) (2006). 《북한의 여성과 가족》, 347~376쪽. 서울: 경인문화사.

장용철(2015). "통일대비 북한 사회복지서비스 전달체계 구축 방안 연구". 〈북한학연구〉, 11권 1호: 71~101.

전경만(2016). "통일준비를 위한 인적 역량강화 방안". 〈한국행정학회 학술발표논문집〉, 2016년 12월호: 1189~1217.

정진헌(2013). "북한이주민 종교기관 교육프로그램의 민족지적 고찰". 〈종교교육학연구〉, 42권: 143~161.

최옥채(2013). "지역사회 임파워먼트실천 현실과 전략적 과제: 사회복지사의 사례경험 중심으로". 〈미래사회복지연구〉, 4권 1호: 43~75.

Greene, R. (2002). *Resiliency: An Integrated Approach to Practice, Policy, and Research.* 양옥경 · 최소연 · 송인석 · 권지성 · 양후영 · 염태산(역) (2004). 《사회복지와 탄력성》. 서울: 나눔의집.

Barker, R. L. (1987). *The Social Work Dictionary.* MD: NASW.

Fischer, J. (1973). *Interpersonal Helping: Emerging Approaches for Social Work Practice.* IL: C. C. Thomas Publisher.

Hepworth, D. H. & Larsen, J. A. (1986). *Direct Social Work Practice: Theory and Skills.* IL: Dorsey.

Miley, K. K., O'Melia, M., & DuBois, B. L. (1995). *Generalist Social Work Practice: An Empowering Approach.* MA: Allyn and Bacon.

______(2001). *Generalist Social Work Practice: An Empowering Approach* (3rd ed). MA: Allyn and Bacon.

______(2016). *Generalist Social Work Practice: An Empowering Approach* (8th ed). NJ: Pearson.

Saleebey, D. (1992). *The Strengths Perspective in Social Work Practice.* New York: Longman Press.

Walsh, F. (1998). *Strengthening Family Reselience.* 양옥경 · 김미옥 · 최명민(역) (2002). 《가족과 레질리언스》. 서울: 나남.

찾아보기

ㅅ

ㅇ

ㅊ~ㅎ

기타

저자 소개 (게재순)

양옥경

미국 위스콘신대 사회복지학 석사 및 박사. 한국사회복지학회 회장 역임. 현재 이화여대 사회복지학과 교수, 사회복지대학원 원장 및 한국사회복지교육협의회 회장.

김진수

오스트리아 빈 국립대 사회경제학 학사, 석사 및 박사. 한국 사회보장학회장, 한국사회복지정책학회장, 영국 사회보장 및 행정학회 편집위원, 아시아 사회복지협회 부회장 및 연세대 사회복지대학원장 역임. 현재 연세대 사회복지대학원 교수.

이철수

한국외대 정치학 석사 및 박사. 한국보건사회연구원 통일사회보장연구단장 역임. 현재 신한대 지식복지대학원 사회복지학과 교수 및 통일사회복지학회 회장.

김석향

미국 조지아대 사회학 석사 및 박사. 북한연구학회 회장 역임. 현재 이화여대 북한학과 교수 및 통일학연구원 원장.

이민영

이화여대 사회복지학 석・박사 및 영국 브리스톨대 사회복지학 박사. 현재 고려사이버대 사회복지학과 교수, 한국다문화복지학회 부회장 및 남북시민통합연구회 정회원.

민기채

서울대 사회복지학 박사(석·박사 통합). 국민연금연구원 부연구위원 역임. 현재 한국교통대 사회복지학 전공 조교수 및 통일사회복지학회 총무이사.

장인숙

이화여대 북한학 석사 및 박사. 북한연구학회 총무이사, (사)평화문제연구소 책임연구원, 이화여대 리더십개발원 정치섹터 팀장 및 이화여대 통일학연구원 연구교수 역임. 현재 남북하나재단 자립지원부 선임연구원 및 북한이탈주민학회 학술이사.

정지웅

강남대 사회복지학 석사 및 박사. 현재 배재대 복지신학과 교수, 한국장애학회 학술2분과위원장, 한국장애인복지학회 편집위원 및 통일사회복지학회 편집위원.

김신곤

고려의대 의학 석사 및 박사. 현재 고려대 의과대학 내과 교수, 대학원 통일보건의학협동과정 교수, 통일보건의료학회 학술이사(차기 이사장) 및 남북보건의료교육재단 상임이사.

김선화

서울여대 사회복지학 석사 및 박사. 공릉종합사회복지관 서울북부하나센터 부장 및 북한이탈주민학회 부회장 역임. 현재 마천종합사회복지관 관장.

최혜지

미국 워싱턴대 사회복지학 석사 및 박사. 서울시 사회복지사협회 부회장 역임. 현재 서울여대 사회복지학과 교수 및 비판과 대안을 위한 사회복지학회 수석부회장.